版权声明

Authorized translation from the English language edition, entitled SKILLS FOR PRESCHOOL TEACHERS, 10E, ISBN: 9780133766349 by Janice J. Beaty, published by Pearson Education, Inc., Copyright © 2017 by Pearson Education, Inc.

All rights reserved. No part of this book may be reproduced or transmitted in any form or by any means, electronic or mechanical, including photocopying, recording or by any information storage retrieval system, without permission from Pearson Education, Inc.

CHINESE SIMPLIFIED language edition published by CHINA LIGHT INDUSTRY PRESS LTD., Copyright © 2022.

本书封面贴有Pearson Education（培生教育出版集团）激光防伪标签。
无标签者不得销售。

保留所有权利。非经中国轻工业出版社"万千教育"书面授权，任何人不得以任何方式（包括但不限于电子、机械、手工或其他尚未被发明或应用的技术手段）复印、拍照、扫描、录音、朗读、存储、发表本书中任何部分或本书全部内容，以及其他附带的所有资料（包括但不限于光盘、音频、视频等）。中国轻工业出版社"万千教育"未授权任何机构提供源自本书内容的电子文件阅览、收听或下载服务。如有此类非法行为，查实必究。

Skills for Preschool Teachers
(Tenth Edition)

幼儿园教师的13项专业技能

(原著第十版)

[美] 贾尼丝·J.贝蒂（Janice J. Beaty）／著

程 晨 张 帅／译

虞永平／审校

图书在版编目（CIP）数据

幼儿园教师的13项专业技能：原著第十版／（美）贾尼丝·J.贝蒂（Janice J. Beaty）著；程晨，张帅译. —北京：中国轻工业出版社，2022.9（2023.9重印）

ISBN 978-7-5184-3971-3

Ⅰ.①幼… Ⅱ.①贾… ②程… ③张… Ⅲ.①学前教育－教学研究 Ⅳ.①G612

中国版本图书馆CIP数据核字（2022）第077201号

责任编辑：吴　红

策划编辑：吴　红　　　　责任终审：张乃柬
责任校对：刘志颖　　　　责任监印：吴维斌

出版发行：中国轻工业出版社（北京东长安街6号，邮编：100740）

印　　刷：三河市鑫金马印装有限公司

经　　销：各地新华书店

版　　次：2023年9月第1版第2次印刷

开　　本：787×1092　1/16　印张：32.25

字　　数：282千字

书　　号：ISBN 978-7-5184-3971-3　定价：98.00元

读者热线：010-65181109，65262933

发行电话：010-85119832　传真：010-85113293

网　　址：http://www.chlip.com.cn　http://www.wqedu.com

电子信箱：1012305542@qq.com

如发现图书残缺请与我社联系调换

220189Y1X101ZYW

推 荐 序

幼儿园教师从事的是专业性的教育工作，需要经过专业的学习和训练，获得专业的素养。幼儿园教师的专业素养中包含专业技能。幼儿园教师的专业技能不是"弹唱跳画"，而是对儿童全面发展直接具有规划、支持和促进作用的技能。《幼儿园教师的13项专业技能》（*Skills for Preschool Teachers*, Tenth Edition）一书理论与实践相结合，突出了以儿童为本的理念，体现了现代学前教育的基本价值取向。它既是一本关于幼儿园教师专业工作的实用手册，又是一本系统地指导幼儿园教师教育实践工作、发展幼儿园教师专业技能的读物，也是一本幼儿园课程实施的基本指导手册，具有很强的操作性和实践价值。对于幼儿园新手教师及期待在专业能力上不断突破的成熟教师都有一定的指导价值。

该书主要用于幼儿园教师的培养和培训，针对幼儿园教育中的安全、健康、学习环境、身体、认知、交流、创造性、自我概念、社会性、教师指导、家庭参与、课程管理和教师专业化这13个专业领域，均涉及多种专业技能和策略。书中非常具体、详细地介绍了各专业领域中所涉及的多种技能和策略及其运用。因此，该书是幼儿园教师专业技能和策略的学理说明与实践呈现。

第一，该书从空间创设入手，让读者了解空间的规划和布局，教室内不同活动区域的布置和要求，提出了很多确保教室安全的策略，也提出了幼儿园安全的主要规则。

第二，该书介绍了幼儿饮食卫生安全和日常生活卫生的基本要求和策略，针对一些常见和突出的问题提出了有效的策略。

第三，该书介绍了幼儿园学习环境的创设要求和策略，考查了学习环境创设的不同维度、学习活动的不同内容、不同的空间和相互关系，探讨了重要学习材料提供的方式。

第四，该书专门针对学前儿童发展的几大基本技能进行了系统介绍。在身体技能方面，根据儿童发展的基本规律和顺序，讨论了一些核心的身体素质和技能的发展与引导策略；在认知技能方面，根据儿童大脑发展和身体技能发展的特点与规律，着重介绍了幼儿的学习特点和科学、数学、读写等各类认知活动的组织与引导，重点讨论了感官运动的价值及其组织，还涉及了幼儿学习品质培养的问题；在创造性技能方面，强调了通过自由游戏和艺术表现提高幼儿的创造性能力，提出了很多鼓励幼儿发展创造性的建议和策略；在积极的自我概念和社交能力方面，强调了在与周围他人互动的过程中，形成积极的自我概念，形成基本的社会性品质，奠定个性发展的基础，通过社会交往、共同游戏和戏剧表演活动等发展交往能力，通过教师指导来培养幼儿的自我控制能力、秩序感和良好的情绪。

第五，该书还针对家长参与、家长工作及家园合作等提出了很多很有价值的建议和策略。

第六，该书聚焦在教师的专业化发展上，阐述了教师专业化发展的基本内涵和要求，专业化发展的新背景，以及专业化发展的一些重要举措，对当前幼儿园教师的实践具有重要的启发意义。

我国正在努力发展高质量的学前教育，提升教师的专业技能对提升教育质量具有重要意义。该书对于提升我国幼儿园教师的专业技能，尤其是对大量幼儿园新手教师专业能力的提升具有重要指导意义。

南京师范大学学前教育研究所

虞永平

2022 年 5 月 8 日

译者序

中共中央、国务院2019年印发的《中国教育现代化2035》，明确提出了到2035年"普及有质量的学前教育"的现代化发展目标。教育部2012年颁布的《幼儿园教师专业标准（试行）》中指出，"幼儿园教师是履行幼儿园教育工作职责的专业人员，需要经过严格的培养与培训，具有良好的职业道德，掌握系统的专业知识和专业技能"。建设高素质、善保教的幼儿园教师队伍是学前教育事业走向优质和可持续发展的关键举措。

美国幼儿教育专家贾尼丝·J.贝蒂所著的《幼儿园教师的13项专业技能》是全球幼儿教育领域的经典之作，既是幼儿园教师教育培训入门教材，又是幼儿教育领域相关从业人员进行教育教学实践的指导手册。该书具有很强的实践性、可操作性，其主要目的在于为世界各地的幼儿教育机构以及从事幼儿教育工作的教师、学前教育专业的学生及教育志愿者等群体提供有效指导，帮助幼教人员进行专业技能训练并在实际工作中学会运用这些技能和方法来促进幼儿的身心发展。

我们本次翻译的是该著作的英文版第十版，它相较于第九版增添并调整了某些内容，如：在每章的结尾处增加了新的板块——"你可知道"，读者需要回答10~15个关于该章内容的简短问题，以便增进对本章内容的理解，并开展实践工作；第十版还在每一章中补充和更新了与该章主题相关的图书和推荐读物，以作为教育活动的引导性图书和教师进一步学习的拓展材料，为提高教师的教育教学质量与专业技能提供了丰富的资源支持。

全书共分为13章，针对安全、健康、学习环境、身体、认知、交流、创造性、自我概念、社会性、教师指导、家庭参与、课程管理和教师专业化共计13个领域，全面系统地呈现了幼儿园教师所需的专业技能，每一章对应一个领域。

- 第一章，致力于指导幼儿园教师通过提高活动区材料和户外操场的安全性、制定并实施必要的应急预案等方式，创设一个安全的教室环境，来保障每个幼儿的人身安全。
- 第二章，强调幼儿园教师要以幼儿为中心，旨在指导幼儿园教师通过鼓励幼儿锻炼和休息、为幼儿选择和安排适宜的饮食、识别并应对幼儿不同的疾病症状等方式，来为幼儿创设一个健康的教室环境。
- 第三章，致力于指导幼儿园教师依据幼儿的发展特点和需求，对空间布局和活动区域进行规划与创设，为室内外的活动区提供丰富且适宜的材料，并采用一定的技术手段，为幼儿发展创设一个支持性的学习环境。
- 第四章，旨在指导幼儿园教师为促进幼儿大小肌肉的发展提供适宜的材料和活动，如组织幼儿参与一些创造性舞蹈和运动游戏，为提高幼儿的身体素养和运动技能提供支持。
- 第五章，概述了幼儿的认知发展阶段和特点，旨在指导幼儿园教师通过多种方式提高幼儿的认知技能，包括帮助幼儿通过感官探索培养对世界的好奇心，通过分类、比较和计数发展关于世界的基本概念，并通过高级思维和问题解决来应用这些基本概念等。
- 第六章，致力于指导幼儿园教师提供适宜的材料和组织相应的活动来促进幼儿的口语和听力发展，帮助双语学习者学习英语，支持幼儿的早期阅读和早期书写，从而为提升幼儿的交流技能提供一个全方位的支持环境。
- 第七章，重点探讨的是幼儿园教师如何在各个活动区中引导幼儿通过游戏化的表达、艺术化的表现、想象力的发挥等方式促进创造性技能的发展。
- 第八章，致力于指导幼儿园教师创设良好的班级环境，来帮助每个幼儿提高自我概念、发展独立性并在班级中体验成功。
- 第九章，致力于指导幼儿园教师通过使用玩具、手偶进行示范以及"他尊冲突转换"等策略帮助幼儿发展与他人和谐相处的社会性技能。
- 第十章，其目的在于指导幼儿园教师掌握积极的干预措施，以促进幼儿自我控制能力的发展，帮助幼儿学会社会交往和情绪调节。
- 第十一章，指出了家庭和幼儿园之间需双向交流、双向信任，旨在指导幼儿园教师鼓励家庭参与幼儿园活动，通过家长会与家长建立良好的关系。
- 第十二章，细致阐述了幼儿园教师高效管理课程所需的五大技能，即：观察并记录幼儿的兴趣与需要、阐释结果、计划课程以满足需要、实施计划、评估结果并进行跟进。
- 第十三章，着重从履行早期教育专业职责、符合道德准则、获得早期教育领域的知识与技能三个方面讨论了幼儿园教师的专业化发展。

以上 13 个领域源自为儿童发展导师（child development associate，CDA）培训项目开发的 6 个 CDA 能力标准：创设安全、健康的学习环境；提高身体素质和智力；支持社会性和情感的发展并提供积极的指导；与家庭建立积极有效的关系；确保运行良好、目标明确的幼儿园能够响应参与者的需求；保持专业精神。

与此同时，全书在对每项技能进行阐释的过程中，提供了大量的检核表，以帮助教师更好地开展实践工作。检核表主要划分为三类：一是教师进行自我评估的"教师技能检核表"；二是观察和评估幼儿的检核表，如"大肌肉运动检核表""认知概念检核表""社会性技能检核表"，等等；三是环境创设及安全的检核表，如"活动区安全检核表""盥洗室、楼梯和出口安全检核表""户外操场检核表"，等等。此外，本书中还提供了大量用来导入各种活动的绘本材料及其方法，为幼儿园教师的实际教学活动提供了参考和依据。

本书遵从全美幼教协会（National Association for the Education of Young Children，NAEYC）提出的"发展适宜性实践"（developmentally appropriate practice，DAP）的指导方针，指出教师的教学内容和教学方法需要适应幼儿的年龄特征和个别差异，同时还要与社会、文化、语言相适应。掌握专业技能是教师对幼儿施加积极影响、引导幼儿发展的基础。本书的基本内容框架中包含的 13 项幼儿园教师专业技能，从多个角度展现了幼儿教育的突出特点及保教工作的基本任务。无论是本书中阐述的教育理念还是教育教学方法，都将为我国幼儿园教师的专业发展提供重要的借鉴与启示。幼儿园教师的水平关乎学前教育的质量。希望本书的翻译出版能够应我国学前教育事业发展之需，在加快普及学前教育的新形势下为保障幼儿园教师队伍质量和幼儿健康成长注入新鲜的血液，帮助幼儿园教师提升专业技能，更好地从事幼教工作。

本书的翻译具体分工如下：作者简介、原著序、第一章至第六章的内容由程晨负责翻译；第七章至第十三章的内容以及附录部分由张帅负责翻译。在翻译的过程中，我们时常就某个概念、某段内容的含义进行反复推敲，寻找恰当的中文表达方式，以确保翻译的准确性和简洁性。虞永平教授指导了全书的翻译工作，并认真审校了全稿。在翻译的过程中"万千教育"编辑部的吴红主任提供了许多建议及协助，共同探讨并解决了翻译过程中遇到的许多问题。在此对所有参与人员表示感谢。

翻译的过程是我们了解美国幼教理念的过程，也是我们自我成长与提升的过程，我们为能够参与此书的翻译工作而感到荣幸并心存感激。在翻译过程中，尽管我们反复斟酌、力求精准，但是由于水平和时间所限，译稿中不免有翻译不当之处，敬请各位专家和读者批评指正！

程晨　张帅
2022 年 2 月 8 日

作者简介

贾尼丝·J.贝蒂（Janice J. Beaty） 纽约埃尔迈拉学院的名誉教授。她是早期教育学院教科书的全职作家，也是佛罗里达州开普科勒尔市的儿童早期教育顾问。她同时还为中学教育的读者撰写了一系列冒险类的图书。她出版的一些教科书包括：《幼儿园和学前班的早期读写：一个多元文化的视角》[*Early Literacy in Preschool and Kindergarten: A multicultural Perspective*,  4e，与琳达·普拉特（Linda Pratt）博士合著]，《观察幼儿的发展》(*Observing Development of the Young Child*，8e)。贝蒂博士先后走访了美国以及世界其他地方的许多早期教育机构。

原著序

《幼儿园教师的13项专业技能》正迅速成为幼儿教育领域的经典之作。二十多年来,它为在幼儿园、儿童看护中心或"开端计划"(Head Start[1])机构从事3—5岁幼儿教育工作的教师、助教、大学生、教育志愿者和儿童发展导师(child development associate,CDA)候选人提供了充足的准备。

这些与幼儿教育工作相关的专业技能体现在易于理解、实践性较强的十三章中,每一章都涉及CDA的一个功能领域:安全、健康、学习环境、身体、认知、交流、创造性、自我概念、社会性、教师指导、家庭参与、课程管理和教师专业化发展。有关获得CDA证书的信息,请参阅第十三章和附录A。对于正在进行有关婴幼儿教育课程学习的学生来说,附录B中提供了"婴幼儿教师技能检核表",它可以作为一个观察工具。各章还会涉及一些与有特殊需求的幼儿一起工作的观点和活动内容。为了最大化地发挥该训练课程的价值,我们鼓励学生进入幼儿教育机构的课堂,以便将这些教育技能应用到幼儿身上。

第十版的新功能

《幼儿园教师的13项专业技能》第十版已经通过全面修订,其中特别强调了新的、适合幼儿的教育技能,以及该如何在课堂上使用而不是过度地使用。以下是此版本中新增材料的示例清单。

---

[1] Head Start是美国政府为低收入家庭的3—5岁儿童制订的一项教育计划。始于20世纪60年代,通过提供教育、医疗、营养、社会福利等方面的帮助,使低收入家庭的儿童接受合适的教育,开发智力潜能。——译者注

- 在每章的结尾处都设置了新的板块"你可知道",读者需要回答10~15个关于该章内容的简短问题。
- 采用在几个活动区都进行过描述的新技术和工具;为什么有些工具是合适的,有些则不适用。
- 限制幼儿接触高科技设备电子屏幕的时间,这一点非常重要。
- 关于利用活动区作为脑刺激器的脑研究;关于高压如何致使大脑调节中心短路的脑研究;关于歌唱是一种记忆形式的脑研究。
- 关于利用大脑扫描显示脑发育与幼儿游戏之间联系的神经科学研究;关于利用教师的观察对幼儿大脑进行扫描的神经科学研究。
- 将一些室内学习活动放在户外开展,并观察幼儿的活动情况。
- 幼儿小肌肉运动发展的新序列。
- 每章中都介绍了一些儿童图画书作为活动的导入材料;所介绍的270本书中包括80本新书和51本多元文化图书。

对学生和在职教师的观察

学生和教师在开始进行训练时,应使用本书"导言"中介绍的修订版的、基于能力的"教师技能检核表"的内容,对已有技能进行自我评估。(以能力为基础的检核表只包含做得好的方面,不包含做得不好的方面。)

对幼儿的观察

基于能力的幼儿观察是该训练中的重要组成部分。在书中找到的检核表可供实习学生和教师使用:"大肌肉运动检核表""认知概念检核表""小肌肉运动检核表""自我概念检核表""运动检核表""社会性技能检核表""幼儿好奇心检核表""活动区参与检核表""教师听说检核表""幼儿书写行为检核表""幼儿阅读行为检核表"。

对环境的观察

为了使环境更安全、健康,更有效地促进学习,可以使用前三章中的检核

表:"活动区安全检核表""盥洗室、楼梯和出口安全检核表""户外操场检核表""教室清洁检核表""教室环境吸引力检核表""活动区位置检核表""活动区检核表"。

致　　谢

新版得以出版,我要特别感谢"密苏里州中部地区福斯特祖父母养育项目"的前任主任安·吉尔克里斯特(Ann Gilchrist),允许我观察哥伦比亚和墨西哥、密苏里州"开端计划"幼儿园[1]里的幼儿;感谢来自佛罗里达州莱克兰市的波尔克社区学院的教员们提供附录B中的"婴幼儿教师技能检核表";感谢培生出版公司的编辑朱莉·彼得斯(Julie Peters)提供的创意和支持。

最后,非常感谢以下评阅者:默瑟郡社区学院的特蕾莎·卡普拉(Theresa Capra);东北亚拉巴马社区学院的德布拉·F. 奥尼尔(Debra F. O'Neal);亚力兰社区和技术学院的罗宾·华莱士·约翰斯(Robin Wallace Johns)。

---

[1] "开端计划"幼儿园为美国政府资助的公立幼儿园。——译者注

目　录

导言 ·· 1
　　在职培训的选择 ··· 1
　　各功能领域的具体章节 ·· 2
　　对在职培训选项的评估 ·· 6
　　发展适宜性实践 ··· 7

第一章　创设一个安全的教室环境 ······················ 11
　　营造安全的教室环境 ·· 13
　　提高每个活动区内玩具和材料的安全性 ············· 15
　　确保户外操场的安全性和可靠性 ························ 25
　　计划并实施必要的应急预案 ································ 29
　　通过教师行为营造安全的教室氛围 ···················· 36
　　保障每个幼儿的人身安全 ···································· 42

第二章　创设一个健康的教室环境 ······················ 49
　　营造以幼儿为中心的健康的教室环境 ················· 51
　　鼓励幼儿通过锻炼和休息来保持身体健康 ········· 52
　　通过食物选择和合理搭配来促进良好的营养吸收 ····· 57
　　使用材料通过幼儿的个人卫生和清洁来确保其健康 ··· 66
　　识别幼儿疾病的症状并及时应对 ························ 72

第三章　创建一个学习环境 ... 85
　　在适宜的空间创设具有刺激性的活动区 ... 87
　　为幼儿在室内活动区的自主活动提供适当的材料 ... 97
　　提供刺激性的户外学习活动 ... 115
　　在适宜幼儿发展的情况下使用技术 ... 119

第四章　提高身体技能 ... 129
　　指导幼儿发展大肌肉运动技能并提供适宜的材料和活动 ... 131
　　指导幼儿发展小肌肉运动技能并提供适宜的材料和活动 ... 145
　　为幼儿提供参与以运动为本的学习的机会 ... 152
　　为幼儿提供参加创造性舞蹈的机会 ... 154

第五章　提高认知技能 ... 161
　　描述学龄前儿童的认知发展过程 ... 163
　　通过感官探索帮助幼儿培养对世界的好奇心 ... 167
　　通过分类、比较和计数帮助幼儿发展关于世界的基本概念 ... 178
　　帮助幼儿通过高级思维和问题解决来应用其关于世界的基本概念 ... 187

第六章　提高交流技能 ... 199
　　提供能提升幼儿口语和听力的活动 ... 201
　　帮助双语学习者学习英语 ... 213
　　提供材料和活动以支持早期阅读 ... 217
　　提供材料和活动以支持早期书写 ... 229

第七章　提高创造性技能 ... 245
　　让幼儿通过自由发挥想象力来促进其创造性发展 ... 247
　　给予幼儿在戏剧表演游戏中发挥创造力的机会 ... 254
　　提供美工材料和活动让幼儿自主进行创造性探索 ... 258

　　　　鼓励幼儿创造音乐并享受音乐带来的乐趣 ·················266

第八章　建立积极的自我概念 ·················283
　　　　通过创设良好的班级环境帮助幼儿提高自我概念 ·········285
　　　　接纳自我并接纳幼儿 ·················291
　　　　接纳并尊重幼儿的多样性，帮助幼儿学会互相尊重 ·········301
　　　　帮助每个幼儿发展独立性并在班级中体验成功 ·············308

第九章　提高社会性技能 ·················319
　　　　帮助幼儿发展与他人和谐相处的社会性技能 ·············321
　　　　帮助幼儿学会通过分享与轮流来进行合作性活动和游戏 ·····327
　　　　帮助幼儿学会在不打断游戏的情况下加入正在进行的游戏 ···331
　　　　帮助幼儿学会寻找玩伴 ·················341

第十章　提供教师指导 ·················351
　　　　通过积极的引导帮助幼儿发展自控能力 ·················353
　　　　采取积极的预防措施帮助幼儿消除不当行为 ·············355
　　　　采取积极的干预措施帮助幼儿控制自身的不当行为 ·········364
　　　　使用积极的强化技巧帮助幼儿学习得当行为 ·············371

第十一章　促进家庭参与 ·················379
　　　　鼓励家庭参与幼儿园活动，以促进幼儿的健康成长 ·········381
　　　　让家长参与幼儿的学习活动 ·················383
　　　　了解不同家庭的成员构成并提供支持 ·················398
　　　　通过家长会建立教师和家长之间的良好关系 ·············403

第十二章　进行课程管理 ·················413
　　　　观察、记录和解读幼儿的需要和兴趣 ·················417

计划并实施生成性课程 ………………………………………………… 421
　　在日程安排中管理时间 …………………………………………………… 433
　　评估结果 …………………………………………………………………… 436
　　根据评估安排后续活动 …………………………………………………… 441

第十三章　促进教师专业化 …………………………………………………… 449
　　促进幼儿园教师的专业成长 ……………………………………………… 451
　　履行早期教育专业职责 …………………………………………………… 455
　　对待幼儿、家庭和同事的行为要符合道德准则 ………………………… 464
　　利用每个机会促进教师专业发展 ………………………………………… 469

附录A　成为一名儿童发展导师 ……………………………………………… 479
　　获得CDA证书 …………………………………………………………… 479
　　CDA认证申请流程 ……………………………………………………… 482
　　证明你的能力 ……………………………………………………………… 482
　　获得CDA证书 …………………………………………………………… 483
　　本书在CDA培训中的应用 ……………………………………………… 483

附录B　婴幼儿教师技能检核表 ……………………………………………… 485
　　使用指南 …………………………………………………………………… 485

参考文献 ………………………………………………………………………… 491

导 言

欢迎来到令人兴奋的幼儿教育世界。无论你是学生、教师、助教还是志愿者,你都会发现这个快速发展的领域提供了与那些可爱的3—5岁幼儿一起工作的无限机会。本书第十三章("促进教师专业化")中描述了你进入这个领域可能需要的培训和证书。附录A介绍了儿童发展导师(CDA)培训的相关内容。

大多数培训都是由高等院校或幼教机构自身所提供。本书为这类培训提供了入门教材。同时,本书还提供了另外一种选择:为需要提高工作技能的幼儿教育工作人员提供在职培训的选择,或者为新入职的幼儿教育机构志愿者提供入职培训。

在职培训的选择

对于想要提升幼儿教育技能的教师、助教和志愿者来说,在职培训是一种独特的方式。虽然本书可以用于传统的大学课程中,但是学习者也可以选择独立使用本书进行在职训练。本书由十三章组成,彼此间可以单独使用,也可以通过任意的组合或排序来满足个人的培训需求。对于接受职前培训的大学生来说,本书可以为其提供从事幼儿教育工作所需的基本技能。对于已经参加幼儿教育工作的人员来说,他们可能需要一次学习一两项技能。那么这些技能是什么呢?

◎ 以儿童发展导师为基础的技能培训

本书中的技能源自为儿童发展导师(CDA)培训项目开发的6个CDA能力标准(见附录A)。这些能力标准代表了对3—5岁幼儿负有主要责任者的基本能力。本书从这6个CDA能力标准中,抽取了13个被称为关键词的功能领域作为教师培训的重点。

各功能领域的具体章节

这13个CDA功能领域中的每一个都是构成本书各章的基础。这13个功能领域中的每一个都出现在自我评估工具"教师技能检核表"的标题中。因此,本书已将公认的CDA能力纳入学院制订的教师培训计划中,同时也为课堂上的教师、助教、实习生和志愿者提供在职培训。

◎ 能力标准、功能领域和对应章

CDA 能力标准 1:创设安全、健康的学习环境

功能领域	对应章
安全	第一章 创设一个安全的教室环境
健康	第二章 创设一个健康的教室环境
学习环境	第三章 创建一个学习环境

CDA 能力标准 2:提高身体素质和智力

功能领域	对应章
身体	第四章 提高身体技能
认知	第五章 提高认知技能
交流	第六章 提高交流技能
创造性	第七章 提高创造性技能

CDA 能力标准 3：支持社会性和情感的发展并提供积极的指导

功能领域	对应章
自我	第八章　建立积极的自我概念
社会性	第九章　提高社会性技能
教师指导	第十章　提供教师指导

CDA 能力标准 4：与家庭建立积极有效的关系

功能领域	对应章
家庭参与	第十一章　促进家庭参与

CDA 能力标准 5：确保运行良好、目标明确的幼儿园能够响应参与者的需求

功能领域	对应章
课程管理	第十二章　进行课程管理

CDA 能力标准 6：保持专业精神

功能领域	对应章
教师专业化	第十三章　促进教师专业化

(*CDA Preschool edition*, 2013, Washington, DC: Council for Professional Recognition.)

真正的学习发生在学生有机会实践理论观点的时候。因此，教师必须在真实的学前教育环境中进行课堂技能的学习。如果你已经在"开端计划"幼儿园、托幼中心、保育园、私立幼儿园或学前班中担任教师、助教或志愿者，你可以将幼儿教室作为完成指定章节内容学习的实践场所。如果你正在一所高等院校的学前教育专业学习，那么你需要到附近的一所幼儿园去做志愿者。

本书为幼儿教育机构中的主班教师提供了一个全面的培训计划。它将帮助那些已经在项目中工作的人评估他们的需求领域，并增强他们的技能。它还将帮助那些准备在此类项目中工作的人在课堂环境中发展入门级的技能。

◎ 教师技能检核表

作者开发了该检核表并进行了实践检验,作为一种对大学生、CDA 学员和候选人的初步评估工具和培训工具。它是基于先前提到的能力标准和为 CDA 开发的功能领域。

检核表上的每一项都代表一个功能领域,并包含三个具有代表性的表明特定技能领域的能力指标。本书的每一章都讨论了其中一个功能领域。因此,教师技能检核表不仅是教师培训的初步评估工具,而且是本书的大纲。有一点很重要,那就是,读者应参考本书的特定章节,以澄清或解释有关的检核表项目。

教师技能检核表

姓名_____ 观察者_____
机构_____ 日 期_____

说明:
在你看到的学生表现正常的项目前打"√"。
在没有机会观察到的项目前写"无"。
其他项目留空。

项目	证据	日期
1. 安全 ____提高每个活动区内玩具和材料的安全性。 ____计划并实施必要的应急预案。 ____通过教师的行为营造一个安全的教室氛围。		
2. 健康 ____鼓励幼儿遵循常见的健康和营养做法。 ____改进和使用材料,以确保幼儿的健康和清洁。 ____识别可能生病的幼儿的异常行为或症状,并为幼儿提供帮助。		
3. 学习环境 ____在适当的地方建立具有刺激性的活动区。 ____为幼儿的自主游戏和学习提供适当的材料。 ____营造一个活动丰富、压力较小的环境,在那里幼儿可以一起快乐地玩耍和学习。		

续表

4. 身体 ____评估幼儿的大肌肉运动技能，提供适当的设备和活动。 ____评估幼儿的小肌肉运动技能，提供适当的材料和活动。 ____给幼儿提供参与创造性运动的机会。	_____ _____ _____ _____ _____
5. 认知 ____帮助幼儿通过感官探索来培养他们对世界的好奇心。 ____帮助幼儿通过分类、比较和计数生活中的物体来发展他们对世界的基本概念。 ____帮助幼儿通过高水平的思考和解决问题，来应用其形成的关于世界的基本概念。	_____ _____ _____ _____ _____ _____
6. 交流 ____与个别幼儿（包括双语学习者）交谈，鼓励他们听与说。 ____使用图书和故事来激发幼儿听、说和进行前阅读。 ____提供支持幼儿进行前书写的材料和活动。	_____ _____ _____ _____ _____
7. 创造性 ____给幼儿时间、机会和自由去做假装和幻想的角色扮演游戏。 ____提供各种各样的美工材料和活动供幼儿自主探索。 ____鼓励幼儿创造和享受音乐。	_____ _____ _____ _____ _____
8. 自我 ____接纳自我和每个幼儿都是有价值的，并使用非语言暗示让幼儿知道自己被老师接纳。 ____接受和尊重幼儿的多样性，帮助幼儿互相尊重。 ____帮助每个幼儿在课堂上培养独立意识，体验成功。	_____ _____ _____ _____ _____ _____

续表

9. 社会性 ____帮助幼儿通过分享和轮流来学习如何进行合作性的工作和游戏。 ____帮助幼儿学习在不打扰他人的情况下参与正在进行的游戏。 ____帮助幼儿学会寻找玩伴。	
10. 教师指导 ____采取积极的预防措施来避免幼儿的不当行为。 ____采取积极的干预措施来帮助幼儿控制不当行为。 ____使用积极的强化技术来帮助幼儿学习适当的行为。	
11. 家庭参与 ____让家长参与幼儿的活动。 ____识别并支持结构不同的家庭。 ____通过班级家长会来建立教师和家长的关系。	
12. 课程管理 ____观察、记录和解释幼儿的需要和兴趣。 ____根据幼儿的需要和兴趣计划与实施一项生成性课程。 ____评估结果并安排随访。	
13. 教师专业化 ____致力于早期教育专业化发展。 ____对幼儿、家庭和同事做出的行为符合道德规范。 ____抓住一切机会提高专业化发展水平。	

(Permission is granted by the publisher to reproduce this checklist for evaluation and record keeping.)

对在职培训选项的评估

你需要安排一名培训师在幼儿教室环境中使用"教师技能检核表"对你的技

能进行初步评估。如果你是在一家幼儿教育机构工作，那么导师、教育协调员或机构主管就可能成为你的培训师。重要的是，培训师应该是拥有丰富幼儿教育经验的人，他们能够客观地评价你的课堂技能，并在培训中给予你支持。

你首先必须使用检核表进行自我评估，检查你所实施的项目并记录数据。你的培训师也会这样做，访问你一次或多次以完成检核表。然后你们应该比较一下结果。在审查收集到的数据之后，你们可以决定在本书的十三章中你需要阅读哪几章，并完成章尾的"学习活动"。在接下来的时间里，培训师可以重新审视你的课堂，看看你是如何提高技能的。

有些培训师会以不同的方式使用检核表，根据其中一个功能领域为全体工作人员安排一个在职培训讲习班，请大家阅读适当的章节，并在研讨会开始前完成学习活动。之后，培训师会访问每间教室，去看看大家是如何应用所学技能的。

发展适宜性实践

除了本书所介绍的材料，学生和学员还需要了解我们的专业组织——全美幼教协会（NAEYC）——制定的全国幼儿园教师指南，全国各地的幼儿教育机构都在贯彻这套指南。这套针对所有幼儿园教师的指南被称为发展适宜性实践。你的教学方式和教学内容应该与这些指南的精神保持一致。

科普尔和布雷德坎普（Copple & Bredekamp，2009）解释认为，发展适宜性实践（DAP）要求教师满足儿童的需要。教师必须充分了解儿童，必须促使儿童能够达到富有挑战性的、可实现的目标。如果他们能够充分地了解儿童，就能做到这一点。以下三个基本因素可以帮助教师确定适合儿童发展的实践内容。

- 它必须具有年龄适宜性。
- 它必须具有个体适宜性。
- 它必须具有社会、文化和语言适宜性。

《幼儿园教师的13项专业技能》第十版中的内容，就是根据这套指南来编写的。作为一名学生、学员、志愿者或教师，你也应当遵循上述三个原则来应用本书中的这些信息和观点。教师为贯彻 DAP 原则所采取的措施，可以进一步由优质教学的五个关键点来定义。

- 创建一个充满关爱的学习共同体。
- 开展促进儿童发展与学习的教学。
- 规划课程以实现重要目标。
- 评估儿童的发展和学习。
- 与儿童的家庭建立互惠关系。

《0—8 岁儿童发展适宜性教育》（*Developmentally Appropriate Practice in Early Childhood Programs*[1]，3e，Copple & Bredekamp，2009）这本书正迅速成为全国范围内的幼儿教育机构实践的标准。它详细地阐明了什么是发展适宜性实践，以及该如何用它来帮助幼儿教育机构中的儿童及其家庭。

NAEYC 幼儿教育机构标准

除了遵循上面描述的发展适宜性实践之外，学生、学员、志愿者和教师还需要了解由全美幼教协会（NAEYC）制定的两套项目标准，以确保高质量的幼儿教育。第一套是于 2012 年修订的《NAEYC 幼儿园教师专业准备标准》（*NAEYC Standards for Early Childhood Professional Preparation Programs*），可以在全美幼教协会的网站上找到。

第二套是 2012 年修订的《NAEYC 幼儿教育机构标准与认证标准》（*NAEYC Early Childhood Program Standards and Accreditation Criteria*），它是对 2006 年生效的 NAEYC 认证标准的最新修订。幼儿教育机构将这些标准作为认证指标使用。

本书在各个章节中使用了一系列适当的标准，要求读者描述他们将如何达到书中所列出的标准。作者在其另一部相关的著作《观察幼儿的发展》（*Observing*

---

[1] 第三版的中文版《0—8 岁儿童发展适宜性教育》（刘焱等译）已于 2021 年 7 月由中国轻工业出版社出版。——译者注

Development of the Young Child,8e,Beaty,2014)中,对儿童进步的评估做出了更充分的讨论。教学是件严肃的事情,教育幼儿更应如此。不过,这也应该是一项快乐的事业,对你和幼儿来说都应该是非常有趣的事情。所以,请你好好享受吧!

推荐读物

Copple, C., Bradekamp, S., Korelek, D., & Charner, K. (eds.) (2009). *Developmentally appropriate practice: Focus on preschoolers*. NAEYC.

Kostelnick, M.J., Rupiper, M., Soderman, A.K., & Whiren, A.P. (2013). *Developmentally appropriate curriculum in action*. Boston: Pearson.

Marion, M. (2013). Positive guidance in the early years: Using developmentally appropriate strategies. *YC Young Children*, *68*(5), 6–7.

Washington, V. (2013). CDA: Supporting people and advancing our field. *YC Young Children*, *68*(5), 68–70.

第一章

创设一个安全的教室环境

学习目标

在本章你将学会：

- ◆ 营造安全的教室环境。
- ◆ 提高每个活动区内玩具和材料的安全性。
- ◆ 确保户外操场的安全性和可靠性。
- ◆ 计划并实施必要的应急预案。
- ◆ 通过教师行为营造安全的教室氛围。
- ◆ 保障每个幼儿的人身安全。

营造安全的教室环境

我们首先要了解的是幼儿对教室环境的感受如何。他们是否感受到安全和舒适？如果幼儿感到不舒适和害怕，他们可能会无法放松和享受教师所提供的活动。如果教室环境太杂乱、太嘈杂，或充斥着太多具有攻击性的小伙伴，他们甚至可能会抵制参与学习。

作为一名教师，你需要确认物理环境中不存在任何可能会吓到幼儿的东西。你的科学区里是否有蛇、蜘蛛或者老鼠？当一些幼儿想到这些动物可能会逃脱时，他们就会感到紧张。因此，你可能需要以不同的方式去规划你的科学活动。

以自身为例。当你进入这个环境，发现自己将要花去大部分的时间逗留于此时，你会感受如何？教室里有充足的空间和足够有趣的活动吗？其他幼儿是否都玩得很开心而不是到处乱跑？教师应该通过帮助每个幼儿接触有趣材料的方式，来营造一种关心每个幼儿的教室氛围。

全美幼教协会（NAEYC）课程标准：安全

描述一下你所在的幼儿园将如何达到以下标准。
- 用于实施课程的材料和设备应在具有适宜的挑战性的同时为儿童提供安全保障。
- 在教室里为儿童提供各种机会和材料，以提高他们对安全规则的认识。
- 儿童有机会来实践安全程序。

资料来源：NAEYC. (2008) *NAEYC Early Childhood Program Standards and Accreditation Criteria: The Mark of Quality in Early Childhood Education*. Washington, DC: National Association for the Education of Young Children (NAEYC). Copyright © 2008®. Reprinted with permission.

除了教室，你还必须检查盥洗室、出口、楼梯和户外游乐区的情况，要确保它们是干净、整洁和安全的。虽然维护人员有责任来清洁和修理建筑物和地面，但是作为一群幼儿的领导者，你有责任确保环境的真正安全。

◎ 盥洗室

湿滑的地板可能是导致幼儿受伤的最常见原因。请务必在白天不时地检查盥洗室的地板，并在发生溢水时进行地板清洁。每天都应该对水槽和厕所进行清洁、消毒，并擦洗地板。如果水槽的设计不符合幼儿的身高尺寸，请利用坚固的防滑凳来帮助幼儿使用。水温不应该超过40℃。用蓝色和红色的冷热符号来标记水龙头的位置。

要始终把用于对盥洗室进行清洁和消毒的材料存放在幼儿接触不到的柜子中，并确保锁住含有腐蚀性或有毒性物质的柜子。如果需要把急救包或其他材料存放在盥洗室里，那么请把它们放在幼儿拿不到，但不影响成人使用的地方。

◎ 楼梯／出口

进出建筑物的楼梯怎么样？幼儿能否触摸到栏杆？台阶是否坚固、无损？如果地面需要铺设地毯，那么地毯是否平正、完好无缺？作为一名幼儿园教师，你应为建筑物里有关幼儿安全的这些方面负责。虽然其他人员有责任进行修理和更换，但是报告问题并确保问题得到解决，以保障环境的真正安全也是教师的责任。地面上设置的脚印样图标可以作为引导幼儿出入的标识。幼儿看护机构设置的出口标准包括：建筑物不同的侧边至少有两个出口，以在地面上形成一个直接通向户外的开放性区域。出口应是开放性的，以便发生火灾或其他危险时能够让幼儿逃脱到户外或楼梯间。表1-1中的安全检核应该检查以上原则的落实情况。

表1-1 盥洗室、楼梯和出口安全检核表

盥洗室	楼梯/出口
____清洁水槽，冲洗厕所	____标注清晰的出口
____提供坚固的梯凳	____每间教室都有两个出口
____清理湿滑的地面	____楼梯的台阶平正、无破损，使用防滑材料
____锁住清洁和消毒材料	____地毯、垫子平正，无磨损，防滑
____幼儿接触不到的急救包	____照明良好的楼梯
____可用的洗手液，纸巾	____幼儿可触及的栏杆

提高每个活动区内玩具和材料的安全性

幼儿教室里的活动区是每所幼儿园的核心和灵魂。正是在这里，教师为幼儿开展了大部分的活动。这些活动区通常包括美工区、积木建构区、图书区、电脑区、烹饪区、表演区、大肌肉运动区、操作/数学区、音乐区、沙/水/感官区、科学/探索区、木工区和书写区。幼儿使用这些活动区的安全程度取决于教师对活动区的设置。

玩水桌周围是否有湿滑的地板？应该预想到，粗心的幼儿可能会滑倒。沙盘桌有没有配护目镜？应该预想到，当幼儿用粘着沙子的手指揉搓未受保护的眼睛后会大哭。对于所有想使用表演区的幼儿来说，其空间会不会太小了？应该预想到，在表演区的幼儿可能会出现很多拥挤、推搡和大声抱怨的情况。

确保你的活动区对所有幼儿来说都是安全的。设备、家具的尺寸以及复杂程度都应该与幼儿的需要相适应。家具的布置应该能够让幼儿（包括那些使用轮椅或矫正器等移动辅助工具的幼儿）自由活动。这种精心的安排告诉幼儿，他们的学习方式是被理解和尊重的。

美国消费者产品安全委员会（U.S. Consumer Product Safety Commission，USCPSC）负责检验儿童的玩具和材料，以确保安全性。该委员对被认为不安全的材料会定期召回。教师可以访问美国消费者产品安全委员会的网站，接收关于材料召回的电子邮件。

美工区

美工区应位于水源附近，这样便于幼儿清洗刷子和小手，而且绘画用的水不会那么容易溅出。美工区可能要设置一个或多个画架，一个或多个用于进行平面绘画和手工艺品制作的桌子，与幼儿身高相匹配的搁物架，供幼儿自行选择和归放的美工材料。教师的美工材料最好存放在幼儿无法接触到的橱柜中。

对于幼儿来说，锋利的剪刀要比钝的剪刀用起来安全得多，钝的剪刀可能会滑落并割伤幼儿。小而锋利的剪刀可以帮助幼儿安全地发展操作技能。周边的成人应该在幼儿使用剪刀的时候保持警惕，并让幼儿用完剪刀后把它放在旁边搁物架上的剪刀盒里。

用无毒材料替换有害的美工材料。有些粉笔含铅。教师要联系美工与创意材料研究所，检查所认证的安全材料。要使用水性无毒涂料和胶水。即使是橡胶胶水，吸入体内也是有害的。可以使用白胶代替。

要避免使用粉末状黏土、蛋彩画颜料或速溶纸。使用造型沙时，要确保幼儿佩戴护目镜，防止幼儿用粘着沙的手指擦拭眼睛。当使用荧光粉时，要让幼儿从振动筛上将其取出并且避免用手直接接触。如果荧光粉沾在手指上，一定要让幼儿擦洗干净，因为当幼儿揉眼睛时，荧光粉容易对其眼睛造成伤害。所有的供幼儿使用的美工材料应无毒、不易燃、溶于水。不要使用细小的手工材料、拼贴珠、纽扣和宝石，因为年幼的孩子可能会把它们放进嘴巴、鼻子或耳朵里。

积木建构区

积木块应该竖着摆放在木架上，以便幼儿选择和归还。要确保木架是固定的，必要时可以把木架靠在墙上，这样即便有人撞到架子，也不会将积木打翻砸到正在玩耍的幼儿身上。积木建构区的主要安全特征是积木建筑的高度。一些教师允许幼儿使用和他们一样高的单元积木块或大型的空心积木块进行建构。另一些教师则允许幼儿爬上椅子，尽可能地建构积木，直至他们所能达到的高度。危险的是，建筑物可能会倒塌砸在另一个幼儿身上，而正在旁边攀爬的幼儿可能会因此跌倒并受伤。教师必须判断这种情况是否会给幼儿造成安全隐患。如果教师需要优先考虑这类安全问题，应该在开始时就与幼儿一起建立积木建构区的安全使用规则。

缺乏识字能力的幼儿无法阅读书面规则，可是教师为什么不给他们展示带有图片的规则呢？教师可以在旁边画一张建筑物的轮廓图来显示允许的高度，另一张图片则显示超过安全高度的建筑轮廓。在每张图片下面附上一个简单的规则，如"刚刚好"或"太高"。大多数幼儿很快就会明白这些字和图片的含义。

教师应检查小型卡车、汽车、人物、动物和玩具屋家具等积木配件，确保其没有破损或参差不齐的部件。平铺的地毯区域是最适合幼儿的建筑空间。骑乘卡车玩具不允许放在这里，因为它们可能会撞到建筑物或正在建筑的幼儿。

图书区

图书馆或阅读角应该是一个能够让幼儿舒服地躺在地板上或蜷缩在软沙发上阅读的地方。教师需要确保地板上铺有地毯，以便在寒冷的冬天也能够保持足够的温度，并将阅读角设置在远离寒风的位置。要确保地板上的靠枕或豆袋椅不会意外地盖住散热孔。如果教室里有摇椅，教师需要帮助幼儿学会控制和使用它们。幼儿往往会被儿童摇椅吸引，但是他们坐上去后有可能摔倒或伤害到他人。应把书架设置在足够低矮的位置，这样幼儿就不会为了拿不到书而爬上书架。

电脑区

如果教师设置的这个活动区方便又安全，那么幼儿就可以通过自学来使用这些功能强大的互动学习工具。当幼儿使用这种贵重的设备时应该坐着而不是站着。一次可以让两个幼儿同时坐在一台电脑前的儿童座椅上，将显示器放在与他们的视线齐平的位置，而不是放在其视线上方的成人电脑桌上。电源线应该插在机器后方的墙壁插座里，远离幼儿的触及范围。不要使用可能会绊倒幼儿的电源延长线。相反，应该将电脑的电源插头插入电源插座中。教师应保持电脑键盘远离水源，不要让幼儿用湿手去摸电脑键盘。幼儿在使用电脑前应该洗手。在不使用电脑的时候，教师需要遮盖住键盘或者将其移至幼儿无法触及的区域，以防止幼儿把玩键盘或插入微小的物体。

烹饪区

大多数州都有关于托幼中心的安全许可和保险条例。教师还需要了解当地有关幼儿园和托儿所热食准备的安全规定。有些幼儿园不允许在教室里使用电动设备，如微波炉、电炉或搅拌机。有些则只允许在专门的厨房区域进行加热烹饪。可以在教室里处理不需要加热的食物。但是无论如何，在准备食物期间，必须始终有一名成人待在烹饪区。可以将电气设备插入插座中，但是在不使用时需要覆盖插孔。幼儿可以安全地学习使用刀具和刮刀，但是成人应该在周边监督指导。

表演区

可以用适合幼儿尺寸的橱柜、冰箱、炉灶和洗手池隔成一个表演区，来供幼儿开展假想游戏。玩具的安全性是表演区要特别关注的问题。教师需要检查玩具娃娃的细小零件，因为幼儿很可能会将其拧下并且吞掉。要拿走那些带有纽扣、玻璃眼睛和珠子的玩具娃娃。确保幼儿佩戴的耳环应该足够大，珠串也需要完好无损。细小的物体有时会被幼儿放进鼻子或耳朵。要拿走那些带有弹簧、金属丝或尖锐零件的玩具。要检查彩绘玩具，确保其有无毒标签。

如果教师需要使用塑料餐具、刀具或勺子，那么要确保它们完好破损。当然，切刀是不适合用于游戏的。要确保镜子是防碎的，而易碎的餐具仅限于在地毯区域使用。取下装饰在衣服上的拉绳。确保挂表演服的钩子不与幼儿的视线平齐。

在幼儿的游戏环境中不允许使用乳胶气球，因为幼儿可能会对乳胶过敏。对幼儿来说，其他类型的气球也是危险的，因为当气球破碎时可能会给幼儿带来窒息的风险（Bergen & Robertson，2013）。

大肌肉运动区

在室内攀爬设备和翻滚区域应该铺设垫子或其他足够厚实的材料进行缓冲，以防止幼儿摔伤造成伤害。从一开始就应该为攀爬者制定安全规则。如果有带轮子的骑乘车辆，请通过交通标志和"安全游戏"字样来建立安全规则。这是一种幼儿通过游戏和有趣的活动来学习安全规则的方式。

教师要选择适合幼儿开展室内游戏的设备。对于大多数学龄前儿童来说，他们很难在不受伤的情况下使用跷跷板。阁楼应该不高于 1.2~1.5 米。在顶部有坚固的栏杆显得很重要。如果围栏上有板条，那么板条的间距应该足够近，以防止幼儿的头部卡进去。幼儿该如何爬上阁楼？使用台阶要比梯子更安全些。教师在任何时候都应该对阁楼进行监控，并且限制在阁楼上玩耍的幼儿的数量。

> **全 纳 教 育**
>
> 有生理缺陷的幼儿应该参与教室里所有活动区，包括大肌肉运动区的活动。教师要想办法让他们能够安全地体验到大肌肉运动的方式。坐轮椅的幼儿可以通过投掷和抓握软球或已充足气的球（不是气球）的方式。真正的全纳意味着所有的幼儿都能被纳入所有的课堂活动中。教师需要运用聪明才智去接纳每一个幼儿。例如，在抛接游戏中，可以让每个幼儿都像坐轮椅的小朋友一样坐在椅子上来开展游戏。

操作 / 数学区

如果你班上有 3 岁或更小的幼儿，请确保为其提供的串珠和用于计数的物品都是大号的。3 岁的幼儿经常把小物件放进嘴巴、鼻子和耳朵里。尽可能使用大号的计数和分类物品，并放在附近搁物架上的透明塑料容器里。检查游戏是否安全及玩具是否破损，清除任何带有毛刺、金属丝或油漆剥落的东西。

> **全 纳 教 育**
>
> 对于行动不便的幼儿来说，桌子应该足够结实以支撑他们的体重。否则，覆盖地毯的区域可能会更便于他们开展操作性游戏。要选择大号的操作性玩具。使用边缘凸起的托盘来放置小号的玩具材料。将旋钮粘在拼图上，更便于幼儿操作。（Wellhousen & Crowther，2004）

音乐/倾听区

CD[1]播放机、磁带录音机、播放器和电子键盘的电线应该放在幼儿接触不到的地方。不允许幼儿插入或拔出电源设备。如果可能，最好使用电池供电的播放器。但是，要避免使用装小号汞电池的设备，因为这些电池可能会被幼儿意外吞下。如果幼儿用耳机听磁带或CD，那么一定要用常规的方式控制播放的音量，以避免音量太大损伤幼儿的听力。将绿色和红色的胶带分别粘贴在设备的启动和停止按钮上，给幼儿启动和停止设备的视觉提示。

沙/水/感官区

幼儿在沙盘桌旁边玩耍时应该戴护目镜，防止沙子进入眼睛。桌子周围溢出的水和沙子会导致地面很滑，应该及时清理干净。从沙盘上洒出的米也会使地面特别滑。在附近放置适合幼儿使用的拖把、扫帚和簸箕，这样他们就能帮忙清理。幼儿通过执行这一成人任务，不仅会为自己和教室感到自豪，而且学会了在其他环境中也有益的安全行为。首先，为了防止沙水溢出，在游戏桌中投放的材料应铺得浅一些。幼儿在玩几厘米深的水时可以获得与玩满桌水时一样多的乐趣和学习效果，而且能够不打湿衣服。

要确保操作沙、水的玩具和工具没有破损、生锈或锋利的边缘。不要使用玻璃容器，如婴幼儿食品罐或玻璃滴管。可用塑料制成的杯子、容器、瓶子、漏斗、滴管和吸管代替它们。

在装水之前，每周至少用消毒水给玩水桌清洁和消毒一次。还要对幼儿所使用的玩具进行清洁和消毒。让幼儿在玩水前洗手。避免使用海绵类玩具，因为它们可能会滋生细菌。在游戏结束后，应该把水倒掉。

科学/探索区

把幼儿收集到的种子或豆子放在透明的保鲜膜下，而不是将其敞开。如前所述，有些幼儿会将这些物品放入口中，而其中的一些种子或豆子可能有毒。确保每天清洁动物笼子，并给动物提供食物和水。

---

[1] CD，即Compact Disc的缩写，中文名称为"激光唱片"。——译者注

对于那些想吃叶子或浆果的幼儿来说，如果吞食了某些有剧毒的室内植物，就会对其构成较大的危害。如果教室里有植物，请将其放在幼儿接触不到的位置。与其警告幼儿不要吃这些叶子或浆果，不如直接消除这种诱惑。如果教师强调"不许吃"，那么某些原本没有吃植物想法的幼儿反而会因为教师的"提醒"而去尝试！表1-2列出了一些常见的有毒植物。如果幼儿吃了有毒植物，请立即致电当地的毒物控制中心，联系方式应张贴在电话机旁的墙壁上。在幼儿接受治疗前请遵循毒物控制中心的指示。但是，目前的研究并不支持在医院外催吐。

表1-2　常见的有毒植物

室内有毒植物	室外有毒植物	
• 蔓绿绒	• 冬青	• 红豆杉
• 槲寄生浆果	• 芥菜	• 铃兰
• 万年青	• 绣球花	• 蘑菇
• 一品红叶子	• 杜鹃花	• 黑刺槐树
• 蓖麻子	• 大黄叶子	
• 樱花树	• 曼陀罗	
• 夹竹桃		

资料来源：Adapted from *Safety in Preschool Programs*, Janice J. Beaty, 2004, Columbus, OH: Pearson Education, Inc. Based on Caring for Our Children, National Health and Safety Performance Standards: Guidelines for Out-of-Home Child Care Programs (p.23) by the American Academy of Pediatrics and the American Public Health Association, 2002.

木工区

幼儿在木工区应该和在玩沙区一样戴上护目镜，大多数幼儿都非常喜欢这种体验。幼儿可以使用小型的锤子、锯子、钳子和螺丝刀。大多数儿童玩具并不是用真实的木头和钉子做成的。幼儿可以通过观察工作人员或家长的演示来学习如何安全地使用真实的工具。有相关操作经验的幼儿也可以演示给初学

应监督幼儿的木工切割活动。

者看。限制在该区活动的幼儿数量也可以降低一定的安全隐患。

木工激发了男孩和女孩的极大兴趣。钉子和天花板材料更容易为初学者成功使用。可以在操作的材料下面铺上小地毯来减少噪声。将不用的钉子放入有盖的容器里，防止钉子掉落在地板上。让幼儿参与制定规则，在木工区张贴上简笔画规则："一次进入两个小朋友""只有老师在场时才可以使用工具""任何时候都需要戴护目镜"。教师或工作人员应向幼儿示范该如何使用工具。

> **全 纳 教 育**
> 可使用高尔夫球座和泡沫塑料来帮助那些肌肉力量较弱的幼儿学习捶打。

◎ 书写区

这是目前最重要的活动区，整个教育系统都应把重点放在提升幼儿的读写能力上。可以用一张桌子、几把椅子和放置书写材料的架子简单地设置一个书写区。但我们也可以安排得更有趣，如设立一个办公室，邀请更多的幼儿参与进来。在桌子上放上台灯、文件柜、收纳篮、卷笔刀、玩具电话和旧手机等会使书写区显得更加逼真。可以将钢笔、铅笔、记号笔、垫板、平板电脑、文具、信封、邮票、印章、回形针和订书机等存放在架子上的容器或桌子的抽屉里。

将桌子靠墙摆放，把台灯的电源插头插入桌子后方的插座里，不要使用延长线。盖住任何未使用的墙壁插座。鼓励幼儿只在书写区使用这些材料。例如，当幼儿拿着尖尖的铅笔在手中晃动时，可能会意外地刺伤别人。确保记号笔和盖印章用的油墨无毒。

◎ 电动玩具和电子游戏

大多数由电池驱动的玩具和电子游戏都不适合出现在幼儿教室里。幼儿可以在家里使用这类玩具。在幼儿园里，幼儿应该借助于玩具创新自己的行为，而不是被动地观看电动玩具。

◎ 安全检核表

采用安全检核表是建立和维护安全型活动区最有效的方式之一。它有助于教师在最初时考虑创设一个安全的教室,并帮助其每天检查教室里的安全情况。表1-3"活动区安全检核表"满足了这一目标。每天都会有不同的幼儿作为助理安全检查员和教师一起检查每个活动区。这种亲身实践的方法能够以最直接有效的方式教会幼儿理解安全。

表1-3　活动区安全检核表

美工区	大肌肉运动区
____在成人的监督下使用剪刀 ____清除有毒材料 ____清理水渍 ____玩造型沙和荧光粉时佩戴护目镜	____攀爬设备下面有垫子 ____制定了骑乘车辆安全规则 ____阁楼的高度与成人的视线持平 ____栏杆之间的间距紧密 ____球体玩具是用柔软材料制成的
积木建构区	操作／数学区
____有低矮且坚固的独立式搁物架 ____限制积木建筑物的高度 ____积木部件无破损 ____骑乘卡车不能进入积木建构区	____清除小珠子或小号计数器 ____清除破损、油漆脱落的材料 ____清除锋利的或尖锐的材料
图书区	音乐／倾听区
____铺设合适的地毯 ____暖风通风口不会被意外覆盖 ____摇椅远离在地板上玩耍的幼儿 ____书架低矮且坚固	____幼儿触摸不着电线 ____清除装有汞电池的设备 ____控制耳机和播放器的音量
电脑区	水／沙／感官区
____电脑显示器的高度与幼儿的视线持平 ____幼儿触摸不到电源保护器的电线 ____水和液体远离电脑区	____水和沙子浅一些,不能溢出 ____及时清理溢出的水或沙子 ____清除破损、生锈或玻璃材质的器具 ____玩沙时佩戴护目镜
烹饪区	科学／探索区
____烹饪设备符合安全规范 ____在成人的监督下使用尖锐的工具 ____成人控制电器的使用	____用透明塑料盖住幼儿的收藏物 ____幼儿触摸不到水族箱和孵化器的电线 ____活的植物都无毒 ____小心管理宠物,保持笼子清洁

续表

表演区	木工区
____玩具和布娃娃上没有可拆卸的部件 ____耳环很大，串珠完好无损 ____餐具是塑料的且完好无损 ____挂衣钩位于幼儿视线水平的上方	____在成人的监督下使用小型成人工具 ____佩戴安全护目镜 ____强制执行安全规则
书写区	**室内基本条件**
____桌子靠墙放置 ____台灯的电源插头插入墙上的插座内 ____没有延长线 ____削好的铅笔放在书写区 ____使用无毒的记号笔和油墨	____地板平正，完整 ____暖气管要覆盖且与幼儿的活动区隔开 ____烟雾探测器、灭火器可正常使用 ____用来分隔活动区的材料要用柔软材料包裹

资料来源：Adapted from *Safety in Preschool Programs*, Janice J. Beaty, 2004, Columbus, OH: Pearson Education, Inc. Reprinted with permission.

室内基本条件

检查你的教室里的供暖系统。除非是用非石棉绝缘材料进行保护，否则不允许暖气管裸露在外。应该把散热器和加热器移开，以防止幼儿直接触摸。消防法规或保险条例通常禁止使用便携式电力或煤油加热器。确保烟雾探测器和灭火器等安全设备处于正常的工作状态，工作人员应知道在发生火灾时该做什么，以及该如何使用这些设备。

不应该让幼儿接触到电线和金属丝。尽量避免使用插线板。将水族箱、孵化室和其他的室内电器设备放置在幼儿无法接近的电源插座附近。裸露的电源插座应装有插座保护盖。

检查墙壁、家具和橱柜是否有油漆脱落的情况。幼儿喜欢把掉落的油漆碎片捡起来放进嘴里。确保家具表面是用砂纸打磨光滑的，并且家具是用无铅油漆重新粉刷过的。不要等到有幼儿受伤了，才把损坏的玩具和家具拿出来修理。检查木质家具和房间的隔板是否有裂缝，若有裂缝，要及时修复。房间隔板的边角呢？如果幼儿被隔板的边角碰到会受伤吗？教师可能需要使用胶带和软性材料对隔板锋利的边角进行包裹。

教师一定要把地毯铺平正。地毯上的褶皱会绊倒幼儿。活动区的地毯应该配有防滑垫。铺设好地毯后，幼儿就可以坐在地板上玩耍嬉戏。圈绒地毯特别适合幼儿使用，因为它在保持较好外观的同时，还很便于轮椅在其上面活动。在烹饪区和美工区容易发生溢洒的情况，投放可清洗的地板覆盖物会显得更为实用些。

> **全纳教育**
>
> 检查教室里的物理环境，判断是否需要针对有特殊需求的幼儿对环境进行改造。针对有生理缺陷的幼儿，教师可能需要将架子或盛水的容器放置于特殊的高度。在地板上设置彩色的脚印或粘贴彩色宽胶带，以引导幼儿识别通往教室里不同区域的路线。

确保户外操场的安全性和可靠性

仔细选择户外游戏设备，确保其大小尺寸、用法和安装位置适合学龄前儿童的发展水平。由于安全问题，不建议3—5岁的幼儿在操场上玩秋千。美国消费者产品安全委员会建议，在诸如滑梯或攀岩设备这类游乐设施的周围至少要有2.4米的安全区域，同时在每个设施的下方及周围应设计一个有弹性的安全地面。可以用沙子、木屑、碎树皮或专用垫子来铺设安全地面，而不能使用草、泥土、混凝土或者柏油路面。

应使用带有护栏和平台的儿童滑动设备。攀爬和滑动设备应用混凝土做底座固定在地面上。清除有潜在危险的设施，如大多数的旋转木马、秋千、蹦床和跷跷板。对于学龄前儿童来说，跷跷板是一种危险的运动器材。当幼儿在较低的一端意外跳起时，即使是一个小小的跷跷板也会致使另一端的幼儿摔

木屑在滑梯的末端可起到缓冲作用。

下。对于大多数 3—4 岁的幼儿来说，安全地使用跷跷板是一项非常复杂的技能，因此大多数教师都不愿意让幼儿玩跷跷板。

当没有成人在旁监督时，秋千上的幼儿或秋千旁边就会发生太多的事故。即使秋千的座椅是用安全材料制成的，幼儿在荡秋千时也会给在其后方行走的小朋友带来安全隐患。

对于多数学龄前儿童来说，大部分旋转木马都难以安全地使用。当传统的旋转木马在移动时，上下木马可能会导致幼儿摔倒；当木马快速旋转时，许多学龄前儿童无法保持身体平稳。当木马开始转动时，即使有成人在场监督，也很难防止意外事故的发生。下图中的三轮车式旋转木马是一个例外，幼儿可以在教师的监督下安全使用。

骑三轮车式旋转木马相对更安全一些。

操场上的设备安全吗？教师应该仔细检查以确保没有松动的零件、尖锐的边角或细长的裂片。操场上不应该有一些可能会卡住幼儿头部、身体或缠住幼儿衣物的空隙或突出物。美国消费者产品安全委员会提供了安全产品指南。以下是全美幼教协会（NAEYC）课程标准。

> **全美幼教协会（NAEYC）课程标准：户外环境**
>
> 描述一下你所在的幼儿园将如何达到以下标准。
> - 室外游乐设备的设计应符合儿童的年龄和发展水平，位于明确界定的半私人空间内，儿童可以在这里独自或与同伴一起玩耍……
> - 儿童获得跑步、攀爬、平衡、骑行、跳跃、爬行、猛跑或晃动等运动体验。
> - 沙箱的构造允许排水；在不使用时需要锁住；定期清理异物；必要时应经常更换沙子。
> - 游乐区保护儿童避免跌倒；弹性表面应超过固定设备的1.8米距离。
> - 保护儿童免受尖锐物和突起物绊倒的危险，避免设备被过度地风吹日晒。
>
> 资料来源：NAEYC. (2008) *NAEYC Early Childhood Program Standards and Accreditation Criteria: The Mark of Quality in Early Childhood Education*. Washington, DC: National Association for the Education of Young Children (NAEYC). Copyright © 2008®. Reprinted with permission.

作为一名教师、助教或实习生，你在操场上具有非常重要的安全职责。当幼儿去户外游戏时，你必须陪同，在幼儿之前到达操场，确保营造一个安全的环境。如果操场上存在奇怪的动物或陌生人时，应该及时处理，在必要的情况下可以将幼儿送回教室。在幼儿玩耍时，你应该是一个充满警惕的观察者，不要将时间花在与另一个成人聊天上，而应该时刻观察幼儿在攀爬或滑动设备上玩耍时随时可能出现的危险情况。

最后，应将操场与马路、车道或停车场适当地隔开。每次在使用操场前，请务必先检查操场上是否有碎玻璃或其他危险的碎片。幼儿应该拥有一个充满趣味、没有危险的操场。幼儿可以作为操场的助理检查员，每天帮助教师使用表1-4"户外操场检核表"来检查操场。

表 1-4　户外操场检核表

____操场用栅栏围起来
____清除碎片和碎玻璃
____清除蘑菇、有毒植物和浆果
____清除操场上的石头，填平地上的洞，以免幼儿被绊倒
____在攀爬和滑动设备下铺设合适的缓冲垫
____正确地固定大型设备
____滑梯和其他金属设备没有生锈
____木制设备没有开裂
____高处平台上护栏的板条间距紧密
____对设备尖锐的边角、缺失或松动的部件进行处理
____不使用时盖上沙箱
____设备和骑行玩具适合幼儿的身体尺寸
____使用时有成人的充分监督

资料来源：Janice J. Beaty, *Skills for Preschool Teachers*, 9e. Copyright © 2012 by Pearson Education, Inc.

在安全的情况下使用三轮车、踏板车和其他骑乘设备可能会令幼儿感到兴奋。幼儿在骑自行车时应使用适宜的头盔，下车后需要立即摘掉头盔，以防止头盔在幼儿使用其他设备时被夹住。一些州为有需要的幼儿提供了免费的安全教育项目，同时派发头盔配件并指导幼儿安装。

全 纳 教 育

请运用你的聪明才智，设法让有生理缺陷的幼儿也能够参与操场上的活动。你是否认为有视力障碍的幼儿不能骑三轮车？弗林和基弗（Flynn & Kieff，2002）认为可以在另一名幼儿的车上安装一个蜂鸣器，这样视力受损的幼儿就可以根据听到的声音来参与游戏。他们需要骑得很慢，而你作为安全监督员要时刻守护在旁。

> **关于操场安全活动的引导性图书**
>
> 如果教师能够在操场上每次给一组幼儿阅读一本适宜的图书,就可以借此来介绍安全措施,从而让幼儿开始理解安全。
>
> 在动物故事书《小鸡》(*Chicken Chickens*,Gorbachev,2001)中,母鸡妈妈带着她的两只小鸡宝宝来到操场上,但是他们不敢尝试游戏设备,直到海狸让他们坐在自己的尾巴上帮助其滑下滑梯。让幼儿仔细观看图片,判断这个操场是不是一个安全的地方。幼儿能指出哪些东西是安全的,哪些东西是不安全的吗?有没有人注意到成人都在坐着说话——却没有关注他们的孩子?让幼儿在积木建构区建构属于自己的安全操场。
>
> 关于骑自行车和操场活动的引导性图书包括:
>
> 《我可以做任何自己的事情》(*I Can Do Anything that's Everything All on My Own*,Child,2008);
>
> 《迈克和他的自行车》(*Mike and the Bike*,Ward,2005,带CD);
>
> 《现场的女王》(*Queen of the Scene*,Latifah,2006);
>
> 《莎莉·琼——自行车女王》(*Sally Jean, the Bicycle Queen*,Best,2006)。

计划并实施必要的应急预案

当教师为幼儿的安全需求做规划时,一定要考虑到可能出现的紧急意外情况。可能包括:急需采取应急行动的疾病或伤害;需要及时预防的恶劣天气;需要紧急逃离的火灾、洪水、爆炸或地震。

◎ 突发的疾病或伤害

教师需要了解幼儿。是否有幼儿患有哮喘或糖尿病等慢性病?心脏病?呼吸困难?癫痫疾病?过敏反应?出血问题?每个幼儿的健康记录应存放在教室里,以便教师快速参考。教师应在幼儿父母和健康专业人员的建议下,于年初为有紧急健康需求的幼儿制订计划。如班上有英语非母语的幼儿，则应确保在遇到紧急情况时能联系上会说这个孩子的母语的人。教师应该有他们的电话号码。对各种症状应保持警惕，并学会识别可能预示着紧急情况的幼儿表现。应知道最近的急救室的位置以及到那里需要花费的时间。应有随时可用的交通工具。必要时请拨打"911[1]"急救电话。

事故紧急处理

在电话机旁边张贴警察、治安官、消防部门、医生、救护车、医院和毒物控制中心的紧急电话号码。教室里的所有成人都应该熟悉张贴这些电话号码的位置。此外，在电话机旁边张贴处理紧急情况的简单指南，如果是双语幼儿园，那就用两种语言来写简单指南。应该将幼儿的家庭电话号码、父母的手机号码、其他联系人的姓名和联系方式张贴在电话机旁，并放在急救箱里随身携带，以便及时与幼儿的家人联系。

所有直接接触幼儿的工作人员都应该获得儿科急救认证资格，掌握人工呼吸和窒息急救等技能。相关技能培训需由以下组织进行：美国红十字会，美国心脏协会或国家安全委员会。培训课程应包括表 1–5 所列出的应急处理情况。

表 1–5　应急处理情况

• 过敏反应	• 头部受伤
• 流血	• 被昆虫、动物和人类咬伤
• 呼吸困难	• 丧失意识
• 烧伤	• 中毒
• 窒息	• 剧烈的疼痛
• 惊厥	• 休克
• 口腔急症	• 扭伤、骨折
• 遭受电击	• 呕吐
• 眼睛受伤	

资料来源：Adapted from *Skills from Preschool Programs*, 9e, Columbus, OH: Pearson Education, Inc., 2012. Based on Caring for Our Children, National Health and Safety Performance Standards: Guidelines for Out-of-Home Child Care Programs (p.23) by the American Academy of Pediatrics and the American Public Health Association, 2002.

---

[1] "911"是美国的报警电话，中国报警电话为"110"。——译者注

在紧急情况下，可以与工作人员就每个人的职责来制订计划。在一起演练一下，看看作为一个团队成员，你所能做出的最好反应。你所在的幼儿园还应该专门安排一次员工会议讨论急救程序。常备两个材料齐全的急救箱，一个用于教室，另一个用于实地考察。确保每个员工都知道该如何使用急救箱里的所有材料。表1-6列出了美国红十字会批准的急救箱的内容。

表1-6　急救箱检核表

___吸收性压缩剂	___卷绷带
___胶布绷带	___剪刀
___抗生素软膏	___消毒纱布
___消毒巾	___三角绷带
___冷压机	___镊子
___氢化可松软膏	___急救说明书
___洗手液	___幼儿父母的电话号码
___非玻璃温度计	___毒物控制中心的电话号码
___非乳胶手套	___钢笔/铅笔/记事本
___口腔温度计	___手电筒
___塑料垃圾袋	___手机

资料来源：Based on *redcross.org/get-kit*, Internet.

◆ 意外受伤事件

幼儿可以听一些有关帮助伤者的故事，还可以通过在表演区扮演医生、护士的方式来了解需要急救的情况。教师可以给幼儿读一些诸如《爱可以架起一座桥梁》(*Love Can Build a Bridge*, Judd, 1999) 的故事书，它讲述了不同种族儿童之间互帮互助的情况。故事中，第一个男孩帮助另一个在滑梯上受伤的男孩，第二个男孩帮助一个在滑冰时摔倒的女孩，第三个男孩帮助一个在跳绳时手臂受伤的女孩。让幼儿选择故事中的一个角色，并说出在同样的情况下自己将会做什么。

准备好处理擦伤和瘀伤。

如果真的发生了幼儿意外受伤事件，应该记下事件的内容、事件发生的时间、幼儿的反应以及教师的反应。在幼儿园事故报告表上将这些信息传递给家长和急救人员，并保留一份复印件。

◇ 突发的天气事件

恶劣的天气可能会导致突发事件，教师和保育员必须保护幼儿。当龙卷风、飓风、台风、雷雨、洪水、海啸、风暴和沙尘暴的预警发布或拉响警报时，幼儿园必须立即启动应急预案。针对不同类型的风暴需要执行不同的应急规则。学习适用于你所在地区的应急规则，并与幼儿一起练习，直到他们能够迅速而不慌乱地做出反应为止。在适当的时候，需要进行"卧倒并藏好"（Duck-and-Cover）等安全演练，必要时还要演习紧急撤离。

第一章　创设一个安全的教室环境

关于在突发天气状况下活动的引导性图书

国内的每个地区都会出现类似的风暴。即使风暴不像龙卷风或飓风那样具有威胁性，但是如果发生在幼儿参加活动的时候，他们同样也会感到非常害怕。阅读一本有关风暴的图书可以帮助幼儿谈论自己的恐惧以及该如何克服恐惧心理。

《砰！惊雷声和一只小狗》（*BOOM! Big, Big, Thunder & One Small Dog*, Ray, 2013）：小狗罗西什么都不怕，不怕警车、消防车和卡车上的鸣笛声；不怕洗澡，也不怕黑暗的阴影。但是当打雷时，她却会吓得要死，想找个地方躲起来，让可怕的天空看不见她。最后，她跑向她的孩子，挤在他的身边，直到咆哮的天空平静下来。让幼儿谈论让他们感到害怕的事情，以及该如何克服这些恐惧情绪。

龙卷风是在某些州经常发生的突发天气事件。幼儿需要了解当警报响起时自己该怎么做。如果幼儿喜欢《米妮阿姨和龙卷风》（*Aunt Minnie and the Twister*）的故事，就让他们谈论一下那些很久以前的农场孩子的生活与自己的生活有何区别。如果他们今天和米妮阿姨住在一起，发生龙卷风时应该怎么办？

关于在突发天气状况下活动的引导性图书包括：

《米妮阿姨和龙卷风》（Prigger，2002）；

《大风暴》（*The Big Storm*, Tafuri，2009）；

《地震！》（*Earthquack!*, Palatini，2002）；

《滴答，滴答，砰，砰》（*Tap Tap Boom Boom*, Bluemle，2014）。

◇ 紧急撤离

在某些情况下需要一定的规则和秩序。紧急撤离建筑物就是其中之一。消防演习、地震演习、化学品泄漏、炸弹爆炸、民众骚乱或其他街头突发事件都要求尽快撤离建筑物。幼儿应该反复练习这个过程，以保证每个人都能够做到不慌不忙。不要等消防检查员来教幼儿做这件事。教师、幼儿和家长都有责任确保应急疏散顺利完成。表1-7列出了紧急撤离建筑物的规则。

表1-7 紧急撤离建筑物

1. 让幼儿井然有序地排好队	4. 按照最快捷的安全路线撤到建筑物外面
2. 教师在前，工作人员在后	5. 在建筑物外的疏散地点集合
3. 携带应急行李袋和日常考勤表	6. 清点人数，确保幼儿全部到齐

资料来源：Adapted from *Safety in Preschool Programs*, Janice J. Beaty, 2004, Upper Saddle River, NJ: Pearson Education, Inc. Reprinted with permission.

全 纳 教 育

有生理缺陷的幼儿在紧急撤离时往往可能需要特殊的帮助。确保幼儿园里的斜坡、栏杆和扶手等位置合乎安全需要。教室里的工作人员应该分别照顾有特殊需要的幼儿，帮助他们安全并快速地离开大楼。如果是多语幼儿园，那么紧急出口的标志和方位图也应该以多种语言标识。在建筑物外指定一个安全的区域，让幼儿可以在紧急撤离时前往那里集合。

关于消防活动的引导性图书

在进行应急演习之前，教师可以和幼儿交谈，并准备给他们读一些故事。

《明戈小姐和消防演习》（*Miss Mingo and the Fire Drill*，Harper，2009）是一个轻松的故事，讲述了明戈小姐的动物班是如何学会在发生火灾时正确应对的。他们滑稽地练习撤离，直到最终到达正确的地点。你班上的幼儿会怎样帮助明戈小姐呢？让他们进行自我练习吧。

其他有关消防的引导性图书包括：

《消防站！》（*Firehouse!*，Teague，2010）；

《这就是消防员》（*This Is the Firefighter*，Godwin，2009）；

《消防员也会拥抱自己的母亲》（*Even Firefighters Hug Their Moms*，Maclean，2002）；

《停止坠落》(*Stop Drop and Roll*, Cuyler, 2001);

《恐龙救援》(*Dinosaur Rescue*, Dale, 2013)。

邀请消防员访问教室和幼儿参观消防站都是可以促进幼儿了解火灾的方式。他们还需要了解烟雾警报器的声音以及警报响起时该怎么做，或者处于一个烟雾弥漫的房间里该怎么办。

扮演消防员是幼儿最喜欢的角色之一。《消防站！》和《这就是消防员》这些图书能够有效地吸引幼儿来扮演这些角色，或者把表演区塑造成消防站。一定要听听幼儿之间正在进行的谈话，这有助于了解幼儿对消防安全的认识情况。

紧急疏散计划

要提前与员工、家长、幼儿和疏散人员一起制订紧急疏散计划，这一点很重要。学校或幼儿园负责人需要安排不同年级的疏散地点。有时可能也需要公共汽车或其他交通工具。当幼儿入学时或计划改变时，应及时告知家长相关信息。还应准备一个应急行李袋并随时待命，由一名工作人员负责携带它。表1-8列出了应急行李袋中的物品。

表1-8 应急行李袋中的物品

- 瓶装水
- 纸杯
- 零食（饼干，干果）
- 使用电池的广播喇叭和备用电池
- 毯子
- 急救箱和急救手册
- 每个幼儿和工作人员的紧急联系人信息
- 每个幼儿的照片
- 手机
- 带有游戏和歌曲的卡片

资料来源：Adapted from *Safety in Preschool Programs*, Janice J. Beaty, 2004, Upper Saddle River, NJ: Pearson Education, Inc. Reprinted with permission.

通过教师行为营造安全的教室氛围

教师的行为

教师的行为是帮助幼儿快速、明智地应对突发安全事件的关键。教师和其他工作人员必须保持镇静、冷静、放松并努力控制局面。无论教师感到多么不自在,都不应该在表情或言行中表现出来。要把注意力集中在幼儿身上,帮助他们渡过难关,而不是让自己变得惊慌失措或歇斯底里。表1-9提供了一些建议。

表1-9 紧急情况下的教师行为

- 保持安静:帮助幼儿保持安静,自己也要保持安静,轻声细语
- 运用肢体语言:微笑,点头,与每个幼儿进行眼神交流
- 接近:抚摸幼儿,拥抱他们,牵着他们的手,用手臂抱住他们
- 使用语言提示:使用平静的话语,使用称赞的话语
- 安静地笑:小声地说出一个诙谐的词语或一句打油诗,做鬼脸
- 牵手:每个人手拉手围成一圈(站着或坐着)

消除恐惧

如今,世界上总会发生一些意想不到的事情。教师和工作人员应尽可能地做好应对各种灾害的准备,无论这些灾害是常见的还是不常见的,是预期的还是意外的,是轻微的还是严重的。所有这些情况发生时都会让人产生恐惧。恐惧是一种破坏性的情绪,会在经历恐惧的人当中引起恐慌和混乱。如果你意识到这一点,就可以通过你的行为来帮助幼儿消除恐惧。教师也可以和幼儿谈论他们可能存在的恐惧以及该如何应对这些情绪。除了前面提到的紧急情况外,幼儿的恐惧可能还包括担忧父母不来接自己,以及对黑暗、巨大的噪声和动物的恐惧。

> **关于讨论恐惧的引导性图书**
>
> 《停电》（Blackout，Rocco，2011）讲述了对黑暗的恐惧并不能征服停电后的家庭。一天晚上，故事主人公所居住的整个城市都停电了。一个小女孩尖叫着："妈妈！妈妈！"她的母亲就在那里拿着手电筒。一家人爬到楼顶去看看发生了什么事，然后走到街上参加街区的聚会。把灯关掉，让幼儿谈谈他们会怎么做。谈话可以消除恐惧。

当教师给予幼儿无条件的爱时，可以帮助幼儿在遇到危机和困惑的时候消除恐惧。表1-9中所列的教师在紧急情况下的六种行为体现出了对幼儿的爱。这种爱反过来促进了幼儿彼此之间的爱与安全感的建立，能够有效地驱散幼儿的恐惧。

监督教室里的活动区

幼儿教育机构非常幸运，因为在任何时候都有不止一名工作人员在场。教师、助教以及作为第三方工作人员的实习生或家庭志愿者，都可以通过监督活动或在必要时采取预防措施来保障幼儿的安全。应通过员工会议规划好每个人员的角色。还应将志愿者纳入计划，并适时为其安排一个角色，帮助他们在发生危机和事故时表现出冷静沉着的行为，并知道该如何应对危急情况。

当其他工作人员与幼儿在特定的活动区工作时，教师作为负责安全的主体，需要监督整个教室。要确保房间的隔板不是太高，以便教师能够观察到所有的幼儿。如果课程安排需要一次使用多个房间，那么要确保每个房间里都有工作人员。

一些诸如大肌肉运动区、电脑区、木工区和烹饪区等活动区都需要安全监督。盥洗室、操场和楼梯也是安全监督区域。教师需要留意所有活动区里的幼儿，但请注意不要被幼儿发现。工作人员在监管中越表现得不引人注目，幼儿就越能够独立自主地探索活动或活动区。

预测不安全行为

幼儿的不安全行为表现为多种形式。可能包括在教室里或走廊上奔跑，推搡其他幼儿，爬得太高，玩得太粗野，或者用某些危险的方式使用材料。教师可以通过提前预测这类不安全行为来降低危险。设计好物理环境，让幼儿没有不受控制的奔跑空间。在走廊或城市街道上散步时，要让幼儿结伴而行。仔细监督潜在的不安全情况。

幼儿喜欢玩水。如果他们往教室或盥洗室的地板上洒水，就会让环境变得湿滑。教师需要坚定地阻止他们，而不是以严厉的方式，如可以通过让幼儿帮助教师清除水渍的方式来阻止这类行为。要让这一任务变得有趣，而不要让幼儿觉得自己是在接受一种惩罚。

◎ 纠正不安全行为

告诉幼儿"不要再爬到那么高的地方"或"不要再搭建那么高的大楼"，都不能解决安全问题。这样的命令只会鼓励幼儿爬得更高、搭建得更高。敏锐的教师发现处理这种情况的最好方法之一，通常是转移幼儿对不安全行为的注意力，让幼儿去注意别的事物，而不是反复提及不安全的行为。

在空心积木块上攀爬会导致幼儿摔倒。

例如，教师可以亲自去寻找幼儿（不要在教室的另一边大喊大叫），让幼儿展示自己是如何水平攀爬的，或者展示如何搭建一个非常宽阔的建筑物。再给幼儿一次挑战的机会，往往能够将潜在的危险行为转变为更具有建设意义的行为。

◎ 树立安全行为的榜样

教师和工作人员应是幼儿学习安全行为的榜样。当他们看到教师采取预防措施来使用锯子、锤子、刀子或电气设备时，他们也会模仿这类行为。教师的行为比试图告诉或教幼儿正确的规则更有效。当教师在做出正常的成人安全行为时，请口头描述给幼儿听。如："看到我怎么切南瓜了吗？""我把刀移开，这样就不会被割伤。现在你来试一试。"同时，教师也不应该做出任何不安全的行为，比如在教室里喝热水或者在活动区里放一杯热咖啡。

教师、工作人员和志愿者应该在课堂上讨论安全措施，以便所有人员能够在为幼儿设定安全标准一事上达成共识。这种共识将帮助教师始终如一地执行这些规则。幼儿不需要通过被动的方式来遵守规则。在大多数情况下，他们可以通过实践或在情境中学习规则。

◎ 幼儿参与制定安全规则

让幼儿参与制定每个活动区的安全规则。所有人都应该就这些规则达成一致意见。如：一次允许多少个小朋友进入木工区？安全范围内的建筑物高度是多少？是否允许小朋友站在椅子上搭建超过安全高度的建筑物？幼儿需要知道这些问题的答案。如果允许幼儿参与制定规则，他们将更愿意遵守这些规则。

不要用规则加重幼儿的负担。要制定每个幼儿都能理解且教师也可以轻松执行的简单规则。幼儿应该关注一些关于安全的基础知识，如不能伤害自己或他人。成人有时过分地关注规则与规定。在规则太多的情况下，幼儿根本就不会遵守。所制定的规则应是最基础的，简单明了，并且数量少些。

◎ 汽车和校车安全

大多数州都制定了有关幼儿乘坐汽车安全管理的法规。法律规定，4岁以下的儿童在乘坐私家车时必须坐在符合国家安全标准的汽车座椅上。作为一名教师，你可以通过组织课堂游戏来鼓励幼儿遵守这一规则。可以在表演游戏时带一个汽车座椅，让幼儿自己或用布娃娃来练习使用，也可以把安全带系在座椅上，让幼儿假装开车。

与幼儿一起谈论校车安全（见表1-10）。如果有幼儿乘坐校车来幼儿园或学校，那么年初时就应该邀请校车司机来介绍校车安全问题。幼儿应该怎样坐在行驶的校车上？他们应该在校车上表现出怎样的行为？此外，幼儿还应该外出到一辆停着的空校车上练习"校车礼仪"。有些教师喜欢通过阅读图书的方式来引导幼儿学习校车礼仪。

表 1-10　校车安全

- 不要在校车行驶时站着
- 不要把胳膊和手伸到窗户外面
- 保持校车的通道畅通无阻
- 降低音量，使司机能够听清他人的话
- 迅速遵从司机的指示
- 上下车时排列一个队行走
- 距离停放的校车 3 米远
- 永远不要站在停放的校车后面

关于校车安全活动的引导性图书

读完这本书之后，在表演区把椅子按照校车里的座位进行排列，并让幼儿选择你投放的道具：司机的帽子，背包，玩具仓鼠和笼子，午餐盒，梳子和刷子，杂志，笔记本和铅笔，交易卡，图书，iPod[1] 和耳机。幼儿可以在再次阅读时重演故事。

《校车停，校车开》（*Bus Stop Bus Go*，Kirk，2001）讲述了一个精彩的故事，仔细看插图，倾听幼儿在乘坐校车上学时的谈话，然后判断他们在乘坐校车时的哪些行为是安全的、哪些行为是不安全的。让每个小组的听众就每一页的内容，都提出关于如何使校车达到正常的安全标准的建议。幼儿遵守了哪些校车礼仪？没有遵循哪些礼仪呢？这是一种能够让幼儿学习这些礼仪的最佳方式。

有关校车安全活动的其他引导性图书包括：

《桥升起来了》（*The Bridge Is Up*，Bell，2004）；

《我是你的巴士》（*I'm Your Bus*，Singer，2009）；

《小校车》（*The Little School Bus*，Roth，2002）；

《我们一起去旅行》（*We All Go Traveling By*，Roberts，2003，包含 CD）；

《校车的车轮》（*The Wheel on the School Bus*，Moore，2006，包含歌曲）。

---

[1] iPod 是苹果公司设计和销售的系列便携式多功能数字媒体播放器，全称为 internet portable audio device。——译者注

实地考察安全

实地考察需要特别做准备。教师需要熟悉实地考察的地点，为幼儿提前做好准备。是否存在特殊的安全隐患需要提前告知幼儿？例如，在参观农场时，幼儿应与动物保持多远的距离？坐拖拉机去如何？去消防站时，是否允许幼儿攀爬消防车？参观博物馆有需要特别注意的事项吗？

此外，幼儿可能需要学习如何结对走路，如何穿过繁忙的街道，以及如何在教师出发前学会等待。成人和幼儿都需要提前了解这些程序。应指定家长或志愿者陪同几个幼儿或照顾一个需要特殊帮助的幼儿。提前和这些成人交谈，交代他们的角色、对他们的期待以及在发生危急情况时他们该如何应对。他们还需要了解幼儿行为的局限性，以及如何提醒幼儿遵守已经掌握的实地考察礼仪（见表1–11）。

表1–11 实地考察礼仪

- 步行时跟小伙伴手拉手
- 跟大家一起走，不要跑到前面
- 乘车时坐在小伙伴旁边
- 在现场紧跟小伙伴，不要走散了
- 听从老师或家长志愿者的话
- 如果被吓到了，去找老师或志愿者
- 如果落单了，去向现场的某个大人求助

如果幼儿乘坐汽车、公交车或地铁去，那么他们、司机或家长必须要知道幼儿在车内的安全行为与不安全行为。其中一名成人应该具有儿童急救证书，并随身携带急救箱。为了预防在任何实地考察中可能出现的安全问题，请尽可能地使用与幼儿相同的交通方式，提前对该地点进行初步的考察。然后，教师可以记录有关工作人员和幼儿的安全准备情况。与考察地点的工作人员交谈，如果他们有安全规则或建议，教师需要提前知道。当教师在实地考察的时候，要试着预测充满活力的幼儿可能会尝试做些什么。这些事情有危险吗？当幼儿脱离群体或独自离开时该怎么办？可以派一个工作人员去检查这个问题。

在进行实地考察之前,与幼儿一起讨论他们将要去哪儿,将如何到达那里,到达时将做些什么和看到什么,以及教师可能发布的任何特殊指示。教师给每名幼儿指定一个与他结对的小伙伴。让幼儿与小伙伴一起在教室里练习怎样结伴行走。可以阅读一本书来帮助幼儿了解结对小伙伴的角色。

关于实地考察礼仪的引导性图书

《博物馆里的贝利》(*Bailey at the Museum*,Bliss,2012)是一本优质的读物,描述了朋友的角色。贝利是一只斑点狗,陪着学生去科学博物馆上课。他确实需要一个小伙伴。让幼儿根据图片说出他们将如何解决这个问题。

保障每个幼儿的人身安全

保障幼儿的人身安全包括保护他们免受暴虐性成人的伤害。成人对幼儿的性虐待是主要危险之一。

虽然教师已经提醒幼儿需要警惕"陌生人—危险",有些人可能会让幼儿觉得保护自己免受成人的伤害是幼儿自己的责任。如果我们相信3—5岁的孩子能够成功地避开成人的虐待,那么这就是在自欺欺人。如果幼儿被教导去做什么,但随后发现自己无法阻止虐待,他们的负罪感可能会加深其心理伤害,并继而会认为受到虐待是源于自己的过错。

那么,我们应该在保护幼儿的责任上扮演什么角色呢?我们应该用自己的常识来帮助幼儿学会不要和陌生人待在一起,不要接受陌生人的搭讪。但是,恐吓的方式和"陌生人—危险"这类电影和课程不适合用在幼儿身上。

我们应该仔细分析自己想要传达给幼儿的信息。并非每个陌生人都存在危险。这不应该成为"正常触摸"与"不当触摸"的判断因素之一。那么学龄前儿童该如何区分这两者呢?如果引导不当,我们可能会培养出一代偏执的孩子,导致他们在长大后彼此保持距离。我们是否想生活在一个把触摸和拥抱都视为威胁行为的社会中？相反，我们应该鼓励幼儿做以下事情。

- 当幼儿感到不舒服时，应该和值得信赖的成人交谈。
- 幼儿应该只和值得信赖的成人一起上街或坐车。
- 当幼儿不确定该如何做时，他们应该问一个值得信赖的成人。

儿童护理人员和家长需要参与讨论这个敏感问题，并知道如何在幼儿园和家里应对这个问题。教师可以邀请心理学家或健康专家来讲述专业知识。教师的目标应该是让幼儿学会对自己和周围的人感觉良好。

你和工作人员还应该采取一些特别的预防措施，防止幼儿与除指定的家长、看护人以外的任何人离开幼儿园。如果你不认识的人要求带幼儿回家，请不要答应，可打电话给幼儿园主管寻求帮助。否则，你应该妥善照顾幼儿，直到有合适的成年照护人员接替为止。

◎ 欺凌

如今涉及幼儿人身安全的另一个问题是欺凌。负面的欺凌行为包括某个幼儿对另一个幼儿的戏弄、嘲弄、辱骂、威胁、打击，或一个幼儿偷窃另一个幼儿的物品。这种行为通常会针对一个人并且持续重复直到有人阻止为止。实施欺凌的幼儿会感觉自己具有威胁或伤害他人的能力。受害者往往感到无能为力，并且害怕告诉老师。

学龄前儿童是否存在欺凌行为？很遗憾的是，某些幼儿确实存在这类行为。或许我们在早年没有听到太多关于欺凌的事情，这主要是因为被欺凌的幼儿不善于表达。他们往往太害怕恶霸，不敢告诉父母或老师。虽然在传统上往往认为欺凌者中男孩较多，但其实女孩同样也可能成为欺凌者。男孩在欺凌中倾向于使用身体攻击，而女孩则倾向于使用关系攻击（即八卦和排挤）和身体攻击。无论欺凌以何种形式存在，它都是一个重要的安全问题。

不管幼儿周边是否存在欺凌行为，教师都需要采取措施，创造一个安全的学习环境，防止发生欺凌事件。首先需要让幼儿认识欺凌，这样就不会存在隐瞒不报现象。教师需要公开谈论什么是欺凌，以及当幼儿看到或受到欺凌时，应该如何向值得信任的成人报告。阅读一本积极的关于欺凌的图书将是一个良好的开始。

关于讨论欺凌的引导性图书

每次给两三个幼儿读这个故事，让他们坐在足够近的地方看图片。

在《雀斑女孩和躲球霸王》(Freckleface Strawberry and the Dodgeball Bully, Moore, 2009)这本故事书中，一个聪明活泼的小女孩害怕体育馆里霸道的帕特里克，因为他在躲球游戏中把球扔得太用力，以致会伤到每个小朋友。当她最后一个离开时害怕地蜷缩成一团，但是当球没有伤到她时，她变得非常可怕，对着帕特里克大声咆哮。他受到了惊吓，他们最终成了好朋友。

他们喜欢雀斑女孩的行为吗？如果他们害怕帕特里克该怎么办？有人提到如果帕特里克不停止就会告诉老师吗？欺凌者通常缺乏交友的技巧，所以他们往往只会恐吓别人。教师可以帮助每个幼儿找到一个好伙伴。

其他以欺凌为主题的引导性图书有：

《露西和欺凌者》(Lucy and the Bully, Alexander, 2008)——破坏东西；

《霸王永远不会赢》(Bullies Never Win, Cuyler, 2009)——骂人；

《小美洲驼和霸王山羊》(Llama Llama and the Bully Goat, Dewdney, 2013)——卑劣行径；

《恶霸》(Bully, Seeger, 2013)——骂人。

本章小结

营造安全的教室环境

本节提供的信息将帮助你创建和维护安全的教室环境，减少和预防伤害。幼儿可以通过游戏、阅读图书、戏剧表演和其他发展适宜性活动，学习需要在楼梯、安全出口、盥洗室、实地考察场所等处和在校车、汽车上练习的安全规则和预防措施。

提高每个活动区内玩具和材料的安全性

教师应该能够评估房间内的活动区域是否存在安全隐患,例如:可能会绊倒幼儿的电线,外露的加热管或通风口,湿滑的地板,不平正的地毯,以及房间隔板的边缘和尖角。教师应该了解如何在每个活动区通过图示标志、简要的基本规则、必要时的监督、预测和纠正幼儿的不安全行为,以及角色扮演和示范安全行为等方式来提升环境的安全性。

确保户外操场的安全性和可靠性

确保所有操场设备都适宜幼儿的发展水平,并在选择和检查所有部件时遵循基本的安全建议。请注意,成人在操场上的监督尤为重要。

计划并实施必要的应急预案

教师应该意识到为幼儿突发疾病和意外受伤设计应急预案的重要性,以及随时为事故发生做好急救准备的重要性。教师还应了解在演习或真实发生火灾、地震、突发天气状况或紧急撤离建筑物时应该遵循的基本程序。

通过教师行为营造安全的教室氛围

保持冷静,通过积极的、充满爱的行为帮助幼儿消除恐惧,这将有助于幼儿在危机时刻保持冷静。作为教室里安全行为的榜样,教师需要迈出第一步,向幼儿及其家人保证,你所在的幼儿园是认真致力于保障每个幼儿的安全与福祉的。

保障每个幼儿的人身安全

当教师了解欺凌以及如何阻止欺凌时,幼儿的人身安全也将成为教师的关注点。在讨论某些诸如潜在的成人虐待等敏感问题时,请与家长及看护人员一起沟通协调。

道 德 困 境

你班上有一个情绪不正常的幼儿。该幼儿的行为已经扰乱了班级的正常活动,并占用了教师和其他幼儿的大量时间。该幼儿打人、踢人和扔重物等行为已经影响到了其他幼儿的安全。而其家长拒绝将其转到更合适的教育机构。你和幼儿园该如何平衡这名特殊幼儿与班上其他幼儿之间的需求?

你可知道

1. 为什么新入学的幼儿有时会在幼儿园的教室里感到不舒服？
2. 卫生间最常见的致伤原因是什么？
3. 什么可能导致幼儿在楼梯上受伤？
4. 为什么钝一些的剪刀比锋利的剪刀更危险？
5. 为什么一些粉笔很危险？
6. 为什么不能在教室里使用乳胶气球？
7. 哪三种室内植物有毒？
8. 教师应该在教室里使用什么电动玩具？
9. 在紧急情况下，教师如何消除幼儿的恐惧？
10. 教师如何防止幼儿之间的欺凌？

学习活动

1. 阅读本章中引用的一本或多本推荐读物。准备一个装有10张卡片的卡片夹，在卡片上详细记录你对于如何提升教室安全性的具体想法，并标注参考文献来源。

2. 使用表1-2、表1-3和表1-4中的安全检核表评估教室、盥洗室和操场的安全性。你有什么改进建议？

3. 让一名工作人员负责组织消防演习或紧急撤离演习。观察并记录发生的情况。报告结果并提出改进建议。

4. 帮助一个小组的幼儿使用本章中的观点和技巧来学习特定的安全概念。如果你不是幼儿园教师，请撰写一份将会用来教授安全概念的教案。

5. 列出你们班的急救箱里的物品，并描述每种物品的用途。

6. 描述你将如何重新布置教室，或针对有特殊需求的幼儿对教室环境做出独特的安排，以便他们可以与其他幼儿一起参加活动。

推荐读物

Berson, I. R. & Baggerly, J. (2009). Building resilience to trauma: Creating a safe and supportive early childhood classroom. *Childhood Education*, *85*(6), 375–379.

Breffni, L. (2014). The just culture model: A roadmap to a safer environment. *Exchange*, *36*(2), 44–46.

Kourofsky, C.E. & Cole, R.E. (2010). Young children can be key to fire-safe families. *Young Children*, *65*(3), 84–87.

Marotz, L.R. (2015). *Health, safety, and nutrition for the young child*. Stamford, CT: Cengage.

Mercurio, M.L. & McNamee, A. (2008). Monsters that eat people—Oh my! Selecting children's literature to ease children's fears. *Dimensions of Early Childhood*, *36*(2), 29–37.

Myers, P. & Mendel, M. (2014). When disaster strikes: What to do when you have children in your care. *Exchange*, *36*(1), 80–82.

Olsen, H. (2013). Creating and enriching quality and safe outdoor environments. *Dimensions of Early Childhood*, *41*(3), 11–17.

Pizzolongo, P. & Hunter, A. (2011). I am safe and secure: Promoting resilience in young children. *YC Young Children*, *66*(2), 67–69.

Raisor, J.M. & Thompson, S.D. (2014). Guidance strategies to prevent and address preschool bullying. *YC Young Children*, *69*(2), 70–75.

Rose, B. (2014). Childhood injuries: An ounce of prevention. *Exchange*, *36*(2), 25–28.

Smith, C.J., Hendricks, C.M., & Bennett, B.S. (2014). *Safety*, 3e, St. Paul, MN: Redleaf Press.

Sorte, J., Daeschel, I., & Amador, C. (2014). *Nutrition, health, & safety for young children*, 2e, Boston: Pearson.

儿童图书

Alexander, C. (2008). *Lucy and the bully*. Morton Grove, IL: Albert Whitman.

Bell, B. (2004). *The bridge is up!* New York: HarperCollins.

Best, C. (2006). *Sally Jean, the bicycle queen*. New York: Farrar, Straus and Giroux.

Bliss, H. (2012). *Bailey at the museum*. New York: Scholastic Press.

Bluemle, E. (2014). *Tap tap boom boom*. Somerville, MA: Candlewick Press.

Child, L. (2008). *I can do anything that's everything call on my own*. New York: Grosset & Dunlap.

Cuyler, M. (2001). *Stop drop and roll*. New York: Simon & Schuster.

Cuyler, M. (2009). *Bullies never win*. New York: Simon & Schuster.

Dale, P. (2013). *Dinosaur rescue*. Somerville, MA: Nosy Crow.

Dewdney, A. (2013). *Llama llama and the bully goat*. New York: Viking.

Godwin, L. (2009). *This is the firefighter*. New York: Hyperion.

Gorbachev, V. (2001). *Chicken chickens*. New York: North-South Books.

Harper, J. (2009). *Miss Mingo and the fire drill*. Somerville, MA: Candlewick.

Judd, N. (1999). *Love can build a bridge*. New York: HarperCollins.

Kirk, D. (2001). *Bus stop bus go*. New York: G. P. Putnam's Sons.

Latifah, Q. (2006). *Queen of the scene*. New York: HarperCollins.

Maclean, C.K. (2002). *Even firefighters hug their moms*. New York: Dutton Children's Books.

Moore, J. (2009). *Freckleface strawberry and the dodgeball bully*. New York: Bloomsbury.

Moore, M.A. (2006). *The wheels on the school bus*. New York: HarperCollins.

Palatini, M. (2002). *Earthquack*. New York: Simon & Schuster.

Prigger, M.S. (2002). *Aunt Minnie and the twister*. New York: Clarion Books.

Ray, M.L. (2013). *Boom! Big, big thunder & one small dog*. New York: Disney/Hyperion Books.

Roberts, S. (2003). *We all go traveling by*. Cambridge, MA: Barefoot Books.

Rocco, J. (2011). *Blackout*. New York: Disney/ Hyperion Books.

Roth, C. (2002). *The little school bus*. New York: North-South Books.

Seeger, L.V. (2013). *Bully*. New York: Roaring Book Press.

Singer, M. (2009). *I'm your bus*. New York: Scholastic Press.

Tafuri, N. (2009). *The big storm*. New York: Simon & Schuster.

Teague, M. (2010). *Firehouse*. New York: Orchard Books.

Ward, M. (2005). *Mike and the bike*. Salt Lake City, UT: Cookie Jar Publishing.

第二章

创设一个健康的教室环境

学习目标

在本章你将学会：

- 营造以幼儿为中心的健康的教室环境。
- 鼓励幼儿通过锻炼和休息来保持身体健康。
- 通过食物选择和合理搭配来促进良好的营养吸收。
- 使用材料通过幼儿的个人卫生和清洁来确保其健康。
- 识别幼儿疾病的症状并及时应对。

营造以幼儿为中心的健康的教室环境

健康习惯，就像那些安全行为习惯一样，最好是通过成人在教室里的行为示范，或通过轻松的游戏、故事和适宜性的活动等方式来教给幼儿。例如，要让幼儿觉得关于营养成分的知识有意义，可以通过真实有趣的课堂食物体验，而不是通过记忆基本的食物类别。幼儿在饭前学习洗手，不是因为他们知道洗手可以杀死细菌，而是因为洗手是一项他们想要参与的充满活力的成人活动。

幼儿健康

幼儿健康可以定义为一种积极的健康状态。它需要丰富的营养饮食、充足的运动和健康的休息或睡眠。新鲜的空气和户外运动是刺激室内活动的必要因素。最重要的是，幼儿的价值观、兴趣、态度以及与周围人的关系，能够帮助他们变得快乐、健康并茁壮成长（Sorte，Daeschel，& Amador，2014）。

为了让幼儿园能够支持促进幼儿健康的有益实践，教师需要了解幼儿目前的身体健康状况和发展水平。同样重要的是，也应该提供活动和材料来支持他们成长。幼儿健康问题包括体能、休息、营养、肥胖、个人卫生、口腔卫生、过敏和疾病。

全美幼教协会（NAEYC）在2012年的NAEYC幼儿教育项目标准和认证标准中提供了创设健康环境的指导方针。本章中会介绍健康标准，并要求教师描述自己所在的幼儿园将如何达到这些标准。本章中的材料将为教师提供有关符合这些指导方针的内容。

> **全美幼教协会（NAEYC）课程标准：健康**
>
> 描述一下你所在的幼儿园将如何达到以下标准。
> - 教师设计的环境需要始终维护儿童的健康和安全。
> - 教学人员应该支持儿童有关肢体运动、感官刺激、新鲜空气、休息和营养的需求。
>
> 资料来源：NAEYC. (2008) *NAEYC Early Childhood Program Standards and Accreditation Criteria: The Mark of Quality in Early Childhood Education*. Washington, DC: National Association for the Education of Young Children (NAEYC). Copyright © 2008®. Reprinted with permission.

鼓励幼儿通过锻炼和休息来保持身体健康

◎ 体能

在许多成人的眼里，幼儿总是忙忙碌碌的。你可能会想：为什么幼儿园提供的锻炼活动比幼儿在自然状态下进行的更多呢？幼儿的能量具有迷惑性。这似乎对每个人来说都是显而易见的，但在大多数幼儿的日常生活中，消耗能量的机会正在消失。当街道不安全时，幼儿不能再自由地奔跑和玩耍。以前和父母一起早上步行去幼儿园的幼儿现在经常坐车或乘校车去上学。大多数幼儿在放学后会花更多的时间看电视或玩电子游戏，而不是在路边玩激烈的游戏。对幼儿和成人来说现在已经变成了一个久坐不动的社会。

因此，幼儿教育机构被要求来帮助填补这一重要需求，即需要帮助幼儿通过锻炼来提升身体素质。每所幼儿园都必须为教室和室外操场配备大肌肉运动设施。这些设施必须每天都开放。教师还应该为幼儿每天计划在健身房或室外操场进行剧烈奔跑和运动的时间。如果两者都不方便，就请带着幼儿围绕建筑物跑一圈。

◎ 体能训练指南

与幼儿健康相关的体能包括心血管耐力、肌肉力量、肌肉耐力和灵活性。倡导体能训练的学者认为，幼儿每天除了睡觉外久坐不动的时间不应该超过60分钟，并且学龄前儿童每天至少应累计进行30~60分钟的日常结构性肢体活动。美国心脏协会建议，在一周的大部分日子里或每一天都应进行至少10~15分钟的"中等强度的体育活动"，最多可增加至30或60分钟。

皮卡（Pica，2008）推荐各种形式的中等强度运动，如跑步、骑三轮车、跳舞和跳绳。最好的力量训练是根据幼儿的体重进行他们喜欢的体育活动，例如跳高、跳远和攀爬。重要的是，每天都要在教室内和户外组织安排这些活动。

儿童团体保健体育活动的国家标准要求儿童每天进行中等到剧烈的运动，如跑步、攀爬、跳舞、跳绳和跳跃。在天气允许的情况下，应引导幼儿开展2~3次户外活动。两个或两个以上的运动应该由教师在室内或户外进行引导（Aronson，2012）。

◎ 体育健身活动

对于那些没有足够大的空间以供开展室内外跑步活动的幼儿园，可以让幼儿跑到合适的区域唱歌。创编自己的歌谣。慢慢地开始，增加每一节的速度。

踏步，踏步，踏步，	Step, step, step,
小脚踏一踏，踏一踏，	Make your feet trep, trep,
小腿伸一伸，伸一伸，	Make your legs help, help,
大家齐步走。	As you keep in step.
小跑，小跑，小跑，	Trot, trot, trot,
脚趾点一点，点一点，	Make your toes dot, dot,
脚跟发热，发发热，	Make your heels hot, hot,
大家一起跑。	As you trot, trot, trot.
更快，更快，更快，	Faster, faster, faster,
小脚快点走起来，	Make your feet go faster, faster,
小腿快点跑起来，	Make your legs go even faster,
停！	Stop!

幼儿喜欢这种带有肢体动作的歌谣，并希望一遍又一遍地重复。但是教师需要控制好场面，并不时地让他们"调整休息"。

如果想使幼儿保持对这类日常运动的兴趣，可以让他们自己创编一些跑步歌谣。他们喜欢参与活动设计，更喜欢多样化的活动。"每个人都准备像亚历克斯的沙鼠一样在原地跑！你们能手牵着手吗？让我看看你们能跑多快。"

> **全 纳 教 育**
>
> 帮助那些无法站立或奔跑的幼儿坐下来用他们的脚、胳膊做动作，玩接沙包的游戏，或提供其他活动来鼓励他们做运动。例如，让坐轮椅的幼儿在坐下时按照儿歌的节奏摸一摸自己的脚趾、膝盖、肩膀和头部。如果大家都坐着，那么所有人都可以玩这种伴随肢体动作的儿歌游戏。在幼儿的帮助下创编出自己的歌谣，你可能会惊讶于他们所发明的富有创意的押韵词句。

关于室内体育活动的引导性图书

幼儿喜欢一些具有幽默元素的图书，而这些书往往会以进行疯狂活动的动物为特色。首先阅读这本书，然后让小组里的幼儿在教师重读故事时表演动作。

在《伸懒腰》（*Stretch*，Cronin，2009）一书中，一只卡通狗竖着伸个懒腰就够着了树上的零食，横着在微风中伸个懒腰就使身体变得扁扁的。它上可够着天花板，下可触及地板，一会儿低语，一会儿咆哮。它吸气舒展肺，然后和小伙伴一起伸懒腰。让幼儿做出自己的滑稽动作（然后大笑！）。

在合适的时候，阅读一本有关儿童生理缺陷的图书。《苏姗笑了》（*Susan Laugh*，Willis，1999）讲述了一个简单的故事：一个活泼的红发小女孩哈哈大笑，唱歌，飞舞，游泳，或者像其他任何一个幼儿那样跳舞、骑车、游泳和玩捉迷藏。当幼儿在最后一页看到苏珊坐在轮椅上时，他们是否会感到惊讶？

> 其他关于体育活动的引导性图书包括：
> 《跳！》(*Jump*, Fischer, 2010)；
> 《弹跳》(*Bounce*, Cronin, 2007)；
> 《扭一扭》(*Wiggle*, Cronin, 2005)。

◎ 休息

健康的幼儿似乎是永动机，从不停下来喘口气。然而，他们确实需要在激烈的活动和安静的活动之间保持平衡。工作人员应该确保将休息时间作为幼儿一日安排的一部分。

但这并不意味着教师不管幼儿是否需要休息，都让他们每天上午10点在桌子上趴15分钟。休息时间应该是锻炼的自然后续部分，而不是一天中某个正式的特定时间段。如果早上没有进行剧烈运动，就不需要集体休息。如果教师安排了一段休息时间，反而可能需要花大量时间让幼儿安静下来。当幼儿真的感到累时，他们会非常乐意小睡一会儿的。事实上，这样的休息对促进幼儿身体的健康是必要的。

有些幼儿园会在午餐前安排一段安静的时间，让幼儿在地板上铺上垫子独自从事一些安静的活动。播放轻音乐有助于幼儿平静下来，并鼓励其从事安静的活动。如果幼儿整个上午都在从事激烈的活动，或者刚从操场回来，那么让其独自活动将会带来一种令人耳目一新的变化。

> **全 纳 教 育**
>
> 有生理缺陷或健康障碍的幼儿可能比其他人更容易感到疲倦。教师和工作人员应该意识到这种情况，为这些幼儿提供一个安静的地方，并确保当他们需要时可以停下来休息。

若你所在的幼儿园是全日制的，那就在下午安排一段正式的午睡时间。在存在富余空间的区域使用轻便的床或垫子。如果你使用的是普通教室，就给那些不午睡的幼儿划分出一块区域。把房间里的灯光调暗，但在某些幼儿睡着后，你可以轻声地告诉那些不睡觉的幼儿,他们可以到这个特别的地方安静地玩耍。标有幼儿姓名的个人垫子也有助于让不睡觉的幼儿保持安静。

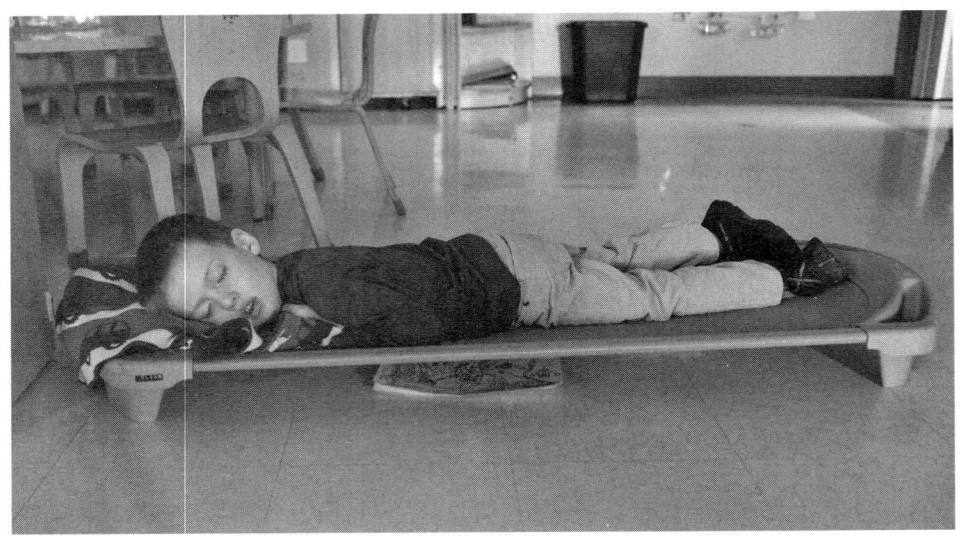

若你所在的幼儿园是全日制的,那就在下午安排一段正式的午睡时间。

关于休息/午睡的引导性图书

以恐龙为主题的图书是众多幼儿的首选。他们认为这些古老的生物不是怪物,而是他们可以喜爱和控制的温柔巨兽。

《恐龙如何说晚安?》(*How Do Dinosaurs Say Good Night?*, Yolen,2000)一书中讲述了10只恐龙,他们最初像调皮捣蛋的孩子,不愿意上床睡觉,后来学会了拥抱和亲吻,变成了可爱、听话的孩子(尽管他们的个头很大)。一次读给一组幼儿听,这样他们就能看到夸张的插图,然后当教师为下一组幼儿读故事时,就可以让上一组幼儿躺下午睡。

另一本有关睡眠的优秀图书是《我不困,我不要去睡觉》(*I Am Not Sleepy and I Will Not Go to Bed*, Child,2001)。

通过食物选择和合理搭配来促进良好的营养吸收

◎ 营养

大多数幼儿都喜欢吃东西。这让教师在帮助他们养成良好的饮食习惯方面发挥了积极的作用。有些幼儿园会为早到的幼儿提供早餐,但绝大多数幼儿园通常只负责提供午餐和零食。教师可能想给幼儿提供各种各样的食物。但是,没有一种食物能提供健康身体所需的全部营养。此外,当幼儿越早学会喜欢一种新食物时,这种学习就会持续得越久。以下是全美幼教协会(NAEYC)制定的健康和营养标准。

全美幼教协会(NAEYC)课程标准:健康

描述一下你所在的幼儿园将如何达到以下标准。
- 为儿童提供各种机会和材料来鼓励他们养成良好的健康习惯,如自助服务、独立吃饭、休息、摄入充足的营养、运动、洗手和刷牙。
- 为儿童提供各种机会和材料来帮助他们了解营养,包括确定食物来源以及识别、准备、食用和评价健康食品。

资料来源:NAEYC. (2008) *NAEYC Early Childhood Program Standards and Accreditation Criteria: The Mark of Quality in Early Childhood Education.* Washington, DC: National Association for the Education of Young Children (NAEYC). Copyright © 2008®. Reprinted with permission.

幼儿所需的营养与年长儿童及成人所需的营养有些不同,因为学龄前儿童还没有完成主要的身体发育。例如,低脂饮食不适合大多数幼儿。幼儿膳食中的能量和营养含量必须高于成人。脂肪是膳食中必不可少的一部分,为生长发育提供一种浓缩的能量形式。

幼儿的饮食方式也不同于成人，因为他们的胃较小。他们需要少食多餐以保持积极生活所需的能量。因此，在用餐的时候，应该给每个幼儿少盛一点饭菜，如果有些幼儿没有吃饱，可以再吃一份。应该在上午10点和下午3点左右供应营养丰富的零食。

如果你所在的幼儿园是全日制的，那么幼儿每天吃的午餐和零食应该占到全天膳食的一半。另一半应该来自他们在家里吃的食物。可以根据表2-1中列出的六类食物进行选择，或据此选择同类食物。

表2-1　食谱

谷物	面包，饼干，松饼，麦片，米饭，意大利面，玉米饼，饺子
蔬菜	豆类，甜菜，西蓝花，胡萝卜，芹菜，玉米，洋葱，豌豆，土豆，菠菜，豆芽，南瓜，西红柿，山药
水果	苹果，杏，哈密瓜，樱桃，葡萄，葡萄柚，橙子，木瓜，桃，梨，李子，菠萝，草莓
奶制品	牛奶，奶酪，黄油，酸奶，奶酪，冰激凌，奶油冻
肉类和替代品	牛肉，羊肉，猪肉，鹿肉，鸡肉，鱼肉，蛋类，干豆类，坚果类
脂肪和甜食	乳脂肪，蛋类，油，肉类，水果甜点，红枣，甜饼干

◇ 营养素

营养素是存在于食物中的化学物质，是维持身体正常机能所必需的物质。它包括脂肪、蛋白质和碳水化合物（糖和淀粉）等能量营养素，以及维生素、矿物质和水等辅助营养素。幼儿每天都需要摄入含有这些营养素的食物。例如，碳水化合物是人体能量的第一来源。它们存在于牛奶、谷物和面食中，以及水果、蔬菜和豆类中。碳水化合物提供必要的能量，促使人体使用脂肪和蛋白质来活动身体、运动肌肉和帮助身体生长（Robertson，2003）。

脂肪是人体能量的第二来源。脂肪酸对于促进幼儿的大脑发育和正常生长至关重要。脂肪存在于红肉类、鱼类、禽类、蛋类和奶制品，以及玉米、大豆、红花、油菜和椰子油等食物中。蛋白质是人体能量的第三来源，也是人体的主要组成部分，存在于牛奶、肉类、鱼类、蛋类、谷物和豆类中。维生素、矿物质和水等辅助营养素有助于能量营养素发挥其正常的功能。表2-2显示了维生素、矿物质和水是如何帮助幼儿保持健康的。

表2-2 促进幼儿健康的营养类别

维生素A	有助于保持良好的视力、健康的皮肤和骨骼（富含于黄色和橙色的蔬菜水果、绿叶蔬菜、鱼类、牛奶、蛋类和动物肝脏中）
维生素C	促进伤口愈合，保持血管的健康，预防感染（富含于柑橘类水果及其果汁、卷心菜、西蓝花和甘蓝菜中）
维生素D	促使钙质形成强健的骨骼和牙齿（富含于鱼类、动物肝脏、蛋类、黄油和牛奶中，也可通过晒太阳获得）
钙	强健骨骼和牙齿（富含于牛奶及奶制品、深色绿叶蔬菜中）
铁	形成输送氧气的红细胞（富含于动物肝脏、绿叶蔬菜、全谷类、肉类、鱼类、家禽类、干豆类、豌豆、干果中）
钠	平衡体液（富含于食盐、芹菜、牛奶、蛋类、肉类、家禽类、鱼类和罐头食品中）
钾	代谢蛋白质和碳水化合物，保持水分平衡，维持心跳（富含于蔬菜、果汁、香蕉、西红柿、肉类和谷物中）
水	保护器官、调节体温，输送养分和氧气，有助于消除代谢物（存在于自然状态下和大多数食物中，特别是水果和果汁中）

分析食物选择

教师为幼儿提供的食物含有多少营养？为了找出答案，可以将幼儿一天的食物和饮料记录在表2-1所示的六类食物中。每天的菜单上都包括这六类食物吗？缺少哪些食物？哪些食物更突出些？在菜单上记录一个星期的食物信息。记录每一种食物的食用次数（见表2-3）。这样处理是否比每日单纯地列菜单要平衡一些？

表 2-3　食物选择分析

1. 在每个食物类别下列出一天的每一种食物和饮料
   - 寻求每天的饮食平衡
2. 在每个食物类别下列出一周的每一种食物和饮料
   - 统计每种食物被提供的次数
   - 寻求每周的饮食平衡
3. 在一个或多个营养类别下列出一周的每一种食物和饮料
   - 寻求每周的营养平衡

最后，写下营养类别（见表 2-2），并把每一种食物列在表中的一个或多个类别下。一定要包括在幼儿生日或特殊场合提供的食物。是否缺乏某一类食物？水呢？如果幼儿不喜欢日常饮用水的味道，就使用瓶装水。对于幼儿来说，纯净水比含糖的水果味饮料更健康。教师进行食物选择的平衡程度如何？应该做哪些改进？

表 2-4 显示了一个为期一周的"开端计划"幼儿园的食谱。对该幼儿园所提供的食物进行同样的营养分析。你能够发现什么样的平衡？该幼儿园提供的食物和你所在幼儿园提供的食物相比如何？

表 2-4　"开端计划"幼儿园一周食谱

	早餐	午餐	零食
星期一	脆米谷物 香蕉 牛奶	加火腿的通心粉 番茄片 什锦水果 面包卷 牛奶	香蕉面包 牛奶
星期二	鸡蛋和饼干 砂锅菜 橙汁 牛奶	马铃薯和汉堡包 砂锅菜 豌豆 苹果片 面包卷 牛奶	冰冻酸奶 葡萄 水

续表

	早餐	午餐	零食
星期三	红糖燕麦片 葡萄干 葡萄汁 牛奶	自制鸡肉和蔬菜馅饼 杏 牛奶	苹果酱 牛奶
星期四	华夫饼 新鲜/冷冻蓝莓 苹果汁 牛奶	自制玉米卷饼（配生菜和番茄） 水果沙拉 辣味玉米饼 牛奶	动物饼干 牛奶
星期五	奶油芝士百吉饼 橙子果盘 牛奶	加瑞典肉丸的鸡蛋面 蒸西蓝花 桃 牛奶	"蚂蚁上树"（奶油芝士，葡萄干，芹菜） 水

资料来源：Columbia, Missouri Head Start Program.

◆ 教室里的食物

幼儿很快就会知道我们认为重要的食物，不是通过我们的语言，而是通过观察我们在教室里提供的食物的种类。你们幼儿园会供应饼干和牛奶当点心吗？你们幼儿园会在小朋友过生日时提供蛋糕、纸杯蛋糕或糖果吗？研究发现，这些食物中的糖分会导致蛀牙和肥胖。如果想让幼儿认识美味的水果和有趣的蔬菜，那就计划一些有趣的美食活动。和家长打个招呼，请他们送一些除了蛋糕之外的生日会食物，或者请他们来班里帮幼儿准备自己的食物。

来个"香蕉惊喜""奶昔"或"毛茸茸的哈利"来庆祝生日怎么样？幼儿不仅可以吃，还可以享受自己制作聚会点心时的乐趣。"香蕉惊喜"使用香蕉、全麦饼干屑和奶油干酪，让幼儿通过剥香蕉皮，在香蕉上涂抹奶油干酪，然后把香蕉放到饼干屑里滚一滚等来练习小肌肉运动技能。如果用葡萄干代替饼干屑，将会做成"蚂蚁上树"。

"奶昔"是把橙汁、柠檬汁、香蕉泥、蜂蜜和牛奶混合在一起。幼儿也喜欢用苹果片制作"毛茸茸的哈利"，配上奶油芝士，淋上紫花芽和葡萄干。以前使用花生酱，但是有些幼儿对花生过敏。

除了聚会，还可以让幼儿自己制作日常小吃，比如芹菜馅饼。除了清洗和切芹菜，幼儿还可以用调味奶油奶酪制作馅料。还有其他一些富含营养的小吃，包括低脂酸奶或软干酪，可以涂在饼干上，也可以用来蘸胡萝卜、芹菜、西蓝花或草莓（American Cancer Society，2000）。

《烹饪书：培养幼儿的学习与快乐》(*The Cooking Book: Fostering Young Children's Learning and Delight*，Colker，2005) 花了一半的篇幅介绍怎样学习烹饪和怎样通过烹饪来学习。剩下的篇幅介绍了一份为小组幼儿制定的食谱，以及一份充满艺术的、科学的食谱（不是用来吃的）。幼儿学习做自己喜欢的食物，如烤吐司、绿鸡蛋和火腿。书中还推荐了可选择的日常食物、五周的营养早餐和下午点心。

你班上的幼儿吃早餐吗？对幼儿来说，用营养丰富的食物开始一天的新生活非常重要。如果他们不吃早餐，可能会变得暴躁和心不在焉。研究表明，吃早餐的幼儿会更加警觉，甚至可以在上午晚些时候学习效率更高。请你考虑为你班上的幼儿提供早餐。水果、果汁、牛奶和麦片可以与非传统的早餐食品搭配，如在烤面包上抹融化的奶酪或在全麦面包圈上抹奶油芝士。别忘了和幼儿一起吃早餐，给他们做个榜样。如果幼儿园不提供早餐，教师就一定要检查是否存在没有吃早餐的幼儿，这样便可以为其提供早餐了。

一旦幼儿对健康的食物有了一些体验，教师就可以介绍其他有趣的营养活动。幼儿可以把食物形象的木偶带到教室里，和大家一起谈论他们最喜欢吃的食物。一个"垃圾食品木偶"认为每个人都应该只吃糖果和薯片，喝苏打水，你觉得怎么样？你班上的幼儿会做何反应？

◇ 零食

有些幼儿园在活动期间，把吃零食变成了在活动区开展的个人活动。他们为幼儿提供单人分量的各种食物，让他们在饿的时候吃。这类零食按四类平均分配：水果、蔬菜、谷物和奶制品。一些教师把零食放在一个小桌子上。幼儿学会了健康的吃零食习惯：为自己服务，对每种食物都取一份来吃。然后他们清理干净吃零食的地方，开始选择其他活动。

◎ 食品文化

如今，大多数儿童早期教育机构都是为不同文化背景的幼儿提供服务的。人们所说的语言、阅读的图书和从事的活动都反映了这些文化。食品文化也应该包括各种文化餐、小吃和烹饪活动。家庭聚餐可以成为提供新的饮食文化理念的有益资源。儿童图书是另一种资源。幼儿喜欢在开展关于食物的活动之前先读读有关的引导性图书。

关于食品文化活动的引导性图书

例如，从表2-4中可以看出，辣味玉米饼和自制玉米卷饼是周四的午餐。如果你班上有西班牙裔幼儿，他们会告诉你他们在家里也吃玉米薄饼吗？你也可以阅读《逃跑的玉米饼》（The Runaway Tortilla，Kimmel，2000），它讲述了蒂亚·卢佩（Tia Lupe）的故事。在她的小餐馆里，她做出了全得克萨斯州最好的玉米煎饼和墨西哥卷饼。她的顾客警告她，如果她做的玉米饼再薄一点，总有一天顾客会跑掉的，就像姜饼男孩一样。

邀请家庭成员来班级帮助幼儿和教师制作喜爱的食物，是介绍食品文化的另一种方式。谁的外婆会做南瓜馅饼？

《外婆做的馅饼》（The Empanadas That Abuela Made，Bertrand，2003）是一个双语故事，讲述了三个孩子和他们的外婆、家人、堂兄弟姐妹以及他们的狗一起做南瓜馅饼。选择不同的幼儿来扮演每个角色，每次轮到他们的时候让他们说出简单的台词。说西班牙语的人也要说台词。

关于饮食文化活动的引导性图书包括：

《韩国拌饭》（Bee-bim Bop! Park，2005，韩语，附食谱）；
《大家一起来吃点心》（Dim Sum for Everyone!，Lin，2001，中文）；
《龙喜欢吃玉米卷饼》（Dragons Love Tacos，Rubin，2012，西班牙语）；
《秘密的比萨派对》（Secret Pizza Party，Rubin，2013，意大利语）。

如果你读过这些关于食物的书，不要忘记将它们改编为真正的食物活动。准备好点心、玉米饼或比萨，或者让幼儿做好准备。

肥胖

幼儿时期的肥胖（即超重）问题正越来越令人担忧。索特、德谢尔和阿马多（Sorte，Daeschel & Amador，2014）研究发现，2—5岁儿童的肥胖率从20世纪70年代的5%增长到2004年的14%。到2009年，在美洲印第安人中发现的病例最多。而阿拉斯加儿童的肥胖率为21%，西班牙裔儿童为18%，非西班牙裔白人儿童为12%，非西班牙裔黑人儿童为12%，亚洲/太平洋岛屿儿童为12%。在低收入地区的学龄前儿童中，这一比例最高，有1/7的儿童被确认为肥胖。

这意味着，这些儿童有可能遭受肥胖成年人常见的健康风险：高血压、胰岛素抵抗、葡萄糖耐受不良、2型糖尿病等问题。也许肥胖对儿童最重要的影响是，其他孩子嘲笑他们的体型对其自尊造成的伤害。

儿童肥胖是由能量失衡引起的。如果摄取的能量（来自食物的能量）比消耗的能量多，多余的能量就会以脂肪的形式储存起来。给幼儿太大的食物分量并要求他们吃光食物可能也是原因之一。并不是所有的幼儿都想要或者需要同样分量的食物。让幼儿为自己盛饭菜也许会有所帮助，但如果他们已经吃得太多了，就不要强迫他们吃掉所有的东西。应该给幼儿提供压榨的纯果汁、无糖水果果冻、无糖面包圈、低脂或脱脂牛奶。你也可以提倡幼儿喝水而不是喝苏打水。就餐完毕后可让他们站起来，清理桌子，收拾食物容器，在教室里四处走动，为下一次活动做准备。

吃得太多并不是导致儿童肥胖的唯一因素。阿伦森（Aronson，2012）认为，儿童的能量失衡是由基因、行为和环境等因素共同引起的。例如，在两餐之间吃零食、吃含糖的快餐、在家里喝含糖的饮料肯定也有影响。同样重要的是，幼儿在活动中久坐不动也容易增加肥胖的风险。幼儿的身体活动需要消耗多余的能量。

屏幕时间

当幼儿在活动中老是久坐不动时，多余的能量就会以脂肪的形式储存起来。

一个新的术语——"屏幕时间"——可描述这类活动。屏幕时间是幼儿在观看电视、台式电脑、电子书阅读器和平板电脑的屏幕，以及玩数字游戏和视频游戏时所花费的时间。研究已经表明，每天看 2 小时以上的电视会增加 3—5 岁幼儿超重的风险（AAP，2012）。这当然也包括幼儿在家看电视。看电视不应该成为幼儿园活动的一部分。

学龄前儿童使用电脑或电子书的屏幕时间，应该每半天不超过 30 分钟，每一天不超过 1 小时。在幼儿园的屏幕时间，幼儿也应该尽可能地与其他小朋友互动，而不仅仅是坐着看屏幕。

另外，教室里的每一个活动区都需要在活动中设计一个运动环节。在餐桌旁站着而不是坐着就是其中之一。在坐下来工作之前先绕着美工桌走三圈是另一项简单的练习。温特（Winter，2009）指出，在所有的学习活动中增加音乐和动作可以为幼儿的游戏增加额外的身体运动。表 2-5 总结了这些建议。

表 2-5　预防肥胖

- 尊重幼儿的食物选择
- 让幼儿为自己盛饭菜
- 不要强迫幼儿吃光盘子里的食物
- 供应天然的不加糖的水果，果汁和果酱/蜜饯
- 提倡喝饮用水，而不是喝苏打水
- 引导幼儿进行剧烈的运动
- 用营养丰富的自制食品代替生日蛋糕和饼干
- 安排时间进行户外活动
- 限制"屏幕时间"

◎ 挑食

由于肥胖率的升高，引导幼儿及早养成健康的饮食习惯很重要。许多学龄前儿童的饮食通常含有高脂肪、高钠和高糖，导致他们的体重增加太快。然而，让他们改变习惯并尝试新的食物往往是困难的。一些学龄前儿童经历了一个正常的发育阶段，叫作"新事物恐惧症"，也就是对新事物的恐惧。许多成年人把这个阶段称为"挑食"。幼儿园可以持续地提供各种各样的食物来帮助幼儿。当挑食者看到其他幼儿在吃新食物时，他们中的大多数最终会接受。一个研究项目

发现，8~12 次的经验对于一个幼儿尝试然后接受新的食物是必要的（Bellows & Anderson，2006）。

> **关于帮助挑食者的引导性图书**
>
> 幼儿喜欢听古怪的冒险故事，例如大哥哥查理和我行我素的小妹妹洛拉的故事。
>
> 在《我永远不会吃番茄》（*I Will Never Not Ever Eat a Tomato*，Child，2000）一书中，查理找到了一个聪明的办法来引诱他爱挑食的妹妹洛拉吃所有她讨厌的蔬菜。他把胡萝卜叫作"来自木星的橙棒棒"，把土豆泥叫作"富士山上的云朵朵"，还起了其他一些稀奇古怪的名字。想象一下，当她让他递给她一盘"会喷水的月亮"（moonsquirters，有人叫它们西红柿）时，他是多么惊讶！让你班上的幼儿列出他们喜欢的食物。他们能画出一种食物吗？他们能给它起个好听的名字吗？
>
> 读了《恐龙是怎么吃东西的？》（*How Do Dinosaurs Eat Their Food?*，2005）这本故事书，还有哪个幼儿会不喜欢作家约伦（Yolen）笔下的顽皮恐龙？他们会打嗝、喷气、发出粗鲁的声音，或把嚼了几口的西蓝花吐出来吗？不，他们突然变得很乖，尝试吃每一种新的食物。读完这本书之后，可以把恐龙的图片挂在一条纱线项链上，然后把项链挂在所有尝试新食物的幼儿的脖子上。这样可以让饮食变得有趣起来！

使用材料通过幼儿的个人卫生和清洁来确保其健康

◇ 保持教室清洁

教室必须干净卫生。即使有保洁人员打扫，你也有责任确保他们做好工作，并且让教室一整天都保持良好的卫生状态。地板、桌面和食品服务区域应保持清洁。食物应妥善保存，垃圾应及时处理。保持教室清洁卫生可以防止传染病的传播。幼儿也可以参与清洁工作。你可以帮助他们记住要扔掉用过的纸巾、餐巾、卫生纸。

每天用消毒液清洗或擦拭幼儿接触的玩具和物体的表面。发现幼儿接触到传染性疾病（如水痘）时，请务必通知家长。每天填写"教室清洁检核表"，以确保每个活动区的干净卫生（见表2-6）。

表2-6　教室清洁检核表

＿＿＿保持教室里的地板和地毯干净	＿＿＿配备用于擦手的厚纸巾
＿＿＿保持图书区的枕头干净卫生	＿＿＿配备卫生纸
＿＿＿清洁桌子和柜台的表面并消毒	＿＿＿配备喝水用的纸杯
＿＿＿垃圾桶套上垃圾袋并盖上盖子	＿＿＿配备个人专用牙刷
＿＿＿清洁盥洗室的地面并消毒	＿＿＿配备个人专用牙膏
＿＿＿清洁水槽和厕所并消毒	＿＿＿清洁玩具并消毒
＿＿＿妥善保存食物	＿＿＿清洁毛绒动物玩具
＿＿＿清洗餐具并妥善保存	＿＿＿清洁宠物笼、箱
＿＿＿清除垃圾	＿＿＿保持毯子，垫子和午睡床干净整洁
＿＿＿每天更换饮用水	

教室里的光线、热度和通风条件应保持在健康水平。应告知幼儿和他们的父母，小朋友们应该在幼儿园里穿什么类型的衣服。如果幼儿需要一件备用的毛衣，请在家人没有让孩子带来的情况下提前准备好。在手边准备一些干净的备用衣物，以防幼儿不小心弄湿了衣服或发生其他意外，或者他们弄丢了手套等衣物。幼儿穿过的衣服一定要洗干净。

室外的操场也应该保持干净、没有杂物。如果室外有一个沙箱，要把它盖起来，这样动物就进不去了。

你的班级还需要配备基本的纸巾、纸杯和洗手液。如果幼儿午睡时要用到床单或毛毯，必须单独标记每个幼儿的名字并定期清洗。为了防止细菌的传播，必须确保幼儿只使用标有自己名字的床单和毛毯来午睡。此外，还要在足够高的温度下清洗餐具，以杀死细菌，然后妥善保存。

◎ 个人卫生：洗手

洗手在预防传染病传播方面比其他任何卫生措施都有效。幼儿必须学会在来园时洗手、饭前洗手、便后洗手、接触宠物后洗手。你是他们的榜样吗？他们会这么做，因为你要求他们这么做，因为这是一项很有趣的任务，但你必须示范同样的行为。他们也应该亲眼看到你洗手。用洗手液示范应该如何清洗手心手背、手指间缝和指甲下面。然后冲洗，用厚纸巾擦干手，擦干水龙头，把厚纸巾丢到垃圾桶里。

一定要在你来园的时候，在你准备食物之前，在你吃饭之前，在你帮助幼儿上厕所之后，特别是在你擦拭幼儿的鼻涕之后，确保自己洗手。教室里的所有工作人员都应该这样做来防止病菌的传播。

与幼儿讨论病菌是如何引起疾病的，然后让他们练习洗手的技能，消灭手上的细菌。在幼儿的手上撒些肉桂粉，让每个人试着把它洗掉。他们清除了每一个"细菌"吗？

教室里和盥洗室里都有水槽是很重要的。如果没有，那么就在洗手架上安装一个塑料盆，用于清洗和冲洗，并设计一种能处理脏水的方法。

洗手预防传染病的传播。

◎ 清洗娃娃和玩具

你可以通过其他方式来推动清洁卫生的实践活动。例如，每周让幼儿在表演区给布娃娃洗一次澡。如果教室里没有玩具水池，那就带一个塑料浴盆。男孩和女孩都可以玩水。让他们把布娃娃的衣服也洗一洗。

洗手是每天必做的事情。幼儿特别喜欢玩水，所以你要用一种快乐的心情来开展这些活动，而不是视其为苦差事。这样洗手就会变得很有趣。例如，让每个幼儿轮流在一个小盆里给一只塑料恐龙洗澡。（别忘了换水。）然后给他们读一本搞笑的书《怎样把一只大猩猩从浴缸里弄出来》(*How to Get a Gorilla Out of Your Bathtub*，Hall，2006)，它讲的是一个小女孩没法洗澡的故事，因为她的浴缸里有一只大猩猩。接下来问幼儿他们会怎么做。之后把一只玩具大猩猩放到水里。

同样，你是幼儿学习的榜样。要确保你的健康行为是幼儿的典范。如果你想让幼儿吃光他们盘子里的所有食物，那么你就要以身作则。如果你吸烟，就到一个远离幼儿的私人场所去吸烟。如果你想让幼儿改掉咬指甲的不良习惯，你一定不要咬自己的指甲。

确保幼儿有自己的梳子和发刷。不要把一把梳子或发刷给几个幼儿使用。如果发现某个幼儿长了头虱，应通知所有家长，并告知该幼儿的家长有关的处理措施。这个幼儿可能需要一直待到放学才能被接走，直到问题解决后再返回幼儿园。

当任何人接触到伤口受伤时流出的血液或体液时，都需要采取预防措施。清理流血部位时应使用一次性手套，然后对该部位进行消毒。

◇ 刷牙

饭后刷牙是幼儿需要学习的重要习惯。每个幼儿都有自己的牙刷，刷子上要标上幼儿能够识别的名字或符号。同时，也要把记号标在幼儿放牙刷的地方。你可以用一个倒置的蛋盒，或者家长可以做一个木制牙刷架。

全班只用一支牙膏会增加细菌从一个幼儿口中传到另一个幼儿口中的可能性，所以应为每个幼儿准备带有标记的小管专用牙膏。有些幼儿园把小纸杯倒过来底朝上，往每个纸杯的底部挤一小团牙膏。然后，幼儿用牙刷把牙膏从杯子底部刮到牙刷上。刷完牙后，幼儿可以用纸杯冲洗一下牙刷，然后把纸杯扔掉。无论你喜欢哪种做法，你都要确保幼儿每顿饭后都把牙刷干净。

幼儿能够找到自己的牙刷。

关于刷牙的引导性图书

通过阅读图书导入活动,可以实现以下为幼儿设计的学习目标。这种方式将幼儿和优质图书联系在一起。它帮助幼儿专注于眼前的话题。每当他们听到这个故事,就会想起这个活动教给他们的东西。

在《克拉贝拉的牙齿》(Clarabella's Teeth,Vrombaut,2003)一书中,鳄鱼克拉贝拉的朋友们起床后都赶紧刷牙。克拉贝拉呢?她刷呀,刷呀,刷了太多的鳄鱼牙。当她终于刷完牙时,已经到了该准备上床睡觉的时候了!最后朋友们给了克拉贝拉一个礼物——一把钢琴键盘大小的牙刷!然后他们就可以一起玩了。让你班上的幼儿重复"她刷呀"这句话。带一个鳄鱼玩具或其他毛绒玩具和一个适当大小的牙刷(或者一把梳子)到教室里。让幼儿扮演角色,重新演绎故事。

第二章 创设一个健康的教室环境

其他关于刷牙活动的引导性图书包括：

《哈利和恐龙张大嘴说"啊！"》(Harry and the Dinosaurs Say "Raahh!", Whybrow，2001)；

《我那颗摇摇晃晃的牙齿绝对不能掉出来》(My Wobbly Tooth Must Not Ever Never Fall Out，Child，2006)；

《塔比莎坚硬的牙齿》(Tabitha's Terrifically Tough Tooth，Middleton，2001)。

防晒

虽然我们通常不认为皮肤癌会对幼儿构成威胁，但是暴露于阳光中的影响会持续一生。《国家健康与安全性能标准》(National Health and Safety Performance Standards，2011)在标准中解决了这一风险。

- 应征得家长/监护人的同意，使用遮阳物、防晒衣物和防晒系数为15或15以上的防晒霜，以保护儿童免受紫外线辐射。
- 10:00—14:00在户外玩耍时，儿童应穿戴防晒衣物，如戴帽子。

用帽子和防晒霜来保护幼儿免受阳光暴晒。

当中午紫外线辐射水平最高时，若未采取任何防护措施，仅仅在阳光下暴晒30分钟就可能造成皮肤损伤。教师可以通过限制户外活动时间，让幼儿穿防晒服，以及在出门前给幼儿涂抹防晒霜的方式，来限制阳光照射量。

幼儿有机会在阳光明媚的天气里玩耍，这一点很重要。皮肤暴露在阳光下会激发幼儿生长所需的维生素 D 的产生。记得要用衣物或防晒霜来保护他们。

识别幼儿疾病的症状并及时应对

疾病

在你所在的幼儿园里，幼儿生病是不可避免的，你需要为此做好准备。你能识别出幼儿生病了吗？你所在的幼儿园有医务室和保健医生吗？如果没有，你是否与幼儿父母协商安排了其他的护理人员？

有关照顾生病幼儿的政策必须与工作人员讨论、与家长沟通，让每个人都熟悉流程。首先，你必须确保所有幼儿都接种了白喉—百日咳—破伤风、麻疹—腮腺炎—风疹、脊髓灰质炎、肝炎和 B 型流感疫苗。

你还必须在幼儿每天来园时对他们进行检查。表 2-7 中列出的任何症状都可能表明幼儿生病了，需要特别注意（参见表 2-7）。

表 2-7 生病的典型症状

• 不正常的脸色苍白	• 不正常的疲倦	• 发烧，发冷
• 皮疹	• 腹痛	• 咽喉痛
• 眼睛红肿，流泪	• 恶心，呕吐	• 耳朵痛
• 颈部腺体肿胀	• 腹泻	• 流鼻涕
• 胃痛	• 头痛	• 喘息

怎样才算病得很严重？幼儿护理人员需要了解有关儿童疾病严重性的一般信息。例如，如果幼儿园的规定允许，有流鼻涕、轻微咳嗽、轻微头痛或轻微胃痛的幼儿可以留在教室里。但发烧、呕吐、耳痛、咳嗽、严重头痛或咽喉痛的幼儿

应该被送回家或送到其他替代看护者那里。在生病的幼儿离开之前，需要将他与其他幼儿隔离，患儿身边要有人提供帮助和安慰。这些安排应该由幼儿园工作人员和家长提前做好。

你也应该熟悉幼儿的健康需求。有幼儿正在服用药物吗？他们有哮喘或过敏症状吗？他们有身体上的缺陷吗？有些幼儿比其他人更容易疲劳。无论你是否有责任保管幼儿的健康记录，都请了解他们，与家长交谈，并准备好回应幼儿的个人需求。

过敏

过敏是指个体对某些特殊物质的过度敏感性，而这些物质对其他人来说是无害的。过敏是幼儿最常见的健康障碍，每5个幼儿中就有1个受到过敏的影响（Marotz, 2015）。植物花粉、粉尘和动物皮屑可能会给过敏的幼儿带来眼睛红肿、黑眼圈、经常流鼻涕、打喷嚏（连打4～5个喷嚏）、干咳、用嘴呼吸、经常流鼻血、皮肤过敏或皮疹等类似感冒的症状。如果幼儿出现这些症状，特别是与天气或过敏季节有关的症状，请与家长联系，了解他们是否知道过敏原，或建议对幼儿进行检测。

你可能需要经常擦洗教室和用吸尘器吸尘，而不仅仅是掸掸灰尘。空调和供暖系统的过滤器需要经常清洗或更换。教室里养的宠物可能需要换成没有皮毛或羽毛的动物。

食物是另一个潜在的过敏原。最常见的导致幼儿过敏的食物是牛奶、鸡蛋、花生、大豆、坚果（山核桃、核桃）、小麦、鱼类和贝类。易导致一些幼儿过敏的其他食物包括橙子、巧克力、豆类、大米和肉类。过敏反应包括瘙痒、嘴唇肿胀、流鼻涕、呼吸困难、恶心、呕吐、腹部绞痛和腹泻等。如果幼儿在进食后出现过敏反应，请联系家长或健康专家。目前还没有过敏性疾病的治疗方法，只有控制症状的方法。抗组胺药、减充血剂和某些鼻腔喷剂是有用的，但必须在仔细监督下使用（Marotz, 2015）。

虫咬

昆虫叮咬会对某些过敏幼儿造成严重的影响，甚至可能导致致命的后果。出现面部和颈部周围肿胀或发热，以及随后的呼吸困难等症状时必须立即做出处理。到野生植物丛生和蜜蜂或蚊子生活的地方实地考察，会给过敏幼儿带来危害。一定要弄清楚幼儿可能会有什么过敏反应，你应该做什么，以及所有药物的副作用。幼儿有时会捡起毛茸茸的虫子，比如毛毛虫。这些毛毛虫经常会引起皮肤过敏反应，如瘙痒或皮疹。应彻底清洗幼儿的患处。

哮喘

哮喘影响约9%的人口，通常在儿童早期发病，男孩患哮喘的概率是女孩的两倍（Marotz，2015）。哮喘是由小支气管阻塞引起的，会导致呼吸短促、咳嗽、气喘和窒息。过敏是最常见的原因，兴奋或过于劳累时也会导致哮喘发作。哮喘容易在清晨频繁地发作，但也可能在毫无征兆的情况下发生，使幼儿和其周围的人感到害怕。

引起哮喘的因素因人而异。运动是哮喘的常见诱因。患有哮喘的幼儿在进行体育活动时经常会咳嗽、气喘和胸闷。恐惧等情绪则是另一个诱因（Lim et al.，2009）。

戏剧表演可以帮助过敏或哮喘的幼儿消除他们的恐惧感，就像害怕医生和打针的幼儿通过角色扮演变得不再害怕一样。有些班级把戏剧表演区装扮得像一个急诊室，里面配备了仿真的检查台、X光机和呼吸设备。幼儿还可以戴上个性化的口罩。

教师需要提前知道如何帮助患有哮喘的幼儿使用处方药物、紧急吸入器或雾化器，以及幼儿在哮喘发作时应如何坐着（而非躺下）。如果幼儿出现呼吸困难，教师也需要准备好迅速做出相应的处理（Marotz，2015）。

水痘

水痘是一种传染性极强的病毒，在20世纪90年代中期疫苗问世之前，大多数儿童都曾感染过。一定要请家长和健康专家确认，确保你班上所有的幼儿都接种了疫苗。有些幼儿可能没有接种疫苗。因为水痘在皮疹出现之前两天就有传染性，所以，如果未接种疫苗的幼儿接触了携带水痘病毒但没有出现皮疹或水泡的幼儿，就有可能被感染。

虽然水痘对大多数幼儿来说并不严重，但它会引起极度的瘙痒。痘疮很容易裂开并在表面结痂。患水痘的幼儿应该待在家里，直到皮疹完全结痂，24小时内没有新痘出现为止。为了不让患儿挠痒，你可以剪短其指甲，甚至把袜子套在手上，就像《金发姑娘有水痘》（*Goldie Locks Has Chicken Pox*，Dealey，2002）的故事中那样。医生也可以开抗组胺药膏来帮幼儿止痒。

关于水痘主题的引导性图书

在《金发姑娘有水痘》中，金发姑娘和她的弟弟不仅有水痘，而且拜访了所有他们熟悉的童谣中的人物（三只熊，小鸡潘妮，敏捷的杰克，牧羊姑娘小波比，小红帽等），看看他们是否也有水痘。小弟弟一直在取笑所有人，直到最后一页，他的脸上也出现了红色的圆斑。可以让你班上的幼儿把这个故事的所有角色演绎出来。

◇ 感冒和流感

幼儿常见的这些上呼吸道病毒感染整年都会在教室里不时出现。当幼儿待在室内的时候，他们会更容易感冒，病菌也更容易传播。感冒时，幼儿可能会出现鼻塞、流鼻涕、打喷嚏、咳嗽、咽喉痛、眼睛红肿、流泪等症状。对于流感，幼儿可能会出现类似但更严重的症状。此外，流感还会引起肌肉酸痛、发烧或发冷、头痛、腹泻或呕吐、疲劳或虚弱等症状。

感冒和流感病菌会通过打喷嚏、咳嗽、接触患者的手，或触摸带有病菌的玩具、图书、电话机、饮用杯和桌面等途径传播。为了阻断病菌的传播，可以让幼儿在咳嗽和打喷嚏时捂住口鼻，使用纸巾并在用后及时丢弃，还要引导他勤洗手。

> **关于使用纸巾的引导性图书**
>
> 在《请给我纸巾，谢谢！》（*Tissue, Please!*，Kopelke，2004）一书中，青蛙和他的朋友们一起做每一件事，甚至当他们流鼻涕的时候也会一起抽抽鼻子。当青蛙妈妈给他一盒纸巾时，他和他的朋友们都各自抽出一张纸巾来用，最终跳出了"纸巾盒仙女的舞蹈"。在阅读完这本书后，准备好你的纸巾盒，并准备一个废纸篓来处理用过的纸巾。

耳部感染

耳部感染是儿童中第二常见的疾病，男孩感染者比女孩多。仅仅是普通的感冒就经常导致耳部感染。美洲土著人和阿拉斯加土著人的孩子也经常会有耳部感染的情况。对教师和儿童护理人员来说，认识到这种疾病的危害是很重要的，因为耳部感染的幼儿的中耳里有液体，可能会在几周甚至几个月的时间里引起轻微或中度的听力损失。当这种听力损失经历了很长一段时间后，幼儿在学习语言或集中注意力方面就会有困难。为了暂时缓解耳痛，可让幼儿躺下，把耳朵贴在柔软的毯子上（Marotz，2015）。

教师可以通过阻止感冒在教室里传播来预防或降低耳部感染的发生率，因为感冒经常会导致耳朵感染。帮助感冒的幼儿在咳嗽和打喷嚏时用手臂捂住口鼻。一定要确保你、感冒的幼儿和班上的其他每个人，在使用完纸巾后彻底地洗手。同时，对感冒的幼儿接触过的任何玩具、水龙头或设备进行清洁和消毒。如果有幼儿出现了听力损失的情况，请与其家长联系，并建议他们带孩子去有关机构进行听力测试。耳部感染通常用抗生素治疗，但在持续性感染中，医生也可以使用吸管将患儿耳朵里的液体排出体外。

如果你想让幼儿能够更清楚地听到你说话，那么你们班的教室环境也应有助于提升幼儿的听力。地板上的地毯、窗户上的窗帘、墙壁上的帷幔、天花板上的隔音瓷砖都有助于吸收背景噪声。让幼儿在听音乐时使用耳机，而不是直接在喧嚣的教室背景下播放音乐。多与幼儿一起开展小组活动而不是整个班集体的活动。说话时坐在或站在幼儿的旁边，与他们进行眼神交流，这样他们就能看到你的嘴唇在动。患有其他类型听力障碍的幼儿也将受益于更容易听到他人说话的环境。

◎ 特殊情况

注意缺陷/多动障碍

注意缺陷/多动障碍（Attention Deficit/Hyperactivity Disorder，ADHD）不是一种疾病，而是一种自我控制的发展障碍，有注意力不集中、多动症和冲动行为的症状，影响了美国6%的儿童（Reimers & Brunger，2006）。这些行为通常发生在3—5岁的幼儿身上，他们刚好处于学龄前阶段。该阶段也正是许多幼儿天生表现得活跃和冲动的时候，这使得诊断多动症变得很困难。男孩比女孩更容易表现出这些行为。如果这些行为发展到了非常极端的程度，以至于幼儿在大部分时间都无法控制，就可能是多动症的开始。

如果幼儿容易分心，难以专心听讲，不能安静地坐着，过度地跑动，在不合时宜的时候说话，或难以遵从指令，那么他可能就有多动症。但并不是所有具有这些行为的幼儿都有多动症。这种情况需要由专业人员来诊断。

教师要通过建立清晰的规则来帮助幼儿理解什么是可以接受的行为，什么是不可接受的行为；让幼儿离得足够近以保持眼神交流；用手势来强化指令；在与幼儿交谈时，帮助他集中注意力；在幼儿感到心理负担过重时，为他提供一个用来静一静的地方；对幼儿积极的行为立即给予奖励和表扬；经常和家长沟通幼儿在学校和家里的表现。

自闭症谱系障碍

自闭症谱系障碍（Autism Spectrum Disorder，ASD）影响了美国150万人，而男孩的患病概率是女孩的4倍。有五种公认的自闭症，程度从轻微到极其严重不等。这种疾病需要由儿科医生或专家团队来诊断（Willis，2009）。

自闭症儿童表现出的一些症状包括社交能力低下、没有眼神交流、情绪表达少、交流迟钝、重复刻板动作（如打响指、拍手）、沉迷于操作物体（如频繁开灯和关灯）。在感官刺激下，他们可能会尖叫，或对光线、声音或运动做出强烈反应。

在普通的幼儿园里，自闭症患儿通常患的是阿斯伯格综合征，它在自闭症谱系障碍中属于中等程度。尽管这些幼儿的行为举止与其他类型的自闭症儿童很相似，但随着年龄的增长，他们能学会如何以一种社会可接受的方式与他人进行社交、交流，并做出合适的行为。他们智力正常或高于正常水平，可能比同龄人能更快地学会新技能（Willis，2009）。

因为40%的自闭症儿童是不说话的，所以作为教师，你可以帮助他们学会用手语、图片或提示卡进行交流。建立常规是重要的。确保你每次都用同样的一些简单的词和短语。幼儿可以用有代表性的图片开始互动。如果你可以制作自己的图片提示卡，一定要为幼儿制作一套可带回家的卡片。对你来说，经常和家长交流他们的孩子在家里和学校的表现尤其重要。

◎ 体检

尽管一线教师通常不负责为幼儿进行医疗测试和体检，但你可以明确地支持健康专家。你、家长和专家需要共同努力，设计和开展班级活动，让幼儿熟悉这些测试，以减轻他们对体检的恐惧感。

例如，在进行视力测试之前，让幼儿练习用一张卡片遮住一只眼睛，并说出另一只眼睛看到的视力表上的字母。之后，他们可以在表演区的布娃娃身上做类似的"视力测试"。在做听力测试之前，请健康专家向幼儿演示或告诉他们将要发生的事情。在一所"开端计划"幼儿园里，一名护士在鞋盒里粘贴了一个耳朵的三维模型。通过盒子一侧的一个洞，幼儿可以像医生一样借助于手电筒来观察"耳朵"的内部结构。要如实地告诉幼儿检查过程是怎样的。

请一位牙科保健医生来示范牙科检查。你还可以在表演区设立一个假想的诊所或医院。角色扮演将帮助幼儿克服恐惧心理。如果他们从未看过牙医或眼科医生，戏剧表演游戏将帮助他们为第一次看牙医做好准备。

让幼儿说出他们对医生、护士、打针和去医院的感受是很重要的。因此，幼儿在表演区扮演医生，既有益于其健康，也能对其起到教育作用。有些幼儿可以假装自己是给其他小朋友或布娃娃打针的医生或护士，其他人则可以假装自己是卷起袖子准备接受注射的病人。这对幼儿来说是件有趣的事情。以这种不具威胁性的温和方式去帮助幼儿战胜对医生和打针的恐惧，有助于他们为真的接受注射做好准备。

> **关于看医生和看牙医的引导性图书**
>
> 在《哈利和恐龙张大嘴说"啊！"》一书中，哈利带着自己的一桶塑料恐龙去看牙医。当所有塑料恐龙都张大嘴巴准备接受检查，并尽情地洗牙和吐水时，哈利则在牙医的椅子上跳上跳下。哈利说，牙医担心恐龙们会咬他，但他们只咬仪器的钻头。你班上的幼儿如何检查教室里塑料恐龙的牙齿？在表演区设立一个牙科诊所，让幼儿自己创编一个牙医戏剧表演剧本。
>
> 其他关于体检的引导性图书包括：
>
> 《青蛙去看医生》（*Froggy Goes to the Doctor*，London，2002）；
>
> 《恐龙如何快速康复？》（*How Do Dinosaurs Get Well Soon?*，Yolen，2003）；
>
> 《张大嘴！》（*Open Wide!*，Barber，2004）。

本章小结

营造以幼儿为中心的健康的教室环境

在这一章你学习了创设和维护一个健康的教室环境，以促进幼儿的健康。为了做到这一点，你需要以身作则，并为你班上的幼儿提供每天在室内和室外锻炼的机会。

鼓励幼儿通过锻炼和休息来保持身体健康

你遵循的体能训练指南将有助于你引导幼儿进行结构化和非结构化的运动，以达到每天所需的运动量。尽管你要满足那些白天不午睡的幼儿的个人需求，但是你仍然要均衡设置剧烈活动和安静活动之间的平衡，并把休息作为剧烈运动之后的一个自然过渡环节。

通过食物选择和合理搭配来促进良好的营养吸收

你班上的幼儿的营养需要将通过零食和膳食来满足。此外，幼儿还可以通过自己对营养食品的有趣体验来学习良好的饮食习惯。在本章你学习了怎样分析你提供的食物选择，以便保持膳食、零食和聚会食物之间的平衡。制作文化食品将为家庭成员提供一个参与准备工作的机会。

使用材料通过幼儿的个人卫生和清洁来确保其健康

你学习了如何引导幼儿勤洗手以防止疾病的传播。你可以使用表2-6"教室清洁检核表"来提醒需要特别注意和清洗的特定区域。

识别幼儿疾病的症状并及时应对

你学会了识别幼儿的疾病症状,并知道如何处理特定的疾病。你或者健康专家可以预先开展一些班级活动,引导你班上的幼儿做好真正接受体检的准备。你需要把有特殊需要的幼儿纳入班级的所有活动中。

> **道 德 困 境**
>
> 当班上的一个幼儿得了水痘时,教师会检查其他幼儿是否都接种过疫苗。她发现有一个男孩没有打过疫苗。为了让他能继续在这所幼儿园上学,他需要接种疫苗。但是出于宗教和健康方面的原因,他的父母拒绝给孩子打疫苗。此外,他们还表示,如果幼儿园不让他们的孩子上学,他们将提起诉讼。这位教师该怎么办呢?

你 可 知 道

1. 学龄前儿童的体能源于哪些方面?
2. 学龄前儿童每天应该进行多少中等强度的体育活动?
3. 物理空间不足的幼儿园该如何组织幼儿进行必要的跑步活动?
4. 不能站立或奔跑的幼儿如何进行保持健康所必需的身体活动?
5. 幼儿所需的营养与成人所需的营养有何区别?
6. 哪三种食物对幼儿来说是很好的蛋白质来源?
7. 是什么导致了幼儿肥胖?有什么方法可以帮助幼儿减重?
8. 为了防止传染病的传播,幼儿能做的最好的事情是什么?
9. 戏剧表演游戏如何帮助过敏或哮喘的幼儿?
10. 哪三件事不会引发注意缺陷/多动障碍?

学习活动

1. 阅读一本或多本推荐读物。在你的文件夹中添加 10 张卡片，在卡片上写出你对于提升班上幼儿的健康和营养水平的具体想法，并标注参考文献来源。

2. 制订并记录一周的体育锻炼计划，包括室内和室外活动。创建一个观察检核表，用它来显示在几个星期的活动之后幼儿取得了什么进展。

3. 根据表 2-3 "食物选择分析"列出一周内你们幼儿园供应的所有食物。这些食物营养均衡吗？你应该做出哪些改进？

4. 使用表 2-6 "教室清洁检核表"一周，进行必要的改进以保持教室里的清洁和卫生。

5. 为你班上的每个幼儿制作一张卡片，你可以在卡片上记录每个幼儿的总体健康状况、活力水平、午睡习惯、饮食习惯和任何特殊健康问题，必要时还可以记录关于改善幼儿健康状况的建议。

6. 选择本章讨论的其中一种疾病，并尽可能地深入了解它：如何预防这种疾病，如何帮助班上已经生病的幼儿，以及可以向社区里的哪些机构寻求帮助。

推荐读物

Colker, L.J. (2005). *The cooking book: Fostering young children's learning and delight.* Washington, DC: NAEYC.

Desjean-Perrotta, B. (2008). Five essential reasons to keep naptime in the early childhood curriculum. *Dimensions of Early Childhood*, 36(3), 3–11.

Eliassen, E.K. (2011). The impact of teachers and families on young children's eating behaviors. *Young Children*, 66(2), 84–89.

Fulmore, J.S., Geiger, B.F., Werner, K.A., Talbott, L.L., & Jones, D.C. (2009). Sun protection education for healthy children. *Childhood Education*, 85(5), 293–297.

Kalich, K., Bauer, D., & McPartlin, D. (2014). Creating the nutritionally purposeful classroom. *Young Children*, 69(5), 8–21.

Kohler, M., Christensen, L., Roy, J., Kilgo, K., & Bryan, N. (2013). The obesogenic environment. *Childhood Education*, 89(2), 129–133.

Nitzke, S., Riley, D., Ramminger, A., & Jacobs, G. (2010). *Rethinking nutrition: Connecting science & practice in early childhood settings*. St. Paul, MN: Redleaf Press.

Riojas-Cortez, M. (2011). Culture, play, and family: Supporting children on the autism spectrum. *Young Children, 66*(5), 94–99.

Stregelin, D.A. (2008). Children, teachers, and families working together to prevent childhood obesity: Intervention strategies. *Dimensions of Early Childhood, 36*(1), 8–15.

Towery, P.C., Nix, E.S., & Norman, B. (2014). Breakfast blitz: An innovative nutrition education program. *Dimensions of Early Childhood, 42*(3), 24–29.

Wolfberg, P.J. (2009). *Play and imagination in children with autism*. New York: Teachers College Press.

Whitby, P.J.S., Lyons, C.D., & Baxter, C.M. (2015). Teaching preschoolers with autism: Interventions to ensure access, participation, and support. YC Young Children, *70*(3), 76–83.

儿童图书

Barber, T. (2004). *Open wide!* London, England: Chrysalis Children's Books.

Bertrand, D.G. (2003). *The empanadas that abuela made*. Houston, TX: Pinata Books.

Child, L. (2000). *I will never not ever eat a tomato*. Cambridge, MA: Candlewick.

Child, L. (2001). *I am not sleepy and I will not go to bed*. Cambridge, MA: Candlewick.

Child, L. (2006). *My wobbly tooth must not ever never come out*. New York: Grosset & Dunlap.

Cronin, D. (2005). *Wiggle*. New York: Atheneum.

Cronin, D. (2007). *Bounce*. New York: Atheneum.

Cronin, C. (2009). *Stretch*. New York: Atheneum.

Dealey, E. (2002). *Goldie Locks has chicken pox*. New York: Atheneum.

Fischer, S.M. (2010). *Jump*. New York: Simon & Schuster.

Hall, J. (2006). *How to get a gorilla out of your bathtub*. Lakeland, FL: White Stone Books.

Jenkins, S. (2006). *Move!* Boston: Houghton Mifflin.

Kimmel, E.A. (2000). *The runaway tortilla*. Delray Beach, FL: Winslow Press.

Kopelke, L. (2004). *Tissue, please!* New York: Simon & Schuster.

Lin, G. (2001). *Dim sum for everyone!* New York: Dell Dragonfly Books.

London, J. (2002). *Froggy goes to the doctor*. New York: Viking.

Middleton, C. (2001) *Tabitha's terrifically tough tooth*. New York: Phyllis Fogelman Books.

Park, L.S. (2005). *Bee-bim bop!* New York: Clarion Books.

Rubin, A. (2012). *Dragons love tacos*. New York: Dial.

Rubin, A. (2013). *Secret pizza party*. New York: Dial.

Vrombaut, A. (2003). *Clarabella's teeth*. New York: Clarion.

Whybrow, I. (2001). *Harry and the dinosaurs say "Raahh!"* New York: Random House.

Willis, J. (1999). *Susan laughs*. New York: Holt.

Yolen, J. (2000). *How do dinosaurs say good night?* New York: Blue Sky Press.

Yolen, J. (2003). *How do dinosaurs get well soon?* New York: Blue Sky Press.

Yolen, J. (2005). *How do dinosaurs eat their food?* New York: Blue Sky Press.

第三章

创建一个学习环境

学习目标

在本章你将学会：

◆ 在适宜的空间创设具有刺激性的活动区。

◆ 为幼儿在室内活动区的自主活动提供适当的材料。

◆ 提供刺激性的户外学习活动。

◆ 在适宜幼儿发展的情况下使用技术。

在适宜的空间创设具有刺激性的活动区

◎ 作为大脑刺激器的活动区

活动区是指在你的班级里专门用于开展特定课程活动的区域,比如积木建构区、美工区、图书区、书写区、戏剧表演区、数学区、科学区、音乐区和大肌肉运动区。事实上,正是这些活动区,而不是书面计划,决定了早期教育机构的课程设置。为什么要有活动区呢?当设置适宜的课程时,室内和室外的活动区都可以帮助幼儿选择和专注于特定的活动,让他们可以自由地进行活动。

当幼儿积极地参与到他们自己的学习当中时,他们往往会发现这种亲身体验很有意义且与他们的生活密切相关。大脑研究发现,当幼儿第一次经历某件事时,神经细胞实际上会发展和改变。神经细胞之间形成新的突触(连接)。形成的突触比可能使用的要多。幼儿使用的那些突触形成了牢固的联系。而那些没有使用的突触则会被修剪掉。幼儿的经历有助于做出这种决定。因为学前班的幼儿在教室里花了大量的时间,所以教室环境对幼儿的大脑发育有着至关重要的影响(Bullard,2010)。

在你的班级里,活动区的数量和种类取决于你的教育目标、可用的空间以及幼儿的数量。尽管各州和联邦政府的规定可能有所不同,但一个面向3—5岁幼儿的早期教育机构应该计划为每个幼儿提供4~6平方米的空间。这是一个需要遵守的重要规则。在幼儿密度高、活动空间小的地方,幼儿消极和懒惰的行为往往会显著增加。

◎ 色彩的刺激

为了刺激幼儿和教师,学习环境首先需要吸引人。当你走进教室时,环顾四周。什么吸引了你的注意呢?是房间后面配有用来休息的巨大的蓝色和红色地板枕头的阁楼?还是在圆圈时间供幼儿坐的带有红色、紫色、绿色方块图案的小毯？抑或是科学区里放在海绿地毯中央的热带鱼水族箱？又或者是一边有紫色书架，另一边有木偶树，地板上有黄色豆袋椅的图书区？

无论你看向哪里，都能看到色彩：明亮的主色，映衬着柔和的淡色墙壁和白色的天花板。访问者会被这些颜色吸引，幼儿也是如此。他们首先会被最亮的色彩吸引。在吸引幼儿方面，色彩往往是最有力的视觉信号。

没有必要重新粉刷一个沉闷的房间。可以通过织物、鲜花和胶带纸来布置房间，使其变得明亮，更能吸引人。例如，色彩鲜艳的布袋可以固定在橱柜和房间隔板上，用来摆放布娃娃和毛绒玩具。奥尔特豪斯、约翰逊和米切尔（Althouse，Johnson & Mitchell，2003）建议在科学/探索区的窗台上摆放红色、蓝色和黄色的花瓶，这样可以为它的棕色书架增添一抹色彩。梵高的名画《向日葵》的复制品可以粘贴在幼儿带来的真实的向日葵旁边。

一些儿童保育倡导者发现，如果你给特定的活动区增添颜色，那么颜色甚至会影响学业成绩。例如：红色是规划促进大肌肉运动和概念发展的活动区的良好选择；黄色有利于音乐和美工活动的开展；绿色、蓝色和紫色在图书区会产生良好的效果（Taylor，2002）。

颜色也可以帮助你在教室里的各种活动之间建立平衡：集体活动和小组活动，嘈杂的游戏和安静的游戏，快节奏运动和慢节奏运动。例如，红色、黄色和橙色等暖色调往往能激发人采取行动。而蓝色、紫色和绿色等冷色调则更能让人放松和平静。要评估你的教室的吸引力，请参考表3-1。

表3-1　教室环境吸引力检核表

____ 色彩明亮的枕头、地毯和椅子
____ 色彩丰富的织物、鲜花和胶带纸
____ 有趣的物品：镜子、木偶剧院、气球
____ 活动、空间和颜色的平衡
____ 在活跃的区域使用红色、黄色和橙色
____ 在安静的区域使用蓝色、绿色和紫色
____ 幼儿美工作品的边框或背景
____ 展示各种文化的织物、壁挂、陶器和绘画

◎ 噪声水平

许多幼儿园的教室里太吵了，幼儿和成人都觉得不舒服。此外，有听力障碍的幼儿可能听不清老师说的话。教师大声说话并不能解决噪声水平的问题，只会使问题变得更糟。相反，许多幼儿园已经学会安装吸音天花板、地毯、坐垫、壁纸、隔板或窗帘来降低噪声水平。

窗帘比百叶窗更能吸收噪声。有些教室还在活动区使用软木公告板或软木嵌板，因为软木能很好地吸收声音。其他教室的特色是将彩色粗麻布固定在房间隔板的背面、布告栏上和墙壁上。事实上，可以用织物包裹的纤维板来覆盖整面墙。通过在地毯上放置松软的坐垫，也能达到吸音的效果。

请运用你的聪明才智减少教室里的噪声。例如，拆开大纸箱或快递箱，用彩色布料覆盖，可作为活动区的分割物。幼儿在工作或玩耍时总是吵吵闹闹的。在不需要经常提醒幼儿的情况下，降低教室里的噪声水平真的很重要吗？是的。噪声会制造压力，持续的噪声则会导致混乱的局面，而不是令人兴奋的学习氛围。

通过空间布局告知幼儿可以开展哪些活动。

◎ 房间布置

幼儿教室里的学习环境有一部分是基于设备和材料的物理布置。这种布置是一种向幼儿传达信息的方式,如他们适合在这里进行什么类型的活动,利用这里的材料可以做什么、不可以做什么。开阔的空间可能会鼓励他们奔跑和喊叫。而狭小的封闭空间意味着要保持安静,一次只能让几个幼儿进入。铺着地毯的地方吸引幼儿坐在地板上;书架旁的坐垫则会吸引他们坐下来放松一下,看看书。

玩水桌里的水装得太满,就会导致水溢出来。如果玩水桌里只有几厘米深的水,幼儿就可以自由地移动玩水桌,水也不会溅出来。高高的架子上摆放着美工材料,就好像是在对大多数幼儿说:"这不是你能触摸的。"又好像是在对爱冒险的幼儿说:"看看你能不能拿到我们!"拼图放在配有四把椅子的桌子上,可以让四个幼儿坐下来,但也会引起他们的争吵。因此,你如何安排教室,决定了幼儿将要在教室里干什么。

你希望教室里发生什么?许多幼儿园的主要目标是促使幼儿形成积极的自我概念、自我指导和学习的乐趣。如果这些是你的目标,你就会想要以一种能帮助幼儿产生良好自我感受的方式来布置教室,激发他们参与到活动中,并帮助他们自主学习。如果你在安排活动区的时候考虑到幼儿的需求,那么教室的物理布置就能做到这一点。

◎ 房间布局

要确定每个活动区在教室里的哪个位置,首先要看一下整个教室的布局,确定以下设施的位置。

- 门(入口、出口、盥洗室的门)。
- 走廊(大厅或房间之间)。
- 水槽。
- 窗户。
- 橱柜。

- 墙。
- 插座。

在你安排教室里的活动区时，请谨记教室里设施的确切位置和全美幼教协会（NAEYC）标准。通往门和走廊的空间必须预留给进出的人。你可能需要把相邻的活动区隔开，这样路过的幼儿就不会干扰活动区里的幼儿。在靠近门口的地方放置幼儿的小橱柜，外面挂衣服，里面存放个人物品。在某些幼儿园，小橱柜设置在教室外面。但是，如果你把小橱柜设置在教室里面，一定要使其靠近出口，这样幼儿就不用穿过房间去拿外套或毛衣了。

全美幼教协会（NAEYC）课程标准：丰富的学习环境

描述一下你所在的幼儿园将如何达到以下标准。

- 教师组织空间，选择所有内容和材料促进：（a）探索、实验、发现；（b）概念学习的发展领域。
- 教师和儿童一起工作，以可预见的方式安排课堂材料，让儿童知道在哪里可以找到材料，以及应该把它们放在哪里。

资料来源：NAEYC. (2008) *NAEYC Early Childhood Program Standards and Accreditation Criteria: The Mark of Quality in Early Childhood Education*. Washington, DC: National Association for the Education of Young Children (NAEYC). Copyright © 2008®. Reprinted with permission.

水槽的位置有助于确定在何处安排用水活动。例如，美工区应该尽可能地靠近水池，因为幼儿会来回取水、清洗刷子和洗手。玩水桌可以离水槽远一些，因为教师往往会向玩水桌里注水。

窗户也有助于确定在何处设置活动区。例如，一个靠窗的、有座位的区域，是图书区或图书馆的理想位置。科学区可以在普通的窗口前设置，以便为种植实验提供阳光。窗户对于获得自然光线——阳光，也是很重要的。阳光不仅能杀灭霉菌和细菌，提供维生素 D 的来源，还能把自然界的一部分带进课堂。阳光使幼儿感到快乐。

◎ 活动分区

除了利用教室里的固定设施，如门、窗和橱柜等，教师还需要将不同的活动区彼此隔开，这样幼儿就能清楚地看到哪些活动是可以进行的，并且可以在不造成混乱的情况下做出独立的选择。如果把图书区、科学区和探索区都布置在教室的一边，教师可以理解这样的布局，但幼儿对此就会感到困惑，除非每个活动区被清楚地隔开。

大多数教室里会用架子、小隔间或隔板将活动区彼此分开。请用你的聪明才智划分自己的活动区。举例来说，与其把书架靠墙摆放，不如把它用作图书区和另一个活动区之间的分隔物。也可以按同样的方式使用积木架。在表演区，游戏用的炉灶、水槽和冰箱可以作为游戏区域的分隔物，而不是仅仅靠在教室的墙上。

活动区分隔物不应高到让幼儿之间以及幼儿和教师之间彼此看不到。房间本身应该是开放的、令人愉快的，且所有空间都要得到有效利用。可以将大型家具放置在活动区之间，以作为分隔物。在背后固定有彩色瓦楞纸板的椅子或沙发，也可以作为特定区域的分隔物。

一些教室安装了阁楼，在增添了有趣的额外空间的同时，不仅适用于开展攀爬运动，而且适合作为活动区的拓展区域。例如，配备播放器和耳机的音乐活动，在阁楼下开展效果会更好。整个阁楼，无论是上面还是下面，都可以作为戏剧表演区的一部分场地。

教师可以使用房间的墙壁作为活动区的背面，在其他几面装上隔板。然后，把照片、海报和图片挂在墙上的适当位置。例如，处于幼儿视线水平范围内的建筑物、桥梁和塔的图片，对建构区的活动可以起到很大的刺激作用。进行实地考察后，可以在墙上挂一些旅途中的照片。还可以从杂志上剪下合适的图片粘贴在墙上。

要注意，不要把每个活动区都完全封闭起来，以至于与其他活动区完全隔开。幼儿喜欢看到其他活动区里正在发生的事情，他们需要很容易地从一个活动区转移到另一个活动区。一个完全封闭的活动区只有一个小的开口，也会导致一群幼儿进入时出现问题。里面的幼儿可能会认为活动区是他们的私人空间，并试图阻止其他人进入。当你在设置这些活动区时，你需要预测潜在的行为问题。

一些教室安装了阁楼，为攀爬和戏剧表演提供了一个有趣的额外空间。

在你开始重新布置教室之前，退一步看看现在幼儿是如何使用它的。他们是否挤在一个活动区里玩？他们是不是在房间里漫无目的地乱跑？他们必须穿过建构区才能去盥洗室吗？某些活动区比其他活动区更受欢迎吗？是什么因素造成了这种差异呢？

重新安排活动区，让幼儿自由地选择、轻松地使用。你要花点时间来确定教室在目前的安排下是如何使用的。使用表 3-2 来评估当前的教室布置。

表3-2　活动区位置检核表

____将小橱柜放置在教师入口附近	____避免出现大的空旷空间，以防幼儿在教室里乱跑
____在水槽附近安排需要用水的活动	
____使用窗口和壁橱作为活动区的拓展区域	____使过道足够宽，以便幼儿自由移动（连轮椅也可以通过），但过道要足够短或足够弯曲，以防止幼儿在过道上奔跑
____用低矮的房间隔板或架子把每个活动区分开，让幼儿可以互相看到	
____保持活动区足够开放，使幼儿易于进出	____提供数量合适的活动区，让幼儿舒心地参与活动
____把安静的活动和吵闹的活动分开	____避免因设置过多的活动区而造成教室里的拥挤
____把桌子放在活动区，而不是放在教室的中间	

资料来源：Janice J. Beaty, *Skills for Preschool Teachers*, 9e. Copyright © 2012 by Pearson Education, Inc. All rights reserved. Permission is granted by publisher to reproduce this checklist for evaluation and record keeping.

平面规划

接下来，针对目前的教室环境布置设计一张简单的平面图。挑三个不同的日子，每天花15分钟对幼儿的自选活动进行观察，并直接记录下观察的结果。比如，用X代表男孩，用O代表女孩。在你观察的15分钟内，直接记录下每个幼儿所处的位置。使用箭头表示每个幼儿如何从一个活动区移动到另一个活动区。这个练习将帮助你回顾且客观地评价幼儿对教室的使用情况。

与团队成员讨论你的发现。如果幼儿的运动、工作和游戏不是有序的，或者某些活动区根本没有幼儿进入，那么你可能需要对教室的布置做出调整。

至于要做出哪些调整，取决于你所拥有的闲置空间的大小。大面积的闲置空地会鼓励幼儿漫无目的地跑来跑去。如果你把一些闲置的空间分隔成活动区，会不会更能使其发挥作用呢？你可能觉得需要一些空间来开展圆圈活动、创造性运动或者其他的全班活动。而当积木都放在架子上的时候，你可以考虑利用积木建构区开展集体活动。

当几乎没有可用的空间，或当这种闲置空间会减少必要的活动区的数量时，集体活动就不需要专门的空间。对于开展圆圈活动和集体活动，以下"教室环境平面图"（见图 3-1）中的班级就用上了他们的音乐区。他们还在必要时使用音乐区来拓展戏剧表演活动。

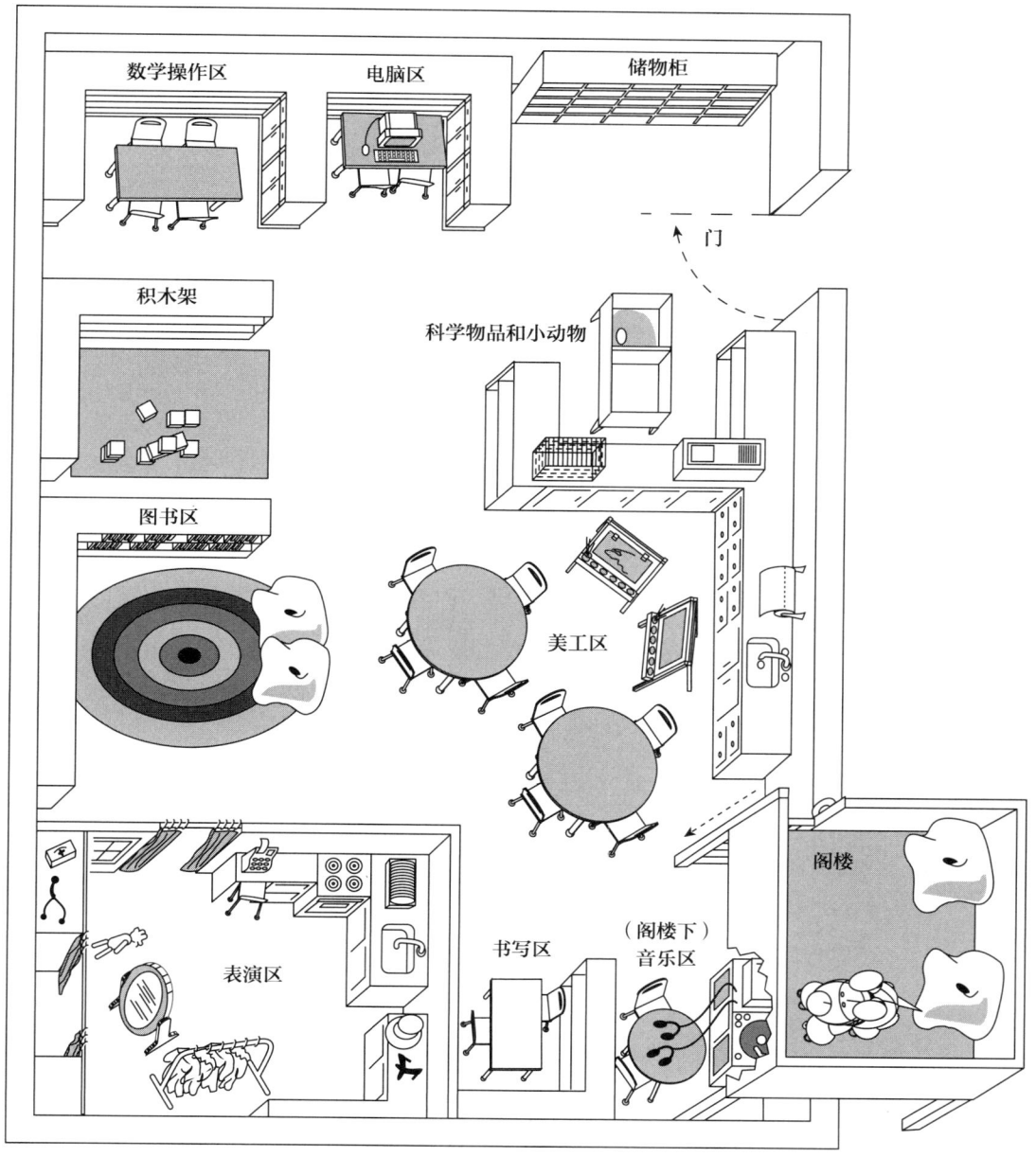

图 3-1　教室环境平面图

有些教师喜欢将所有桌子放在房间的中央，而你要试着确定在你的教室里是否有必要这样做。如果将房间中央的地方分隔开，并把桌子移到合适的活动区，房间是不是会变得更有趣呢？房间的大小和形状有助于确定这种布局，以及幼儿对空间的使用情况。

是否有些活动区幼儿很少使用？为什么会这样？一些教室里的图书区只有一个靠墙的书架，旁边放了一把椅子。很少有幼儿会使用这个区域，因为它没有被分隔成一个可以保护隐私的空间，或者因为它太靠近嘈杂的区域，又或者因为它对幼儿的吸引力不够。把书架从墙边挪开，用作空间隔板。在图书区放上一些色彩鲜艳的枕头、毛绒动物玩具或随书配套的木偶。在地板上铺一块松软的地毯。确保你的图书完好无损，并适合幼儿的年龄和兴趣（发展适宜性实践）。在幼儿视线范围内的墙上贴满五颜六色的图书海报。当像这样的活动区变得有吸引力时，幼儿很快就会挤满这个活动区。

幼儿如何从一个活动区转移到另一个活动区？你班上有身体残疾的幼儿吗？他们可以自由地活动吗？他们不应该挤在桌子和房间隔板之间，也不应该绕着某个小朋友搭建的积木建筑物转悠。但是，你需要避免把过道设计得太长，这样的过道会导致幼儿从房间的一头跑到另一头。只需移动一下架子或隔板就可以改变过道的走向，防止失控运动的发生。

◎ 自我调节方法

班级里的某个活动区是否存在人数太多的问题？如果你能激发幼儿的兴趣，他们就能调整自己的选择。例如，你可以在玩水桌周边的墙上挂上4条鱼的图片，在建构区张贴6个建筑工人的图片，在图书区贴上4本书的图片，每张图片下都设置一个挂钩。然后，那些想在特定区域玩耍的幼儿就可以把他们的名字标签挂在选定的挂钩上。当挂钩挂满了时，新来的小朋友要么和他人商议互换活动区，要么就到别的活动区去玩。

佩戴彩色标签是另一种帮助幼儿选择活动区的方法。这些标签可以放在房间前面的魔术贴扣板上，供幼儿选择。幼儿可以在每个活动区选择不同颜色的魔术贴标志。其他的教室则在每个活动区挂上项链，供幼儿在选择活动区时佩戴。

如果想让幼儿对自己的能力有信心，给幼儿提供这样的选择机会特别重要。如果教师引导幼儿进入某些活动区时，告诉他们可以有多少人在那里玩耍，或者告诉他们必须使用什么材料，那么幼儿会更依赖老师，从而对自己正在发展的能力缺乏信心。我们需要记住，教室也属于幼儿，应该让他们尽可能多地使用它。

为幼儿在室内活动区的自主活动提供适当的材料

◎ 通过游戏学习

3—5 岁的幼儿会花大量时间游戏。我们要了解他们玩玩具的情况。但是我们还会注意到，他们似乎也喜欢玩非玩具材料（如钢笔、画笔、手电筒、电脑键盘）。事实上，这些材料成了这些幼儿的玩具，他们经常以从未有过的方式玩这些材料。难道他们不知道其他更值得玩的东西吗？

事实上，这正是他们应该做的，因为玩耍是幼儿学习的自然过程。由于与成年人玩游戏的方式不同，所以我们常常把幼儿的游戏误认为是娱乐或无关紧要的活动。"游戏时间结束了，"我们对他们说，"现在我们把积木放下，开始学习数字。"因为玩耍和大多数成年人的学习没有什么关系，所以我们对幼儿的玩耍也有同样的认识——玩耍和他们的学习没有什么关系。但是，我们是错的。

学龄前儿童学习数字时不是安静地坐着听老师讲课，也不是按照成人的指导去学习如何使用电脑。相反，他们可以通过亲自动手操作材料和设备的方法来完成大部分的学习。每一件物品都变成了一个玩具，他们可以玩得很开心，直到他们掌握它的功能。我们称之为"学习的自我发现法"，它非常有效。聪明的幼儿园教师因此布置了整间教室，这样幼儿就可以花大部分的时间通过玩耍来自学。

探索性游戏水平

通过观察幼儿可以发现,大多数幼儿开始以同样的方式探索新事物。他们玩弄它,用感官探索它。例如,他们最初可能会把玩具望远镜当作锤子、号角或高塔,也可能会看错了地方,但在大笑后最终会明白它的真正用途。他们可能会用画笔在纸上挥毫泼墨,然后换手涂上另一种颜色,最后再换手用另一种颜色涂满纸张。我们称之为对操作一种新材料的初步探索。世界各地的幼儿似乎都在以同样的操作方式尝试探索新事物。

一旦幼儿完成了初步的探索并学会了如何使用材料,他们就会进入第二个层次:精通。这时,他们重复正确地使用物体或材料。他们可以把玩具望远镜的构件合在一起,一遍又一遍地关上、打开、用它望望远处,然后再关上。或者他们可以右手握住画笔在纸上画线,再拿一张纸,一次又一次地尝试。这就好像他们正在练习刚刚自学的技能。

最后,许多——但不是所有——学龄前儿童进化到第三个层次:意义。这时,幼儿将同样的东西或材料用于不同的新用途,赋予它他们想要的意义。例如,有了望远镜,他们可能会把它用到他们搭的大型积木作品"宇宙飞船"中去观察恒星,或者当作控制杆。他们可以用画笔开始画太阳和人。

当教师、助教、实习生和志愿者们为每个幼儿和整个小组制订计划时,应该意识到幼儿的发展水平。通过仔细观察和记录幼儿如何与材料互动,教师可以确定每个幼儿是否处于操作、精通或意义的阶段。在做出决定之后,教师可以为每个活动区添加适当的材料,以支持幼儿自身的探索水平。

装备活动区

幼儿园教师必须为每个活动区配备适合幼儿发展的材料,让他们能够自主选择和使用。表3-3"活动区检核表"可帮助教师一目了然地看到他们必须考虑的因素和安排。

表3-3 活动区检核表

观察者_____ 教室_____ 日期_____

积木建构区	大肌肉运动区
____积木纵向摆放在架子上 ____有足够用于建造大型建筑的积木 ____带有多元文化的小人仔、卡车和其他配件 ____标有积木标签和配件标签的架子	____攀爬设备（栏杆、梯子、攀爬架） ____平衡设备（平衡木、木块） ____跳跃设备（双持撑杆） ____儿童篮球网和篮球 ____木制骑乘车辆和滑板车
图书区	音乐区
____图书放在低矮的架子上，封面容易看到 ____图书完好无损 ____有多民族的书 ____用于图书推广活动的布偶和玩偶 ____枕头、坐垫和舒适的椅子	____节奏乐器 ____CD盒式录音机/录音机和耳机 ____MP3[1]或数码播放器 ____弦乐器（多元文化） ____打击乐器（鼓、木琴）
表演区	科学/探索区
____合适的设备、家具和配件 ____用于装扮成人的服装和道具箱 ____易挑选的衣服 ____全身镜 ____不同肤色的洋娃娃 ____语言道具，比如手机	____放大镜、望远镜和磁铁 ____显微镜（屏幕、数码、双向） ____桌面光板和人体X光片 ____动物、鱼或宠物昆虫 ____植物和种子生长实验 ____幼儿的收藏品和展示
操作/数学区	书写区
____材料附近的桌子和地面空间 ____拼图、积木和游戏 ____形状、颜色、计数和数字游戏 ____收银机、算盘、数珠和数棒	____桌子、储藏室和邮箱 ____钢笔、铅笔、记号笔和粉笔 ____纸、垫子、笔记本和信封 ____橡皮图章、贴纸贴和邮票 ____电脑
美工区	电脑区
____为日常使用而设置的画架和桌子 ____附近桌子上的纸张、颜料、刷子、蜡笔、剪刀和拼贴材料 ____可用的黏土、橡皮泥、纱线、织物和挤压瓶 ____展示幼儿精美的美工作品 ____为艺术应用而配备的触摸平板电脑	____台式电脑放在低矮的桌子上，配有两把椅子 ____放在适宜位置的笔记本电脑 ____打印机和纸张 ____几个适宜的交互式软件程序 ____用于拓展每个学习项目的游戏、拼图和有关材料

---

[1] MP3是一种音频压缩技术，全称是动态影像专家压缩标准音频层面3（Moving Picture Experts Group Audio Layer Ⅲ）。它被设计用来大幅度地降低音频数据量。——译者注

续表

观察者＿＿＿＿＿＿＿＿ 教室＿＿＿＿＿＿＿ 日期＿＿＿＿＿＿＿	
感官区 ＿＿＿挤压瓶、滴管和打蛋器 ＿＿＿幼儿的玩水围裙和安全护目镜 ＿＿＿沙滩玩具、铲子和筛子 ＿＿＿幼儿使用的清洁工具	**木工区** ＿＿＿敲击工具和安全护目镜 ＿＿＿带标记的工具储存架或钉板 ＿＿＿木工工作台或树桩，老虎钳 ＿＿＿木屑、吊顶板材和钉子

资料来源：Janice J. Beaty, *Skills for Preschool Teachers*, 9e. Copyright © 2012 by Pearson Education, Inc. All rights reserved. Permission is granted by publisher to reproduce this checklist for evaluation and record keeping.

你可以使用活动区检核表作为创建新教室环境的指南或评估当前教室布置的工具。然后，你必须考虑如何投放这些材料，以便幼儿能够以一种自主学习的方式进行学习。以下是关于如何建立 12 个活动区，以便幼儿能更有效地使用材料的建议。

◎ 积木建构区

积 木 建 构
＿＿＿积木纵向摆放在架子上 ＿＿＿有足够用于建造大型建筑的积木 ＿＿＿带有多元文化的小人仔、卡车和其他配件 ＿＿＿标有积木标签和配件标签的架子

自从 21 世纪初被美国儿童早期教育家卡罗琳·普拉特（Carolyn Pratt）引入以来，木制单元积木在儿童早期教育中发挥了重要作用。单元积木、半单元积木、双单元积木、四单元积木、拱形积木和坡道形状积木等激发了幼儿在建造各种大小和形状的建筑物时的想象力和创造力。这些积木有助于发展幼儿的感知技能，如手眼协调，因为在搭建塔和桥梁时，他们需要匹配大小不同的积木或使一块积木平衡地搭在另一块积木上面。

当幼儿学习在选择积木的过程中对形状和大小进行分类时，积木建构还能促进其计数和分类技能的发展。当幼儿用积木来重建刚刚参观过的消防站或农场时，还可以帮助强化他们在实地考察时所获得的概念。如今，即使是最初的单元积木也已拓展出了各种各样的新形状：建筑单元积木、门窗积木、有磁性的木制积木、看着像木头的泡沫材质积木和迷你空心积木（Tunks，2013）。

在较低的货架上纵向放置积木，这样幼儿就可以看到积木的大小和形状，并且很容易决定他们需要什么积木。在架子上标示积木的轮廓，可以引导幼儿将用完的积木放回合适的架子上，并帮助他们学会把积木和轮廓匹配起来。这样的精心安排能够让幼儿在游戏中变得独立自主。

同样重要的是，要将建筑配件与单位积木放在同一区域，这样幼儿就会知道它们是可用的，并且可以和积木一起使用。如果你想鼓励幼儿在积木建构区开展戏剧表演，那么人物和动物的小模型，尤其是恐龙会很受欢迎。一定要包含多元文化的人物角色。有时，幼儿喜欢只玩积木，但他们往往想要假装扮演人物和动物在积木建筑物中做事。小型车辆是适当的配件，但是大型的木制骑乘车辆属于大型活动区，不属于这里，因为它们可能会撞倒幼儿精心搭成的建筑物。如果你想让幼儿把玩具放回原处，别忘了在他们该放玩具的地方贴上这些玩具的图样。

图书区

图　　书
____图书放在低矮的架子上，封面容易看到
____图书完好无损
____有多民族的书
____用于图书推广活动的布偶和玩偶
____枕头、坐垫和舒适的椅子

在你的教室里，图书区应该是最舒适、最吸引人的地方之一。你可以选择柔软的小地毯、色彩鲜艳的毛绒枕头、豆袋椅或软垫儿童椅。幼儿喜欢参与布置图书角。例如，彩色图画书中的防尘套可以夹在靠近活动区背面的晾衣绳上。

带一些方形的地毯样品，让幼儿帮忙铺地毯。在一间教室里，幼儿决定放一个塑料水池，里面装满了"珊瑚"（彩色沙包）和柔软的枕头用来帮助他们放松和阅读。他们称之为"阅读池"。

图书区应该舒适、吸引人。

因为图书区需要安静，你应该用空间分隔物把图书区与嘈杂的区域隔开，或者把它设置在其他安静的活动区（如书写区或操作区）旁边。要以最吸引人的方式展示图书。封面应该是正面朝外的，这样幼儿就会被图书的封面吸引，从而可以容易地做出选择。如果图书封面破损或遗失，请修复或更换图书。撕破的图书不适合幼儿。撕破的图书会暗示老师们不关心图书是否完好无损，幼儿会因此认为图书并不重要。

如果你有大量的藏书，可以考虑只展示其中的一部分，并且不时地更换图书，同时放置太多的书容易使幼儿感到困惑。一定要把书放在幼儿的视线范围内，使图书区尽可能易于使用，以促进幼儿的自主学习。

有些图书应该具有多民族的特点。无论你的班上是否有非裔美国儿童、西班牙裔美国儿童、印第安人儿童或亚裔美国儿童，你都要选择那些描绘美国多民族生活的图书。今天有很多优秀的图画书向幼儿展示了几乎所有的种族或文化（详见：Beaty & Pratt，*Early Literacy in Preschool and Kindergarten: A Multicultural Perspective*，2015）。

如果你在图书区放上人物玩偶、木偶和毛绒动物玩具，幼儿就喜欢用他们最喜爱的图书来拓展自己的经验。诸如湖岸教具公司等学校用品公司，可以提供多民族的玩偶和木偶来作为图书角色。你可以打电话向这些公司索要目录。烹饪用品商店还备有动物形状的手套，是制作精美手偶的优质材料；或者你和幼儿可以用手套、小纸袋和袜子自制手偶。

◎ 表演区

戏 剧 表 演

____合适的设备、家具和配件
____用于装扮成人的服装和道具箱
____易挑选的衣服
____全身镜
____不同肤色的洋娃娃
____语言道具，比如手机

幼儿生活在一个假想的世界里。对于那些常常带着疑虑去看待幻想的成年人来说，这似乎是不健康的，但事实上恰恰相反。通过假装，幼儿并没有试图逃避现实；事实上，他们在试图理解它。他们正在尽最大的努力与使自己感到困惑的人和环境打交道。表演游戏有助于给他们的世界带来一些感觉、秩序与控制。

为了帮助幼儿发展假想能力，我们提供了一个活动区鼓励他们开展充满想象力的游戏。一些幼儿园称它为"管家区"或"梳妆区"。另一些幼儿园更喜欢称之为"家庭生活区"。在这个活动区通常会投放儿童厨房用具，如炉灶、冰箱、水槽、橱柜和桌子。有些幼儿园设置了一家商店，货架上放满了空的食品盒。有些幼儿园则设置了带有镜子、梳妆台和洋娃娃的卧室，或者配有桌子和椅子的餐厅。

所有的这些安排对幼儿来说都很熟悉，能够鼓励他们在没有教师参与的情况下装扮和扮演各种角色。这些角色包括妈妈、爸爸、叔叔、阿姨、（外）祖母、（外）祖父、姐妹、兄弟、婴儿、医生、护士、店主和女服务员。扮演这些角色可以帮助幼儿从另一个角度体验生活。可以帮助他们理解这些角色，在许多情况下，甚至能够帮助他们应对生活中的恐惧和挫折。例如，幼儿可以在假想游戏中直接面对看医生和打针的恐惧心理。这种自主学习的戏剧表演体验可以帮助幼儿获得健康的、积极的自我概念。

你需要提供男性和女性的衣服、帽子、鞋子、皮带、钱包等物品。从尺寸来说，青少年的衣服比成人的衣服更适合幼儿。别忘了超级英雄的斗篷、公主的丝巾、魔杖、手杖和各种各样的帽子。把衣服挂在独立的挂钩或衣架上，以便幼儿挑选和放回。把衣服塞进一个盒子或抽屉里，会让幼儿在选择时感到困难。

然而，道具箱是个例外。每个道具箱里都应该包含一个特定角色（如消防员）所需要的衣服和道具。这样的道具箱里可能有消防员的帽子、靴子和雨衣。在每次实地考察之后，在一个硬纸板箱里装满合适的物品，有助于幼儿重演这次旅行。在箱子外面标上有插图的标志，放在表演区的架子上。道具要多备几套，这样幼儿就可以并行玩耍。

可以在表演区放置一些代表不同文化的物品，如印第安人、非洲人、中国人和日本人的特色服饰，日本、意大利、中国和墨西哥的有代表性的食品（来自Lakeshore），以及来自幼儿家庭的捐赠物品（如竹制蒸笼和中国茶具）（Bullard，2010）。

◎ 操作 / 数学区

操作 / 数学

____材料附近的桌子和地面空间
____拼图、积木和游戏
____形状、颜色、计数和数字游戏
____收银机、算盘、数珠和数棒

数学是学龄前儿童可以练习的操作技能。幼儿需要在计数、分类和拼接等方面有具体的三维材料的操作经验，然后才能用数字符号进行更抽象的工作。目前市面上有很多商业性的操作材料可供使用：旋钮拼图、木制拼图、磁性拼图、拼插积木、堆叠玩具、扣插积木、串珠、缝纫线、花边形积木、蘑菇钉、纽扣板、镶嵌拼板、多米诺骨牌、儿童算盘、分类托盘、拼插块，等等。

尽管如此，你还是想在这个区域添加一些教师制作的游戏。你可以用自制的材料来节省成本，并直接满足幼儿的特殊需要。例如，在展示每个幼儿面部的自制拼图游戏中，可以促进其积极的自我概念，并通过组合拼图促进其动作技能。

这些拼图、套装和其他游戏材料都可以储存在架子上，架子上贴有这些材料的图案标志，以便幼儿归还物品的时候知道该把它们放在何处。和书本一样，不要把所有的操作材料同时放置在架子上，因为太多的选择可能会让幼儿不知所措。还应定期检查，确保拼图和游戏材料的各部分没有丢失。如果丢失了某种材料的一部分，要么替换它们，要么把剩余的部分也丢弃。

该活动区还应该包含有关数字的物品：玩具收银机、量角器、尺子、计算器、手机、玩具钟、日历、算盘、计数架、磁性数字、数字积木、数字珠，等等。

◎ 美工区

艺　术
____ 为日常使用而设置的画架和桌子
____ 附近桌子上的纸张、颜料、刷子、蜡笔、剪刀和拼贴材料
____ 可用的黏土、橡皮泥、纱线、织物和挤压瓶
____ 展示幼儿精美的美工作品
____ 为艺术应用而配备的触摸平板电脑

大多数幼儿园几乎每天都会开展美工活动。不幸的是，相较于其他任何活动，成年人似乎更喜欢控制美工活动。教师或助教通常会拿出美工材料，分发纸张，给出指导，然后留在美工区，以确保他们的指导意见得到执行。

如果我们真的想让幼儿在学习中变得自主，就应该让他们在美工活动中独立，就像在表演区或积木建构区一样。探索和实验的自由能够激发幼儿的创造力。虽然他们在某些美工活动中需要适宜的指导，但是必须让他们有机会尝试在自己选择的纸上用颜料和画笔绘画。

当与幼儿等高的、放置美工材料的材料架被放置在他们使用的桌子或画架旁边时，当材料摆放有序、便于他们挑选和归还时，当教师允许和鼓励他们参与美工活动并清理活动后的现场时，幼儿的独立性就可能得到培养。当幼儿在美工活动中变得独立时，他们会很乐意在每日进行自由选择时选择这种活动。

教师可能想要每天都为幼儿准备好颜料和画笔。但是幼儿也可以在教师的帮助下，学会从材料架上选择自己想用的纸张并取出来。当大家要用准备好的橡皮泥时，幼儿也可以帮助把橡皮泥拿出来。其他时候，他们还可以帮助混合橡皮泥。

如果你的教室里有水源，那么美工区应设置在其附近。当材料在旁边时，即使教师只给出了很少的指导，幼儿也可以完全独立地开展美工活动，并清理活动后的材料。

◇ 大肌肉运动区

大肌肉运动

____攀爬设备（栏杆、梯子、攀爬架）
____平衡设备（平衡木、木块）
____跳跃设备（双持撑杆）
____儿童篮球网和篮球
____木制骑乘车辆和滑板车

如果你所在的幼儿园有一个设备齐全的户外操场，你可能想知道为什么你还应该在教室里设置一个大肌肉运动区。在学前期，无论幼儿是否外出，他们都必须每天尽可能多地练习肢体运动技能。

当没有其他设备时，普通的椅子和桌子也可以用作幼儿练习攀爬、跳跃和爬行的设备。有创意的教师发现，只要运用一点想象力，那么几乎任何事物都是可用的。幼儿喜欢用积木块拼成一条长长的或弯弯曲曲的道路，把它们当作平衡木来进行平衡训练。

想在几乎没有空间的教室里设置一个固定的运动场所,你可以在教室里的一个角落固定攀爬杆或者攀爬绳,在下面铺上软垫;或者你也可以考虑把一个储藏室改造成用来练习跳跃的活动区。可以在一个偏僻的角落里安装自由站立式的或悬挂式的篮球筐,用泡沫球来练习投篮,以免球弹到其他活动区。也可以用沙包来练习投掷和抓。幼儿的室内弹跳活动可以在一个有双持撑竿的蹦床上进行。另外,问问幼儿在房间里还想尝试哪些其他的攀爬和跳跃活动。

如果要在教室里放置木制骑乘工具,一定要留出足够的空间,运用自己对这些物品的判断,让幼儿在不撞到其他物品的情况下骑行。必要时幼儿可以帮助你规划道路并制作交通标志。

◎ 音乐区

音　乐

____节奏乐器
____CD 盒式录音机/录音机和耳机
____MP3 或数码播放器
____弦乐器(多元文化)
____打击乐器(鼓、木琴)

音乐在幼儿课堂中很重要。幼儿正处于成长和发展的阶段,他们想以各种方式自由地表达自己。音乐就是其中的一种方式。你要提供一种氛围,在这种氛围中,音乐就像交谈一样是一天中自然而然的一部分。对幼儿和成人来说,每天的活动都应该包括吟诵、歌唱、跟着节奏移动、听录制的音乐和演奏乐器等。

在音乐区的架子上或钉板上分别存放节奏乐器,让幼儿能看到可用的乐器,并做出独立的选择。在架子或储存柜上粘贴每种乐器的图案,让幼儿有机会根据图案把乐器放回合适的地方。每个教室的音乐区都需要一个带耳机的 CD/盒式录音机供幼儿单独听音乐。然而,你教室里的音乐应该不只限于 CD 播放机和数码播放器播放的音乐。幼儿也需要机会来制作自己的音乐,例如歌唱、哼唱或打鼓。

科学/探索区

科学/探索
____ 放大镜、望远镜和磁铁
____ 显微镜（屏幕、数码、双向）
____ 桌面光板和人体X光片
____ 动物、鱼或宠物昆虫
____ 植物和种子生长实验
____ 幼儿的收藏品和展示

在一些幼儿园里，科学活动区被设置在橱柜或窗台旁边。但是，那些意识到这一区域可能是教室里最令人兴奋之地的教师，往往会预留出更多的空间：一个舒适的角落，一张用来摆放日常"科学物品"的桌子，放置幼儿收藏物品的架子，以及放置科学工具的空间。

如今，科学工具对于年幼的研究者来说尤其令人振奋。这些科学工具包括：巨大的超级磁铁、儿童尺寸的双筒望远镜、能够聚焦任何物体的立式荧幕显微镜或掌上数码显微镜，以及一个带有人类X射线的桌面光板。是不是也可以配备那种不用手就能弯曲发光的自主旋转式LED[1]手电筒？（建设性的玩具）

你的教室里是否有空间放一个装满蕨类植物、苔藓和冬青的花盆？你也可以在附近放一个金鱼或热带鱼的鱼缸，旁边放一本有助于识别这些鱼的书。蚂蚁农场、昆虫栖息地或蝴蝶楼可以向幼儿展示最新入住的小动物。柜台上的笼子里可能住着一只沙鼠或豚鼠。靠近窗户的架子上可以放置装在纸杯里的豆芽。对于年幼的园丁们来说，桌子上的温室里可以种植西红柿、青豆或甜椒。

在这样的教室里，每天都会有一种令人兴奋的活动在进行。一个装满了各种豆子的蛋盒，可能会鼓励幼儿对豆子进行分类，或用天平来对豆子进行称重。一个记录每个幼儿的豆子生长高度的图表，可能会吸引幼儿用卷尺来进行各种各样的测量。桌子中间有一个密封的盒子，上面写着"猜猜里面是什么！用录音机录

---

[1] 是Light-Emitting Diode的缩写，中文名称为"发光二极管"。它是一种半导体组件。——译者注

下你的猜测",这可能会激发好奇的幼儿试图知道盒子里到底装着什么,从而用力摇晃盒子,并小心地记录他们的猜测。另一个标签上写着"明天带点绿色的东西来",也可能会引发幼儿一连串的想法。

在这样的教室里,幼儿希望自己独立地发现一些东西。他们知道,他们必须利用自己的五种感官和现有的科学工具来发现物品的"数量"或"种类"。更重要的是,由于材料的精心投放和科学物品展示的刺激性方式,这些幼儿可以学会自己动手去做。

◇ 书写区

书　　写

____桌子、储藏室和邮箱
____钢笔、铅笔、记号笔和粉笔
____纸、垫子、笔记本和信封
____橡皮图章、贴纸贴和邮票
____电脑

关于学龄前儿童和书写的消息确实不错。世界各地的儿童发展专家和教师发现,越来越多的儿童能自学书写(甚至阅读)。一些学前班的幼儿总是有这种能力,从乱写乱画发展到自己书写,但它很少被承认,因此被忽视。相反,幼儿不得不等到上小学时才开始正式学习书写。现在我们知道得更多了。如今,幼儿园和学前班都建立了一个书写区,让幼儿通过玩书写工具,就像玩绘画工具一样,体验这种自然出现的书写方式。

因为书写通常是在桌子上完成的,所以在教室里的桌子旁边设置一个书写区是很合适的。带抽屉的儿童办公桌是理想的选择,或者你可以开发一个小的"办公区域",在里面设置一个小文件柜和架子来存放这些书写材料。一张桌子可以用来做书写空间。如果你选择不单独设置电脑区,则可以将电脑放在这里。把电脑放在一张单独的桌子上,同时配两把椅子供两个幼儿使用。

幼儿喜欢有机会尝试使用各种书写工具。将铅笔、钢笔及各种大小和形状的记号笔存放在这个区域。有些幼儿喜欢用笔芯粗一些的铅笔,但也有少数幼儿喜欢用普通的成人铅笔。最受欢迎的似乎是不同种颜色的记号笔。幼儿的手指粗短，用记号笔比用钢笔或铅笔更容易做记号。要确保你的记号笔是水溶性的。

你提供的书写、印刷和烫印材料的种类将影响幼儿的涂鸦、模拟书写和作品印刷活动。开始的时候，你只需要提供一些书写工具和纸张就可以了。然后，你可以不时添加其他材料，如空白明信片、贺卡、文具和信封。

即使幼儿的书写尚处于涂鸦阶段，他们也尤其喜欢收寄信件。一定要在书写区设置邮箱，以鼓励幼儿书写信件。用幼儿的姓名和照片装饰鞋盒，并把它们堆叠在书写区的架子上，它们就可以作为非常棒的邮箱。设置一个公告板，可以让幼儿展示自己的书写作品。

◎ 电脑区

电 脑 区

____ 台式电脑放在低矮的桌子上，配两把椅子
____ 放在适宜位置的笔记本电脑
____ 打印机和纸张
____ 几个适宜的交互式软件程序
____ 用于拓展每个学习项目的游戏、拼图和有关材料

那些不熟悉电脑的成年人可能会惊讶于幼儿园和学前班的教师竟然鼓励建立这样一个活动区，或者让幼儿自己去使用电脑。对成年人来说，电脑似乎是一种昂贵、复杂、高科技的设备，只有大一点的孩子才能学会使用。

事实证明，对小孩子来说，运用适当的电脑程序并不比看电视节目复杂。使用适当的软件，并接受教师稍微的指导，幼儿就可以通过自学来动手操作电脑程序。事实上，电脑教学的方式和幼儿学习的方式是一样的：通过尝试和错误，通过游戏式的自我探索来学习。

以简单游戏的形式为学龄前儿童设计的交互式软件程序可以让幼儿了解自己、他们的家庭、环境、动物、车辆、字母、数字、形状和颜色。但是要确保你的电脑区可以供两个幼儿同时使用。这样，幼儿就可以互相教如何操作电脑程序。当幼儿试图通过反复试误来使用电脑程序时，他们也需要学习轮流、合作和

解决问题。

同时，教师也需要在其他活动组织开展与电脑程序操作有关的具体活动。例如，当在电脑上使用一个字母软件程序时，就可以在其他活动区推出一个磁铁字母游戏。通过这种方式，电脑程序被转化为三维的动手操作课堂活动，这对幼儿的学习是非常必要的。

◎ 感官区

感官桌（沙/水）

____ 挤压瓶、滴管和打蛋器
____ 幼儿的玩水围裙和安全护目镜
____ 沙滩玩具、铲子和筛子
____ 幼儿使用的清洁工具

玩水区域的物理布局，就像教室里的其他地方一样，决定着幼儿是否可以自己玩水，是否总会有争吵并需要成人的密切监督。如果你有一张玩水桌，请在其中放几厘米深的水就行。有这么多水，幼儿就可以玩得很开心，还能不弄湿自己的衣服和地板。在玩水桌附近放一个架子或设计一个钉板架，用来放置玩水用的工具。为了避免幼儿出现争吵，一定要提供几套他们喜欢的玩水工具。大多数幼儿特别喜欢大的塑料滴管和打蛋器。各种尺寸的空塑料挤压瓶，以及塑料罐、塑料软管和滴管，应该是玩水区的标准材料。塑料或木制的小船和人偶也很受幼儿的欢迎。

为了让幼儿的衣服保持干爽，应准备供他们使用的围裙，可以把围裙挂在衣钩上，或者折叠起来放在附近的架子上，这样幼儿就可以自己拿围裙了。通常一个玩水区最多可以容纳 4 个幼儿。把数字 4 或 4 个人物的图片张贴在玩水区，让幼儿进行自我调节，控制进入玩水区的人数。

如果没有玩水桌，在教室里常用的桌子上放四个塑料的洗碗盆。也可以使用厨房的水槽，若觉得面积小，还可在玩水区为洋娃娃洗碗或洗衣服。有时可在水中放一点洗洁精，让幼儿玩泡泡。改天，再让他们用食用色素和滴管来混合各种颜色。

对幼儿来说，玩水桌可以很容易地转化变成玩沙桌，玩沙是另一种他们非常喜欢的活动。玩水区的指导同样适用于玩沙区。一般来说，在玩沙桌里铺 5～8 厘米厚的沙子就足够了。在玩沙区要配备玩沙工具和清理工具。教师要帮助幼儿理解一些简单的规则，例如，他们必须注意不要把沙子弄到桌子外面，一次只允许 4 个小朋友在该区域玩耍。然后，他们要安静并严格地遵守规则。如果不小心把沙子弄到地上了，幼儿可以帮忙打扫。

小容器、筛、漏斗、勺子、铲子、小翻斗车和人偶是幼儿很喜欢的玩沙工具。保证提供足够的供 4 人玩耍的工具，以免幼儿发生争抢。让幼儿戴上安全护目镜，防止沙子进入眼睛。

◇ 木工区

木　工

____敲击工具和安全护目镜
____带标记的工具储存架或钉板
____木工工作台或树桩，老虎钳
____木屑、吊顶板材和钉子

木头是另一种对幼儿特别有吸引力的材料。你可以从他们玩积木的方式看出这一点。事实上，木头可以用来敲敲打打，还可以变成其他物品，这使它成为一种像颜料那样的创造性材料。男孩和女孩都喜欢用木头来敲打。因此，木工是一个很好的渠道，可以帮助幼儿发泄不满的情绪。幼儿可以敲打木头，无害地释放能量。往木头里钉钉子和转动螺丝刀也是很好的运动方式。

并不是每所幼儿园都能有条件设置一个木工活动的工作台。树桩是一个很棒的替代品，甚至可以说敲打起来更有效，更能增添敲打的乐趣。可以让幼儿把东西钉在树桩上。一盒大小不一的钉子和另一种松木楔子，足以让你的木工区持续热闹许多天。幼儿在操作时应戴上安全护目镜。戴上护目镜从事这样的活动会让幼儿感觉自己真正长大了。

一些教师用泡沫板代替木头，因为用这种柔软的材料，幼儿可以更好地控制锤子和钉子。肌肉力量有限的幼儿很喜欢这一点。建筑供应商有时会捐赠额外的材料。相较于木头，幼儿可以更容易地在泡沫板上钉钉子。小型成人工具比幼儿工具箱里的玩具操作起来更好玩。可以把这些工具放在架子上，也可以把它们挂在钉板上，在储存的地方贴上各种工具的图样，这样幼儿就可以很容易地根据图样把工具归还到合适的地方。

> **全 纳 教 育**
>
> 有特殊需要的幼儿，如有听力或视力障碍、生理残疾或心理问题的幼儿，可能需要在教室里得到一些特殊的照顾。简化环境也许是必要的。这意味着教师需要清楚地指明活动区。活动区要保持整洁，开放的架子上只摆放要使用的材料。对于所有的课程材料，教师都应在架子上标注对应的图样，并在书架上标明它们的位置。墙壁应刷上柔和的颜色，保持整洁。通过使用地毯、墙帘和吸音天花板瓷砖，将教室里的噪声控制在最低水平。穿过房间的过道应该足够宽阔，以便轮椅通过。其他事项可以根据具体需要来安排。与家长和健康专家讨论如何让有特殊需要的幼儿融入班级，而不要引起大家对残疾的关注。以下是全美幼教协会（NAEYC）的相关标准。

> **全美幼教协会（NAEYC）课程标准：物理环境**
>
> 描述一下你所在的幼儿园将如何达到以下标准。
> - 室内空间的设计和安排，为残疾儿童在室内空间的课程和活动提供充分的机会（根据需要做出调整）。
>
> 资料来源：NAEYC. (2008) *NAEYC Early Childhood Program Standards and Accreditation Criteria: The Mark of Quality in Early Childhood Education.* Washington, DC: National Association for the Education of Young Children (NAEYC). Copyright © 2008®. Reprinted with permission.

苏联心理学家列夫·维果茨基（Lev Vygotsky）认为，有特殊需要的儿童和正常发展的儿童在学习方式上是一样的，都是通过与同伴和成人的互动来学习的。儿童的优势能力和他们的劣势同样重要。他们在开放的环境中做得最好，在那里他们可以自由地活动和探索（Althouse et al., 2003）。

发展适宜性材料

不同年龄的幼儿对他们想玩的玩具和材料有不同的偏好。举例来说，学步儿往往喜欢推拉玩具，使其滚过地板时发出声音。学龄前儿童不屑于玩这样的玩具，但他们可能会涌向架子上放着的卡车、汽车、人物和动物形象的玩具。同样，处于不同发展水平的儿童可能会以不同的方式来使用相同的材料。例如，一些3岁的幼儿会用积木填满容器，然后把它们倒出来。另一些幼儿则用相同的积木来修建公路、高楼，甚至桥梁。

有些材料显然更适合某一年龄和发展阶段的儿童使用。然而，要想让幼儿园满足所有幼儿多样化的兴趣和需求，教师还必须了解幼儿从一个阶段发展到另一个阶段的情况。

评估房间的布置

你班上的幼儿在教室里的行为会告诉你，你是否为他们计划和安排了良好的学习环境。一大群幼儿漫无目的地闲逛，可能意味着教室里有太多的开放空间或者没有足够的活动区。幼儿经常在教室里跑来跑去，可能意味着开放区域需要用空间隔板隔开。

此外，你的教室里可能过于杂乱，以至于幼儿，尤其是3岁的幼儿很难做出选择并安静下来。也许他们正遭受着"感官超负荷"的折磨。丢掉一些材料，把不必要的照片从墙上取下来，这样可以简化环境。当大多数幼儿参与到活动中并全神贯注时，你就会知道你的安排正在奏效。

在这一年里，你可能要重新布置房间以适应变化或新的挑战。最好一次只改变一两个区域，因为小朋友们很容易因突如其来的变化而感到困扰。可以让他们参与规划和重新布置教室，因为这间教室是你们共同的活动空间。

提供刺激性的户外学习活动

如今,幼儿教育环境正在迅速变化。传统的活动区不再局限于室内。突然间,通往外面操场的大门打开了,各种各样的学习等待着教师和幼儿的创造性想法。幼儿都喜欢带着自己的想法进入一个充满乐趣和游戏的新世界里。教师一开始可能不太情愿,但很快就会被幼儿的喜悦和兴奋吸引。

设计这样的活动需要计划、试验和协作。就像你规划室内活动区一样,你必须在户外活动中做同样的事情。与家长、行政人员和幼儿交谈,来开启这个过程。你可能想要去参观其他户外游戏环境以了解其运作方式。然后考虑你所在的幼儿园支持设置的12个室内活动区。你想在外面看到哪一个呢?

全美幼教协会(NAEYC)关于户外环境设计的标准(2012)如下。

全美幼教协会(NAEYC)课程标准:户外环境设计

描述一下你所在的幼儿园将如何达到以下标准。

- 户外游戏区设计的设备具有年龄适宜性和发展适宜性,并且位于清晰定义的空间中,有半私人区域,儿童可以单独玩耍或与朋友一起玩耍,适合……
    - (a) 进行运动体验,如跑步、攀趴、平衡、骑行、跳跃、爬行、滑行或荡秋千。
    - (b) 进行戏剧表演、积木建构、操作性游戏、美工等活动。
    - (c) 对自然环境进行探索,自然环境包括各种自然和人造景观,以及含有无毒植物、灌木和树木等自然材料的区域。
    - (d) 对环境进行改造,以使残疾儿童能够充分参与户外课程学习和参加户外活动。

资料来源:NAEYC. (2008) *NAEYC Early Childhood Program Standards and Accreditation Criteria: The Mark of Quality in Early Childhood Education*. Washington, DC: National Association for the Education of Young Children (NAEYC). Copyright © 2008®. Reprinted with permission.

◎ 户外表演游戏

一辆带有轮子的高尔夫球车可以当作一幢漂亮的房子、一间小屋、一辆消防车，甚至是一艘海盗船。一艘旧船也能有同样的用途。一定要在木船底部钻孔，以便排出雨水。幼儿可以带来一套超级英雄游戏的斗篷，就是可以戴着在户外跑来跑去，大喊大叫的那种。也可以带来一篮子手偶（Monsalvatge, Long, & DiBello, 2013）。一个动物饮水槽或一个旧浴缸侧着放就可以形成一个洞穴。可以在室内和室外铺上深色的地毯，营造阴森森的氛围。

◎ 图书

在树下或其他阴凉的地方放置一篮子书并铺上一条大毯子。你读过的一些书可以引导幼儿到外面去冒险。《看书》（*The Looking Book*, Barton, 2009）这本书讲的是两个幼儿戴着一副眼镜框，想看看他们能在院子里看到什么。你可以带几组幼儿到外面的图书区，把书借给幼儿阅读并听取他们的反馈意见。

《寻找麋鹿》（*Looking for a Moose*, Root, 2006）一书讲的是四个孩子在森林中穿行寻找麋鹿的故事。为幼儿读完这本书之后，带他们在游戏区徒步旅行，寻找你藏在各处的填充动物标本。

如果你正在研究科学领域中的昆虫，那就带一些相关的图书、收集昆虫的工具和放大镜到室外去。读一读《我爱虫子》（*I Love Bugs*, Dodd, 2010）这本书，它讲的是一个喜欢昆虫的女孩如何用放大镜观察昆虫。之后，让幼儿看看他们能发现什么昆虫并能收集到什么昆虫。阅读《你是一只蜗牛吗？》（*Are You a Snail?*, Allen, 2003），并让幼儿去寻找一些蜗牛。

◎ 积木

用你和幼儿的聪明才智去寻找外面的建筑物。蒙萨瓦格、龙和迪贝罗（Monsalvatge, Long, & Dibello, 2013）建议使用"树饼"（树桩切片）、木板、树枝和木箱来开展建构活动。让幼儿帮助你一起建造迷人的建筑物。

◇ 美工

可以在夹有纸张的木栅栏上绘画。有些幼儿只是喜欢把刷子放到水里蘸湿，然后把整个栅栏刷一遍。附近需要有水源，因此可以用软管向水桶里注水。使用黏土虽然很麻烦，但是它非常适合在户外使用。在户外使用粉笔的效果很好，既可以在混凝土表面上使用，也可以在栅栏上使用。

◇ 音乐

音乐声可以像幼儿希望的那样响亮。可以用木勺或金属勺来敲击陶罐、平底锅、垃圾桶和盖子，发出美妙的声音。敲打包装物品的纸管也可以发出叮当声。音乐活动有助于释放所有幼儿被压抑的能量。教师可以让幼儿尝试用PVC管作为声管来创作音乐。也可以利用悬挂在树上的金属管制造不同的效果。还可以把风铃挂在树上来增加伴奏。

◇ 攀爬

平放的大型牵引车轮胎很适合用于幼儿练习攀爬。把它们竖着放置或埋半截在土中，这样就有了一个超级的爬行空间。把几个竖起来的轮胎埋在一条线上，就形成了一条很好的隧道。也可以把轮胎堆放在金字塔里，供攀爬者使用。可以将大轮胎绑在一起，让几个幼儿同时荡秋千。这样比只有一个座位的秋千安全多了。你还能用旧轮胎做什么？

可以在木质包装箱的一侧配上梯子，供幼儿攀爬。还可以把攀爬网拴在栅栏上或挂在两根杆子之间。

◇ 小肌肉运动

在水源附近对乘坐车辆（三轮车、踏板车、货车、手推车）进行清洗。幼儿需要用海绵和喷壶来清洗车辆，并用毛巾把车辆上的水擦干。诸如制作木制鸟巢和喂食器的木工活动，也需要使用小肌肉。

科学

挖土、耙土、建造花园、播种，尤其是种植树木，这些都是你在户外的科学区可以做的事情。所有对生物的研究活动都可以进行，如：寻找鸟巢，观察蝴蝶喜欢的花，注意树木在不同季节的变化，在秋天收集树叶，观察鸟类和动物的脚印，做一个测量雨量的工具。有了这么多有趣的活动，你可能很难把幼儿吸引回教室！

> **全纳教育**
>
> 进入所有活动区的通道需要足够宽阔，以保证轮椅能够顺利通过。提供不同高度的桌子或平台，以便幼儿站着或坐着时可以使用。在操场四周设置长椅、树桩和圆木供幼儿休息。

围绕三轮车路径设计若干活动。

在适宜幼儿发展的情况下使用技术

教师需要意识到，在学前教育课堂上可能需要运用很多种技术。在决定是否将某种技术引入课堂之前，请务必与幼儿一起先尝试用一下。观察他们的使用方式。确定它在促进幼儿的语言、认知、社会性和创造力发展方面起到了什么作用。你可能会发现它与你的日常活动也息息相关。表3-4列举了幼儿园需要考虑使用的一些数字化设备（NAEYC & Fred Rogers Center，2012）。

表3-4 幼儿园里的数字化设备

- 电脑（台式电脑、笔记本电脑）
- 智能手机
- 触屏平板电脑
- 交互式电子白板（Interactive Whiteboard，IWB）
- 多点触控桌或智能桌
- 电子书阅读器
- 数码相机
- 数码录音机
- 数码音乐播放器

为了促进你的教学和幼儿的学习，这些设备需要符合以下标准。

- 能够促进幼儿的自我发现和自主学习。
- 能够将其应用程序（applications，APP）整合到各种活动区。
- 能够促进幼儿合作学习，而不是独自学习。
- 让幼儿能更轻松地使用。
- 对幼儿来说是安全的，且很难损坏。
- 比已经在用的设备更有效。
- 幼儿园买得起。

◎ 电脑（台式电脑、笔记本电脑）

大多数幼儿园的教室里至少有一台台式电脑和一台打印机。它们可能位于电脑区或书写区。在电脑桌旁配两把椅子，可以使两个幼儿能够互相交流电脑程序如何工作，以及解决轮流玩电脑的问题。幼儿学会用鼠标和键盘操作程序。适合幼儿需求的电脑软件已经问世，可用于进行在用程序的扩展活动。

幼儿自己学习使用鼠标和键盘来操作程序。

而笔记本电脑主要是供个人持有和使用的设备。三四岁的幼儿可能会觉得笔记本电脑用起来很不方便。他们很容易就会放弃使用笔记本电脑。然而，教师们可能会发现，当台式电脑不够用时，他们也可以与一组幼儿一起使用笔记本电脑。

◎ 智能手机

智能手机是一款通过大量应用程序（APP）来增加其功能范围和实用性的手

机。这些应用程序，正如智能手机菜单屏幕上所示，包括摄像头、手电筒、录音机、指南针、日历等。应该主要由教师使用，不能让幼儿在幼儿园里使用。幼儿们可使用玩具手机玩耍。

◎ 触屏平板电脑

触屏平板电脑看起来就像一个带菜单屏幕的放大版智能手机，上面布满了所有应用程序（APP）的小图标。它携带方便，但幼儿携带时要小心，他们可以在教室里的任何地方或地板上使用。幼儿喜欢使用触屏平板电脑。他们很快就能学会如何在屏幕上移动手指来操作应用程序。如果你在教室里只有一台平板电脑，那么一个幼儿可以单独使用它的应用程序，或者几个幼儿可以使用它一起解决问题、创造游戏或画画。这是幼儿合作画画的为数不多的机会之一。幼儿可以像在台式电脑上一样在平板电脑上注册。一旦教师了解了平板电脑的实用性，他们往往就想要更多台，以供幼儿使用。

◎ 交互式电子白板

由于教师教学方式的差异，与在幼儿园使用相比，交互式电子白板（Interactive Whiteboard，IWB）似乎更适合在学前班和小学使用。教师站在白板前，面对一群幼儿教授概念或者让一个幼儿走到白板前，在白板上选择一个答案。此外，幼儿园教师主要是通过在活动区，与单个幼儿或一组幼儿互动的方式进行教学。幼儿忙于通过与具体材料的操作互动来自学（Linder，2012）。

◎ 多点触控桌或智能桌

这个与学龄前儿童的身体大小相匹配的桌子有点像交互式电子白板（IWB）的桌面版。这样的设备似乎比白板更适合学龄前儿童的教室。教师和一个幼儿或一组幼儿一起坐在触控桌旁边。它可以连接到互联网上下载信息，还可以在需要时记录声音和音乐。软件程序涉及游戏和其他学习活动。你也可以和幼儿一起创建自己的软件程序。

幼儿可以坐在触控桌旁，和教师一起工作或者独自工作。触摸操作包括轻击、双击、滑动或拖动。幼儿喜欢使用触控桌。它可以根据幼儿在触控桌旁的位置来跟踪每个幼儿的行为，并为其建立学习档案。尽管它的活动似乎有清晰的画面，但是它们不是三维的（Simon & Nemeth，2012）。多点触控桌是在幼儿园里使用的高端数字化设备。但它和它的软件程序一样昂贵。这值得吗？只有你知道答案。

记住，我们生活在三维世界里。幼儿在这个发展阶段需要学习如何操作三维材料。不要因为给他们提供了这些数码设备而剥夺了他们学习的机会。

◎ 电子书阅读器

许多教师坚定地认为，电子书不能取代幼儿在幼儿园阅读纸质图书的特殊体验。打开画册，翻动平正的书页，用手指触摸书中精彩的图片，蜷缩在柔软的垫子上看书，或者坐在老师旁边阅读，这样的经历会让人难以忘怀。也许有一天幼儿会喜欢玩电子游戏，但不应该是现在，更不应该是今天。幼儿仍然需要和真正的图书之间的互动，而不仅仅是与电子设备互动。

此外，一些电脑软件程序以某些幼儿喜爱的图书［如，《戴帽子的猫》(*The Cat in the Hat*)、《绿色的鸡蛋和火腿》(*Green Eggs and Ham*) 或《斯特拉·卢娜》(*Stella Luna*)］为主要内容进行设计，可以补充教师对这些书的阅读。幼儿可以先在台式电脑上使用这些程序，再去读真正的书。与此同时，教师需要在他们的图书区继续添加新的图画书。教师可以给幼儿读读《这是书》(*It's a Book*, Smith，2010)。

◎ 数码相机

在幼儿园的教室里，数码相机绝对应该有一席之地。作为教师，你应该有一个手机摄像头供自己使用。但是，幼儿需要学会用相机拍照，然后把照片打印出来，用于制作图书、设计游戏和开发主题活动等。有几部儿童照相机就够用了，可以看看网上的每一种相机（参见表3-5）。教师要帮助幼儿了解相机的工作原理，并给予他们自由拍照的权利。

表 3-5　儿童数码相机

- 儿童数码防摔相机（费雪牌）
- 宝丽来 Pixie 2.0 MP 儿童数码相机
- 克雷奥拉儿童数码相机

◎ 数码录音机

大多数教室里已经有一台可以满足你所有需要的盒式录音机。有一点很重要，那就是，你要记录幼儿的话语，并回放给他们听，这也有助于你评估他们的发展。幼儿也可能想记录他们所讲的故事。将语音进行录音，对于双语学习者学习一门新语言的发音来说至关重要。

手持式数码录音机使录音变得更加容易。iPod、智能手机或 MP3 便于教师随身携带，随时录音，然后通过播放器或在电脑上回放。一种建设性的玩具提供了小巧的记录工具（Recordable Pegs），可以夹在活动现场附近的地方（或你的腰带）上，记录 10 秒的谈话。想想你可以把它们夹在哪里！幼儿还可以使用麦克风（建设性玩具）等参与数字语音记录。这样的录音机并不便宜，所以你必须确定它们是否值得购买，或者你的盒式录音机是否还能装下你需要记录的内容。

◎ 数码音乐播放器/录音机

大多数教室里仍然有 CD、盒式播放器或录音机，以及音乐 CD 和磁带。你必须确定你是否也需要一台数码音乐播放器或录音机。大量的歌曲可以通过像 MP3 这样的数码播放器来播放，并从 iTunes[1] 等电子音乐资源平台上下载。你班上的幼儿所唱的歌曲可以被记录和储存起来（Puerling，2012）。你还可以将 iTunes 下载到电脑上运用。

---

[1] 是一款免费数字媒体播放应用程序。——译者注

本章小结

在适宜的空间创设具有刺激性的活动区

这一章提供了一些设计和布置幼儿园教室的观点,按照这些观点来创设教室环境有助于幼儿在其学习中变得更有自主性。你需要明确自己的课程目标,以确定在你的课堂中包含哪些课程领域。使用表3-3"活动区检核表"应该可以帮助你理解每个活动区如何促进这些课程目标的实现。使用表3-2"活动区位置检核表"将帮助你学习如何将一个活动区与另一个活动区隔开,如把架子搬离墙壁,把它们作为空间分隔物放置在合适的地方以隔开活动区。

为幼儿在室内活动区的自主活动提供适当的材料

"活动区检核表"针对每个活动区都列出了自主活动的材料,后文对这些材料进行了介绍。

提供刺激性的户外学习活动

室内学习活动可以通过精心的计划和安排进行。图书区、积木建构区、表演区、美工区、音乐区和科学区,以及供幼儿攀爬、爬行、跳跃和荡秋千的区域,都可以成为一个整体学习环境的重要组成部分。

在适宜幼儿发展的情况下使用技术

你也可以将适当的技术融入教室里的学习环境中。如果某些设备达到了安全标准,能满足幼儿的需要,有助于幼儿的自主学习,比正在使用的设备有效,并且幼儿园负担得起,那么你就可以考虑在教室里投放这些设备。台式电脑和笔记本电脑、触屏平板电脑、智能手机、交互式电子白板、电子书阅读器、数码录音机、数码播放器和多点触控桌等设备都可以考虑使用。

道德困境

你班的一位家长不同意你对木工区的安排，尤其是反对你允许幼儿使用成人的锤子，因为她觉得这样做不安全。而你觉得这个活动区对幼儿的手眼协调、小肌肉发育和自我保护能力培养有很大的帮助。这位家长威胁说，如果你不拿走成人的锤子，他就向社区儿童保护机构举报你所在的幼儿园。你该怎么办？

你可知道

1. 你如何决定在你新班的小教室里设置哪些活动区？
2. 你如何减少教室里的嘈杂声？
3. 当幼儿从操场上冲进教室时，你能用什么自我调节的方法帮助幼儿从骚乱中平静下来，并快速找到正确的活动区？
4. 积木建构区应该包含多少种积木块？
5. 是什么使学习材料"适合幼儿的发展"？
6. 你如何设置美工区以使幼儿能够独立地使用它？
7. 在户外的表演区你会投放什么材料？依据是什么？
8. 学龄前儿童选择数码设备的三个标准是什么？
9. 在幼儿教育中应该使用交互式电子白板吗？为什么？
10. 在教室里设置多点触控桌的利弊是什么？

学习活动

1. 阅读一本或多本推荐读物。在你的文件夹中添加10张卡片，在卡片上写出你对于教室布置的具体想法，并标注参考文献来源。
2. 使用表3-3"活动区检核表"评价你当前的教室布置。根据检核表的评价结果和本章中提出的观点，创建一个新的活动区或重新布置一个旧的活动区。把布置的结果（包括新的平面图）写下来或画下来。

3. 参观另一间幼儿园教室，并制作一张平面图，展示参观期间幼儿正在使用的活动区。在档案卡上记录你通过参观获得的至少3个关于教室布置的新观点。

4. 制作一张示意图，描述你的户外活动区，并写出你选择设置这些活动区的原因、活动区里投放了什么材料以及幼儿如何使用这些活动区。

5. 对每个活动区里的材料和设备进行概述，并将它们放在特定的架子和挂钩上。观察并记录幼儿是如何归还材料的。

6. 准备新的游戏、图书、图片或道具，来描述你和幼儿所做的实地考察，并将它们添加到一个或多个活动区。观察并记录幼儿使用这些材料的方式。

7. 带幼儿使用触屏平板电脑或其他新科技设备。观察并记录他们的使用方式，以及他们如何与小伙伴们合作或轮流使用。

推荐读物

An, H., Morgenlander, M., & Seplocha, H. (2014). Children's gadgets: Smartphones and tablets. *Exchange*, *36*(5), 65–71.

Beaty, J.J. (2014). *Preschool appropriate practices*. Belmont, CA: Wadsworth/Cengage.

Burton, S. (2014). Playground safety and standards of care. *Exchange*, *36*(5), 36–39.

Geist, E. (2014). Using tablet computers with toddlers and young preschoolers. *YC-Young Children*, *69*(1), 58–62.

Good, L. (2009). *Teaching and learning with digital photography*. Thousand Oaks, CA: Corwin.

Lentz, C.L., Seo, K.K., & Gruner, B. (2014). Revisiting the early use of technology: A critical shift from "How young is too young?" to "How much is 'just right'?" *Dimensions of Early Childhood*, *2*(1), 15–23.

McManis, L.D., & Gunnewig, S.B. (2012). Finding the education in educational technology with early learners. *YC-Young Children*, *68*(1), 14–23.

Nemeth, K.N. & Simon, F.S. (2013). Using technology as a teaching tool for dual language learners in preschool through grade 3. *YC-Young Children*, *68*(1), 48–52.

Pratt, M. (2014). Environments that speak to children. *Exchange*, *36*(5), 28–32.

Proud, I. (2014). Every playground, every child: Inclusive playground design. *Exchange*, *36*(4), 60–63.

Readdick, C.A. (2006). Managing noise in early childhood settings. *Dimensions of Early Childhood*, *34*(1), 17–22.

Rivken, M.S. (2014). *The great outdoors: Advocating for natural spaces for young children.* Washington, DC: NAEYC.

Shifflet, R., Toledo, C., & Mattoon, C. (2012). Touch Tablet surprises: A preschool teacher's story. *YC-Young Children*, *67*(3), 36–41.

Sultsky, R., Slutsky, M., & Deshetier, L.M. (2014). Playing with technology: Is it all bad? *Dimensions of Early Childhood*, *42*, 18–23.

Smith, T.B. & Ammentorp, L. (2013). From cinder blocks to building blocks: Creating beautiful places in challenging spaces. *YC-Young Children*, *68*(4), 8–15.

Southern Early Childhood Association. (2013). The 2013 SECA exemplary outdoor classroom. *Dimensions of Early Childhood*, *41*(1), 15–23.

Stephens, K. (2014). Bitty spaces for one or two: Designing environments for children of introverted nature. *Exchange*, *36*(3), 15–19.

Trawick-Smith, J., Wolff, J., Koschel, M., & Vallarelli, J. (2014). Which toys promote high-quality play? Reflections on the Five-Year Anniversary of the TIMPANI study. *YC-Young Children*, *69*(2), 40–47.

White, J. (2014). Yes, you can! Helping children believe in themselves through the design of your outdoor space. *Exchange*, *36*(3), 76–80.

Wilson, R.A. (2014). Beauty in the lives of young children. *Exchange*, *36*(2), 36–40.

儿童图书

Allen, J. & Humphries, T. (2000). *Are you a snail?* Boston, MA: Kingfisher.

Dodd, E. (2010). *I love bugs!* New York: Holliday House.

Halliman, P.K. (2009). *The looking book*. Nashville, TN: Ideals Children's Books.

Root, P. (2006) *Looking for a moose*. Cambridge, MA: Candlewick Press.

Smith, L. (2010). *It's a book*. New York: Roaring Brook Press.

第四章

提高身体技能

学习目标

在本章你将学会：

- ◆ 指导幼儿发展大肌肉运动技能并提供适宜的材料和活动。
- ◆ 指导幼儿发展小肌肉运动技能并提供适宜的材料和活动。
- ◆ 为幼儿提供参与以运动为本的学习的机会。
- ◆ 为幼儿提供参加创造性舞蹈的机会。

指导幼儿发展大肌肉运动技能并提供适宜的材料和活动

幼儿在学前阶段的身体发展与发育是如此明显的现象，但我们有时却认为这是理所当然的。虽然在没有外界帮助的情况下，儿童也会自然成长，变得越来越高大、强壮、敏捷，具有协调性。但有时，我们会突然惊讶于这个4岁的孩子奔跑时会摔倒，不能轻松自如地上下楼梯。

我们认识到，个体的发展具有差异性。有些幼儿在协调性方面较为滞后，而某些幼儿则可能有神经系统方面的问题。但对大多数幼儿来说，这是因为他们缺乏自由奔跑、跳跃、攀爬和投掷的机会。对他们来说，街道隐藏着危险，公园又距离太远，因此看电视和玩电子游戏取代了积极的户外游戏。然而缺乏运动也带来了肥胖和高血压的风险。

另一方面，运动不仅对幼儿身体的成长和大脑的发育至关重要，而且对幼儿大脑前额皮质的发育也非常重要。前额叶皮层负责计划、评估、理解和工作记忆。幼儿的身体运动能够刺激整个大脑的血液流动。这样的活动有助于将信息从短时记忆转移到长时记忆上。例如，简单的打电话活动就能让幼儿轻松地记住数字号码。当我们意识到幼儿的大脑仍在发展中时，我们就必须在日常课程中纳入各种体育活动（Frost，Wortham，& Reifel，2012）。

体育锻炼还可以帮助幼儿锻炼骨骼和肌肉，提高肌肉力量和耐力，控制体重、降低血压，减少患心脏病的风险。换言之，如果我们想保障幼儿正常的发育成长，那么体育活动对幼儿来说就是必不可少的。

早期教育工作者应该且必须提供适宜的活动、材料和设备，来帮助幼儿练习基本动作，提高幼儿大肌肉和小肌肉的协调能力。这些活动不必在常规课程之外添加。本章提供了如何将体育活动纳入活动区的示例。全美幼教协会（NAEYC）课程标准描述了关于儿童身体发展的一些标准。

> **全美幼教协会（NAEYC）课程标准：身体发展**
>
> 描述一下你所在的幼儿园将如何达到以下标准。
> - 儿童有各种机会运用幼儿园提供的设备来获得以下大型运动体验。
> （a）激发多种技能。
> （b）增强感觉运动统合。
> （c）发展运动控制能力（平衡、力量、协调）。
> （d）使不同能力的儿童拥有与同龄人相似的大型运动体验。
> （e）范围从熟悉到新颖，并具有挑战性。
>
> 资料来源：NAEYC. (2008) *NAEYC Early Childhood Program Standards and Accreditation Criteria: The Mark of Quality in Early Childhood Education*. Washington, DC: National Association for the Education of Young Children (NAEYC). Copyright © 2008®. Reprinted with permission.

所有儿童在成长过程中都会经历相同的发展阶段，但部分儿童相较于他人会发展得更加快速。由于班级里每个幼儿的身体发育水平不同，所以教师在一开始就应根据每个幼儿的具体情况，提供适宜的活动来促使其成长。在这个过程中，你需要确定每个幼儿已经掌握了哪些运动技能，需要加强哪些技能的锻炼。

最好避免在观察和记录幼儿的活动时进行正式的评估。这种评估往往会造成非赢即输的局面，并且会使幼儿感到不自在，行动也变得不自由。相反，当幼儿在大肌肉运动区、在操场上或在积木建构区玩耍时，你可以做一个非正式的评估。如，通过观察幼儿走上楼梯进入大楼的过程，你就会知道哪些幼儿对运动有信心，哪些幼儿有困难。你也可以拿一个沙包在操场上来回扔给每个幼儿，或者让幼儿骑三轮车。你很快就能对每个幼儿的大肌肉发育情况获得全面的了解。

表4-1包含了你希望幼儿能表现出的大肌肉运动技能。将其复制到12.7厘米×17.8厘米的卡片上，供每个幼儿使用，并据此检查幼儿在教室和操场等自然环境中完成运动任务时的情况。在记录幼儿的每项技能后一定要写上日期。

表4-1 大肌肉运动检核表

幼儿姓名 _____ 日期 _____

_____ 上下楼梯
_____ 走平衡木
_____ 单脚站立保持平衡
_____ 双脚跳过一个低矮的物体
_____ 跑步、飞奔和跳跃时不会摔倒
_____ 上下攀爬设备
_____ 在地板上腹爬、匍匐爬行、滑行
_____ 捡起并搬运一个大件物体
_____ 投掷沙包或球
_____ 抓接沙包或球
_____ 骑有轮子的车

资料来源：Adapted from Janice J. Beaty, *Skills for Preschool Teachers*, 9e. Copyright © 2012 by Pearson Education, Inc. All rights reserved. Permission is granted by publisher to reproduce this checklist for evaluation or record keeping.

作为评估结果，你计划的活动不一定要针对特定的个人单独列出。也没有必要把注意力只集中在一个运动不太灵活的幼儿身上。所有的幼儿都需要从大肌肉运动的练习中受益。但是你一定要让有特殊需要的幼儿参与特定的活动。

> **全 纳 教 育**
>
> 有特殊需要的幼儿应该参与所有的活动。观察他们，看看是否需要做出特殊安排，或者他们是否可以独自应对这些活动。例如，有视力障碍的幼儿可能需要鲜艳的色彩、音乐提示或来自同伴的帮助。有生理缺陷的幼儿可能需要得到体积更大的操作材料，可以让他们站着而不是坐着操作，或在参与活动前先接触一下材料。

步行

尽管大多数学龄前儿童走路似乎没有问题，但身体不协调的幼儿可能会走得不顺畅。他们需要尽可能多的练习。通过和一群幼儿玩步行游戏，你可以让这些练习变得有趣起来。在玩"跟着领队"的游戏时，需要有不同的步法：踏步走、

大步走、踮着脚尖走、小步走、正常走和摇摇晃晃地走。你需要在走路时大声说出步伐的名称，然后让幼儿也说出他们在做什么。例如，"踏步走，踏步走，踏步走；小步走，小步走，小步走"等。在教室内外都可以这样做。

如果一个幼儿总是踮着脚尖走路，皮卡（Pica，2008）建议玩一个游戏，即每个人只用脚后跟走路，或者把瓶盖粘在运动鞋的后跟上，让幼儿在走路的时候发出声音。如果一个幼儿在走路或跑步时没有摆动手臂，那么就在其每只手腕上绑一条彩带，并要求幼儿让彩带来回飘动。

关于步行活动的引导性图书

如前所述，本书还使用图书引导幼儿进行前面提到的学习活动。如果你能发挥想象力，那么每本图书就都能引导幼儿参加这样的活动。

在饶舌音乐《踢踏，踢踢踏：我是舞蹈家波强格斯》（*Rap a Tap Tap: Here's Bojangles—Think of That!*，Dillon & Dillon，2002）一书中，著名的美国非裔踢踏舞演员比尔·"波强格斯"·罗宾逊（Bill "Bojangles" Robinson）在城市街道上翩翩起舞，舞蹈的节奏依照的是每页底部的一行节律。读给一组幼儿听，给他们看他的动作图片。当你再次阅读的时候，让幼儿戴上帽子，拄着拐杖走路。或者让两个幼儿边走边踢踏，当其他幼儿随着节奏拍手时向他们脱帽致敬。

其他关于步行活动的引导性图书包括：

《恐龙炫舞》（*Dinosaurumpus*，Mitton，2002）；

《你怎样玩跳房子游戏呢？》（*How Do You Wokka-Wokka?*，Bluemle，2009）；

《运动中的猛犸》（*Mammoths on the Move*，Wheeler，2006）；

《驼鹿的踪迹》（*Moose Tracks*，Wilson，2006）。

幼儿也喜欢模仿动物的运动。在《运动中的猛犸》一书中，这些笨重的巨兽每年都会迁徙。当你慢慢地读故事时，你可以让一组幼儿围成一个圈并慢慢地移动。幼儿可以假装挥动他们的象牙（手臂）来清除冻原上的积雪，然后跨步、跺脚、行进、跨过冰冻的地面，游过河流。如果能确保幼儿的安全，你甚至可以允许两个幼儿扮演一对公牛顶角、碰撞、交锋。

第四章 提高身体技能

现在恐龙仍然是所有幼儿最喜爱的动物之一。有关恐龙运动最好的图画书之一是《恐龙炫舞》(*Dinosaurumpus*，Mitton，2002)。书中的各种恐龙或踩踏地面，或跺脚，或沉重地踱步，或在空中飞翔。你在反复阅读几遍之后，可以让幼儿选择一条他们想要的贴有恐龙名字的项链。然后，当你阅读的时候，他们可以在"恐龙队伍"中一个接一个地跺脚。同时，播放一首适宜的CD音乐，或者用鼓或铃敲出节奏。搭配肢体动作的儿歌给幼儿提供了另一种参与方式。你可以在幼儿的帮助下创编一首儿歌，或者用下面的这首儿歌。对于不能站立和移动的幼儿，可以让他们坐下来，边移动塑料恐龙边唱歌。

恐龙，恐龙，	Dinosaurs, dinosaurs,
只见他们在跺脚；	See them clump;
恐龙，恐龙，	Dinosaurs, dinosaurs,
扑通，扑通，扑通；	Thump, thump, thump;
异特龙跳得这么高	Allosaurus leap so high;
翼龙飞翔，飞翔，飞翔；	Pterodactyl fly, fly, fly;
巨大的霸王龙来了；	Here comes the huge tyrannosaurus rex;
只见他在踩踏地面，	See him trample,
伸呀，伸呀，伸懒腰；	Stretch, stretch, stretch;
恐龙，恐龙。	Dinosaurs, dinosaurs.
逐渐消失了；	Fade away;
直到第二天掉到地上。	Flop right down till another day.

另一个步行活动是在地板上铺上裁剪出的纸板，并排成一排，然后让幼儿从纸板上依次走过。有些教师更喜欢用地板砖或地毯来做垫脚石。可让幼儿上下楼梯来训练协调性和平衡感。幼儿也可以用大的空心积木堆在一起当作楼梯。如果你没有音乐，可以让幼儿在走路的时候用鼓、铃敲打出节奏。然后，让他们跟着节拍快步走、踮起脚尖走或者跺脚走路。在你把《驼鹿的踪迹》这本故事书读完之前，也可以让他们试着解决制造轨道的问题。

◆ 平衡

要使幼儿在任何一种运动中充满信心、保持平稳，他们就必须能够在静止和运动的时候保持身体平衡。为了增强身体静止时的平衡能力，可以让幼儿玩一个与众不同的"跟随"游戏。教师是领导者，向幼儿示范如何单脚站立，然后换另一只脚。如果教师能找到大型空心积木块，可先让幼儿站在平放的积木块上保持平衡，然后非常小心地站到竖着放的积木块上保持平衡。任何一个幼儿都能做到吗？

另一种常见的平衡活动是让幼儿假装成动物和鸟的雕像。在幼儿的视线范围内，把房间贴满动物的大图片，以方便幼儿选择模仿哪种动物。他们可能会选择扮演一只蓄势待发的猎狗、一只单腿站立的苍鹭或者一只准备起跳的青蛙。在幼儿模仿的时候，让某个幼儿大声计数，看看他们能将这个姿势保持多长时间。或者让一个幼儿模仿照片中动物的动作，让其他人猜猜他模仿的是哪种动物。

在运动的过程中促进平衡能力发展的活动包括传统的平衡木。可以从售卖学校设备的公司购买平衡木，也可以自己摆放一排积木来制作平衡木。幼儿可以先练习在宽边的平衡木上练习行走，然后换成在窄边的平衡木上练习。要学会用脚掌而不是脚后跟在平衡木上行走。让他们先在平衡木上保持平衡向前走，然后再试着侧身走或倒着走。

在另一个关于行走的平衡游戏中，教师可以剪一些塑料脚印和手印，固定在教室的地板上，形成一系列的"婴儿步""巨人步""青蛙跳"（手印和脚印兼有）。让幼儿在"跟随"游戏中紧随老师贴的"脚印"行走。

全 纳 教 育

教室里要有"拐杖标记""轮椅通道标记"等，为特殊幼儿提供参照物。这些活动不要局限于残疾幼儿，每个幼儿都应该试一试。幼儿喜欢自己发明一些挑战平衡能力的游戏。例如，在积木上"溜冰"或在平缓坡道上"滑雪"，这些活动给幼儿提供了张开双臂以保持身体平衡的练习机会。如果幼儿不能独立完成这些平衡活动，可以在其他同伴的帮助下完成。

单腿跳/双腿跳/跨越跳

一旦幼儿学会单脚平衡，他们就可以尝试单腿跳。这种跳跃动作是以单腿为支撑。一开始，让幼儿先练习单腿跳，再换另一条腿跳，然后再试着向前跳。在教室里设计一条方便幼儿跳跃的路线，就像让幼儿练习平衡木时那样。在路的右侧标出若干个右脚印，然后在左侧标出一排左脚印。当幼儿来到这里时，他们必须先用右腿跳，然后再用左腿跳。

双腿跳和单腿跳是一样的，只是双脚要并拢。幼儿可以尝试在原地跳、向前跳、向上跳去够东西或者从高处往下跳。然后，让他们尝试跳过教室地板上用两条胶带制作的"河岸"。随着幼儿跳跃技巧的提高，可逐渐扩大"河岸"的宽度。鼓励他们双脚并拢跳跃，而不要单腿跳。一旦幼儿掌握了跳跃的技巧，可让他们试着双脚并拢跳过一个积木块。

幼儿也喜欢从高处跳下。从矮椅子上跳下来对三四岁的幼儿来说已经够高了。一位教师发现她班上的幼儿喜欢测量和记录跳跃的成绩。她计划了一周一次的记录活动，当每个幼儿从一个矮箱上跳下来时，另一个幼儿在着陆点做标记，然后一起测量跳跃的距离。幼儿试着刷新以前的纪录，而不是看谁跳得最远。教师要避免在幼儿之间开展体育技能竞赛，因为这会让那些难以完成活动的幼儿望而却步。

皮卡在2008年的研究指出，当幼儿像兔子或袋鼠那样连续跳跃时，能够发展他们的肌肉力量和心血管耐力。同时，他们也在学习高与低、上与下、慢与快等概念。大脑研究表明，幼儿通过亲身体验这些运动能够更好地掌握概念。

对大多数幼儿来说，跨越跳更容易些。因为它是用一只脚完成，可以让幼儿跳得更远。幼儿可以假装自己是一只在森林里跳跃的鹿，或者正在跨栏跑的运动员。

> **关于跳跃的引导性图书**
>
> 在《不要在床上跳！》(*No Jumping on the Bed!*, Arnold, 2012) 一书中，沃尔特被警告不要在他的床上跳，否则会摔倒在地板上。但是沃尔特不理会，继续在床上跳来跳去，最后他摔倒在地的撞击声穿过了公寓大楼的一层又一层。
>
> 当你班上的幼儿在每个活动区跳来跳去的时候，让他们重新表演这个故事，在其他幼儿跳过去的时候一个一个地接住他们。
>
> 另一本简单却有趣的关于动物跳跃的图画书是《跳跃！》(*Jump!*, Fischer, 2010)。

◆ 跑步 / 飞奔 / 双腿交替跳

大多数学龄前儿童似乎经常跑步，但我们有时把这种运动视为理所当然。一个幼儿能走得好并不意味着他会跑得好。身体的所有部位都必须交替使用（Pica，2008）。你需要提供给每个幼儿更多跑步的机会。请在你的记录簿上面写下幼儿的跑步情况，如谁跑得好，谁跑得少。

虽然跑得好的幼儿会花很多时间跑步，但是身体不协调的幼儿更需要特别的练习。当你在规划跑步比赛时，一定要鼓励所有的幼儿积极参与。譬如，你可以在操场或体育馆组织开展一些接力比赛等。避免开展一些传统的跑步游戏，因为这些游戏会让一些幼儿被动等待、被动选择。也要避免强调游戏的输赢，而应该表扬每个幼儿的努力。这是因为有"胜利者"的同时就会有"失败者"，这很可能会让那些反应较慢的幼儿感到气馁，因害怕失败而不想参加任何活动。但是，这些幼儿恰恰最需要练习。

大多数学龄前儿童似乎经常跑步。

飞奔是步行和跳跃的结合。幼儿用一只脚迈出一步，把另一只脚放在后面，然后再用第一只脚离开。换言之，一只脚总是领先。幼儿喜欢假装成马随着音乐或节拍在教室里奔跑。

双腿交替跳是一项更为复杂的技能。这是步行和单腿跳的结合。虽然大多数幼儿在5岁或6岁前都没有掌握这种技能，但有些4岁的幼儿会想尝试。你可以让他们先用一条腿单腿跳，然后换成另一条腿跳，一遍又一遍地左右交替练习。如果他们无法掌握，可以等他们把单腿跳的动作练熟之后再尝试。

关于跳跃动作的引导性图书

在《预备，开始，跳！》(*Ready, Set, Skip!*, O'Connor, 2007)一书中，一个多才多艺的小女孩感到很伤心，因为她不能像其他孩子那样双腿交替跳。书中的彩色图片展示了她所能做的一切：跨越跳、匍匐爬行、转圈和滑冰。她母亲教她如何先用一只腿跳，然后再用另一只腿跳。"那才是双腿交替跳。"她妈妈说。小女孩试了试，终于成功了！（适合4岁以上儿童）

其他关于跳跃动作的图书有：

《噢，瞧！》(*Oh, Look!*, Polacco, 2004)；

《失控的锅》(*The Runaway Wok*, Compestine, 2011)。

⬢ 攀爬

攀爬可以用腿或手臂完成，也可以二者兼用。为了确保幼儿的安全，攀爬设备应该通过可靠的途径购买。任何自制的攀爬设备都需要在使用前进行仔细的测试。

木制室内攀爬设备包括木制攀爬架、梯子和攀爬屋。室内的金属攀爬设备包括不同高度的爬梯，有可以单独站立使用的，也有用来支撑步行板的，它是一种带有木质滑板、可横铺的过河梯。室内攀爬设备通常是可移动的，而不是像户外攀爬设备那样固定在地面上。为了安全起见，当幼儿使用时，工作人员需要站在旁边，并在下方铺设垫子，以防幼儿摔伤。

户外攀爬设备包括金属圆顶的攀爬设备、卫星形攀爬设备、丛林健身屋、塑料压膜攀爬设备，巨型拼插积木组成的攀爬设备、扶梯、绳索梯、链条梯和网梯等。户外攀爬设备不应该包括大型游乐场的设备。这些大型设备不仅对学龄前儿童来说非常危险，而且所需使用的技能也超出了大多数幼儿的能力。室外攀爬设备应该牢牢地固定在地面上，并在下面铺上木屑、树皮、沙子或其他软材料。

关于攀爬活动的引导性图书

在没有攀爬设备的教室里可以使用一种流行的手指游戏。《小小的蜘蛛》（*Itsy Bitsy Spider*，Toms，2009）一书里讲到了在幼儿园最受欢迎的手指游戏"小小的蜘蛛"。它可以很容易地由一个手指游戏转换成一个全身参与的活动。更有趣的是，教师可以在阅读图画书时，让幼儿在椅子和凳子上爬上爬下。一次只让一个幼儿爬，教师扶着"梯子"，其他幼儿说唱歌词。

另一本有关攀爬的优质图书是《两只小猴子》（*Two Little Monkeys*，Fox，2012）。

腹爬 / 匍匐爬行 / 滑行

腹爬是指身体平趴在地板上，胳膊往前伸，腿往后蹬。幼儿可以假装自己是蠕虫、蛇、蜥蜴、甲虫、毛虫或鳄鱼。他们可以跟随录音机里的音乐或老师用手鼓敲出的鼓点来爬行。他们也可以假装自己是游泳的人，在教室里游来游去。你可以给幼儿讲一种动物的故事，让他们模仿这种动物的爬行方式。阅读《那是什么？》（*What's That?*，Bergman，2005）这本书，让幼儿假装鳄鱼爬上楼梯进入公寓。你可以在幼儿爬行的时候播放音乐。

相比之下，匍匐爬行是用手和膝盖完成的，身体撑起，不接触地板。有些幼儿很难以手足交替向前的模式（即先伸出左胳膊和右腿往前爬，再换成右胳膊和左腿往前爬）爬行。如果你班上有这样的幼儿，请给他们提供更多的机会练习。例如，当他们在积木建构区爬行时，在其背上放几块积木。他们能否在积木块不掉落的情况下成功完成匍匐爬行动作？同时，让一两个幼儿站在积木架旁，在运送积木的幼儿到达时把他的积木卸下来。

幼儿在匍匐爬行时可以假装成任何一种动物：猫、老鼠、老虎、狮子、恐龙。他们可以随着音乐或鼓点爬行。他们也可以穿过由纸箱子、折叠桌或两把椅子背斜靠组成的隧道。商用爬行设备包括塑料筒、布料或泡沫做成的隧道。你可以在房间周围设置一条用于爬行的有障碍路线，用胶带标记路况。幼儿可以假装是动物或登山者，沿着路线穿越障碍物，向前匍匐爬行。

滑行是通过坐、跪或站在一个移动设备上，用一只脚或两只脚推动前进来完成的。幼儿还可以坐在一块硬纸板上，用脚在光滑的地板上向后蹬。商用滑板车是设计给幼儿坐在上面，用脚或手的力量来带动底部的轮子滑行的设备。滑板车实际上是踏板车。但是幼儿坐在滑板车上滑比站在滑板车上滑的效果更好。两头各有两个轮子的小型滑板车更适合学龄前儿童用来练习平衡和转向。有些滑板车是通过幼儿的脚而不是靠踏板在地板上移动。幼儿也喜欢站在大的木制车上到处滑行。这对腿部肌肉是很好的锻炼。

◎ 投掷／抓接

相信幼儿会自行发展身体技能的成年人应该观察一下，有多少幼儿能够投掷和抓接物体。他们可能会惊讶地发现，已掌握这些基本技能的幼儿寥寥无几。如果要使幼儿熟练掌握运用手臂和手来投掷和抓接物体的技能，那么给幼儿提供大量的练习机会就是必要的。在这两种动作中，抓接更难一些。为了让幼儿能够成功掌握这些技能，可以先用一些大而轻的东西开始练习，如沙包、泡沫球或者沙滩球。幼儿通常用双手和身体抓接物体。为了提高抓接技能，你可以先向幼儿投掷一些东西，比如纱线团、毛绒球、沙滩球、沙包等。之后可以使用较小的橡皮球。

幼儿可以互相投掷、向老师投掷、向空中投掷，或者对准一个目标（如一个卡通玩偶或者符合幼儿尺寸的篮球筐）投掷。幼儿也可以用其他物体提升投掷技巧，如将沙包扔进废纸篓，或扔到纸箱里。

大型滚球可供幼儿在室内外滚动、拍打或搬运。"谁能带着这个大球穿过操场？"一位教师提出挑战。另一个班的幼儿喜欢在老师的帮助下在球上翻跟头。

幼儿很快就会排队来轮流玩这个游戏。

有关打篮球/打棒球的引导性图书

现在,学龄前儿童尺寸的篮球架使幼儿有可能学习打篮球。虽然篮球场上的主导者可能是男孩,但教师也可以给女孩提供一个在室内打球的机会。

在《飞扑投篮》(*Hoops with Swoopes*, Kuklin, 2001)一书中,展示了美国黑人篮球女明星谢丽尔·斯沃普斯(Sheryl Swoopes)的一些打篮球的照片:在白色的背景下,她起跳、接球、跨步、投篮。让每个幼儿都拿着小篮球模仿她的动作,并使用手机拍摄每一个动作,然后幼儿就可以制作自己的"投篮"书了。

其他有关棒球运动的图书包括:

《鸭先生打棒球》(*Hit the Ball Duck*, Alborough, 2006);

《就像乔什·吉布森一样》(*Just Like Josh Gibson*, Johnson, 2004);

《下雨天!》(*Rainy Day!*, Lakin, 2007)。

对于 5 岁以下的孩子来说,有规则的游戏往往超出了他们的能力范围。但是,现在为幼儿设立的小联盟和团队越来越多,甚至幼儿也可以参与其中。鼓励年幼儿童为长大后打棒球做准备的图书包括《卢克玩棒球》(*Luke Goes to Bat*, Isadora, 2005),它讲述的是 20 世纪 50 年代一个名叫卢克的美国非裔小男孩的故事,他想和附近的小伙伴一起玩棒球,但当他终于有机会击球的时候却没打中。晚上,他上屋顶俯瞰布鲁克林的埃比茨球场,想象着他的偶像杰基·罗宾逊(Jackie Robinson)打出了本垒打。然后他在屋顶上发现了一个球,他知道这是杰基本垒打出的球。

骑车

三轮车和其他有轮子的车有助于幼儿学习同时踩踏板和转向,掌握一种协调技能。一些幼儿园里有可用于开展骑行活动的大厅,还有一些幼儿园提供户外的骑行空间。教师要追踪观察那些很容易学会骑三轮车的幼儿和那些从不尝试骑三轮车的幼儿。使用幼儿衣服的颜色作为提示的依据,从而避免使他们在参加骑三轮车运动时感到尴尬（如，"现在是所有穿蓝色衬衫的小朋友骑三轮车的时间"）。这样可以帮助任何刚开始有困难的幼儿参与到骑三轮车活动中。

三轮车能帮助幼儿学会踩踏板和转向的协调技能。

关于骑三轮车的引导性图书

给幼儿阅读《如何骑着自行车去月球上种向日葵》（*How to Bicycle to the Moon to Plant Sunflowers*，Gerstein，2013）的神奇故事。书中的男孩讲述了一个图文并茂的故事，即骑着自行车去月球上种向日葵这件事是如何通过24个简单的步骤完成的。如果幼儿愿意尝试，他们可以把操场变成骑行的场地，在骑行路线的末端设置一个月球。你需要准备一些花生酱和果冻三明治。如果幼儿园里有花园，这些骑三轮车的小家伙真的可以去播种向日葵种子。这是多么有趣的活动啊！

制订个性化计划

一旦完成对某个幼儿的评估，就要为他的后续体能发展制订个性化计划。如前所述，不要将有特殊需要的幼儿排除在外，而应规划一个小组活动，将其纳入其中。尽可能从幼儿已掌握的优势技能开始，取长补短。例如，表 4-2 所示是 5 岁的杜安（Duane）的大肌肉运动检核表。

表4-2　杜安的大肌肉运动检核表

幼儿姓名　　杜安　　　　　　日期　4 月 16 日　

- √ 上下楼梯
- √ 走平衡木
- √ 单脚站立保持平衡
- √ 双脚跳过一个低矮的物体
- √ 跑步、飞奔和跳跃时不会摔倒
- ＿ 上下攀爬设备
- ＿ 在地板上腹爬、匍匐爬行、滑行
- ＿ 捡起并搬运一个大件物体
- ＿ 投掷沙包或球
- ＿ 抓接沙包或球
- √ 骑有轮子的车

教师对杜安投掷和抓接物体的结果感到惊讶，因为他的跑跳能力比一般幼儿好，而且他是一个非常活跃的男孩。他似乎很喜欢玩球，会努力地投球和接球，但却很少成功。奇怪的是，他的手臂没有身体的其他部位那么强壮和具有协调性。教师在与杜安父母的一次交谈中得知，杜安的右臂在一次车祸中受伤，虽然已经痊愈，但力量不足。因此，他在球赛中跟不上小伙伴，这让他感到尴尬。

教师决定安排一项体育活动来加强杜安的手臂力量。她向一位体育老师请教，体育老师建议杜安玩一种适合学龄前儿童的绳球游戏。由于杜安很喜欢玩球类游戏，所以这个游戏的效果非常好。同时，这个绳球游戏对班上的所有幼儿来说都很新鲜，也没有人更擅长。当教师在杜安的卡片背面写观察笔记时欣然发现，杜安通过花费大量的时间来玩这个球类游戏，其手臂变得强壮多了。

指导幼儿发展小肌肉运动技能并提供适宜的材料和活动

小肌肉运动协调，也称为手眼协调、视觉动作协调或感知运动协调，是指用手指灵巧地操作物体。它是学习阅读和有效使用写作工具的先决条件，也是幼儿必须发展的一项重要技能。与同龄女孩相比，男孩的手指显得没那么灵巧。就像女孩在大肌肉运动方面落后于男孩一样，这种滞后可能是由于先天的遗传差异。但是，鼓励男孩和女孩进行小肌肉运动的练习，对他们都有好处。

◎ 小肌肉运动评估

幼儿的小肌肉运动能力也可以用检核表来评估，就像大肌肉运动能力的评估一样。将"小肌肉运动检核表"（表4-3）复制到每个幼儿的卡片上。使用检核表来观察和评估幼儿在游戏活动中的小肌肉运动技能。一定要为有特殊需要的幼儿提供必要的小肌肉运动练习。不要为这些幼儿表现出的发育迟缓而感到惊讶。每个幼儿都有自己独特的发展速度。幼儿之间存在个体差异是意料之中的事情。

表4-3 小肌肉运动检核表

幼儿姓名_____	日期_____
手臂	**手指1**
____用大刷子作画	____用剪刀剪
____搅拌面糊	____捡拾碎片
____倒液体时不溢出	____挤压一个滴管
____用锤子钉钉子	____使用钳子
手	**手指2**
____挤压海绵	____按压扣子
____用刀切	____串珠子
____转动手柄	____插入钥匙
____使用纸张打孔器	____使用镊子

资料来源：Adapted from Janice J. Beaty, *Skills for Preschool Teachers*, 9e. Copyright © 2012 by Pearson Education, Inc. All rights reserved. Permission is granted by publisher to reproduce this checklist for evaluation or record keeping.

◎ 发展顺序

幼儿的小肌肉运动技能发展与肌肉发育顺序一致,从手臂开始,然后是手,最后是手指。这一发展的四个阶段被称为整条手臂、整只手、手指和手指协调。幼儿将在学前课程中经历这四个阶段,但在早期阶段,他们的肌肉需要变得强壮和灵活后,才能完成精细的动作任务,即轻松地使用手指握住工具进行书写(Huffman & Fortenberry, 2011)。

◎ 整条手臂

首先,整条手臂的肌肉需要增强力量并变得更灵活。想象一下幼儿参与需要使用整条手臂的活动。用大刷子作画就是其中之一。如,用颜料给栅栏涂色,或者把一个大纸盒漆画成小屋的模样,这些活动都有助于增强手臂的肌肉力量。

用大勺子搅拌面糊也是一种锻炼手臂肌肉力量的方式。即使教室里没有专门的烹饪区,教师也应该偶尔开展一些烹饪活动。因为烹饪活动需要使用工具,这有助于幼儿小肌肉运动技能的发展。像做汉堡或蛋糕时那样在碗里搅拌面糊(Wilson, 2007)会让手臂肌肉得到真正的锻炼。

幼儿还需要进行倾倒液体的练习。不要剥夺他们自己倾倒液体的锻炼机会。在吃点心或午餐时间提供小号的敞口罐子,让幼儿自己练习倒果汁和牛奶。如果给幼儿提供的是大瓶的牛奶,教师要先把牛奶倒入小水罐里,再让幼儿进行倒牛奶的练习。教师可以在玩水桌上放上塑料瓶和塑料罐。

用锤子钉钉子需要良好的手眼协调能力和手臂肌肉发育。让幼儿先在木工区用软材料(如石膏板、泡沫天花板材料和大头钉)进行练习。他们可以把几块泡沫板或几块木板钉在一起,也可以把泡沫板钉在木板上。小号的成人锤子比玩具锤子更好用。

教师一定要提供一些树桩作为幼儿的练习材料。这样可以在保障趣味性的同时锻炼幼儿的手眼协调能力。把钉子钉进树桩里比钉进木板里要容易一些。可以把毛巾垫在树桩下面以减少噪声。当树桩顶端钉满钉子时,教师可以用锯子把这一层锯下来,这样就可以为后续活动做好准备。一旦幼儿学会了抓握锤子和锤击钉子的技巧，他们就可以设计图案，甚至在树桩上用钉子钉出他们名字首字母的形状。

> **关于锤打活动的引导性图书**
>
> 在《我爱工具！》（*I Love Tools!*，Sturges，2006）一书中，一个男孩和一个女孩帮助他们的父母给蓝色知更鸟盖了一所房子。每页上都有一行押韵的文字，描述他们操作每个工具时的动作。每个工具的外形轮廓都会显示在末尾的页面上。让你班上的幼儿在使用每个工具之后，描述工具的外形并说出自己的使用方式。你可以收集他们的回答，并汇编成一本工具书供所有幼儿参考。
>
> 其他以锤打为主要内容的引导性图书包括：
>
> 《亨利建造了一个小木屋》（*Henry Builds a Cabin*，Johnson，2002）；
>
> 《砰砰，呱呱，哞哞：一次疯狂的冒险》（*Thump, Quack, Moo: A Whacky Adventure*，Cronin，2008）。

◎ 整只手

很多小肌肉运动都是用整只手来完成的。列一张你能想到的动作清单，挤压海绵应该排在首位。想想这些动作所使用的手部肌肉。让幼儿使用海绵进行清洁，或者把海绵切成不同的形状并用其在水桌上玩耍。把海绵收起来之前别忘了把里面的水挤出来。

幼儿也可以学会安全地操作刀具。用刀切割不仅可以为幼儿提供极好的小肌肉运动协调性练习，而且它是一种非常受幼儿喜爱的成人技能。你可以让幼儿从用餐刀来切软的物体开始。幼儿可以学会用一只手拿刀，将锋利的刀刃朝下，用另一只手按住剥了皮的煮鸡蛋、熟土豆、熟胡萝卜、桃或梨。他们刚开始可能只会锯切。当学会控制餐刀后，他们就可以开始用锋利的刀尝试切割其他的软物体了。最后，他们应该能够帮助你准备食材，比如切苹果或芹菜。

使用削皮刀是幼儿能够学习的另一项技能。可以让幼儿先从削胡萝卜开始，最后成功学会削土豆皮。这些都源自现实生活中的经验，而不是游戏或模拟，幼儿之所以能够理解这些技能的价值，是因为他们已经看到成年人在做这些。当幼儿意识到自己也可以参与到成人世界中时，他们会感到非常满足。

其他的烹饪工具，如研磨器、刨丝器和水果挖球勺对整只手的发展也很有价值。让幼儿自己用不同种类的瓜果制作"水果杯"来当零食。同时也要让他们有机会在烹饪活动或玩水桌游戏中使用诸如打蛋器、搅拌器或开罐器之类的工具。握住一个工具的手柄并转动它，这个动作叫作曲柄转动。幼儿喜欢用打蛋器在水里制造大量的泡沫。所以教师一定要准备几个打蛋器。

也许对于幼儿来说，在整个手部发育过程中最难使用的工具是打孔机。有些幼儿的手太小，拿不动打孔机。一旦抓稳之后，他们必须要施加巨大的压力，才能使之发挥作用。能做到这一点的幼儿可以通过在卡片上打洞来计数，比如经过的汽车数量、每个活动区的幼儿数量或者豚鼠出来觅食的次数。

◎ 手指发育（手指1）

用钳子夹东西有助于幼儿发展手指肌肉。

手指肌肉的发育分为两个阶段。在第一个阶段，幼儿可以通过手指使用剪刀、捡拾拼图块、挤压物品或者用钳子夹起东西。许多商品玩具也有助于促进手指的灵巧度，譬如木制拼图、乐高积木、小钉板、鬃毛积木、齿轮、蒙台梭利圆柱体积木，以及形状嵌板等。

◎ 拼图

拼图不仅需要通过手指捡拾图片，还需要将图片准确地插入一个空间。适合幼儿的第一个拼图游戏往往是那些只有几块拼图的简单游戏。当每一个拼图块代表一个完整的项目而不是图片中某个项目的一部分时，从未进行过拼图游戏的幼儿会更容易成功。仔细检查你提供的拼图材料。由于幼儿的能力各不相同,你需要扩大选择的范围。

新年伊始,让新来的幼儿顺利完成拼图游戏是很重要的。如果他们以前没有玩拼图游戏的经验,你可能需要与他们一起坐下来,向他们提供鼓励或实际的帮助,直到他们成功地完成拼图游戏。他们可能不知道怎么做。你

幼儿玩的第一个拼图游戏是用大块的木制积木块拼图。

可以挨个给他们做示范,你自己先找一块插进去,然后鼓励他们尝试,直到他们发现合适的拼图块。

除了选择多样的商业拼图材料外,你也可以自己制作。你可以把每个幼儿放大后的照片打印出来,然后用刀切成拼图块。将这些碎块分别装在信封里,并在信封正面贴上图片标签。在确保每个幼儿都有自己的照片拼图块之前,不要把拼图块拿出来使用。因为对幼儿来说,发现自己被排除在外是一件很痛苦的事。

⬢ 用剪刀剪切

有多种方法可以帮助幼儿学会如何使用剪刀。告诉他们先用自己的惯用手(即右手)握住剪刀。如果他们是左利手,请提供左利手专用剪刀。然后用两只手紧紧拉住一张纸条,让幼儿将其剪成两半。一旦幼儿可以毫不费力地做到这一点,就可以让两个幼儿轮流练习握或剪的动作。

下次,教师可向幼儿示范如何用自己的一只手拿纸,用另一只手剪切。可让幼儿练习剪切不同种类和大小的纸张,如卡纸、复印纸和旧杂志上的纸。最后,在纸上画一条线,让幼儿沿着线条练习剪切。也可以让幼儿把彩带剪成小块,做成五彩碎片,增加活动的趣味性。

之后,你可以把剪刀、旧纸张放在空的感官桌上,将某天定为"剪切日",

让感兴趣的幼儿自由进行剪切活动。可用绳子将几把剪刀绑在桌子旁边,让他们在自由活动时把它解下来进行一场"剪切风暴"活动。

> **关于剪切的引导性图书**
>
> 在《我有一件最喜爱的裙子》(*I Had a Favorite Dress*,Ashburn,2011)一书中,一个小女孩因长高而无法穿上自己最喜欢的裙子了,于是她的妈妈把旧裙子裁剪成了新的款式。随着小女孩不断成长,其裙子也需要多次裁剪。你可以查找报纸或杂志上的衣服图片,让幼儿把它们剪下来。
>
> 其他关于用剪刀剪切的图书有:
>
> 《狡猾的克洛伊》(*Crafty Chloe*,DiPucchio,2012);
>
> 《风筝日》(*Kite Day*,Hillenbrand,2012)。

◎ 手指协调(手指2)

相对于"手指1"部分的肌肉动作,这个部分的活动是使手指肌肉变得更精细、更强壮。幼儿可以学习用发夹或者镊子把小件物体夹起来。让幼儿练习把钥匙插进锁里转动的动作,然后收集一个装满旧锁和钥匙的箱子,看看幼儿能打开多少把锁。

收集瓶盖内有螺纹的塑料瓶。把几个瓶盖和瓶子放在一个鞋盒子里,让幼儿尝试将瓶盖拧到对应的瓶子上。幼儿必须练习匹配相应尺寸的技巧,才能成功地将瓶子与瓶盖拧在一起。你也可以制作或购买一块带有不同尺寸螺栓的木板,在旁边放一些螺帽,让幼儿尝试把螺帽拧到对应的螺栓上。幼儿也可以使用手动榨汁机进行手指协调性训练的活动。同时,这个过程也可为幼儿提供橙汁作为饮料。

◎ 串珠

如今,串珠不仅仅是一种小肌肉运动的练习,它还可以成为一个令人惊讶的多元文化事业,有助于引导幼儿走进印第安人、埃及人、非洲人和意大利人等世界各地的人的生活。

> **关于串珠的引导性图书**
>
> 首先，给幼儿阅读《一串项链》(*A String of Beads*，Reid，1997)。故事讲述的是：一个小女孩和她的奶奶花时间整理以前从商店买来的珠子，自己制作珠子，了解不同珠子的来源，最后将珠子串成精美的项链，供大家佩戴。书中的插图非常精美，令人眼花缭乱。
>
> 年龄较小的幼儿应该主要串一些容易操作的大木珠。稍大的幼儿可以尝试串一些故事中的奶奶称之为"小圆盘"的扁平珠子、称之为"小球球"的球形珠子、称之为"小圆筒"的圆滚珠子以及称之为"小喇叭"的长形管状珠子。幼儿可以根据大小、形状和颜色对不同的珠子进行分类和排列。有些珠子是来自亚马孙丛林的植物种子，有些是来自热带海洋的贝壳，还有些则是来自美洲印第安部落的、被印第安人称为"神物"的、雕刻成动物形状的珠子。
>
> 幼儿可以自己制作彩色珠子。可以用食用色素将各种形状的面食染色，搓成珠子形状，用牙签打上一个孔，然后把它们串在一根线上，做成手镯、脚镯等。也可以使用黏土制作彩色珠子。

◎ 制订个性化计划

一旦完成小肌肉运动能力的评估，你和你的教学团队将会更清晰地了解你们该给幼儿提供哪些活动。虽然你会制订一些个人计划，但是你一定不要因为某个幼儿在某方面的技能有所欠缺，而不让他参加需要用到这项技能的活动。因为一个班上的幼儿具有各种各样的运动能力，无论怎样，所有幼儿都应得到接纳和认可。如果某个幼儿的发展落后于另一个幼儿，那就多让这个幼儿参加一些活动来增强技能。就像大肌肉运动一样，所有幼儿都应该从你为某些幼儿提供的小肌肉运动活动中获益。

> **全 纳 教 育**
>
> 你应该鼓励有身体残疾的幼儿尽可能多地完成大肌肉和小肌肉的运动。一旦完成对他们的运动能力评估,你就可以制订适宜的个性化计划来给他们提供挑战性活动,就像你为其他正常幼儿制订个性化计划一样。

为幼儿提供参与以运动为本的学习的机会

我们曾经所说的"创造性运动"已经演变成一种变体的"以运动为本的学习"(movement-based learning)。它是基于这样的概念:运动经验是幼儿学习的主要来源。例如,当幼儿参与行走、奔跑和跳跃活动时,他们有机会了解自己和他人的情绪。运动问题也是帮助学龄前儿童发展批判性思维和问题解决能力的一种方式。当幼儿与他人一起参与运动活动时,他们就能理解运动是如何将他们带向不同的方向,以及他们的身体部位是如何与周围世界相联系的。

想想那些可以通过运动来解决的问题。一位教师建议,让幼儿假装把身体的一部分"粘在"地板上,同时尝试移动其他部位。当粘住一只脚时会发生什么情况呢?粘住两只脚呢?把两只手粘在一起又会怎样?幼儿可以先大胆猜测,然后尝试,最后讨论并记录实际情况。在运用批评性思维和问题解决技能的过程中,肯定会碰撞出大量的思维火花(Marigliano & Russo,2011)。

幼儿可以帮助你创造出其他需要运动技能来解决的问题。例如:把架子上所有的积木搬到房间的另一侧,最快的方法是什么?有些幼儿会把它们抱在怀里。而有些幼儿可能会先把积木搬到地板上,然后像推土机一样把它们推过去。幼儿可以解释他们的行为和原因。

为了帮助幼儿参与这样的运动,你可以先让他们站在一个地方,同时舞动他们的身体。播放 CD,并根据音乐节拍告诉幼儿该做什么动作。要注意,无论幼儿的动作是否准确,你都应该接纳幼儿。例如,幼儿可能不知道"拱"这个词的含义,也不知道该如何做出"拱"的动作。如果你在旁边进行示范,幼儿可能会，也可能不会模仿你的动作。但要注意的是，活动的目的应该是让幼儿享受音乐，而不是准确地展示动作。

当你在播放音乐或打节拍时，观察幼儿是如何运动的。有幼儿会漫无目的地跑来跑去吗？有幼儿会自己创编动作吗？有幼儿要求你提供动作示范吗？你可以通过让幼儿回忆活动时发生的事情来帮助他们发展记忆力。

让幼儿站在一个地方舞动身体。

表4-4"运动检核表"列出了幼儿在运动过程中的一些动作。在每个幼儿的档案卡上复印上这张检核表，这样有助于你观察每个幼儿在运动方面的优势与劣势。

表4-4　运动检核表

幼儿姓名_____　　　　日期_____

____参与教师主导的结构性运动活动
____站在一个地方舞动身体
____在地板上移动时做出动作
____参加集体运动活动
____独立行动或与另一个幼儿一起做出创造性运动
____模仿特定的某种动物、某个人或某个物体
____使用道具（如丝带、围巾、铁环）做运动
____参与非结构性运动活动
____随着音乐或鼓点自由运动
____有可用于开展创造性运动的、自己最喜爱的音乐
____用手臂、手、腿、脚或身体的运动来表达感情
____自编动作

资料来源：Janice J. Beaty, *Skills for Preschool Teachers*, 9e. Copyright © 2012 by Pearson Education, Inc. All rights reserved. Permission is granted by publisher to reproduce this checklist for evaluation and record keeping.

一旦幼儿熟悉了上述运动方式，可让他们站在地板上根据听到的词做动作。基本动作词包括：行走、奔跑、跳跃、单腿跳、飞奔、跨越跳、爬行、鼓掌、弯腰、扭动、摇摆、晃动、转身、蜷曲、踮脚尖、静止。

当幼儿熟悉基本的运动词汇后，可以再添加一些丰富多彩的变化，如：弹跳、蹲伏、吊晃、投掷、抛掷、向前扑、滑行、冲刺、颤抖、起立、疾走、摇晃、猛地站起来等。幼儿喜欢这些有趣的词，可能很快就会做出相应的动作来配合。道（Dow，2010）建议在午睡后，通过扭头、耸肩等方式叫醒幼儿，直到其身体的每个部位都参与运动。

如果你的日程安排中没有足够的时间和空间开展运动，那么试着利用过渡环节的时间。可以利用不同活动和空间的过渡转换来开展一些运动练习。奥洛斯基和哈特（Orlowski & Hart，2010）建议，教师要确立统一的开始和停止信号，如喊"开始"（go）和"结束"（freeze）。当教师说"开始"的时候，每个人都可以单腿跳，直到发出"结束"信号时停止。在幼儿等待吃午餐或外出活动的过渡时间内，也可以开展一些运动。

关于运动活动的引导性图书

《运动！》（*Move!*，Jenkins，2006）是一本简单的书，书中配有超大的插图供幼儿欣赏。插图展示了动物们行走、跳水、游泳、跳跃、滑行和摇摆的方式。幼儿需要近距离地观察这些动作，然后站起来自己试试。

为幼儿提供参加创造性舞蹈的机会

一旦幼儿理解了"随着音乐运动"的概念，他们就可以跳舞了。对于学龄前儿童而言，舞蹈不是与小伙伴一起跳的，而是一个自己创造动作的过程。他们可以从熟悉的事物开始，用自己的方式模仿。教师可以把狗、猫、鸟、兔子、老鼠、豚鼠、蛇、甲虫和蜘蛛的图片张贴在幼儿视线范围内的房间四周。让他们试着像其中某种动物一样运动，同时播放合适的音乐。鼓励幼儿观察教室里的宠物是如何活动的，但要确保你接受他们对动物动作的诠释。

一两个幼儿可能想要展示自己的动作，其余的人则负责打节拍。当幼儿像动物一样运动时，应该遵循幼儿设定的节奏，而不是让教师的节奏控制整个过程。一开始，幼儿很难跟上外部的节奏，通常会跟随自己内心的节奏。

对于那些仍然不喜欢创造性舞蹈动作的幼儿，教师可以给他们读《长颈鹿不会跳舞》(*Giraffes Can't Dance*，Andreae，1999)。故事中的一只长颈鹿吉拉尔德由于膝盖弯曲、腿部细长而显得太笨拙，总是受到森林中其他动物的嘲笑。直到他发现自己可以自由自在地伴随着月亮旋转、起舞。他最终发现，当我们找到自己喜欢的音乐时，每个人都可以跳舞。你可以让幼儿带来自己喜爱的音乐。

◎ 运动道具

如果有一件物品可以让幼儿在做动作的时候躲在后面，那么这些害羞的幼儿往往就会被吸引去参加活动。教师可以使用丝带、围巾或呼啦圈作为遮挡物。这样注视的焦点就变成了物品，而不是幼儿。教师可以推出这类运动道具供幼儿选择。让他们先在房间里慢慢活动，然后跟随音乐或手鼓的节奏加快速度。

有些幼儿一开始就能自由自在地做运动，像风中的树、汹涌的海浪、暴风雨中的闪电一样，但是有些幼儿则需要教师为其提供更多结构性的运动练习，然后才能足够自由地放松并进行创造性的舞蹈。可让幼儿先尝试无声地穿过房间，然后沉重地移动，再缓慢地移动，最后迅速地移动。他们能够像在跑道上滑行的飞机、在天空中翱翔的鹰或者从山上急冲而下的滑雪者一样吗？最终，幼儿可以在动作中表达快乐、悲伤、愤怒和惊奇等情绪。

有时音乐本身就会营造舞蹈的氛围。播放一些自然音乐，如哈普·帕尔默（Hap Palmer）的《安静的地方》(*Quiet Places*)或《海鸥的音乐》(*Sea Gulls Music*)，看看会发生什么。不要强迫那些还没有准备好的幼儿加入集体运动。对个人而言，运动活动应该是有趣的，而不应该是令人不自在的。不想参与的幼儿可以先观察，然后尝试自己做动作。在其他人跟随音乐起舞的时候，教师可以握住作为旁观者的幼儿的手前后摆动。教师可以把动物图片、运动道具、音乐磁带和手鼓等放在音乐区,鼓励幼儿自己尝试跳舞。

有关创造性舞蹈的引导性图书

阅读合适的图书可以帮助教师带动幼儿开始舞蹈。

《布吉怪兽》(*Boogie Monster*,Bissett,2011)描述了布吉怪兽乘坐宇宙飞船来到地球,与他遇到的每一个动物或机器人共舞。他和一只狗一起趾高气扬地周游世界。他用押韵的话告诉狗,没有人会跳相同的舞蹈,而且跳舞从来都没有什么错误的方式。你班上的幼儿也像布吉那样吗?

其他关于跳舞的引导性图书包括:

《舞动的双脚》(*Dancing Feet*,Craig,2010);

《赫尔南多·范丹戈——了不起的舞犬》(*Hernando Fandango: The Great Dancing Dog*,Swirles,2013)。

全 纳 教 育

克莱门茨和施耐德(Clements & Schneider,2006)针对将有特殊需要的幼儿纳入运动活动中提出了许多建议。有视力障碍的幼儿参加运动时可能需要鲜艳的道具和地板标记,必要时教师应安排一个小伙伴为其提供帮助。教师应该用提示牌、手势或面部表情来为有听力障碍的幼儿提供指引。肢体残疾的幼儿可能需要更大的空间来使用轮椅,需要更多的时间来使用矫正器、拄拐杖或安装假肢。

本 章 小 结

指导幼儿发展大肌肉运动技能并提供适宜的材料和活动

为了促进幼儿的身体发育,教师首先要学会确定他们的需求,然后通过观察和检核表提供适宜的材料和活动。对需要帮助的幼儿来说,步行、平衡、跳跃、跑步、飞奔、攀爬、腹爬、匍匐爬行、投掷、抓接和骑行等大肌肉运动都应被纳入幼儿个人的需求规划中。

指导幼儿发展小肌肉运动技能并提供适宜的材料和活动

首先，教师要使用一份小肌肉运动技能的检核表，对幼儿进行非正式的观察，评估每个幼儿的运动能力。然后，以幼儿的优势为起点，结合幼儿的需求，为其制订个性化计划。整条手臂、整只手、手指的精细运动和手指协调性活动都应被纳入幼儿的需求规划中。

为幼儿提供参与以运动为本的学习的机会

教师可以先从动作词开始，让幼儿参与到运动中。模仿动物、使用图书激励、提供道具、播放适合运动的音乐、自编动作等，能够帮助幼儿有效地发展其身体运动技能和创造力。

为幼儿提供参加创造性舞蹈的机会

教师可以使用运动道具和引导性图书来帮助幼儿，从而使创造性的运动活动转变成创造性的舞蹈。

道 德 困 境

当幼儿园招收了一个患有脑瘫的幼儿时，有些家长会感到不安。他们认为工作人员会把大部分时间和精力都用来照顾这个幼儿，从而忽视了他们的孩子。你应该怎么做呢？

你 可 知 道

1. 为什么同龄儿童的大肌肉运动技能存在个体差异？
2. 体育活动如何促进幼儿大脑的发育？
3. 像《驼鹿的踪迹》这样的图书如何促进幼儿的步行技能发展？
4. 幼儿怎样才能增强肌肉力量和心血管耐力？
5. 腹爬和匍匐爬行有什么区别？
6. 能促进幼儿整只手发展的优质活动有哪些？
7. 使用钳子可以促进幼儿的哪些小肌肉运动技能的发展？

8. 哪些创造性运动方面的问题可以帮助幼儿发展批判性思维能力？

9. 在幼儿参与过渡活动环节的运动前，你应该先做什么？

10. 如何吸引害羞的幼儿参与创造性舞蹈？

学习活动

1. 阅读"推荐读物"中的一篇或多篇文献。在你的文件夹中添加10张卡片，在卡片上写出你对于帮助幼儿发展大肌肉运动技能和小肌肉运动技能的具体想法，并标注参考文献来源。

2. 使用表4-1评估和记录每个幼儿的大肌肉运动技能。

3. 在评估结果的基础上，组织一个游戏，提供材料，或开展一项活动来提高需要帮助的幼儿的大肌肉运动能力。

4. 使用表4-3评估和记录每个幼儿的小肌肉运动技能。

5. 在评估结果的基础上，组织一个游戏，提供材料或开展一项活动来促进需要帮助的幼儿的小肌肉运动技能发展。

6. 通过站在原地并跟随"运动词"移动这种方式，帮助没有参与创造性运动的幼儿发展运动技能。

7. 阅读儿童图书，引导幼儿开展书中描述的运动。

8. 重新阅读"全纳教育"部分有关特殊需要幼儿的教育建议。使用其中的某个建议开展活动并记录结果。

推荐读物

Bernath, C. & Masi, W. (2005). Movin' and groovin': Integrating movement throughout the curriculum. *Dimensions of Early Childhood*, *33*(3), 22–26.

Gellens, S. (2005). Integrate movement to enhance children's brain development. *Dimensions of Early Childhood*, *33*(3), 14–21.

Marie, N. (2015). Dance your heart out! *Exchange*, *37*(1), 82–84.

Newman, J. & Kranowitz, C. (2012). Movement experiences that will last a lifetime. *Exchange*,

34(1), 97–99.

Pica, R. (2009). Can movement promote creativity? *Young Children, 64*(4), 60–61.

Pica, R. (2011). Taking movement education outdoors. *Young Children, 66*(4), 58–59.

Pica, R. (2011). Why preschoolers need physical education. *Young Children, 66*(2), 56–57.

Sanders, S.W. (2006). Physically active for life: Eight essential motor skills for all children. *Dimensions of Early Childhood, 34*(1), 3–10.

Sluss, D.J. (2015). *Supporting play in early childhood.* Stamford, CT: Cengage Learning.

儿童图书

Alborough, J. (2006). *Hit the ball duck.* La Jolla, CA: Kane/Miller.

Andreae, G. (1999). *Giraffes can't dance.* New York: Orchard.

Arnold, T. (2012). *No jumping on the bed.* New York: Dial Books.

Ashburn, B. (2011). *I had a favorite dress.* New York: Abrams.

Bergman, M. (2005). *Snip snap! What's that?* New York: Greenwillow.

Bissett, J. (2011). *Boogie monster.* Seattle, WA: Compendium.

Bluemle, E. (2009). *How do you wokka-wokka?* Somerville, MA: Candlewick Press.

Compestine, Y.C. (2011). *The runaway wok.* New York: Dutton.

Craig, L. (2010). *Dancing feet.* New York: Knopf.

Cronin, D. (2008). *Thump, quack, moo.* New York: Atheneum.

Dillon, L. & Dillon, D. (2002). *Rap a tap tap: Here's Bojangles—think of that!* New York: Blue Sky.

DiPucchio, K. (2012). *Crafty Chloe.* New York: Atheneum.

Fisher, S.M. (2010). *Jump!* New York: Simon & Schuster.

Fox, J. (2012). *Two little monkeys.* New York: Beach Lane Books.

Gerstein, M. (2013). *How to bicycle to the moon to plant sunflowers.* New York: Roaring Brook.

Hillenbrand, W. (2012). *Kite day.* New York: Holiday House.

Isadora, R. (2005). *Luke goes to bat.* New York: G. P. Putnam's Sons.

Jenkins S. & Page, R. (2006). *Move!* Boston, MA: Houghton & Mifflin.

Johnson, A. (2004). *Just like Josh Gibson.* New York: Simon & Schuster.

Johnson, D.B. (2002). *Henry builds a cabin.* Boston: Houghton Mifflin.

Kuklin, S. (2001). *Hoops with Swoopes.* New York: Hyperion.

Lakin, P. (2007). *Rainy day!* New York: Dial Books for Young Readers.

Mitton, T. (2002). *Dinosaurumpus*. New York: Scholastic.

O'Connor, J. (2007). *Ready, set, skip!* New York: Viking.

Polacco, P. (2004). *Oh, look!* New York: Philomel Books.

Reid, M.S. (1997). *A string of beads*. New York: Dutton.

Sturges, P. (2006). *I love tools!* New York: HarperCollins.

Swirles, R. (2013). *Fernando Fandango, the great dancing dog*. Bath, England: Parragon.

Toms, K. (2009). *Itsy bitsy spider*. Hertfordshire, England: Make Believe Ideas.

Wheeler, L. (2006). *Mammoths on the move*. Orlando, FL: Harcourt.

Wilson, K. (2006). *Moose tracks*. New York: McElderry Books.

Wilson, K. (2007). *Whopper cake*. New York: McElderry Books.

第五章

提高认知技能

学习目标

在本章你将学会：

- ◆ 描述学龄前儿童的认知发展过程。
- ◆ 通过感官探索帮助幼儿培养对世界的好奇心。
- ◆ 通过分类、比较和计数帮助幼儿发展关于世界的基本概念。
- ◆ 帮助幼儿通过高级思维和问题解决来应用其关于世界的基本概念。

描述学龄前儿童的认知发展过程

认知技能是一种思维技能，它源于儿童的认知需要。在过去，许多幼儿园低估了这一重要的发展领域。不知为何，我们认为不应该在幼儿进入小学之前让他们学习。我们认为，学前教育只需要重点关注幼儿游戏即可。

我们对幼儿游戏的看法是正确的，但对幼儿学习的看法却是错误的。现在我们意识到幼儿是通过游戏学习的。不同于成人，幼儿的游戏不仅是为了娱乐，更是为了学习，为了探索和发现事物的不同之处。教师必须了解幼儿的认知能力：幼儿通过在课堂内外对材料、动物、植物、鱼类、鸟类和昆虫的亲手操作和游戏化探索来发展认知能力。幼儿不仅需要自由探索，还需要自主探索。直接告知幼儿答案，会阻碍他们的认知发展（Hamlin & Wisneski, 2012）。

为了理解在感官探索中的发现，幼儿形成了关于世界的基本概念。这些认知概念帮助他们回答以下问题。

- 它有多大？（大小）
- 它是什么样子的？（形状、颜色）
- 它属于什么类别？（分类）
- 它们有多少？（数量）

一旦幼儿能回答上述这些问题，他们便能够将这些信息应用到周围的世界中，最终解释他们的探索发现。因此，为了促进幼儿的认知发展，教师必须为幼儿提供各种材料与机会，增强他们进行游戏化探索的动机。

◇ 儿童认知发展的先驱

瑞士心理学家让·皮亚杰（Jean Piaget）可能是影响美国学前教育课程模式发展的最重要的早期研究者。表5-1介绍了他提出的儿童认知发展四阶段理论。

表5-1 皮亚杰的儿童认知发展四阶段理论

感知运动阶段（0—2岁）
　　通过具体形象进行思维
　　用感官探索物体
　　回忆物体的物理特征
　　无法使用物体进行表征
　　发展物体的守恒性（即使看不见物体，也意识到物体是存在的）
前运算阶段（2—7岁）
　　获得表征性思维（能用心理意象代表行动和活动）
　　使用物体来表征事物（例如，把一个积木块假想成一辆小汽车）
　　会被表象蒙蔽
　　思维具有不可逆性
具体运算阶段（7—11岁）
　　能应对事物的变化
　　思维具有可逆性
　　能理解事物之间是怎样关联的
形式运算阶段（11岁以上）
　　具有元认知能力
　　不需要具体实物的帮助就能抽象地思考
　　能够对事物做出假设

资料来源：Based on Wadsworth, 1989; Beaty, 2006.

　　自皮亚杰时代以来，关于儿童认知发展的研究大量出现，其中一些研究结果与皮亚杰的理论相矛盾。换言之，并不是所有的现代学者都同意他的认知发展阶段理论。例如，麦克德维特和奥姆罗德（McDevitt & Ormrod，2007）认为，皮亚杰的理论只能提供一个关于儿童的新能力何时出现的大致概念。

　　事实上，本章提出，儿童可以在11岁之前进行"假设"和"思考"。然而，皮亚杰发现，儿童的思维与成人不同。表5-1显示了7岁以下的儿童主要借助实物进行思考。对于不熟悉皮亚杰研究的读者来说，他最特别的发现之一就是儿童能够积极主动地建构自己的知识。目前有关大脑的研究也证实了这一发现。

　　皮亚杰的理论是对儿童心理发展的描述，而不是儿童教育实践工作的一个模板。苏联心理学家列夫·维果茨基的理论则直接指向与儿童互动的成人。根据维果茨基（1981）的研究，认知发展是由一个人与其周边环境的社会互动引起的。

他提出了高级心理机能并指出,如逻辑记忆、选择性注意、决策和语言理解等都是心理工具的产物。

维果茨基同意皮亚杰的观点,即儿童能建构自己的知识。但他认为,认知发展离不开社会文化因素的影响。成人通过创造环境和与儿童互动来发挥影响作用。他提出了"最近发展区"(zone of proximal development,ZPD)的概念,即儿童在心理发展上的水平与在成人或他人的帮助下可达到的水平之间的距离。维果茨基把儿童所获得的帮助称为"脚手架"。但是,在皮亚杰看来,儿童的认知发展主要发生在与物理环境的互动中(Bodrova & Leong,2007)。

脑科学研究

目前利用脑成像技术对大脑发育的研究已经使神经科学家能够研究大脑在最初六年中是如何发育的。这些研究有助于我们理解大脑快速生长发育的时期,以及外界因素是如何影响儿童的大脑发育的。

我们现在知道神经元(脑细胞)是大脑的基本物质,负责大脑内部和大脑与身体之间的信息交流。大多数神经元在儿童出生前就已经存在了。神经元的输出纤维称为轴突。轴突将信息从一个神经元发送到另一个神经元。神经元通过被称为树突的输入纤维接收信息。发送轴突和接收树突之间的空间称为突触。因此,突触就是两个神经元之间的交流点。突触的产生和未使用突触的修剪或减少会促使大脑生长和发育(Sprenger,2008)。

出生后,这些突触会迅速发展,使信息得以在脑中传递和加工。当儿童与环境互动时,会产生比实际需要更多的突触,以备使用。当不使用神经元时,突触的连接就会减少。

幼儿园里的认知发展

儿童经验的丰富性直接影响着大脑的发育程度。脑部的神经活动是由儿童在环境中的感知体验驱动的。神经元被经验激活后,才能在大脑中建立连接(突触)。已经开发使用的突触往往会变成永久的结构,而未被开发使用的突触则会消失（Rushton & Rushton，2011）。依据第三章中的观点我们已经将各种活动区设置妥当。而在活动区将要开展的活动可以为幼儿提供相应的经验。

你提供的所有活动都需要能支持幼儿的认知发展，其中科学和数学活动尤其重要。你对科学和数学的看法如何？一些教师和工作人员在这些领域仍面临着困难。在幼儿探索世界时，你应该以热情的方式与其互动。学龄前儿童的科学学习是一个简单的探索发现过程。数学提供了这个探索过程中的基本概念。它们共同为幼儿提供了发展认知技能的必要工具，使他们的世界变得有意义。这是一个令人激动的愿景，不是吗？

你必须以热情的方式与幼儿互动。

通过感官探索帮助幼儿培养对世界的好奇心

◎ 感官探索

学龄前儿童天生就是探索者。在婴儿时期,他们就已经具备了伟大发现者所需的一切工具:好奇的眼睛、鼻子、嘴巴、舌头、嘴唇、耳朵、手指和脚趾。此外,每个幼儿都拥有一种强烈的冲动与好奇心来有效地支配这些工具。他们想发现一切。他们总是试图用戳、撬、咬、啃、舔、掐、闻、盯、听等方式仔细检查他们所接触的任何事物。我们把这种对新事物的主动调查叫作"操作"。

这些是幼儿了解自己和周围世界的方式。他们必须触摸、检查和拆解一切东西。在这个过程中,他们也可能出现扔东西的行为,不过并不是为了好玩,而是为了弄清楚当东西摔落到地板上时会发生什么事情。幼儿才是真正的科学探索家。0—6岁的儿童要想了解周围的世界,就必须与自然世界直接接触,通过感官来探索和获取新知。以下是全美幼教协会(NAEYC)课程标准中关于认知发展的部分。

全美幼教协会(NAEYC)课程标准:认知发展

描述一下你所在的幼儿园将如何达到以下标准。

◆ 为儿童提供各种各样的机会和材料,鼓励他们用感官去观察、探索和实验科学现象。

资料来源:NAEYC. (2008) *NAEYC Early Childhood Program Standards and Accreditation Criteria: The Mark of Quality in Early Childhood Education*. Washington, DC: National Association for the Education of Young Children (NAEYC). Copyright © 2008®. Reprinted with permission.

然而,一些3—5岁的幼儿似乎没有用他们的感官对周围的世界进行探索。

他们似乎没有注意到教室里任何的新颖、独特之处。事实上，他们对周围世界没什么兴趣。因此，我们只能推测他们曾在某处丢失了与生俱来的好奇心。

也许幼儿的好奇心曾被成人误以为是恶作剧，他们因此而被惩罚。也许成人从来没有理会过幼儿的疑惑并支持他们的探索活动。不管出于什么原因，现在该由你们——幼儿园教师、助教和实习生——来重新唤醒幼儿的好奇心和探索欲，引导幼儿更好地探索世界。

评估幼儿的好奇心

你班上的幼儿是否仍然保持着天生的好奇心？他们会对新事物发表评论或提问题吗？当幼儿进入一个新环境时，请你花点时间观察他们的行为，听听他们的提问。"幼儿好奇心检核表"（表5-2）将帮助你观察和评估每个幼儿的好奇心，然后以此为依据制订活动计划来培养其好奇心。

表5-2　幼儿好奇心检核表

幼儿姓名_____　　　　日期_____
____注意到新材料
____调查新事物
____提出关于"是什么""在哪里""在什么时候""怎么做"等问题
____想知道事情发生的原因
____用感觉（视觉、听觉、嗅觉、触觉、味觉）来探索事物
____喜欢做实验
____能比较两个物体
____使用科学工具（如磁铁、放大镜、双筒望远镜）
____使用数学工具（如天平、卷尺、算盘、计时器、计数器）
____玩匹配、计数游戏
____开展收集、制作图表和记录活动
____对教室里的宠物、水族馆、植物、昆虫感兴趣
____选择阅读关于科学、计数、动物、植物和生态的图书

资料来源：Janice J. Beaty, *Skills for Preschool Teachers*, 9e. Copyright © 2012 by Peasrson Education, Inc. All rights reserved.

你应该很快就能识别出哪些幼儿有积极的探索动力，哪些幼儿对周围事物缺乏兴趣。你可以向幼儿提供一些新颖有趣的材料和活动。然后尝试激励那些缺乏

兴趣的幼儿尽可能多地参与探索活动。

你可以先找来几块树皮：一块梧桐树皮、一块枫树皮、一块山核桃树皮，或者其他任何一种树皮（如白桦树皮、柳树皮、白杨树皮或松树皮）。强行剥去树皮会对树木造成伤害，你应该寻找一些自然脱落的或已折断树枝的树皮。将三种树皮放在房间里的不同地方，等等看会发生什么。

有幼儿注意到其中的一块树皮吗？或是注意到了多块树皮？如果有幼儿找到一块树皮，问他是否能够找到其他的树皮。一定要通过观察、提问等方式追踪每一个发现这些树皮的幼儿并做出记录。当越来越多的幼儿表现出这种兴趣时，把他们和几个没有兴趣的幼儿一起召集到科学探索区。然后用一些感官类问题来激发每个幼儿的好奇心。

◎ 感知问题

感知问题是有关事物的外观、（摸起来的）感觉、气味、味道和（发出的）声音的问题。这些问题的答案没有对错之分。提这些问题意在激发幼儿用自己的感官去探索新事物。

给幼儿看一块树皮，提问："它看起来是什么样子的？"接受幼儿反馈的任何答案，然后继续提问："它摸起来怎么样？""它闻起来像什么？""当敲它的时候，听起来像什么？"

重复幼儿给出的答案。也可以在大白板或黑板上记录下每个幼儿的答案。"特雷西说它看起来像一块木头。你怎么知道的，特雷西？……她说木头是棕色的，上面有些不平正。是的。本也说这是一块木头……你怎么知道的，本？……哦，你妈妈会收集木屑和树叶放到花园里。好样的！……雷蒙说，虽然它摸起来像木头，闻起来像木头，但实际上它是树皮。树皮是木头吗？……你怎么知道的，雷蒙？……你是对的，雷蒙。我们的木工区确实有些树皮……是的，就在树桩上。请用你们的眼睛、手指甚至是鼻子去探索它到底是什么，这会让你们发现更多有意思的事情。"

这样的讨论能够带动教师和幼儿的认知思维。如果幼儿没有对教室里的新物品提出这类问题，那就需要教师主动提问。教师的工作就是唤醒幼儿天生的好奇心，鼓励他们自主地探索世界。这需要教师先变得具有好奇心，通过亲身示范来激发幼儿开始探索之旅。

重新唤醒你的好奇心

你是否还保持着孩童般的好奇心？如果没有，你必须先找回这种感受。当幼儿不在场时，你可以环顾四周、蹲下身子，尝试从幼儿的视角去观察教室。你认为什么东西可能会吸引一个 4 岁幼儿的注意？

假设你是一个幼儿，第一次进入这个房间，注意到了木工桌下面的刨花。假设你之前从未见过这些东西，你现在会对它们感到好奇吗？

- 它们是什么？
- 它们摸起来是什么感觉？
- 它们是从哪里来的？
- 它们能用来干什么？

如果你是一个感到好奇的幼儿，你可能会去捡拾一些刨花，并用手捏碎刨花，摸摸它是什么感觉，或者在表演游戏时把刨花戴在头上做卷发。

你班上的幼儿有过这种尝试吗？地板上的刨花通常如何处理？是清理并扔掉吗？如果幼儿正在学习回收利用，就让他们思考这些废旧材料还可以做什么，并提供一些创造性的建议。

- 把它们放在美工区的拼贴图篮子里。
- 把它们放在玻璃瓶里。
- 铺在豚鼠笼子里。

诸如此类的问题和回答将会启动你和班上幼儿的认知思维过程。如果你没有听到这样的问题，你可以亲自向他们发问。请运用"幼儿好奇心检核表"，记录幼儿的提问，并养成为每个幼儿记录的习惯。

雷蒙的问题

雷蒙问："为什么在点心时间我们总是必须要喝橙汁呢？"接下来他又问："阿普尔顿老师在哪儿？她不再来我们的教室了吗？"最后他又问："这也是一块树皮吗？我是在木工桌下面找到的。但它看起来跟其他树皮不一样。"

根据雷蒙的检核表记录，你开始意识到他是一个充满好奇心的男孩，他会记住一些事物，注意到一些变化，并想要了解它们。他甚至可以进行新旧事物的比较。这样你就想给雷蒙提供更多的机会去探索，或者让他和一个缺乏好奇心的小朋友组成一个小组，让他做出探索的示范。

幼儿的提问

谢莉只问了一句："我现在可以玩婴儿车了吗？"这是一个征求许可的问题，而不是感知方面的问题。她似乎没有注意到科学区的树皮，也没有谈论戏剧表演区的新材料。

幼儿的问题会透露出很多信息。首先，可以帮助我们判断幼儿是否有好奇心。缺乏好奇心的幼儿很少问"为什么""在哪里""怎么办"之类的问题，甚至根本不会问任何问题。如果他们的问题包含很少的与感官有关的词语，那就意味着他们可能没有从事感官探索。为此，我们需要唤醒他们的好奇心。一方面，我们需要对这些幼儿进行提问。另一方面，由于幼儿会倾向于模仿身边的成年人，所以我们需要以身示范，激发幼儿的模仿行为。

◎ 开放式感知问题

开放式的感知问题是最有价值的。它们要求幼儿通过感官去思考、想象、探索、寻求答案。开放式问题的答案从来都无关是非对错，而只强调可能性。它们让幼儿从一个新的角度——一个科学家的探索角度——去看待一个常规情境。教师也不需要在一开始就知道答案。相反，教师应和幼儿一起成为科学家，探索周围的迷人世界。

◎ 科学探究：猜谜游戏法（高级思维）

对于幼儿提出的问题，你是如何寻找答案的？科学家们也需要通过问题来探索新事物。他们会根据特定的问题解决步骤来寻求答案。例如：

1. 陈述问题。

2. 预测答案（假设）。

3. 进行实验（测试）。

4. 观察结果。

5. 得出结论。

6. 记录最终结果（书面记录、拍照）。

你和幼儿也可以按照同样的步骤去进行探索。科学探究就像寻宝，也许你会发现什么，但也许你什么也发现不了。无论结果如何，"寻宝"本身都充满价值和意义。换言之，相对于结果或答案，提出问题和试图找到答案的过程才是最重要的。若用幼儿可接受的术语来表达，科学探究的步骤可以表述如下。

1. 问一个你想知道答案的问题。

2. 猜猜答案可能是什么。

3. 决定如何探索并尝试行动。

4. 注意发生了什么。

5. 谈论所发生的事情以及你的回答是否正确。

6. 记录下你所做的事情和所发生的事情。

科学探究对幼儿来说是一种奇妙的猜谜游戏，是他们为自己发明的一种有趣活动。这也是教师需要关注幼儿好奇心的另一个原因。它可以引导你参与到与幼儿一起探索世界的神奇之旅中（Gadzikowski，2013）。

杰西卡的问题

一天，杰西卡问老师："为什么我们的玻璃鱼缸内壁变脏了？"教师本可以这样回答："哦，我想应该把它擦干净。"但她意识到，这是一个能够让幼儿进行感官探索的好机会。虽然教师知道如何清理鱼缸，但却不知道玻璃变脏的原因。对所有人来说，这可能是一次科学探索之旅。

教师和幼儿讨论了杰西卡的问题。大多数幼儿都认为是鱼把鱼缸弄脏了。教师接着问："如果我们从鱼缸里倒出一杯水，把它放在桌子上，玻璃杯会变得像鱼缸那样脏吗？"

一些幼儿认为可能会变脏，但不知道原因是什么。然而，一些幼儿则坚持认为玻璃不会变脏，因为里面没有鱼。教师听到这句话很兴奋，因为她发现幼儿正在思考。无论答案是对还是错，他们都在思考因果关系，这对许多学龄前儿童来说是一个新概念。

教师把探索的过程写在一张大白纸上。她在每一个步骤下都留出空白，来记录幼儿的言行。尽管这些幼儿还没有进行过读写练习，但是当看到老师把他们的言行写下来并读出来时，他们很感兴趣并感到兴奋。

1. **我们的问题**：为什么我们的玻璃鱼缸内壁变脏了？

2. **我们对答案的猜测**：是鱼把它弄脏的。

3. **我们怎样才能找到答案呢？** 把鱼缸里的一些水放在玻璃杯里，不要往玻璃杯里放任何鱼。

4. **运用你的感官观察会发生什么。** 玻璃杯七天后就开始变脏了，玻璃杯里到处都是污垢。杰西卡说，这些污垢摸起来感觉很滑溜，气味也很难闻。雷蒙说，用放大镜能看到这些污垢是绿色的。

5. **讨论所发生的事情。我们猜对了吗？** 玻璃杯在没有鱼的情况下也变脏了。因此，并不是鱼让玻璃杯变脏的。但是我们仍然没有回答出玻璃杯变脏的原因。

6. **记录我们做了什么、发生了什么。** 听听我们录制的CD"玻璃鱼缸的水实验"。

实验结束后，教师把一张空白CD放进录音机。让每个幼儿对着麦克风描述实验过程和自己做了什么。然后，她记录了时间与地点，并把这张CD贴上了"玻璃鱼缸的水实验"这一标签。

虽然幼儿可能不认识老师写的字，但他们明白发生的事情。他们为自己能够参与磁带录制而感到兴奋，之后一有机会他们就会打开CD播放录音。

幼儿的评论

"我们从实验中发现了什么？"教师问。幼儿回答说：
- 玻璃杯最终还是变脏了。
- 玻璃鱼缸仍然很脏。
- 并不是鱼使玻璃杯变脏的。
- 我们仍然不知道玻璃鱼缸变脏的原因。

- 水闻起来很臭。
- 我们需要清理鱼缸。

即使没有找到所有的答案，也不要太在意。在幼儿发展的这个阶段，他们更感兴趣的是发现的过程而不是结果。最后，拉蒙问道："为什么污垢又绿又黏呢？我认为是水被污染了"。4岁的拉蒙，以他好奇的天性和非凡的词汇量（"绿""黏""水被污染"），带领其他幼儿进行了下一步的科学探索。他们会做什么呢？

因为鱼缸是一年前买的，当时这些幼儿没有参与鱼缸的选择过程。因此，他们对鱼缸并不感兴趣，直到杰西卡问到关于鱼缸变脏的问题。如果想促使幼儿进一步学习，必须从一开始就让幼儿有这样的亲身体验。

进一步的探索

进一步的探索会走向哪里？教师应该跟随幼儿的思路，仔细倾听他们的所说所问，然后用"猜谜游戏"将科学探究引向如下话题，最终帮助幼儿找到答案。

- 水是如何被污染的？
- 藻类"污染"水的原因是什么？
- 如何保持鱼缸内的"生态平衡"？
- 鱼缸里放多少条鱼合适？
- 给鱼喂多少食物合适？
- 以蜗牛和海藻为食的鱼是如何保持鱼缸清洁的？

当我们允许并鼓励好奇的幼儿通过感官探索他们看到、闻到、听到、尝到和触摸到的东西时，我们的探索主题将会是无穷无尽的。

教室里的设备和材料

激发幼儿的好奇心需要一些令人好奇的东西。幼儿经常会从家里或路上捡来一些有趣的东西。尤其当教师注意到这些物品时，将会成为幼儿探索的开始。

然而，在一开始，往往需要教师提供一些新材料来激发幼儿的好奇心。设置一张特殊的桌子，标注为"探索区"，以展示你或幼儿带来的一些不寻常的新鲜物品。每周都展示一件新物品，就像你展示树皮那样。添加一些科学工具供幼儿探索时使用，如几个放大镜、一个称重天平、一块磁铁、一把卷尺。

一旦你抓住了幼儿对新事物表现出的兴趣，一定要帮助幼儿继续跟进探索。例如，如果有其他幼儿和雷蒙一样对树皮感兴趣，你可以带他们去户外感知自然界里有生命力的树木。然后他们可能会把一张浅色纸贴在树皮上，用蜡笔在纸上进行涂色拓印。

在拓印活动开始之前，让幼儿猜测拓印的结果会是什么样子的。像树皮吗？对幼儿来说，这一切都是新的，无法确定结果是怎样的。在拓印完成后，让幼儿检查是否猜对了。预测答案有助于促进幼儿高级思维的发展。

树皮拓印活动可能会继续在教室里掀起一阵美工热潮。如果你已经按照第三章的建议为幼儿设置了美工区，那么就请准备好各种各样的材料和设备，包括鞋子。运动鞋的鞋底是很好的拓印对象。

◇ 户外感官探索

园所的周边环境为幼儿提供了无限的探索发现机会。带幼儿去户外散散步。给他们每人发一个纸袋，用来收集他们喜欢的东西。随身携带一个便携式录音机，记录下环境的声音以及幼儿的提问或讨论。用数码相机或手机拍下不同的场景。

你会发现什么？你将再一次发现哪些幼儿具有好奇心。你也会发现自己是否具有和幼儿一样的兴趣。你可能需要再一次蹲下来，从一个3岁幼儿的视角来观察世界。

实地考察不需要花费一整天的时间长途跋涉。在园所周边进行简短的探险活动是最好的，因为这才是幼儿最想接触和了解的环境。探索身边的环境比探索一个无法接触的遥远地方更有意义。

在户外你可以做什么？在幼儿提问之前，你可以先问一些涉及感官探索的问题："闭上眼睛，听到了什么？""有什么不同的气味吗？""把手放在上面，感觉会怎么样？"拍照并把这些声音录下来。将材料带回教室，帮幼儿记住并试着去理解他们的所见所闻。

从户外回来后，让幼儿拿出他们的收集袋，谈论自己收集的物品。也许他们想通过做拼贴画或讲故事的方式来展示这些物品。如果幼儿产生了新的兴趣点，那么就使用猜谜游戏的方法与幼儿一起规划探索。

> **全 纳 教 育**
>
> 别忘了鼓励所有的幼儿都参与到科学探究活动中。那些无法站立或行走的幼儿可以坐在室内外的实验桌旁记录、计数或画出其他幼儿带给他们的物品。

关于户外感官探索的引导性图书

《我爱虫子！》（*I Love Bugs!*，Dodd，2010）的封面显示了一个小孩通过放大镜观察一只瓢虫的大头像。图书中的大幅彩色插图描绘了这个小孩趴在地面上，通过放大镜观察那些黏黏的、爬行的、各种各样的恐怖虫子。幼儿会迫不及待地想要听到他们喜爱的结尾：那些毛茸茸的、有八条腿的可怕虫子会从天花板上掉下来。

看完这本书，让幼儿尝试画虫子。他们喜欢画自己喜欢但又害怕的虫子。

类似的图书如下：

《甲虫字母书》（*The Beetle Alphabet Book*，Pallotta，2004）；

《甲虫防喷器》（*Beetle Bop*，Fleming，2007）；

《瓢虫女孩和大黄蜂男孩》（*Ladybug Girl and Bumblebee Boy*，Soman，2009）；

《与瓢虫面对面》（*Face-to-Face with the Ladybug*，Tracqui，2002）；

《你是一只瓢虫吗？》（*Are You a Ladybug?*，Allen，2000）。

第五章 提高认知技能

一个幼儿发现了一只瓢虫,把它放进了一个收集罐里,用放大镜仔细观察后把它放了。各种各样的问题纷至沓来:

- 它吃什么?
- 它住在哪里?
- 它是一只益虫吗?
- 它晚上去哪里?
- 它会蛰你吗?

教师和幼儿在上面的图书中找到了答案。但是当幼儿阅读《瓢虫女孩和大黄蜂男孩》时,他们告诉老师自己想制作瓢虫和蜜蜂的服装,用于表演他们讲给老师听的故事。有个幼儿带来了一个瓢虫手偶,戴着它讲述了更多关于瓢虫的故事。然后,他们又开展了有关大黄蜂的系列活动。教师以幼儿的问题与需要为出发点,结合图书故事的方式给幼儿带去了丰富有趣的体验。教室的每一个活动区也都开展了有关瓢虫的延伸活动。

一个幼儿发现了一只瓢虫。

177

通过分类、比较和计数帮助幼儿发展关于世界的基本概念

当幼儿开始探索周围世界时,他们需要给所有的输入数据建立某种秩序。为了理解新的信息,他们需要提出基本的概念。他们是如何做到的?

当幼儿学会将所发现的事物进行分类、比较、计数时,他们就形成了基本的认知概念,周围的世界也变得有意义起来。使用表5-3"认知概念检核表"来追踪每个幼儿基本概念的发展。

表5-3　认知概念检核表

幼儿姓名_____　　日期_____
____从一堆物品中挑出相似的物品
____将地板上不同的单元积木与架子上的积木轮廓进行匹配
____在一堆玩具恐龙、卡车、动物或人偶中找出最大的玩具和最小的玩具
____在教室里寻找这些图形的物品:圆形,正方形、长方形、三角形
____通过指出幼儿所穿衣服的颜色来区别各种颜色:红色、黄色、蓝色、绿色、橙色、棕色
____精确地数到10或20
____准确计算在场的幼儿数量
____根据写出的数字精确地数出对应物品的数量

资料来源:Janice J. Beaty, *Skills for Preschool Teachers*, 9e. Copyright © 2012 by Pearson Education, Inc. All rights reserved.

◎ 对相似物品进行分组和分类

成人常常想当然地认为幼儿凭直觉就能够知道事物之间的相似与相异之处。然而,情况并非如此。幼儿在注意细节之前往往会先看到整体。教师可以通过鼓励幼儿寻找相似物品的方式来帮助他们发展感知能力和思维能力。其中,教师需要帮助幼儿确定物品之间的相似点。

你需要在操作/数学区放置许多具体的游戏材料(不包括图片或练习本),让幼儿对相似的材料进行分类。塑料分类卡片、圆盘、立方体、珠子、玩具恐龙、玩具熊或水果等都是容易找到的材料,你也可以带一些你已分好类的纽扣、

贝壳、坚果等，用一个篮子把它们装起来，再准备几个塑料碗以便幼儿对它们进行分组。

让幼儿在教室里四处看看能否找到可用于分组的物品。譬如，积木建构区里的人偶怎么样？该如何对他们进行分类？根据他们是否为一家人吗？还是根据他们个头的高矮呢？贝壳、树叶、树皮或石头也可以用于分组。让幼儿把相似的小件物品分门别类地放进鸡蛋盒里，然后用透明的保鲜膜盖上以便展示。也可以把相似的树叶夹在透明的夹子中间。把相似的树皮放在墙上的小格子里，或者粘贴在公告板上。

此外，你还需要与幼儿讨论分类的不同类别，而不仅仅是"为相似性而分类"。"乔希，你能把架子上所有的拱形物品都挑出来吗？"或者，"胡安妮塔，你能从娃娃家的橱柜里拿一篮塑料水果给我吗？"

分类最终会让幼儿学会匹配。从一开始，他们就应该能够将地板上的单元积木与架子上的积木轮廓相匹配。许多幼儿园在操作区常年配置了可让幼儿玩匹配游戏的商业化材料。但你需要帮助每个幼儿都掌握按相似度进行分类的技能。以下是全美幼教协会（NAEYC）课程标准中关于早期数学的部分。

全美幼教协会（NAEYC）课程标准：早期数学

描述一下你所在的幼儿园将如何达到以下标准。
- 为儿童提供各种各样的机会和材料，让他们根据形状、尺寸和颜色等一两个特点进行分类。

资料来源：NAEYC. (2008) *NAEYC Early Childhood Program Standards and Accreditation Criteria: The Mark of Quality in Early Childhood Education.* Washington, DC: National Association for the Education of Young Children (NAEYC). Copyright © 2008®. Reprinted with permission.

◎ 比较物品的尺寸、形状、颜色和数量

尺寸

幼儿的大脑似乎会特别关注事物之间的关系。尺寸概念就是其中之一。学习理解尺寸特性有助于幼儿探索新事物。尺寸的分类多种多样，往往是相对的概

念：大小、高矮、长短、宽窄、厚薄、胖瘦、深浅等。根据这些方面来对物品直接进行比较，似乎是幼儿学习尺寸概念的最好方法之一。

大多数幼儿在比较时往往只能涉及物品的一个方面。首先他们必须通过许多游戏或具体的活动（而不是练习册）学会一个单一的概念，比如"大"的概念。接下来，他们可以将"大"的概念与"小"的概念进行对比。但不要同时引入"厚薄"或"长短"的概念，以免幼儿感到困惑。注意，在让他们学习另一组对立概念之前，一定要通过各种真实的三维材料并给幼儿足够的时间去学习"大"和"小"的概念。

可以先让幼儿从教室里的物品入手来学习"尺寸"的概念。幼儿需要操作这些物品，拿它们来玩，在不同的情境下使用这些物品。例如，他们能比较积木建构区架子上的塑料动物玩具的大小吗？

因为大多数幼儿似乎特别喜欢恐龙玩具，所以可先从它们开始。你收集的恐龙玩具是否存在大小差异？你可以在幼儿玩恐龙玩具的时候，给他们讲相关的故事，让他们尝试说出哪只恐龙最大、哪只恐龙最小。

关于比较物体的引导性图书

《恐龙咬人》（*Dino Bites*，Hall，2013）讲述的是三种不同大小的、饥饿的恐龙寻找食物的有趣故事。体型最小的蓝色恐龙吃掉了一只蜜蜂。体型适中的粉色恐龙吃掉了蓝色恐龙。体型最大的绿色恐龙吃掉了粉色恐龙。但是蜜蜂在蓝色恐龙的肚子里嗡嗡叫，蓝色恐龙在粉色恐龙的肚子里扭动，粉色恐龙在绿色恐龙肚子里乱动，最后绿色恐龙把所有的食物都吐了出来，蜜蜂也飞走了。幼儿喜欢模仿着用不同大小的恐龙玩具和毛毯进行戏剧表演。

其他可用来引导幼儿比较大小的关于恐龙主题的图书包括：

《恐龙宝宝去上学》（*Dino Pets Go to School*，Plourde，2011）；

《恐龙 A—Z》（*Dinosaur A-Z*，Mugford，2011）；

《双翼龙》（*Dinothesaurus*，Florian，2009）。

第五章 提高认知技能

> 一些教师认为不适合在教室里开展恐龙活动,因为这样可能会导致《恐龙宝宝去上学》一书中描述的情况失控的局面。但是幼儿需要知道,只有部分恐龙是凶猛的,大多数恐龙都是非常温和的。作为教师,我们需要深入挖掘幼儿的兴趣,帮助他们在学习新概念的同时学习适宜的课堂行为。

形状

研究表明,幼儿的概念发展遵循一定的顺序。形状概念是最早形成的概念之一。幼儿在早期就可以根据形状辨别物体。当你第一次提出某个形状概念时,一定要专注于这个概念,给幼儿足够的时间和机会思考,然后再学习下一个概念。在任何情况下,都应该优先选择幼儿熟悉的具体物品,而不应是借助于图片或练习册。

幼儿通过感官探索来学习,但他们的学习方式与成人对新物品的仔细审视大不相同。众所周知,幼儿通过游戏来学习。他们试着用一种有趣的方式接触新事物,看看它会做什么或能用它做什么。请确保为幼儿提供各种各样的动手操作机会。为了帮助幼儿了解圆形、正方形、长方形和三角形等基本形状,可以让幼儿玩圆圈游戏、唱关于正方形的歌曲、制作三角帽、进行寻找形状的比赛、玩乐透卡片游戏和拼图游戏。他们还会根据形状选择积木块,把黏土捏成圆形和正方形,或者把木头锯成不同的形状。

一次呈现一个形状,例如圆

这个女孩通过积木游戏学习尺寸、形状和颜色。

形，教师可在教室里的各个角落摆放圆形物品来展示圆形这个形状。在美工区可投放大小不同、颜色相同的圆纸片，以及圆形美工刀和橡皮泥。在操作区可投放具有圆形特征的游戏材料、拼图块、桌面积木、串珠、塑料轮和齿轮等。在书写区可投放用于描摹的圆圈图案和以圆形为主的磁力字母贴等。在大肌肉运动区可投放呼啦圈，供幼儿在里面跳舞。在建构区可投放圆形塑料圈，看幼儿是否能搭建圆形建筑。幼儿是否发现圆柱体积木的两头都是圆形的？

带一组幼儿开展一次简单的实地考察，也有助于增强幼儿对形状的感知。有一所幼儿园的教师带着幼儿一起沿着城市街道寻找具有圆形元素的物品，他们拍下了红绿灯和交通标志的照片。然后，幼儿想去二手车市场考察。尽管成人没有多大兴趣，但对于幼儿来说，这是一个值得探索的新世界。教师们惊奇地发现，幼儿对车轮比对汽车更感兴趣。这并不奇怪，因为幼儿更容易关注自己视线范围内的物品。回到教室后，幼儿可能会寻找圆形积木来制造汽车。

颜色

研究表明，幼儿在"形状"概念形成之后才开始发展"颜色"概念。幼儿在真正理解颜色的含义之前也会给颜色命名。教师需要帮助他们弄懂"颜色"的概念，就像之前学习"形状"概念一样，每次从一种颜色开始，为他们提供相关颜色的各种活动。先从红色、黄色、蓝色这三种原色开始，因为这是幼儿最容易识别的颜色。然后，依次引入绿色，在万圣节来临时介绍橙色，在情人节来临时介绍粉色。

为了使幼儿成功地学习"颜色"概念，你可以把每种颜色与幼儿的衣服、鞋子、袜子或帽子联系起来。当你介绍每种颜色时，看一下哪些幼儿穿了该颜色的衣服。问问明天是否每个小朋友都能穿那种颜色的衣服。在学习某种颜色的那一天，让所有幼儿都制作那种颜色的帽子。让幼儿在教室里开展寻找颜色的活动，在积木人偶、动物照片、玩具恐龙、洋娃娃和服装道具中寻找某个特定的颜色。教师准备各种不同颜色的贴纸，让幼儿匹配相同颜色的洋娃娃和玩具，并给它们贴上相同颜色的贴纸。一旦幼儿学会基本的"颜色"概念后，他们就可以根据不同的颜色，甚至根据不同的尺寸和形状做分类游戏。

第五章 提高认知技能

这个男孩正在按颜色匹配卡片。

> **全 纳 教 育**
>
> 残疾幼儿可以和其他幼儿一起学习颜色概念。你需要安排组织好活动，以便那些有生理或心理缺陷的幼儿参与。例如，一个坐轮椅的幼儿可能无法站起来跳一支跟颜色有关的舞蹈，但是她可以听你阅读《颜色之舞》（*Color Dance*，Jonas，1989）这本书。当其他幼儿随着音乐跳舞时，这个坐在轮椅上的幼儿可以晃动蒙有一层玻璃纸的手电筒，把灯光射到墙上或天花板上，配合音乐的节奏"跳起"属于自己的"颜色之舞"。

混合颜色

把颜色混合起来会怎样？幼儿常常在不经意间学会把两种颜色混合成一种新颜色。你可以在画架上只放两种不同的基本色的颜料，让幼儿体验颜料混合后的神奇现象。另一天，你可以带有多个小格子的蛋糕烤盘过来，在格子里分别装上水和两种不同的食物色素。然后，在同一张桌子上进行手指画，或者用两支不同的蜡笔在纸上进行颜色的混合实验。它们会变成什么颜色呢？活动中最引人注目的现象是，红色和黄色混合在一起变成橙色，红色和蓝色混合在一起变成紫色，蓝色和黄色混合在一起变成绿色。

在手电筒上蒙上彩色的玻璃纸（如红色、黄色和蓝色等），打开手电筒把光束射到墙上，这样也可以进行颜色的混合。在幼儿进行颜色混合之前，可以让他们猜一猜会出现什么新颜色。年龄特别小的孩子可能不知道混合出的是什么颜色，但他们仍然会猜测发生了什么。

◎ 早期数学

计数

在幼儿理解数字的含义之前，他们很早就听说过数字。许多幼儿可以准确地数到10甚至20，但却丝毫不知道6或13的含义。他们通过不断重复一串数字的方式，靠死记硬背记住了一些数字。幼儿就是这样开始学习数数的。例如，幼儿唱《1，2，系鞋带》(*One, Two, Buckle My Shoe*)这类儿歌，就有助于促进其数数技能的发展。以下是全美幼教协会（NAEYC）课程标准中关于早期数学的内容。

全美幼教协会（NAEYC）课程标准：早期数学

描述一下你所在的幼儿园将如何达到以下标准。

- ◆ 为儿童提供各种各样的机会和材料，使他们了解数字、数字名称以及数量与符号之间的关系。
  - 鼓励他们将数学用语融入日常生活对话中。
  - 帮助他们理解测量的概念。
  - 帮助他们命名和识别二维、三维图形。
  - 帮助他们建立对时间的概念。
  - 帮助他们识别和命名重复模式。

资料来源：NAEYC. (2008) *NAEYC Early Childhood Program Standards and Accreditation Criteria: The Mark of Quality in Early Childhood Education.* Washington, DC: National Association for the Education of Young Children (NAEYC). Copyright © 2008®. Reprinted with permission.

对于幼儿来说，计数真的那么重要吗？是的。在幼儿学会合理计数之前，他们将无法开始更正式的活动，从而形成高级思维所需的数学概念。

合理计数指幼儿要理解并遵循四个重要的计数原则。

- 固定顺序原则（每次按相同顺序计数）。
- 一一对应原则（每个对象只能计一个数）。
- 与顺序无关原则（即使不按对象排列的顺序数，只要都数到了且不会重复，也不会影响计数的结果）。
- 基数原则（数出的最后一个数字表示被计数的对象的数量）。

这些原则不是由教师来教的。许多幼儿在教室或家里与他人进行游戏互动时就已经学会了计数原则。他们知道每次都需要用同样的方式数，而不是跳过一个数字。他们明白每个数字代表一定数量的东西。"3"是指3个物体。你必须记住这些数字的含义。你从哪里开始数数并不重要。重要的是，最后一个数是你计数的结果。

幼儿是如何学会这些东西的？赫什-帕赛克和葛林考夫（Hirsh-Pasek & Golinkoff, 2003）认为，当儿童在独自游戏或与其他儿童一起玩耍时，便在自然地学习。这听起来是不是和幼儿自发地学会读写一样呢？因此，这些研究结果提醒我们，不要把数字学习当成一件苦差事，而要把它当作一种有趣和刺激的游戏。

通过死记硬背来数数并没有什么错。这是幼儿学习早期数学的第一步。让幼儿一遍又一遍地从1数到10。唱歌、鼓掌、跳舞、前进、挥舞、转圈，直到每个人都精疲力竭地倒下！然后，站起来再次重复。这就是幼儿学习的方式，即通过参与身体运动的概念游戏不断地重复。如果幼儿在活动中出现错误，请不要介意。因为当幼儿再次听到老师和其他人正确地计数时，他们很快就会纠正过来。

一一对应

一旦幼儿学会了数字1—10的名称和顺序，他们就可以开始计数了。他们可能还不清楚3代表3个物品，7代表7个物品。他们需要学习一一对应的概念，即每个数字代表一定数量的物品。可以从数手指开始练习。每个人有多少根手指呢？不要想当然地认为幼儿都知道一只手有5根手指，两只手有10根手指。然后，幼儿便可以数在每个活动区的幼儿的数量。幼儿可以在活动区练习数洋娃娃、玩具或其他任何对他们有意义的物品的数量。确保幼儿在计数时可以触摸每一个物品。幼儿也喜欢玩一些简单的棋盘游戏。教师可以带一副棋到教室里，游戏者需要根据数字的大小将棋子移动相应的步数。

很快，幼儿能够从10数到20。让幼儿每天帮你统计参加班级晨圈活动的小朋友的数量，允许他们在计数时触摸每个小朋友。给幼儿提供一切可以计数的机会。幼儿喜欢这样的练习机会。例如，他们可能对科学区有多少收藏品感兴趣。他们拥有多少坚果、贝壳、树叶或石头呢？

清点数量

有一个班级的幼儿对数数非常感兴趣，他们想将活动拓展到数"蚂蚁农场"里的蚂蚁数量。但是，每次当幼儿开始计数时，他们却跟不上四处乱爬的蚂蚁。教师建议幼儿给每只发现的蚂蚁做记号，然后再清点总数。很快，幼儿就拿着铅笔和本子四处走动给每只蚂蚁做标记，最后根据标记得出蚂蚁的总数。

如果幼儿喜欢这种方式，那就给他们每人发一张硬纸卡和一个打孔器。每当窗前经过一辆小汽车或卡车，他们就可以在硬纸卡上打一个孔。然后某一天，在每张硬纸卡上贴上车辆的图片，并带幼儿开展一次户外实地考察。别忘了让幼儿清点最后的数量。

数字符号

一旦幼儿学会了计数，而且你已经向他们介绍了真正的数字符号，你就要确保为他们提供用具体材料（concrete materials）和三维数字来玩数字游戏的机会。玩具收银机、玩具货币、塑料数字和电脑数字游戏都是合适的游戏活动。

是时候调整一下活动区允许进入的幼儿数量的符号标志了。刚开始时，你可以在原来的简笔画旁边贴上相应的数字符号。接下来，你就可以直接用数字符号来表示活动区允许进入的人数。幼儿是否能根据数字提示把握正确的活动区容纳人数？尝试一下看看。你可以让一个幼儿数一下每个活动区里的小朋友数量，看看这个数字是否与活动区粘贴的数字符号一致。正如你所看到的，学习计数对幼儿来说非常重要。

> **关于数字活动的引导性图书**
>
> 当教师给幼儿阅读关于爬到苹果树顶端的故事书时,幼儿也可以扮演成一个个的数字,表演老师描述的动作。他们能爬什么?一个小板凳吗?你可以从材料商店中购买这棵树的教具。记住,如果你没有这本书作为引导,那就自己尝试创编一个游戏或故事。
>
> 《叽喀,叽喀,1,2,3》(*Chicka Chicka, 1, 2, 3*, Martin & Sampson, 2004)这本书是马丁和阿克姆博非常喜爱的字母书《叽喀叽喀砰砰》(*Chicka Chicka Boom Boom*)的续集。就像字母表中的字母一样,这本书里的数字爬到了树上然后掉下来。一些班级用粗麻布制作成了一棵树,将数字粘贴在上面。也可以把这棵树固定在墙上,这样数字贴画们就能往上爬了。还可以把这棵树固定在冰箱门上,这样带有磁性的数字贴画们也能往上爬。
>
> 关于计数活动的其他引导性图书包括:
>
> 《1—2—3 豌豆》(*1-2-3 Peas*, Baker, 2012);
>
> 《10 只小毛毛虫》(*Ten Little Caterpillars*, Martin, 2011);
>
> 《从零开始数》(*Zero, Zilch, Nada, Counting to None*, Ulmer, 2010)。

帮助幼儿通过高级思维和问题解决来应用其关于世界的基本概念

随着对科学探究的运用,幼儿的认知能力逐步得到发展,他们需要将所学的概念应用到周围世界中。幼儿园让幼儿在合适的时间、合适的地点意识到地球带给人类的珍贵礼物:他们呼吸的空气、喝的水、吃的食物,他们赖以生存的动植物和他们身边的一切美好事物等。幼儿也需要知道,自己应合理地利用周围的世界,而不应滥用。

从一个宽泛而简单的概念开始

在为学龄前儿童制订年度计划时，教师应该从一个能够持续大半年时间的、宽泛但简单的概念开始，并依据幼儿的兴趣从不同的角度设计课程。这个概念应该涉及地球给予我们的一个礼物。例如，许多幼儿园选择了"我们使用水"这个宽泛但简单的概念。

为了让幼儿从他们的科学计划开始，一位教师让同班教师和幼儿思考我们对水的所有使用方式。幼儿首先想到了"喝水"。有时幼儿会很缓慢地喝水，持续较长时间，因为他想看一看水的样子，听一听喝水时的声音。有的幼儿会想到"用水洗手"。但我们知道，他们洗手时绝不只是为了把手洗干净。他们对水着迷，喜欢水的声音和水带来的感觉。聪明的教师会激发幼儿的强烈兴趣来激发他们进一步的思考。

幼儿着迷于水的声音和水带来的感觉。

另一位教师从超市买回了一瓶瓶装水并投放到了发现区，以此开始了这一年的科学活动。这一行为激发了幼儿去思考和讨论其他种类的水。他们从水龙头上接了一玻璃杯的自来水,与瓶装水放在一起进行对比。两瓶水看起来是一样的。教师向围在操作台周围的几个幼儿提问:"除此之外,我们还有别的办法来辨别瓶装水和自来水有什么区别吗?"

有关水的实验

一个幼儿建议每个小朋友都依次闻一闻两种水的气味。每个幼儿尝试后都表示它们存在某种难以描述的差异,但他们一致认为自来水的气味更浓一些。接下来,每个幼儿都品尝了这两种水。大多数幼儿更喜欢瓶装水。教师在记录纸上每个幼儿姓名的后面记录了结果。

当教师继续提问"我们周围还有什么种类的水"时,有人提到了附近公园池塘里的水。教师因此开展了一次野餐和公园实地考察。在池塘边,当幼儿看到野鸭在水面上游来游去的时候感到非常兴奋。他们想拿自己带来的三明治喂野鸭。但是,公园里的一个工作人员告诉他们,有太多人给野鸭喂食面包,导致水藻疯长,污染了池塘。他告诉幼儿,这些野鸭吃水下的植物会更健康。

水下植物是什么?幼儿能找到一些吗?幼儿对水里还长了什么植物感到很好奇。当他们在池塘边散步时,安东尼发现了一些蝌蚪,他用罐子装了些绿色的池塘水,把蝌蚪放了进去。特蕾西在岸边看到了一些水下植物,老师建议她采摘一些根茎和叶子。而其他幼儿在池塘边发现了被丢弃的纸杯和塑料垃圾,他们把垃圾放到了收集袋里。一个在池塘边钓鱼的人告诉幼儿,因为池塘被污染得很严重,所以他很难钓到更多的鱼了。

回到教室以后,幼儿决定把收集到的垃圾拼贴在海报板上,展示给所有人看。他们想通过这幅拼贴画提醒大家:垃圾不美观,请不要在公园里乱扔垃圾。特蕾西把她摘的根茎放进安东尼带回的装蝌蚪的罐子里,让蝌蚪在根茎上休息,也看看这些根茎是否还会生长。

喝水的宠物

接下来,幼儿想知道还有谁也在使用水。乔丹告诉大家,教室里的豚鼠喝了很多水。于是,这一周豚鼠成了幼儿探索的对象。幼儿想知道它喝了多少水。因此乔丹使用他的数字概念学习法,即每次当他装满豚鼠的饮水瓶后,他都要用打孔机和硬纸板记录豚鼠喝了多少水。然后，幼儿开始谈论他们在家里的宠物喝了多少水。教师画了一张表格，记录宠物的名字和它们每天的饮水量。当贾丝敏告诉大家她的宠物是一株天竺葵，而且它每天也要喝水时，大家都感到很惊讶。

"你是怎么看出来的？"幼儿问。"这是个很好的问题，"教师回答说，"我们怎么知道植物是否会喝水呢？"一个幼儿笑着说："给它一杯水看看！"第二天，教师带来了一支白色的康乃馨和一根芹菜。幼儿帮助老师开展了一个关于"喝水的植物"的实验。他们拿出两个玻璃杯，分别往两个杯子里倒入了约3厘米高的水，然后又分别往其中倒入红墨水并进行搅拌。然后，教师把修剪后的康乃馨和芹菜的茎分别放入了两杯水中。"你们认为会发生什么？"教师问道。幼儿试着猜测（提出假设），但他们真的不确定答案。

幼儿整个上午都在仔细观察这两株植物，但什么也没发生。然后，贾丝敏注意到一个变化：液体向上渗入了康乃馨和芹菜中！它们正在变红！当天放学时，两株植物都已经变成了明显的粉红色。"植物喝水吗？"教师问幼儿。"喝！"幼儿大声地回答。"如果水被红墨水污染了怎么办？"教师继续提问。随之而来的是幼儿们更激烈的讨论。

水污染

这些幼儿已经可以开始认真地思考水中发生的事情。但幼儿还没有完成对使用水的调查。随着日子一天天过去，他们提出并尝试回答其他的问题：

- 水是如何被污染的？
- 我们如何才能阻止污染物进入水中？
- 我们如何才能把被污染的水变干净？

他们发现池塘里的绿色实际上是一种叫作"水藻"的小植物。虽然水藻不是污染物，但过多的藻类就是水被污染的标志。池塘水的污染也许是草地肥料或者喂食野鸭的面包造成的。他们还了解到，过多的水藻会导致鱼儿死亡。他们还记得在鱼缸里生长的海藻，以及他们是怎样想办法去除这些水藻的。

贾马尔的哥哥来到班里，帮助幼儿用吸墨纸、沙子和砾石给花盆做了一个天然过滤器，用来净化安东尼收集的绿色的池塘水。一些绿色的东西被过滤出来了。他们还尝试使用鱼缸水泵和过滤器来清洁被污染的水，最后他们还把一些水蜗牛放进玻璃缸里来帮助清洁池塘水。

> **全 纳 教 育**
> 一定要确保班上的每个幼儿都能进行实地考察，包括简短的户外考察。特殊幼儿需要由一位志愿者或一个家庭成员陪同。

问题解决、发散思维和元认知

发散思维

在这一章中，幼儿用高级思维来解决他们所面临的问题。

他们使用的创造性思维，通常被称为发散思维。它不同于寻找正确答案并遵循别人所创造规则的传统思维。相反，发散思维会让幼儿进行头脑风暴活动，想出解决问题的办法。做任何事、解决任何问题的所有可能方法是什么？发散思维创造新的想法或以新的方式使用材料。当幼儿使用这种思维方式时，他们将利用他们之前已形成的概念，特别是关于分类和数字的概念。

问题解决的过程还涉及元认知，也就是对思维进行思考。成人似乎会自动地这么做。他们的脑海中经常会出现这样的问题：接下来会发生什么？如果我这样做会怎样？我是怎么知道的？我为什么要这样做，而不是那样做？幼儿也会反思自己的想法吗？他们需要在回答问题或明确方向前停下来想一想。你可以通过提一些问题来帮助他们进行元认知。

在前面的康乃馨实验中，教师问幼儿的问题不是"将要发生什么？"，而是"你们认为会发生什么？"。教师记录下幼儿假设的多种可能性，然后问他们为什么这么想。大多数幼儿的答案都是基于他们自己的知识或经验。幼儿并不仅仅是说出答案，更多的是在考虑不同的可能性。教师可以通过选择合适的图书并提出值得思考的问题来帮助幼儿学会思考。

> **关于思维活动的引导性图书**
>
> 《想法多多的马吉克》(*Magic Thinks Big*, Cooper, 2004)讲述了一只个头非常大的猫马吉克,他坐在位于缅因州湖旁的家门口。他在考虑下一步的行动:是应该出去还是待在家里呢?他在脑子里一遍又一遍地思考下一步行动的原因,书中通过图片对此进行了描述。当你在阅读这本书的时候,问问班上的幼儿:"你认为马吉克最后会怎么做?为什么?"
>
> 关于思维活动的其他引导性图书包括:
>
> 《如果你给猫一个纸杯蛋糕》(*If You Give a Cat a Cupcake*, Numeroff, 2008);
>
> 《要养什么宠物?》(*What Pet to Get?*, Dodd, 2006)。
>
> 《如果你给猫一个纸杯蛋糕》是作者深受欢迎的一套丛书中的一本。这套丛书的书名都是以"如果你……(会怎样)"的方式命名。给幼儿读《如果你给猫一个纸杯蛋糕》,让他们根据每个搞笑的片段推测接下来会发生什么事情。如果你给一只猫一个纸杯蛋糕,她可能想在上面撒些糖豆。"然后呢?"幼儿需要接着思考:"如果在蛋糕上撒些糖豆,会发生什么事情呢?"阅读完后,让幼儿自己写一本关于教室里发生的事情的书。教师可以教幼儿用这样的句式:"如果你在积木建筑物上再加一块积木……"

◇ 用电脑程序解决问题

你觉得在幼儿园教室里使用电脑怎样?有些人认为,对学前班的幼儿来说,电脑程序太抽象了,他们更适合通过具体的材料学习。其他人认为儿童在达到皮亚杰的具体运算阶段(见表5-1)之前不能真正理解电脑软件。

不管怎样,今天大多数幼儿园的教室里都有电脑。如果使用得当,加上适宜的软件,它们可以成为重要的学习工具,从而引导具体的课堂活动。电脑的优势在于它可以在具体思维和抽象思维之间建立联系,促进幼儿的思维与学习。

成功使用电脑的关键在于你选择的软件。最好的电脑软件能够协助活动的开展,增强幼儿的认知能力,如整理能力、分类能力、排序能力、建模能力、计数能力、一一对应的问题解决能力等。你可以根据班上幼儿喜爱的图画书选择相应的电脑软件,并迅速将其与课堂活动联系起来。你知道该如何选择电脑软件吗?

一种方法是登录到一个网站,该网站可以对当前的儿童电脑软件进行评估。例如,http://www.amazon.com 是一个优质的销售儿童软件的网站,可在上面评价和订购各种电脑软件。下面给大家推荐一些与儿童图画书相关联的、可支持幼儿认知发展的电脑软件。

《亚瑟的电脑历险》(Arthur's Computer Adventure)(适合3—7岁幼儿);

《好奇乔治的幼儿园学习游戏》(Curious George Preschool Learning Games);

迪士尼出品的《准备好阅读》(Ready for Reading)和《小熊维尼学数学》(Math with Pooh);

《爱探险的朵拉》(Dora the Explorer Adventure);

《苏斯博士》(Dr. Seuss)(适合学龄前儿童);

《上幼儿园的小熊》(Little Bear Preschool)。

因为这些电脑软件的名字经常变化,所以你需要在使用时亲自去网站上检索查询。电脑商店、电器商店和办公用品商店也会销售电脑软件。在选择电脑软件时,除了考虑大家对其评价较高这个因素外,你还需要了解表5-4中所示的其他标准。

表5-4 选择电脑软件

- 教师提前试用
- 基于儿童图书的使用
- 对幼儿具有吸引力
- 易于幼儿使用和理解
- 便于教授合适的技能
- 与活动区开展的活动紧密相关

大多数幼儿喜欢使用电脑。一些幼儿已经在家里使用过。其他的幼儿迫不及待地想要尝试使用这种成人常用的东西。你可以一次安排两个幼儿坐在电脑前,给他们介绍一个新程序。这样的合作学习是最好的开始。幼儿将学会轮流使用、互相交谈、互相教授怎样操作程序。

　　一定要提前安装电脑程序并确保电脑随时能用。一次只使用一个软件程序，直到所有幼儿都完全熟悉它为止。大多数软件都包含一些难度越来越大的游戏活动。你需要自己先尝试一下，看看幼儿适合从哪个游戏开始。教师示范后，再让幼儿尝试操作。活动结束后，要关闭软件程序，让幼儿再重新启动，如此反复。

　　一开始每个幼儿都想要全程操作软件。给他们一张登记表，让他们在登记表上写下或涂上自己的名字。当新鲜感消失后，在自由选择的时间里可以让幼儿戴上你准备的电脑项链，一次让两个幼儿使用电脑。确保手边有每个电脑程序所支持的扩展活动材料：图书、积木、计数游戏或适合幼儿认知学习的操作材料。

本章小结

描述学龄前儿童的认知发展过程

　　本节探讨了促进幼儿提问、探索和问题解决技能发展的方法，以提高他们的认知技能。为了找到问题的答案，他们首先需要发展基本技能，然后将其应用到他们想要解决的问题上。

通过感官探索帮助幼儿培养对世界的好奇心

　　教师需要知道幼儿是如何运用感官探索周围世界的。他们需要通过课堂活动来促进幼儿的这种探索。利用幼儿天生的好奇心，如果幼儿似乎已经失去了好奇心，那就应该重新激发他们的好奇心，这应该是教师在促进幼儿认知发展方面的目标。引入新材料，提出相关问题，带幼儿到附近进行野外考察，拍摄和记录所发生的事情。一定要记录下幼儿提的问题，以便你确定下一步的认知活动计划的方向。

通过分类、比较和计数帮助幼儿发展关于世界的基本概念

　　接下来，帮助幼儿发展诸如尺寸、形状、颜色和数字等认知概念，并利用这些概念对教室里的物体进行分类和比较。幼儿可以在收集、比较和记录有趣材料的过程中，将这些概念应用到他们的探索中。你可以通过与幼儿互动，激发他们的好奇心，鼓励他们思考问题并解决问题。在帮助他们成为"猜测游戏的科学家"的同时，你自己也会得到发展。让幼儿参与数字和计数的学习同样重要。通过课堂活动和提供合适的图书，幼儿能够学习一一对应和如何清点总数。

帮助幼儿通过高级思维和问题解决来应用其关于世界的基本概念

以一个宽泛而简单的概念为主题，例如"使用水"，可以帮助幼儿将基本概念应用于日常生活中。在他们学习运用发散思维和元认知的过程中，实地考察、阅读、进行水实验的方式能够产生新的意义。最后，用电脑程序解决问题有助于幼儿理解合作学习是认知发展的一部分。

道德困境

一位退休的幼儿园教师在某幼儿园当志愿者。她坚持认为，其他教师和幼儿应该按照她的教育方式做事。她会给幼儿带来图片，让他们给图片涂色；给幼儿发答题纸，让他们选择正确的答案；当幼儿不够安静或不礼貌时，她会责骂他们。幼儿园里的工作人员尝试了各种不同的策略，试图让她改变，但都没有什么作用。你会怎么做呢？

你可知道

1. 幼儿游戏和成人游戏有什么区别？
2. 为什么直接告诉幼儿某些知识的原理，会削弱他们的认知发展？
3. 幼儿在幼儿园经历的感官体验是如何影响其大脑发展的？
4. 对于那些不爱使用感官探索世界的幼儿，你该怎么办？
5. 如果你没有听到幼儿询问有关新事物的感官问题，你该怎么办？
6. 如果你无法回答幼儿提出的一些感官问题，你该怎么做？
7. 为什么幼儿要学习比较物体呢？
8. 靠死记硬背数数和理性地数数有什么不同？
9. 幼儿如何使用元认知？
10. 如果你认为电脑程序对幼儿来说太抽象了，你会怎样使用它们？

学习活动

1. 阅读一篇或多篇推荐的阅读材料。在你的文件夹中添加 10 张卡片，在卡片上写出你对于帮助幼儿发展认知技能的具体想法，并标注参考文献来源。

2. 用"幼儿好奇心检核表"来观察和记录幼儿的一些行为。提供一些新材料或采用一些新方法来提高幼儿的好奇心。记录你所做的和结果。

3. 在阅读完一本引导性的图书后，带着一小组幼儿到幼儿园附近的地方开展一次简短的实地考察。跟进课堂活动，澄清概念或支持学习。记录结果。

4. 运用本章中的观点帮助幼儿学习一个新概念。写下他们的问题以及他们寻找答案的过程。记录你如何知道幼儿从这项活动中学到了什么概念。

5. 利用科学探究的猜测游戏法，帮助幼儿调查他们感兴趣的科学问题。记录发生了什么。

6. 支持幼儿调查有关植物、动物、昆虫、鱼类、鸟类、蝴蝶、水或空气等的环境问题。记录你做了什么和发生了什么。

7. 请描述皮亚杰和维果茨基的儿童认知发展理论之间的差异。谈谈你如何将其中的一种理论应用到课堂和幼儿身上。

推荐读物

Blake, S. (2009). Engage, investigate, and report: Enhancing the curriculum with scientific inquiry. *Young Children, 64*(6), 49–53.

Butera, G., Friesen, A., Palmer, S.B., Lieber, J., Horn, E.M., Hanson, M.J., & Czaja, C. (2014). Integrating mathematics problem solving and critical thinking into the curriculum. *YC-Young Children, 69*(1), 70–77.

Eisenhauer, M.J. & Feikes, D. (2009). Dolls, blocks, and puzzles: Playing with mathematical understandings. *Young Children, 64*(3), 18–24.

Gross, C.M. (2012). Science concepts young children learn through water play. *Dimensions of Early Learning, 40*(2), 3–11.

Hachey, A.C. & Butler, D.L. (2013). Science education for preschoolers through gardening and nature-based play. In *Spotlight on Young Children: Exploring Science*, Shillady, A. (ed.).

Washington, DC: NAEYC.

Laski, E.V. (2013). Portfolio picks: An approach for developing children's metacognition. *YC-Young Children, 68*(3), 38–43.

Pawlina, S. & Stanford, C. (2011). Preschoolers grow their brains: Shifting mindsets for greater resiliency and better problem solving. *YC-Young Children, 66*(5), 30–35.

Tyminski, A.M. & Linder, S.M. (2012). Encouraging preschoolers' emerging mathematics skills. In *Spotlight on Young Children Exploring Math*, Shillady, A. (ed.).Washington, DC: NAEYC.

Whittaker, J. (2014). Fostering children's reasoning and problem solving. *YC-Young Children, 69*(3), 80–87.

儿童图书

Allen, J. (2000). *Are you a ladybug?* Boston: Houghton Mifflin.

Baker, K. (2012). *1-2-3 Peas*. New York: Beach Lane Books.

Cooper, E. (2004). *Magic thinks big*. New York: Greenwillow.

Cronin, D. (2006). *Click, clack, splish, splash*. New York: Atheneum.

Dodd, E. (2010). *I love bugs!* New York: Holiday House.

Fleming, D. (2007). *Beetle bop*. Orlando, FL: Harcourt.

Florian, D. (2009). *Dinothesaurus*. New York: Atheneum.

Hall, A.G. (2013). *Dino bites*. Great Britain: Boxer Books.

Jonas, A. (1989). *Color dance*. New York: Greenwillow.

Martin, B. (2011). *Ten little caterpillars*. New York: Beach Lane Books.

Martin, B. & Sampson, M. (2004). *Chicka, chicka, 1, 2, 3*. New York: Simon & Schuster.

Mugford, S. (2011). *Dinosaur A-Z*. New York: Priddy Books.

Numeroff, L. (2008). *If you give a cat a cupcake*. New York: HarperCollins Children's Books.

Pallotta, J. (2004). *The beetle alphabet book*. Watertown, MA: Charlesbridge.

Plourde, L. (2011). *Dino pets go to school*. New York: Dutton.

Soman, D. (2009). *Ladybug Girl and Bumblebee Boy*. New York: Dial Books for Young Readers.

Tracqui, V. (2002). *Face-to-face with the ladybug*. Watertown, MA: Charlesbridge.

Ulmer, W. (2010). *Zero, zilch, nada, counting to none*. Ann Arbor, MI: Sleeping Bear.

第六章

提高交流技能

学习目标

在本章你将学会：

- ◆ 提供能提升幼儿口语和听力的活动。
- ◆ 帮助双语学习者学习英语。
- ◆ 提供材料和活动以支持早期阅读。
- ◆ 提供材料和活动以支持早期书写。

提供能提升幼儿口语和听力的活动

交流技能，即听、说、读、写的能力，是幼儿发展的一个重要方面。交流动机是与生俱来的，所有人都是。除非幼儿有生理缺陷、受到忽视或遭受挫败，否则他们会为了能够与人交流而不断努力。早期交流技能的不良发展会影响幼儿一生的思维与学习能力。

◎ 脑科学研究

脑科学研究显示了幼儿与成人之间互动的重要性。儿童早期的交流努力有助于促进其大脑发育，以便日后进行口语和书面语言的学习。多项研究表明，人类大脑中已经预设了某种语言学习程序，可以一次学习多种语言。与周围的语言环境互动，尤其是与人交流，是儿童学习语言的方式。婴儿、学步儿和幼儿可以通过听周围的人说话并自己尝试，从而自然地学会说话。

语言是大脑左半球的一种功能，脑科学研究表明，婴儿在 5~7 个月大的时候就已经能够用大脑的左半球功能来牙牙学语和发出其他的言语声音。赫什-帕赛克和葛林考夫（2003）认为，婴儿受到了来自周围环境的语言影响，以某种方式将其分解并提取词语。

当幼儿 20 个月大的时候，如果照养者与他们交谈、拥抱、并与他们互动，那么幼儿就可能会掌握大量的词汇。研究表明，与母亲交谈多的幼儿比与母亲交谈少的幼儿，在词汇量上多 131 个单词以上。如果幼儿在上学之前还没有形成良好的口语能力，那么他们就会开始落后于其他幼儿。洛斯克斯、塔伯斯和莱因哈特（Roskos, Tabors & Lenhart, 2009）强调，学龄前儿童每天至少需要接触两个新单词，才能够建立一个至少拥有 2500 个单词的词汇库。

◎ 交流丰富的语言环境

幼儿园教师并不需要让幼儿坐下被动地接受新单词。相反，教师可以通过提供一些有趣的材料来吸引幼儿参与交谈。他们需要不断地和幼儿交谈，然后仔细地倾听他们的反应。卡尔马（Kalmar，2008）描述了一种富有交谈氛围的环境，在这里教师常常鼓励幼儿大胆地说话。当教师和个别幼儿交流时，幼儿开始理解句子结构和一些词语的多重含义。

当教师与个别幼儿交谈时，幼儿开始理解句子的结构和词义。

成人的言语示范是影响幼儿学习交流的关键因素。来自语言能力强的家庭的幼儿通常都能够说得很好，而那些来自缺乏语言交流的家庭的幼儿，则会表现得比较落后。换言之，所有的幼儿都需要听到周围的语言才能学会说话。全美幼教协会（NAEYC）课程标准概述了儿童语言发展所需要的条件。

> **全美幼教协会（NAEYC）课程标准：语言发展**
>
> 描述一下你所在的幼儿园将如何达到以下标准。
> - 儿童拥有多种机会发展语言和非言语沟通能力，如回答问题、交流需求、思考、体验、描述事物及事件。
> - 儿童有多种机会（如通过对话、实践经验和阅读）发展词汇量。
>
> 资料来源：NAEYC. (2008) *NAEYC Early Childhood Program Standards and Accreditation Criteria: The Mark of Quality in Early Childhood Education*. Washington, DC: National Association for the Education of Young Children (NAEYC). Copyright © 2008®. Reprinted with permission.

因此，作为一名幼儿园里的教师、助教、志愿者或实习教师，你的任务是提高幼儿的交流能力。为了让幼儿学会说话，首先要让他们学会倾听周围的声音。他们如何学会倾听？教师首先必须让自己成为主动倾听的榜样，这样才能教会幼儿主动倾听。

用心倾听

用心倾听不仅仅是指在别人说话时自己停止发言。还要求你认真地倾听，并尝试理解对方的言语以便做出回应。它需要你采取某种行动。表6-1中提供了一些需要你考虑的要点。

表6-1　用心倾听

1. 让思绪平静下来。
2. 接收并加工所听到的内容。
3. 将注意力集中在说话的要点上，与说话者保持眼神交流。
4. 有感情地回应所听到的内容，点头或摇头。
5. 除非对方已经说完了，否则不要开口回应。

你可能认为自己已经是一个优秀的倾听者了，但是加隆格（Jalongo，1995）发现，美国成人倾听的有效率只有25%。如果我们期望幼儿能够学会倾听，那我们首先必须进行良好的示范。

良好的倾听行为，首先表现在要与说话的人面对面，然后保持眼神交流。如果一个幼儿在跟你说话，请你蹲下来或者坐在他旁边，保持视线的交流，而不要弯下腰居高临下地跟他说话。然后，认真地倾听幼儿的说话内容。让对方说完，不要中途打断。在回应幼儿的时候，试着重复他说过的话，这会让幼儿知道你听到了他的说话内容。这样的倾听行为不仅可以作为倾听的榜样，还能够让幼儿感觉到自己是一个受尊重的人。

你的回应应该鼓励幼儿继续说话。你可以建议："你今天早上在来幼儿园的路上看到了一只有趣的小狗，你能告诉我更多关于这只小狗的事情吗？"你专注的倾听和真诚的回应不仅表明你对幼儿所说的内容感兴趣，也有助于鼓励幼儿继续表达以及更加仔细地倾听。

你用心倾听了吗？请使用"教师听说检核表"（表6-2）来检查自己的倾听和表达能力。

表6-2　教师听说检核表

____ 与幼儿保持视线平行，进行眼神交流
____ 倾听时让思绪平静下来
____ 专注于所说内容的要点
____ 有感情地投入倾听的内容中
____ 重复幼儿说过的一些话
____ 认真倾听幼儿的回答
____ 倾听幼儿录制的音频并做出评论
____ 当幼儿来园时，热情地跟每个小朋友打招呼
____ 在活动区与个别幼儿进行交流
____ 与假装打电话的幼儿交谈
____ 在午餐桌旁与个别幼儿进行交流
____ 每天放学时对每个幼儿说"再见"
____ 说话语速慢，吐字清晰
____ 使用简单的句子，语法准确
____ 多评论，少提问

资料来源：Janice J. Beaty, *Skills for Preschool Teachers*, 9e. Copyright © 2012 by Pearson Education, Inc. All rights reserved. Permission is granted by publisher to reproduce this checklist for evaluation and record keeping.

帮助幼儿用心倾听

如果幼儿很少关注你说的话，或者似乎听不到你说的话，那就可能需要对他们进行听力障碍或注意力缺陷方面的筛查。不要等到儿童上小学时才检测。这种缺陷越早被发现，就越早能得到纠正。要确保幼儿及其父母能够及时得到专业的援助。

许多教师花很多的时间与幼儿进行集体交流，而不是与个别幼儿交流。然而，为了让幼儿学习倾听，你需要花费更多的时间和每个幼儿单独进行交谈。与个别幼儿进行交流应成为你一日常规中很重要的一部分。随身携带一份幼儿名单，每次与一名幼儿进行个别交流时就在其名字上做个记号。你是否会遗漏某个幼儿？如果遗漏了，第二天你一定要记着与他们单独交谈。你班上的幼儿希望你怎么跟他进行交谈呢？

- 当每个幼儿来园时，教师热情地跟他打招呼。
- 在活动区与个别幼儿进行交谈。
- 假装给一个幼儿打电话。
- 给一个幼儿读书。
- 帮助一个幼儿开始或完成一项工作。
- 在午餐桌旁与个别幼儿进行交流。
- 给予有需要的幼儿语言支持。
- 与一个幼儿进行私人谈话。
- 每天放学时对每个幼儿说"再见"。

记住，3—5岁的幼儿正处于语言发展的初级阶段，他们可能听不懂你说的每句话。以下是一些你可以使用的教师交流行为。

- 使用简单的句子。
- 说话语速慢，吐字清晰。
- 通过强调关键词来丰富你的表达方式。
- 在句子之间停顿。
- 使用能代表具体事物的词汇。
- 多评论，少提问。

让房间隔音

幼儿需要听到词汇以及他们该如何使用这些词汇。确保教室里充满了幼儿的谈话声，但提醒他们不要大声喧哗。如果你只听到嘈杂声或叫喊声，就可能意味着房间需要隔音。幼儿应该能够在不提高嗓门的情况下互相听到对方的声音。如果不能，那么就应该提高房间的消音能力。如，在地板上铺设地毯，在天花板上安装吸音板，在窗户上悬挂窗帘，在墙上悬挂彩色的画毯或布帘。

如果你无权铺设地毯或安装吸音板，也可以采用其他方式，如在地板上铺上小毯子，在墙上挂上布帘。布料吸收声音的效果要比纸板或木头好，你可以在房间的不同区域用一些布料来代替纸板吸音，例如，使用彩色布垫作为每个活动区的标志，使用彩色粗麻布覆盖班级的布告栏；用布料制作存放幼儿工作卡的袋子；在图书区放置几个色彩鲜艳的靠枕。现在，幼儿应该能够在不大声喊叫的情况下清晰地听到对方的声音。

帮助幼儿成为演说家

与学龄前儿童进行语言交流，需要两个因素发挥作用。第一，一个没有压力的环境，允许但不强迫幼儿交流。幼儿在用个性化却并不完美的方式来表达自己时，需要得到周围人的支持。第二，幼儿必须有运用语言的需要。幼儿需要在教室里与他人交流。

没有压力的环境

对许多幼儿来说，在家庭之外说话是一种全新的、未经训练的技能。我们不仅需要提供机会让幼儿练习说话，还要鼓励他们继续说下去。幼儿通常会对与自己密切相关的事物做出良好的反应。试着开展一个有关名称概念的游戏，来让幼儿轻松地开口说话。

"我想到了一个人，他脚上穿着一双白色和蓝色相间的运动鞋，身上穿着一件印有一只老虎的黑色 T 恤。猜猜看，我想到的是谁呢？罗比，猜对了！现在你告诉我你想到了谁，看看我能不能猜出来。"对于幼儿的语言技能，要给予积极的反馈,就像你对他们的积木或绘画作品一样:"我喜欢你说我名字的方式,布兰娜。布兰娜也是一个很好听的名字。"

一个没有压力的环境也同时意味着,你得接受幼儿的现有状态,即无论幼儿的发音有多么糟糕或他说的话多么不合乎语法,你都需要接受。语言是非常个性化的东西,它不仅反映了儿童早期阶段的发展水平,也反映了他的家庭状况。因此,要特别注意,不要用一种对幼儿及其父母缺乏尊重的方式来纠正其语言。尽量避免直接指出幼儿的表达错误,而应该思考怎样才能让幼儿学会正确的发音。你要给幼儿提供许多有趣的语言活动,让幼儿通过听你正确地使用单词,模仿和练习使用新的单词来学习语言。

一个没有压力的环境也意味着,你的课堂环境对于幼儿来说没有压力。不要强迫幼儿进行口头、创造性或其他任何方式的表演。要给他们提供一些有趣的机会和热情的鼓励,但不要强迫让一个害羞或不自信的幼儿说话。

◎ 回应性语言与限制性语言

在一个没有压力的语言环境中,你和幼儿谈话时应使用一种表达尊重的回应性语言,而不是一种缺乏尊重的限制性语言。研究人员观察了幼儿园教师和保育员,发现他们与幼儿交谈的方式在很大程度上反映了他们对待幼儿的方式。

使用回应性语言的教师会给出他们说某句话的理由。例如,他们会说:"现在外面太湿了,我们可以等到草干了再出去",而不会说"现在不要出去。为什么呢?因为我这样说了"。他们鼓励幼儿独立地做出选择,而不是在教师的控制下做出选择。又如,这样的教师会说"每个小朋友都可以选择自己想要玩的一个活动区",而不会说"贾马尔,你和卡洛斯现在去美工桌那边玩吧"。

当规则和限制被口头表达出来时,使用限制性语言的教师可能会说"不要在房间里大喊大叫",而不会用回应性语言说"让我们轻声说话"。他们可能会用限制性语言("伊森,你没怎么努力,这只是乱涂乱画而已"),而不是用回应性语言("伊森,你真的很喜欢用这些颜色")来评论幼儿的美工作品。

你是怎样与幼儿交流的?你是把他们当作成熟的人来尊重,还是当作年幼无知的小孩？你对幼儿的感情和态度，比你对他们说的话表达得更清楚。在你说出"不要""停止""不许""不能那样"等话语前要三思而后行。想想办法，你一定可以换个尊重幼儿的方式表达同样的意思。

无论你对一个幼儿还是所有幼儿使用限制性语言，都会使整个教室里的环境变得压抑。把你说的话录下来听一听，判断一下自己的语言是回应性的还是限制性的？如果你尝试让自己的说话风格变得更具有回应性，那就观察一下幼儿的反应，他们是否也变得更加积极与快乐呢？当听到教师很友好地跟他们说话时，那些不善言辞的幼儿更有可能在该类语言的鼓励下开始尝试开口说话。

关于回应性语言活动的引导性图书

《不，大卫！》(*No, David!*，Shannon，1998）这本书前面的每一页都展示了一个小男孩在家里闯祸后，他的母亲都对他说："不要那样做！"让一个幼儿和你坐在一起看这些图片，然后看他会做出怎样的反应。最后，在该书的最后一页上，母亲温和地对他说"好的"。问问和你一起看书的幼儿，除了说"不要那样做！"之外，这位母亲还能说什么。

自信

不善言辞的幼儿通常是指那些离开了家说话就缺乏自信的幼儿。但是在家里，他可能是个喋喋不休的人。为了能够了解幼儿的口语表达能力，你可以和其家长沟通，了解他们的孩子在家里是如何说话的。但不要告诉家长，他们的孩子在幼儿园里不说话。因为家长很可能会给孩子施加压力，强迫他们在学校里发言，这很可能会产生不良的后果。

你的主要任务是帮助害羞或不善于沟通的幼儿在班级里感到舒适自在。班级里所有的工作人员都需要意识到，在幼儿感到放松之前，一味地让他们开口说话可能会适得其反。相反，工作人员应该努力接受幼儿的现有状态，在适当的时候用微笑、点头和接受性的语言来表扬幼儿的努力，并在必要的时候让幼儿独自一人待着。

要让害羞的幼儿感到轻松自在，教师需要极大的耐心和宽容。这往往是唯一成功的方法。对反应极度敏感的幼儿来说，甚至需要几周或几个月的时间。如果你坚持不带压力地鼓励幼儿，终有一天你会收获幼儿的一个微笑，甚至是一句轻声细语。当害羞的幼儿说出第一句话时，不要大惊小怪，要实事求是地接受他们说话的事实，就像你一直接受他们本人一样。

> **关于儿童获得自信的引导性图书**
>
> 有时幼儿不愿意立即说话，是因为他们的家人总是插嘴替他们说话。奥利弗就是这样。
>
> 在《奥利弗有话要说》(*Oliver Has Something to Say*, Edwards, 2007）一书中，小奥利弗从来没有机会说话，因为他的妈妈、爸爸或姐姐总是不等他开口就替他回答。最后，当他去幼儿园时，老师问了他一个问题，他就开始滔滔不绝地说起来，一直都没有停下。你班上的幼儿会如何回答他家人提出的每一个问题？

必要性

幼儿有必要在教室里与他人交流吗？你可以提供交流的机会。记住，你是幼儿说话的榜样。你需要尽可能地使用语言交流。每天设定一个固定的时间，你问候幼儿，并让他们互相问候。

安排一个小组时间或圆圈活动时间，让幼儿有机会谈论一些事情。害羞的幼儿一开始可能会通过一个手偶来说话。你可以演示如何使用手偶，但如果幼儿不想使用手偶，就不要强迫他。给幼儿一个机会，让他们在表演区假装某个角色说话。让一个幼儿使用新的工具或设备帮助另一个幼儿。给一个幼儿一句口信，让他把口信带给房间里的其他幼儿。让幼儿相互提问，然后把答案告诉你。在点心时间或午餐时间和幼儿待在一起，谈论他们感兴趣的事情。

关于交流的引导性图书

在《秘密比萨派对》(*Secret Pizza Party*，Rubin，2013)一书中，小浣熊想要吃比萨，但是他不知道如何礼貌地询问，所以他被人们拿扫帚赶走了。后来小浣熊去了一个秘密的比萨派对，戴上了黑色的面具。他已经拿到了一块比萨。但他不能闭上嘴，而是大声喊着"秘密比萨派对！"。最后，每个人都发现了他，挥舞着扫帚赶他。他抱起了一大块比萨逃走了。如果你班上的幼儿是浣熊，他们会如何表达自己的需要呢？

对话

如果幼儿感到自信，他们很可能会和别人交谈。然而，如果他们觉得和成人交谈比与其他小朋友交谈更舒服，那么这种缺乏同伴间交谈的问题可能是一种社会性问题而非语言问题。一定要在午餐时间或点心时间和幼儿一起吃东西，尤其是要与那些害羞或不爱说话的幼儿坐在一起。这将有助于开展一次非正式的评估，即哪些幼儿是自发交谈的，哪些不是。试着让每个幼儿都轻松地参与到谈话中，不要给他们施加压力。然后，给他们提供一些可用于互相交流的话题（Burman，2009）。

由于口语是其他所有学习的基础，所以教师每天必须为每个幼儿提供一对一的谈话机会。玩具手机有助于以一种直接的方式促进对话语言。幼儿注意到大多数成人在很多时候都拿着手机。如果他们也有一部手机，会觉得自己更像成人。即使是害羞的幼儿也喜欢假装自己有一部手机。请家长捐赠一些旧手机，取出电池，观察幼儿是如何使用它们的。确保至少有两部手机，一部是给打电话的人，一部是给接电话的人。对于那些需要特别练习说话的幼儿，你可以假装给他们打电话，必要时每天和他们交谈。其他的幼儿看到你这样做时，很快就会学着打电话了。

倾听幼儿之间的对话。如果一个幼儿用长句说话，而另一个幼儿用一个单词回答，那么你就要想办法促进后者的说话技能发展。你可以通过假装给后者打电话的游戏，让他描述一些事情，如他在哪里、他接下来想玩什么、他最喜欢的玩具是什么等。例如：

老师（Teacher，以下简称 T）：嗨，罗伯特。我是在跟你说话吗？

罗伯特（Roberto，以下简称 R）：是的。

T：哦，很高兴听到你的声音，罗伯特。你今天穿着新运动鞋吗？

R：是的。

T：告诉我它们是什么样子的。我不太记得了。

R：黑色的。

T：哦，是的，黑色的。它们有什么特别的地方吗？

R：白色。上面有白色的箭头。

T：真的吗？哦，那听起来很酷。

R：还会有闪烁的红灯。

T：我不记得自己见过那些灯。

R：我走路的时候，它们才会闪烁。我跑步时，它们会闪烁得更快。我可以跑得很快！看我跑吧！

就像例子中这样，你只需要用简单的词汇来回应并保持与幼儿的交流，引导他们针对自己喜欢的事情进行更长的对话。在后续的活动中，这位教师可以让罗伯特打电话给多米尼克，告诉他关于运动鞋的事，或者让他们把房间里的灯关掉，观察罗伯特的运动鞋上闪闪发光的灯。

混龄

在幼儿教育中，激发幼儿对话的一个重要但经常被忽视的因素是混龄。你的班级是由一个年龄段（如 3 岁的年龄段或 4 岁的年龄段）还是多个年龄段的幼儿（既有 3 岁的幼儿，又有 4 岁的幼儿）组成的？所有的幼儿年龄相同吗？因为幼儿总是通过模仿他人习得语言，因此与年长的幼儿待在一起是有益的。例如，在同一个教室里，3 岁幼儿的语言会比 4 岁幼儿的语言发展得更快。

为了促进你与幼儿之间的自发性对话，你需要成为一名积极的、具有回应性语言习惯的交流者，而不是具有限制性语言习惯的交流者。这意味着你是一个幼儿能够接近且愿意接近的人。当你与害羞的幼儿在一起时，你可能得主动一些，因为害羞的幼儿可能会缺乏独自接近你的自信。你可以试着待在这类幼儿所在的活动区的旁边，创造一些机会与他们对话。如果一开始幼儿没有什么反应，你可

待在幼儿会靠近你说话的地方。

能需要先自说自话一会儿,如描述一下活动区里正在发生的事情,并表示自己想知道活动区里接下来要干什么。在大多数情况下,幼儿最终会加入对话。

观察教师行为的研究者指出,教师通常会对说话最多的幼儿做出反应,而那些保持安静或者不善言辞的幼儿——那些真正需要进行对话练习的孩子——却经常被忽视。因此,你必须要特别注意,确保你不会无意中忽视这些幼儿。记住,你需要谨遵保持耐心而不是给幼儿施加压力的原则。

关于儿童对话的引导性图书

关于查理和洛拉的书(见第三章)里都是查理和他的妹妹洛拉之间的对话。

在《我现在上学还太小了》(*I Am Too Absolutely Small for School*, Child, 2004)一书中,洛拉决定不去上学。查理告诉她学校里将会发生的有趣事情,但她对每件事都消极地回应。在学校里能数到100?数到10就够了,尽管有11只大象都想吃东西。幼儿喜欢听这些故事,很快就会参与到对话中。让他们选择角色,然后重新演绎这个故事。或者你可以扮演查理,让几个幼儿用自己想象的答案来回答你的每个问题。

其他以查理和洛拉的对话为内容的引导性图书包括:

《抱歉,这是我的书》(*But Excuse Me That Is My Book*, Child, 2005);
《我会特别小心的》(*I Will Be Especially Very Careful*, Child, 2009);
《我完全了解豚鼠》(*I Completely Know About Guinea Pigs*, Child, 2008)。

帮助双语学习者学习英语

那些在幼儿园里学习说英语，同时还在家里学习说另一种语言的幼儿被称为"双语学习者"（dual language learners，DLLs）。现在越来越多的幼儿入园时不会说英语。美国人口普查局（U.S. Census Bureau）报告称，到2030年，母语非英语的儿童将从占学龄人口的22%增加到40%（Magruder，Hayslip，Espinosa，& Matera，2013）。

埃斯皮诺萨（Espinosa，2010）按使用频率的高低列出了幼儿在家使用的母语。

- 西班牙（84%）
- 中南美土著语言
- 东南亚语言
- 太平洋群岛语言
- 中东语言
- 非洲语言
- 欧洲语言
- 加勒比海地区语言
- 北美土著居民和阿拉斯加人的语言

你如何帮助班上的这些幼儿呢？莫罗（Morrow，2009）认为，如果幼儿园和学前班的幼儿母语发展得非常好，那么他们在语言丰富的环境下更可能学会英语。因为丰富的语言环境会给大脑语言功能的发展提供一个潜移默化的作用。他们能够借助你的帮助来学习怎样说出他们听到的新单词以及这些新单词的意义。

这意味着除了英语之外，幼儿还需要在教室里听到他们的母语。如果你或者班上的工作人员都不会说幼儿的母语，那就尽量安排一个会说这种语言的人尽可能多地到教室里来。如果找不到这样的人，也可以请家长帮忙，用他们的母语记录问题和答案。

◎ 新技术

当你见到幼儿的父母时，他们可能会让你用他们的语言录制一些话语，如："你好！""你好吗？""你叫什么名字？""过来玩吧。""你妈妈快来了。""明天见。"你可以使用 iPod、iPhone[1] 或 MP3 进行录音,并把这些录音在教室里回放。

你可以使用手机上的翻译软件来翻译幼儿的母语。使用软件学习那些你和幼儿需要知道的关键词。把这些单词贴在不同的活动区以便幼儿使用。用这些单词为所有的幼儿创编游戏和故事。然后,使用数码录音机、手机或 MP3 播放器来记录整个过程。为所有的幼儿和前来观摩的家庭成员播放这些录音。反复使用不同语言的单词有助于每个人学习和掌握。

为什么使用母语?

你可能会感到疑惑:我们的目标是教双语儿童学英语,为什么要使用他们的母语呢?研究发现,儿童运用母语越熟练,他们学习第二语言就越容易(Magruder et al., 2013)。一定要让双语儿童的家长知道,他们应该继续在家里和孩子使用母语交流。

教育者终于认识到了母语的价值,并开始推广而不是阻止儿童及其家庭使用母语。儿童的家庭语言不仅是儿童学习英语的重要工具,而且它保持着与其家庭和文化的联系。如果双语儿童的母语没有得到学校的尊重,那么他们很容易失去说母语和理解母语的能力。他们也就永远不会体验到掌握两种语言的好处。(参见表 6-3)。

表 6-3 帮助双语学习者的策略

- 学习母语中的一些重要词汇
- 学习用母语唱歌
- 在活动区张贴双语标识
- 邀请说母语的人到教室里来
- 记录必要的单词和短语
- 给每个幼儿读双语绘本
- 让双语学习者与母语为英语的小伙伴结对

双语学习者能够进入一所同时尊重儿童的母语和英语的幼儿园是很幸运的,

---

[1] iPhone 为美国苹果公司研发的智能手机系列,搭载着苹果公司自行研发的 iOS 移动操作系统。——译者注

因为这样他们在自然的语言获得期（0—6岁）就有机会同时熟练地掌握两种语言。在人的一生中，几乎不可能在其他任何时候如此轻易地掌握另一种语言。要让幼儿学习第二语言，你必须给他们提供多听多练的机会。这些机会不应该由正式的课程提供。

全美幼教协会（NAEYC）课程标准：语言

描述一下你所在的幼儿园将如何达到以下标准。

◆ 教学人员通过使用图片、熟悉的物体、肢体语言和身体暗示来帮助儿童理解新的口语。

资料来源：NAEYC. (2008) *NAEYC Early Childhood Program Standards and Accreditation Criteria: The Mark of Quality in Early Childhood Education*. Washington, DC: National Association for the Education of Young Children (NAEYC). Copyright © 2008®. Reprinted with permission.

幼儿以一种非正式和自发的方式学习母语和第二语言——即听周围的人说，自己反复试验，然后下意识地提取语言规则，而不是通过正式的语法教学来学习。如果大多数幼儿都以英语为第一语言，但少数几个幼儿说西班牙语，那么你和你的某个同事也应该会说这两种语言。大多数时候你会说英语，但是你每天要花1小时或者半小时说简单的西班牙语。那些说西班牙语的幼儿会自然地做出回应。那些母语为英语的幼儿会学到很多的西班牙语，但他们不是通过正规的教学，而是通过倾听并模仿周围的人说西班牙语。

用西班牙语阅读儿童图书，用西班牙语唱歌，用带有西班牙语的材料绘画或搭积木，每天花费一段时间开心地用西班牙语进行交流。

到年底，你班上可能会有很多所谓的盎格鲁儿童，他们可以用西班牙语回答你的问题，并且和母语为西班牙语的儿童一样流利。第二语言真的是上天的一种恩赐。无论是在幼儿园里使用该语言的西班牙裔儿童，还是已经学会使用西班牙语这种新语言并能理解简单短语的非西班牙裔儿童，他们都会很高兴地接受这份恩赐。

如果你自己不会说西班牙语,那就邀请一个会说西班牙语的人走进教室和幼儿交流。不要找人翻译。幼儿会尝试通过丰富的非语言线索来理解和交流,他们甚至会比你做得更好!最终,幼儿将学会使用第二语言回答问题。

◎ 阅读双语图书

你可以先和幼儿一起阅读双语图书。试着找一些同时使用英语和西班牙语的双语图书,如果书中还有清晰的单词对照解释最好。

> **关于双语活动的引导性图书**
>
> 在《你能够用长围巾做什么?》(*What Can You Do with a Rebozo?*,Tafolla,2008)一书中,一个小女孩提了如何使用她母亲的红色墨西哥围巾这个问题,并运用一系列很棒的观点做了回答。她的母亲把长围巾披在连衣裙上并系了一个蝴蝶结,或者用长围巾把她的小弟弟背在背上。蒂奥用长围巾来擦洒出来的水。小朋友们在砸生日彩罐时用它来捂住眼睛。当你先后用英语和西班牙语阅读这本双语图书时,让你班上的幼儿提出自己的想法,看看他们还能想到可以用长围巾干什么。
>
> 阅读这本书后,一定要准备一条真正的围巾,以便后续活动的开展。幼儿会根据自己的观点制作一本关于围巾的书吗?准备好用手机做记录吧。
>
> 其他关于双语活动的引导性图书包括:
>
> 《贝贝去购物》(*Bebe Goes Shopping*,Elya,2006);
>
> 《卡洛斯和南瓜工厂》(*Carlos and the Squash Plant*,Stevens,1993);
>
> 《打鼓,查维,打鼓》(*Drum, Chavi, Drum*,Dole,2003);
>
> 《我爱星期六,多明哥斯》(*I Love Saturdays y domingos*,Ada,2002);
>
> 《玛利亚有一只小美洲驼》(*Maria Had a Little Llama*,Dominguez,2013)。

> 这里推荐一本非常有价值的书——《课堂上你最需要的 10 种语言：与英语学习者及其家人的交流指南》(*10 Languages You'll Need Most in the Classroom: A Guide to Communicating with English Language Learners and Their Families*, Sundem, Krieger, & Pikiewicz, 2008)。书中有涉及 11 种语言的图片、短语和小故事。这 11 种语言包括西班牙语、越南语、苗语、汉语、韩语、海地语、克里奥尔语、阿拉伯语、俄语、菲律宾语和纳瓦霍语。

使用第二语言的活动

除了要为幼儿提供多种英语活动外，你还要用第二语言设计一些特殊的活动，例如名字儿歌或童谣。幼儿可以每天用玩具电话和另一个说第二语言的小朋友说话。双语木偶游戏可以成为日常活动的一部分，幼儿可以用两种语言与个人或集体进行交流。幼儿还可以学会用第二语言和其他小朋友互相打招呼或说再见。

戏剧表演可以让对话自然地发生，是促进儿童语言发展的最佳工具之一。你一定要在一日常规中留出足够的时间让双语儿童参与使用第二语言的假装游戏。如果幼儿比较害羞，你可以扮演某个角色和他们一起游戏，帮助这些幼儿放松下来。或者，你可以将其与另一个同时会说英语与西班牙语的幼儿配对。当他们一起玩游戏时，这个小伙伴能够带领他们了解新教室并学习西班牙语这门新语言中的单词。

提供材料和活动以支持早期阅读

◎ 早期阅读

在 20 世纪 80 年代和 90 年代，教育工作者意识到，越来越多的学龄前儿童进入小学时就已经能够阅读了。这是怎么回事呢？是越来越多的父母教他们的孩子阅读吗？还是幼儿自己从电视上学会了阅读？教育研究者发现了一些意想不到的情况：当条件合适时，一些幼儿实际上能够自学阅读，就像他们自学说话一样。

这个过程被称为早期读写。有些幼儿似乎通过在环境中与印刷品进行游戏化互动，从而自然地进入阅读和书写过程，并下意识地从中提取规则，然后不断尝试阅读和书写，直到找到合适的方法。教育者也意识到，学会交流是一个整体过程，包括听、说、读、写，彼此是不可分割的，这一过程早在儿童出生时就已经开始了。

学习阅读不同于学习说话，因为一个用的是书面语，一个用的是口语。幼儿可以通过模仿周围人的声音来学习说话。而关于阅读，幼儿必须首先学会如何解码文字，然后才能读出来。有些幼儿可以自学书面语言，而有些幼儿则需要成人的帮助，通过游戏、歌曲、图书、玩偶、读故事、讲故事、电脑程序和字母游戏等方式来培养这种能力。

印刷品丰富的环境

如果幼儿身处一个"印刷品丰富的环境"中，环境中充满了印刷材料，如图书、报纸、杂志、电视报、快餐店广告、麦片盒、玩具和T恤上的标签等，那么许多幼儿就会试图弄清楚这些印刷品上的内容。如果周围的大人告诉幼儿一些标语的含义，那么一些幼儿在上小学之前就能够学会阅读了。

为了帮助所有幼儿掌握这些技能，一种在幼儿园里开展阅读和书写教学的新教育理念应运而生，即幼儿可以从文学读物中学习，本书中提到的儿童图书就属于文学读物。要把教室创设成为一种"印刷品丰富的环境"，让其中的书面材料随处可见：食谱图表、海报、信件、活动区标志、歌词、规则图表、物品标签、幼儿姓名贴、字母游戏、电脑软件、登记表、杂志、报纸和图书等。

幼儿园教师需要正视幼儿的早期读写能力，因为这件事确实发生了。不管他们是否注意到了。然而，这种早期读写不同于正式的阅读和书写教学。它鼓励教师创设一个印刷品丰富的环境，让幼儿在其中自主地完成活动。教师还需要给幼儿读书。事实上，学龄前儿童所能拥有的最重要的经验，就是他们能在故事书中进行快乐的探索活动（Roskos et al., 2009）。

为了让教师了解幼儿早期读写的水平，表6-4"幼儿阅读行为检核表"列出了大多数幼儿早期阅读能力发展的一些步骤。令人惊讶的是,有些幼儿一开始并不知道一本书该如何使用。可能他们以前从来没有阅读过图画书,这类幼儿需要通过观察别人并在教师的支持下进行学习。

表6-4　幼儿阅读行为检核表

____正确地拿书	____通过给图片命名来复述故事
____从第一页开始阅读	____通过记忆复述故事
____从右到左翻页,而不漏页	____意识到印刷品讲述了一个故事
____假装阅读	____用手指点读一些单词
____指出图片中画的是什么物体	____能读懂简单的句子
____将每一页视为单独的单元	

同样令人惊讶的是,许多幼儿刚开始都认为是图画书里的图片而不是印刷的文字在讲述故事。幼儿通过教师提供的读写活动和大量的阅读,才意识到了文字的意义。

如果学龄前儿童想要在学习阅读时收获快乐和成功,他们就需要尽早地喜欢上图书。我们希望,幼儿在入园前就能够在家中接触图书。你提供的图书和阅读活动只是家里故事阅读的后续和延伸。但对于一些幼儿来说,课堂上的经历才是他们进入有趣的图书和阅读世界的开始。你会让他们在这个世界里感到快乐。

当幼儿看到老师和家长读书时,他们会开始内化这样一种观点:阅读是他们身边的成人喜欢做的一件重要事情。因此,他们也很想尽快学会阅读。成人在和幼儿一起阅读时,可以说一些重要的话:"我很喜欢你,所以我即使今天很忙,也要抽出时间和你分享一些美好的东西。"这会创造出一种良好的氛围,激发幼儿的阅读兴趣。

鼓励倾听的图书

如前所述,为了提高说话的能力,幼儿首先需要学会倾听。培养幼儿良好倾听能力的最好方法之一就是,给他们阅读一些能吸引他们注意力的图书。那么应该读什么类型的图书呢?最好是图画书。而且,为了吸引幼儿的注意力,这些书的封面和里面应该有精彩的图片。

幼儿也喜欢令人兴奋的、节奏快的、有趣的、每一页上只有简短文字的图书。文字较多的书是给年龄更大的儿童看的。而三四岁的幼儿更喜欢和你一起阅读故事书并不断地翻页。如果在某一页上停留太久，他们往往会失去兴趣。以下图书中都有能让幼儿感到兴奋的图片和文字，你可以和幼儿一起阅读。

《奇客船长》（*Captain Cheech*，Marin，2008），船与校车的比赛；

《咬人的恐龙！》（*Dino Bites!*，Hall，2013），恐龙互相撕咬；

《仓鼠的改装汽车》（*Hot Rod Hamster*，Lord，2010），小仓鼠利用自己改装而成的赛车赢得了比赛；

《布鲁克斯小姐喜欢读书！》（*Miss Brooks Loves Books!*，Bottner，2010），一个女孩最终找到了一本好书；

《尼尔森，这不合适！》（*No Fits, Nilson!*，Ohora，2013），小女孩用香蕉冰激凌控制住了巨大的宠物大猩猩。

单词游戏

单词本身也能吸引学龄前小听众。幼儿喜欢有独特发音的单词，会因此笑个不停，并不断重复这些单词。记住，幼儿自主学习的第一个层次是操作（参见第三章）。幼儿的单词游戏真的也是一种操作吗？是的。就像幼儿玩积木、玩玩具和相互玩耍一样，他们也玩单词游戏。幼儿会创编一些无意义的单词、重复单词的发音、混合单词、倒着说、编一些儿歌、重复押韵的单词。

大多数人很少关注单词游戏，因为它看起来无关紧要。我们似乎没有意识到，正是通过这种有趣的活动，幼儿又一次建构了自己的知识。这次的内容是语言，而不是认知概念；这一次幼儿是用声音，而不是用手来操作。当教师意识到如此有趣的活动能够帮助幼儿提高读写能力时，他们应该感到非常欣慰。

好玩的书

《跳舞的人字拖》（*Flip Flop Bop*，Novak，2005）的黄色封面上有三个穿着拖鞋跳舞的卡通儿童，这一下子就吸引了幼儿的阅读兴趣。在故事中，卡通儿童跑到拖鞋商店，脱掉袜子和鞋子，换上各种颜色的拖鞋。父母、孩子，甚至祖父母都穿着拖鞋到处跳舞。下雨时，地面变得潮湿泥泞。他们走在泥泞的路上，跌跌撞撞，懒洋洋，滑溜溜，脏兮兮。幼儿可以结合这些美妙的单词（glippy，gloppy，slippy，sloppy）玩耍。幼儿很可能在卡通气球上看到这些单词，而且能很快地把这些单词念出来。

在《米莉老师，别傻了！》（*Don't Be Silly, Mrs. Millie!*，Cox，2005）这本书里，米莉老师开展了单词游戏，并故意说错，让小朋友找出其中的错误。她叫他们把"山羊"（goat）[而不是"外套"（coat）]挂起来，不要走进"贵宾犬"（poodle）[而不是"水坑"（puddle）]，坐在"虫子"（bug）[而不是"地毯"（rug）]上读故事。书中的图片说明了米莉老师说的单词，这些内容吸引了幼儿的注意力。

重复

当给幼儿读这些书的时候，注意一下他们听的专注程度。当听到最喜欢的单词时，幼儿通常会发出阵阵笑声，或者一遍又一遍地重复这个单词。记住，重复是幼儿与新事物互动的下一个阶段。当幼儿要求老师再读一遍时，一定要答应他们。

幼儿的语言学习水平要求教师不断地重复单词和故事，以使他们产生真正的学习。在这个过程中，幼儿很快就能熟悉自己最喜欢的故事，以至于教师在阅读时漏掉一个单词都会被他们发现。研究人员发现，当幼儿对一本书非常了解时，他就能分辨出你阅读时是否漏掉了某个单词或某段话，这是一个重要的突破。

黑体字

在一些书中，重要的单词是用大号黑体字印刷的。让幼儿坐得离你近一些，以便他们在你阅读的时候能够看到单词。当你读单词的时候，用手指着单词的下面。很快你就可以让那些想自己读这些单词的幼儿来读了。他们会开始明白，讲述故事的是文字，而不是图片。

关于车辆的图书经常会强调以下单词。

《道路工程》（*Roadwork*，Sutton，2008），建筑工地的声音词汇；

《倾卸，挖掘》（*Tip Tip Dig Dig*，Garcia，2008），车辆动作词汇；

《嘟嘟，哔哔》（*Toot Toot Beep Beep*，Garcia，2008），小汽车制造的噪声。

当你为学龄前儿童选择图书时，请参考表 6-5 中列出的标准。

表6-5　图书选择检核表

____标题吸引人
____图片及说明引人入胜
____角色令人激动
____行动节奏快、有趣
____文本简洁（每页只有一两句话）
____单词押韵且有趣
____单词或短语重复出现

资料来源：Janice J. Beaty, *Skills for Preschool Teachers*, 9e. Copyright © 2012 by Pearson Education, Inc. All rights reserved. Permission is granted by publisher to reproduce this checklist for evaluation and record keeping.

可预测的图书

研究发现，促进幼儿早期阅读的最佳书籍是可预测的图书，即那些包含重复和押韵的图画书。换句话说，幼儿应该能够根据图书前面部分的内容猜测或预测接下来会发生什么（参见表 6-6）。

表6-6　可预测的学龄前儿童读物

- 读物中有重复或押韵的单词、台词和情节
- 读物具有节奏韵律
- 读物有累积的情节
- 读物有顺序模式
- 读物可能是熟悉的歌曲和手指游戏中的单词
- 读物简短、节奏快、有趣
- 图片清楚地说明了文字

对于学龄前儿童来说，这些书需要具备简单、节奏快和有趣的特点。有些情节可能会随着新情节的加入而以累积的方式重复。要具备一些幼儿能记住的押韵词。还要具备一些有用的功能，如图片能清楚地说明单词或句子。当幼儿一遍又一遍地听这些故事时，他们会记住接下来要发生的事情，包括单词、台词和情节。他们想插嘴说出来，并且能够把书中的内容与老师口中的内容联系起来。最

后，幼儿可以自主根据书中的书面语、台词或情节说出整个故事。

接下来，你应该开始"教"学龄前儿童阅读吗？不，你只需要一遍又一遍地给幼儿阅读可预测的图书，让他们自主探索书中的内容。幼儿最终会自己学会阅读的。

要从大量的儿童图书中选择可预测的图书，请参考表6-6中的标准。儿童的手指游戏、儿歌或其他歌曲也是优质的选择，因为幼儿已经知道押韵、重复的单词，并且已经习惯于说唱它们。每年都有很多优秀的儿歌图书出版，请留意。这些图书的目的不是教幼儿学会唱儿歌，而是向幼儿展示他们已熟悉的儿歌通过文字和图片来呈现是什么样子的。

其中的一些热门图书包括：

重复或押韵的单词、台词和情节

《恐龙咆哮！》（*Dinosaur Roar!*）；

《韩国拌饭》（*Bee-bim-Bong*）；

《倾卸，挖掘》（*Tip Tip Dig Dig*）；

《跳舞的人字拖》（*Flip Flop Bop*）；

《小小的蜘蛛》（*Itsy Bitsy Spider*）；

《嘟嘟，哔哔》（*Toot Toot Beep Beep*）。

节奏韵律

《叽喀叽喀砰砰》（*Chicka Chicka Boom Boom*）；

《与汉堡一起转动，与昆虫一起跳动》（*Twist with a Burger, Jitter with a Bug*）；

《玛丽·麦克小姐》（*Miss Mary Mack*）；

《你会吹奏迪吉里杜管吗？》（*Do You Do a Didgeridoo?*）。

累积的情节

《那只可恶的肥猫！》（*Drat That Fat Cat!*）；

《外婆做的馅饼》（*The Empanadas That Abuela Made*）；

《桥升起来了》（*The Bridge Is Up*）；

《就这样和你在一起》（*Bein' with You This Way*）。

顺序模式

《我们都去旅行了》(*We All Went on Safari*);

《我们要乘船去加拉帕戈斯群岛》(*We're Sailing to Galapagos*);

《10点的盛宴》(*Feast for 10*);

《厨房里的疣猪》(*Warthogs in the Kitchen*)。

全 纳 教 育

一些可预测的图书配有光盘（CD），可以给幼儿提供一个独自探索的机会。有听力障碍的幼儿会发现光盘的价值，因为它们能自由调节音量。幼儿在看书时可以使用耳机听这些光盘，一些光盘设计了翻页提示信号，可提醒幼儿何时需要翻页。刚开始时你需要教每个幼儿怎样使用光盘。但是，与图书配套的光盘不能取代你亲自给幼儿读书。因为，幼儿需要你的抚摸，以及你对他们的鼓励性评论或提问。

给幼儿读书

一直以来，幼儿园里的图画书被教师严重地低估了。这些书常常放在书架上供幼儿自己看。教师也通常用播放录像带或与图书配套的光盘，来代替给幼儿阅读。

教师需要知道的是，这些抽象的代替物与教师给幼儿阅读一本真实的图书带来的体验是很不一样的。在幼儿园里给幼儿读书也许是你作为教师参与的最重要的活动之一。计划好日程安排，让幼儿在一天中的某个时间段自主选择和阅读图书。即便如此，你和你的同事也有责任每天至少给幼儿阅读一次图书。

你可以选择一次为一个幼儿或一组幼儿阅读，而其余的幼儿则从事另一项有趣的活动。确保其他幼儿以后也有机会听到这个故事。幼儿需要坐在阅读者旁边，以便看到图片、融入故事之中，享受与老师互动的亲密感。给一个小组的幼儿阅读更容易建立这种亲密关系。通过给个别幼儿或一组幼儿阅读，将使你的阅读成为幼儿人生中的一段弥足珍贵的个人经历。

虽然个别幼儿会拿着某本书来请你给他阅读，但是你也需要拿着你选择的书去找特定的幼儿并读给他们听。例如，双语学习者或需要帮助的幼儿，都能通过你的一对一的阅读活动而受益。要想成为一个成功的故事阅读者，请记住表6-7中的注意事项。

幼儿需要坐在靠近教师的地方以便看到图片。

表6-7　给幼儿读书

- 熟悉你选择的图书
- 用一种能吸引幼儿注意力的方式开始阅读
- 让你的声音尽可能有趣
- 帮助幼儿通过参与阅读融入故事之中

熟悉你选择的图书

如果你已根据"图书选择检核表"（表6-5）中的信息选择了某本图书，那么你就要尽可能地熟悉这本书。如果你还不够熟悉，就请一页一页地通读，并注意对以下几个方面做出标记。

- 描述声音的单词。对于这样的单词，你应该能进行模仿，而不是仅仅把这个单词读出来。
- 可替换名字的地方。读到书中的某些地方，你可以用正在听你读书的幼儿的名字来代替书中人物的名字。
- 你可以让幼儿寻找的图片细节。
- 你可能想停下来并让幼儿猜猜接下来会发生什么的地方。
- 你想停下来并让幼儿说出下一个单词的地方。

用一种能吸引幼儿注意力的方式开始阅读

如果你无法引起幼儿的注意，那么你的故事阅读活动将不会成功。在阅读过程中，你可能不想停下来训斥那些爱捣乱的幼儿，最好的情况是他们都准备好了，渴望着你开始讲故事。你可以用一种能吸引幼儿注意力的方式开始阅读，最简单有效的方法是就图书封面上的图片向幼儿提问。

让你的声音尽可能有趣

你喜欢给幼儿大声地阅读吗？声音常常能反映你的感情。如果你对所阅读的故事充满热情，那么幼儿就能够通过你的声音感受到。幼儿喜欢老师把声音变得恐怖、轻柔或者深沉，从而使故事变得戏剧化。你能这样做吗？大多数人不试不知道。在阅读时你可以打开录音机，录下自己的声音，然后在独自一人时再播放给自己听。你喜欢自己读故事的方式吗？请用录音机进行个人练习，直到你能发出自认为最能增强故事效果的声音。

帮助幼儿通过参与阅读融入故事之中

如果幼儿能够成为故事中的一部分，那么他们会更喜欢故事阅读。作为故事的阅读者，你可以通过多种方式让幼儿直接参与进来。例如，你可以让听故事的幼儿说出下一个单词。但是，要注意让大家一起说。让幼儿单独参与常常会扰乱集体阅读活动，因为每个幼儿都想轮到自己说出答案。避免这个问题的另一种方式是进行小组阅读或一对一的阅读。当给一组幼儿阅读时，你可以指定一个幼儿回答问题，这样有助于控制局面。

对于那些不习惯安静地坐着听故事的幼儿，你应该不想在一开始就用个别幼儿的参与打断整个故事阅读的过程吧。你必须决定：自己的首要任务是不被打断地读完整本故事书，还是提供机会让所有幼儿参与故事阅读并融入故事之中？阅读结束后，不要把书扔到一边，可继续探索后续的图书活动，给幼儿提供重温这些故事书的机会。

◎ 后续的图书活动

寻找这样的图书——封面上的主人公正在讲书中的故事。如果幼儿喜欢这本书，想让你再读一遍，你可以让幼儿代替主人公讲述书中的故事。可以从简单的故事书开始，这样的故事书中只有一个主人公，整个故事中他在不断地重复一些单词。有动物角色的图书通常是一个不错的选择，因为幼儿总是容易被故事中会说话的动物吸引。

使用手偶

尝试用一个动物形象的手偶或毛绒动物玩具来让幼儿假扮它说话。即使对于最害羞的幼儿，让其躲在手偶后面说话，也是个让他们参与活动的好办法。你或者幼儿可以用小纸袋做动物形象的手偶，用纸袋的底部做手偶的脸，在纸袋上画上或者用胶水粘上动物的眼睛、鼻子、嘴巴和耳朵。用袜子也可以制作出好玩的手偶，剪出几个圆洞作为手偶的眼睛和鼻子。操作手偶的幼儿可以把手一张一合，控制纸袋或袜子的上端一开一合，来表演手偶说话。丛林动物形象的防烫手套也可以做成很好玩的手偶。许多玩具店和儿童书店会销售毛绒动物玩具或手偶，以便与特定的图书配套使用。教育用品公司也备有与儿童图书配套的玩具和手偶。

激发幼儿说话的一个令人兴奋的方法是，当你阅读故事时，让一个幼儿戴上手偶扮演动物说话。很快就会出现更多的幼儿想要扮演动物。如果故事里的动物没有说话，就让幼儿自己创编台词。幼儿往往希望能够反复重复这个故事，直到每个人都有机会扮演《小美洲驼和霸王山羊》(*Llama Llama and the Bully Goat*, Dewdney，2013)一书中的小美洲驼。幼儿需要借助这种重复来练习"书本语言"。一定要表扬所有扮演动物说话的幼儿，并指出你喜欢他们说话的原因。

用手偶扮演角色说话。

故事再现（又称戏剧表演）

一旦幼儿习惯了扮演书中的角色说话，他们就已经为其交流技能发展的下一步做好了准备：通过简单的故事再现（或戏剧表演）来扮演书中某个角色的所有相关内容。寻找那些封面上的人物形象好像在说话的图书。正如学龄前儿童喜欢自发地扮演妈妈、爸爸、医生和护士等角色一样，他们也喜欢扮演书中他们最喜欢的角色。当你读故事时，让幼儿表演书中角色的行为、语言或进行故事创编。

> **关于故事再现的引导性图书**
>
> 例如，在《你好！是奶奶吗？》(Hello! Is This Grandma?, Whybrow, 2007)一书中，小洛根试图打电话找奶奶，但是每次他都拨错了电话号码：先是打给了羊，然后打给了鸭子，接下来打给了牛，最后打给了暴脾气的鳄鱼。他们都告诉小洛根打错电话了。后来，奶奶给小洛根打了电话，邀请他和他的朋友们参加一个聚会。如果你班上的幼儿对这个故事表现出浓厚的兴趣，那么你可以让他们针对这本书进行故事再现活动。在你阅读故事时，可以让他们各自扮演一个角色。
>
> 其他适合用来开展故事再现活动的图书包括：
>
> 《那只可恶的肥猫》(Drat That Fat Cat, Thomson, 2003)；
>
> 《布鲁克斯小姐喜欢书（我不喜欢）》[Miss Brooks Loves Books (and I Don't), Bottner, 2010]；
>
> 《猫头鹰宝宝》(Owl Babies, Waddell, 1992)；
>
> 《咔嚓咔嚓！那是什么？》(Snip Snap! What's That?, Bergman, 2005)。
>
> 不想扮演角色的幼儿可以成为观众。这类非正式的戏剧表演仅供幼儿自娱自乐，而不是演给别人看的。如果进展顺利，幼儿就还想重复表演这个故事。重复给幼儿提供了详细阐述和拓展这个故事的机会。

提供材料和活动以支持早期书写

◎ 早期书写

就像学龄前儿童可以进行早期阅读一样,如果环境有利,他们也可以进行早期书写。这意味着你应该设置一个书写区,就像第三章中所建议的那样,在里面摆放各种吸引幼儿尝试书写的工具。具有彩虹一样颜色的水彩笔是学龄前儿童在早期涂鸦中最喜欢的书写工具。你应该把书写作为一种交流方式来推广。

给幼儿读一本他们最喜欢的书——《小红母鸡》(*The Little Red Hen*),并向他们介绍将在书写区使用的书写工具——《小红笔》(*The Little Red Pen*,Stevens,2011)一书中的"小红笔"。

水彩笔是许多学龄前儿童最喜欢的书写工具。

关于书写工具的引导性图书

幼儿喜欢《小红笔》这本故事书,因为书中的所有书写工具都会说话:订书机、剪刀、铅笔、橡皮、钢笔和荧光笔。在给一堆试卷打分时,小红笔喊道:"谁能帮我拯救世界?"其他的工具都很快地回答:"不是我。"于是小红笔自己动手,却不小心掉进了垃圾桶。绿色荧光笔带头,在其他所有人的帮助下,最终营救了小红笔。当你阅读时,可以提供书中的工具,幼儿会很开心地使用它们进行角色扮演。

操作

对于幼儿来说，当他们第一次独立尝试书写的时候，这是一个操作阶段。他们使用书写工具在纸上涂涂画画。幼儿的某些涂鸦可能是为了绘画，有时他们会在自己的"画"下面涂鸦，来说明"画"上的内容。你要用鼓励和接纳的方式来支持幼儿。（比如："玛丽萨，你真的很喜欢用不同的颜色来涂鸦，对吧？"）幼儿可能想告诉你涂鸦所表达的内容。同时，也正因为你知道怎么读，而他们不知道，所以他们会经常问你其涂鸦所表达的内容怎么读。

精通与意义

可以让幼儿在公告栏里展示自己的书写作品，就像展示美工作品一样。当幼儿在一页又一页的纸上反复涂鸦时，你能够很容易地判断出其书写水平的提高。

当幼儿自发地探索早期书写这个新事物时，他们主要是为了获得乐趣。然而，在某些时候，他们可能想通过涂鸦进行交流。通过使用书写区的材料，你可以帮助幼儿制作积木建构区的标识，给某个人写信，在登记表上写自己的名字，或者在借书登记表上签名把某本书借回家读。以有意义的方式进行这种"模拟书写"的幼儿，正在朝着探索性游戏的有意义水平进步。他们的涂鸦甚至开始看起来像真的字母。全美幼教协会（NAEYC）课程标准列出了教师为提高学龄前儿童的早期书写技能而需要考虑的一系列因素。

全美幼教协会（NAEYC）课程标准：书写

描述一下你所在的幼儿园将如何达到以下标准。

- ◆ 在美工区、表演区和其他活动区，提供书写材料和活动。
- ◆ 支持各种类型的书写，包括涂鸦、类似字母的标记和发展性拼写。
- ◆ 儿童每天都有机会书写或口述自己的想法。
- ◆ 为儿童提供必要的帮助，帮助他们尝试书写想要表达的文字和信息来与他人交流。
- ◆ 为儿童提供独立书写所需的支持，包括提供字母表和印刷文字。

> - 教师为儿童提供书写功能的示范，以帮助他们讨论在日常生活中运用书写的多种方式。
> - 儿童有机会识别和书写字母。
>
> 资料来源：NAEYC. (2008) *NAEYC Early Childhood Program Standards and Accreditation Criteria: The Mark of Quality in Early Childhood Education*. Washington, DC: National Association for the Education of Young Children (NAEYC). Copyright © 2008®. Reprinted with permission.

由于小学对读写能力的关注，使得学龄前儿童的书写也变得越来越重要。许多幼儿通过书写进入阅读阶段。早期书写从涂鸦开始，然后从涂鸦发展到书写字母，再从书写字母发展到书写单词，最后幼儿学会阅读。学龄前儿童可以在适宜的环境和教师的支持下自学书写。读写专家对学龄前儿童能够自学书写感到非常惊讶。

书写行为

表6-8"幼儿书写行为检核表"中列出了许多幼儿的读写能力的发展步骤。不要期望所有的幼儿都能在几周或几个月内完成这些步骤。他们可能需要一整年甚至更长的时间才能完成。这份检核表更适合教师作为观察工具，判断幼儿的书写发展阶段以及在教师的帮助下所能达到的发展阶段。

表6-8　幼儿书写行为检核表

____在一张纸上书写一行涂鸦
____在涂鸦画或图片下面书写一行涂鸦
____在纸上画满了类似书写的涂鸦
____在一行行的涂鸦中书写出几个模拟字母
____书写一连串的字母
____到处书写字母，有些是颠倒的
____不按顺序书写名字中的字母，有些是颠倒的
____按顺序书写名字中的字母
____按照自己发明的方式书写其他单词

资料来源：Janice J. Beaty, *50 Early Childhood Literacy* 2005, Upper Saddle River, NJ: Merrill/Prentice Hall. Reprinted with permission.

有些幼儿可能开始"书写"他们自己的故事。你需要在书写区的墙上贴一些他们涂写的故事来鼓励他们的努力。其他的幼儿可能会告诉你:"你来写吧。我不知道怎么写。"你可以真诚地回答:"我以前知道怎么涂写,但是现在忘了,所以你必须自己写。"

不要期望所有的幼儿都能达到这个水平。鼓励幼儿以任何他们喜欢的方式使用书写区,就像他们在美工区所做的那样。你应该成为一个支持和促进的角色,而不是一个直接的教学角色。后者更适合小学教师。你需要给幼儿提供纸张和书写工具供他们独立书写,并及时称赞他们的书写成果。

听写

当幼儿口述故事时,许多教师会同时把故事写在黑板上。然后,教师一边指着自己写下的单词,一边再把这些故事讲给幼儿听。采取这样的方式是了解书写目的和书面语言功能的重要开端。这是幼儿了解书写的一般目的的一种方式。

一些教师会发给家长一个毛绒动物玩具,让幼儿带回家玩,同时给家长一本杂志,让其给幼儿写一个关于动物的故事。当动物玩具和杂志被归还以后,教师或幼儿可以把这些故事读给全班小朋友听。在班上可以开展的其他听写活动还包括:幼儿口述在实地考察时所做的事,写一份家庭晚餐的邀请函,或者列出一个科学实验的步骤。

幼儿的书写活动

此外,你要提供一些激发幼儿自己书写的工具,就像激发他们说话、倾听和阅读一样。表6-9列出了学龄前儿童可能参与的听写和书写活动。

表6-9 学龄前儿童听写和书写活动

• 登记表	• 消息	• 日记
• 姓名标签	• 邀请函	• 杂志
• 签名	• 感谢信	• 给父母的便条
• 待办事项清单	• 康复卡	• 图片说明
• 采购清单	• 生日贺卡	• 故事

提供一些明信片，让感兴趣的幼儿互相"写明信片"，并邮寄到每个人用鞋盒制作的"邮箱"里。下次，幼儿可能就想给隔壁班的同学写明信片。幼儿或许还想写问候卡，或者给他们的父母和祖父母写便条。这些内容可以随意涂写，甚至可以用图片来代替单词。

如果幼儿知道如何使用姓名标签或者项链来执行他们在教室里的不同区域里的活动规则，就可以考虑让他们使用登记表。在每个活动区的入口处固定一个带铅笔的小书写板。在书写板上标记出该活动区允许进入的幼儿人数。其他的登记表可以用来帮助幼儿轮流使用电脑、三轮车、CD播放器和其他幼儿喜欢的物品。幼儿可以在他人的名字下面写上自己的名字——可以是涂鸦、印刷的字母或符号。大多数幼儿都能很好地辨认自己涂鸦的内容。

关于书写活动的引导性图书

给幼儿读一些主人公通过书写来与他人进行交流的图书。列清单是许多幼儿喜欢做的一项简单的活动。

阅读《华莱士的清单》(*Wallace's Lists*, Bottner & Kruglik, 2004)。书中的小老鼠华莱士针对每种事物都列出了清单：他的衣服，他的宠物，他喜欢的故事，他喜欢的令人兴奋的天气，以及他的待办事项。幼儿可以列出他们每天想在教室里做的事情。那些不会写单词的幼儿可以通过画图来制作清单。把这些清单张贴在书写区。

在《咯咯，咯咯，呱呱》(*Giggle, Giggle, Quack*, Cronin, 2002)一书中，农场主布朗的鸭子找到一支铅笔，开始给哥哥鲍勃写便条。当农场主不在时，由鲍勃负责管理农场。突然间滑稽的混乱局面接踵而至。幼儿喜欢听这些故事和一遍又一遍地看图片。他们很快就能通过书写来交流想法，甚至想尝试开始写信活动、列出自己的需要。

> 在《蚯蚓日记》(*Diary of a Worm*，Cronin，2003)、《蜘蛛日记》(*Diary of a Spider*，Cronin，2005)和《苍蝇日记》(*Diary of a Fly*，Cronin，2007)这三本书中，蚯蚓、蜘蛛和苍蝇这些动物写了滑稽的日记，给幼儿展示了另外一种通过书写进行交流的方式。读完后，给每个幼儿装订一些空白纸张，让他们开始写自己的日记。即使是只会涂鸦的幼儿，也可以试着在日记中通过绘画来记录日常活动。

字母

除了涂鸦，学龄前儿童很快就会开始尝试书写字母，通常是他们名字中的字母。一些幼儿已经学会在家里书写自己的名字。而其他人可能只知道首字母。你应该"教"幼儿每个字母吗？答案是"并非如此"。如果你给他们提供具有发展适宜性的材料和机会，幼儿能自己学会他们需要知道的字母。

事实上，幼儿在学习字母的过程中经历了另一个发展阶段。他们可能会唱字母歌，但这不是一个特别好的字母学习工具。实际上，幼儿只是把"elemenopee"听成了一个单独的、有韵脚的单词，而不是5个独立的字母：L-M-N-O-P。当他们书写字母时，他们甚至不知道每个字母的含义，也不知道每个字母的发音。他们缺少的是对字母规则本身的理解，即这些字母代表发音。

有些幼儿甚至一开始就用随机的字母书写出无意义的单词，因为他们不明白语音和字母是相关联的。一旦幼儿发现说出来的单词是由语音组成，而语音与字母有关，他们就经历了一次重大的发展飞跃（Schickedanz & Casbergue，2009）。这一发现被称为语音意识。

幼儿如何学习字母？就像他们学习世界上所有的新事物一样：通过游戏探索和注意别人对他们的评价。把三维立体的木制的、塑料的或有磁性的字母放在书写区里，让幼儿自由探索，找到与自己名字匹配的字母或者将相同的字母放在一起。你也可以和幼儿一起玩字母发音游戏。你可以让幼儿在教室里寻找一些物品——其首字母与自己名字的首字母发音相同，例如，本（Ben）可以寻找 book

（书）、block（积木）、ball（球）、baby doll（洋娃娃）等物品。你也可以给幼儿阅读充满押韵词的图书，或者带一些字母印章和印泥、字母模板、字母贴画等，将字母便签贴在以相应字母作为名称首字母的物品上。

现在到了给幼儿提供字母书的时候了。今天的字母书已不同于传统的图书。试着找出一些讲述关于字母的有趣故事的图书，或者一些"字母"讲述自己故事的图书。

关于字母活动的引导性图书

经典著作《叽喀叽喀砰砰》（*Chicka Chicka Boom Boom*，Martin & Archambault，1989）是一本很受欢迎的字母书。字母们爬到椰子树的顶端开会，担心是否有足够的空间。这是一场押韵爬树比赛，最后所有的字母都从树上掉了下来。让每个幼儿都戴一条系着字母的项链，扮演字母说话。你也可以制作或购买一棵树和字母。如果幼儿被这些字母吸引，就让他们创编一个关于字母押韵的故事。

其他的字母书包括：

《A代表麝牛》（*A Is for Musk Ox*，Cabatingan，2012）；

《A不代表狐狸，An不代表字母》（*A Isn't for Fox, An Isn't Alphabet*，Ulmer，2008）；

《哎哟！Z走在最前面的那一天》（*Alpha Oops! The Day Z Went First*，Kontis，2006）；

《LMNO豌豆》（*LMNO peas*，Baker，2010）；

《N代表Navidad》（*N Is for Navidad*，Elya，2007）；

《R代表机器人，一个嘈杂的字母表》（*R Is for Robot, a Noisy Alphabet*，Watkins，2014）；

《Z代表麋鹿》（*Z Is for Moose*，Bingham，2012）。

电脑字母表程序

幼儿也可以通过简单的只读光盘（CD-ROM）上的电脑字母表程序自学。在和幼儿一起使用这些程序之前先试一试，因为有些程序比较难操作。

《贝利的书房》（*Bailey's Book House*）；

《瑟斯博士的 ABC》（*Dr. Seuss's ABC*）；

《布鲁的 ABC 活动》（*Blue's ABC Activities*）；

《启动学前教育》（*Jumpstart Preschool*）；

《叽喀叽喀砰砰》（*Chicka Chicka Boom Boom*）；

《读者兔：引人关注的字母表竞赛》（*Reader Rabbit: The Great Alphabet Race*）；

《好奇的乔治——学前教育 ABC》（*Curious George Pre-K ABCs*）；

《埃尔莫的 ABC》（*Elmo's ABC*）。

幼儿的名字

幼儿可以在他们的储物柜或名片上看到自己的名字。教师要求幼儿在自己的画上签名，即使只是潦草的涂鸦。许多幼儿园要求幼儿在使用与图书配套的光盘、耳机、电脑、iPad[1] 或 MP3 播放器，在操场上使用三轮车，或者把幼儿园里的图书借回家阅读时都要签名登记。幼儿很快就会意识到名字的重要性，并想学习如何书写自己的名字。通常幼儿学会写的第一个单词就是自己的名字。

幼儿先学习名字的首字母，他们经常会把自己的名字和另一个首字母相同的小朋友的名字混淆。之所以会出现这种情况，是因为幼儿首先看到的是整个单词，然后才是一个一个的字母。让他们仔细看看两个名字，判断哪一个才是自己的。你可以把他们的名字写在一张卡片上，然后把每个字母都读一遍。你还可以把几个幼儿的名片放在桌上，让他们一个一个地找自己的名字。或者让他们把自

---

[1] iPad 是苹果公司于 2010 年发布的平板电脑系列，定位介于苹果智能手机和笔记本电脑之间，全称为 internet portable apple device。——译者注

己的名字写在另一张卡片上以备用。

为了让幼儿的名字更加显眼，可以让他们用大号塑料字母来拼写自己的名字。然后，用颜料、闪光片、泡沫或美术贴纸来装饰这些字母。在另一天，让幼儿从帽子里抽名片，猜猜是谁的名字。或者让幼儿用字母积木块拼出自己的名字。可以给幼儿阅读一些以儿童名字为主题的图书。

> **关于儿童名字的引导性图书**
>
> 《埃莉诺、埃拉托尼、埃伦凯克和我》（*Eleanor, Ellatony, Ellencake, and Me*，Rubin，2003）讲述了一个关于埃莉诺的幽默故事。每个家庭成员都根据自己的喜好，给埃莉诺起了一个不同的名字：来自法国的外婆称她为"浪漫的艾丽（Elle）"，爷爷叫她"潘趣（Punch）"，爸爸称她为"电影明星埃莉诺拉（Eleanora）"，妈妈叫她"我的小通心粉埃拉托尼（Ellatony）"。最后，埃莉诺反抗了，给自己起名为埃莉（Ellie）。这就是她的样子。
>
> 你班上的幼儿有哪些关于名字的故事？不要强迫他们说出自己不喜欢的昵称，因为这可能会引发其他人的嘲笑。他们的宠物又是什么名字呢？
>
> 其他关于儿童名字的图书有：
>
> 《艾哈迈德的秘密日》（*The Day of Ahmed's Secret*，Heide & Gilliard，1990）；
>
> 《我的名字不是亚历山大》（*My Name Is Not Alexander*，Fosberry，2011）；
>
> 《我的名字不是伊莎贝拉》（*My Name Is Not Isabella*，Fosberry，2010）；
>
> 《我的名字叫尹》（*My Name Is Yoon*，Recorvits，2003）。

◆ 字母的方位

幼儿可能开始认识自己名字中的字母，但在书写上有困难。他们第一次尝试写名字往往会出现问题，例如会写反、隔开来写或者写得上下颠倒。他们可能会把名字的首字母写在纸中间，而把其他字母分散写在各处。难道幼儿看不到自己名片上的字母吗？问题没有那么简单，这其实是一个关于左右脑对空间方位的感知问题。

大多数幼儿一开始都是从右脑的视角来看事物，这意味着字母并不总是指向同一个方向，也不必被束缚在同一条水平线上。而从左脑的视角来看，字母必须始终面向一个方向，单词应该成行书写。为了用英语阅读和书写，幼儿必须将右脑视角转换为左脑视角。不要为此大惊小怪，也不要强行解决这个问题。随着实践和成熟度的增加，他们最终会自己解决问题。而对某些幼儿来说，他们可能需要比别人更长的时间。

许多儿童甚至在小学阶段还会把字母写反。最好的方式是用单词、字母材料和写作机会来创设一个适宜的书写环境。一定要接受幼儿所有的书写尝试。只要他们写对了，就及时表示祝贺。幼儿应该以一种自然、有趣的方式接触早期书写。

你可以提供一些字母书、木制或塑料字母、字母印章和字母邮票，并把字母材料安装在幼儿游戏区域的墙面上。确保松散的字母可以朝任何方向转动，以便和幼儿一起游戏时使用。幼儿能排列多少字母，使其指向正确的方向？让幼儿对照墙上的字母来检查。如果幼儿弄错了，请告诉他们"你做得很接近，再试一次"，而不要说"你错了"。你也可以假装犯一个错误，看看幼儿是否能够发现。对每个幼儿来说，学习这种复杂的技能都应该是积极的、有趣的。

对于幼儿来说，能够写出自己的名字是一项非常重要的成就。就像《艾哈迈德的秘密日》一书中的阿拉伯男孩一样，他们发现写出来的名字比它的发音能保持得更长久。因为名字就代表着他们！

本章小结

提供能提升幼儿口语和听力的活动

本节介绍了幼儿的口语和读写能力，给教师提供了一些建议：通过成为积极的倾听者、给教室隔音，让幼儿能够听到自己的声音，提供一个无压力的环境来提高幼儿说话的信心，给幼儿交流的机会，支持幼儿之间的对话。教师需要评估自己的语言，判断它们是回应性语言还是限制性语言。

帮助双语学习者学习英语

本节支持双语者学习英语，并尊重他们的母语。帮助双语学习者的方式包括使用iPod、MP3录音机和翻译软件等，以及教师和幼儿一起阅读双语绘本。

提供材料和活动以支持早期阅读

本节描述了幼儿的早期阅读过程，解释了学习阅读与学习说话的区别。教师评估幼儿的阅读行为后，使用环境中的印刷品、图画书、单词游戏、字母游戏和电脑软件来提升幼儿的阅读水平。本节还讨论了可预测的图书，为听力有缺陷的幼儿提供与图书配套的光盘，以及教师阅读一些强调幼儿参与和故事再现的图书。

提供材料和活动以支持早期书写

本节还介绍了早期书写、幼儿的系列书写行为和能促进幼儿早期书写能力发展的图书，根据幼儿书写名字的重要性阐述了字母规则和幼儿语音意识的发展，总结了字母方位对幼儿早期书写的影响。

道德困境

几位家长向教师提交了一份反对幼儿园的请愿书，因为幼儿园将西班牙语活动纳入一个母语主要为英语的班级的课程中。他们认为，所有的孩子，甚至包括移民家庭的孩子，都应该学习英语。即使在教室里开展最少的西班牙语活动，也会阻碍幼儿的英语学习。你会怎么做呢？

你可知道

1. 幼儿何时开始有交流的动力？
2. 婴幼儿如何学习与他人交流？
3. 你能做些什么来帮助幼儿用心倾听？
4. 你如何使教室隔音？为什么要这样做？
5. 回应性语言和限制性语言的区别是什么？
6. 如何促进你和幼儿之间自发的对话呢？
7. 年幼的双语者学习英语的最佳方式是什么？
8. 新技术如何帮助幼儿学习英语？

9. 为什么双语儿童学习母语很重要?

10. 学习阅读和学习说话有什么不同?

11. 学龄前儿童是如何开始阅读的?

12. 幼儿学习书写的操作阶段包括什么内容?

13. 为什么教师的听写对幼儿的书写具有重要意义?

14. 教师应该教字母吗?为什么呢?

15. 为什么一些幼儿在进行早期书写时会颠倒字母?

学习活动

1. 阅读一篇或多篇推荐的阅读材料。在你的文件夹中添加10张卡片,并在卡片上记录你对于帮助幼儿发展交流技能的具体想法。在每张卡片上列出相关的参考文献。

2. 与害羞或不爱说话的幼儿一起工作,用本章中的建议来帮助他们,但不要强迫他们说话。

3. 回顾一下本章中讨论的10本儿童图书,为每本书制作一张档案卡。结合本章的建议,给个别幼儿或一个小组的幼儿阅读其中的几本书,并记录结果。

4. 和幼儿一起根据他们最喜欢的一本图书进行故事再现活动,并记录结果。

5. 给幼儿带来一本新的可预测的图书,读给他们听,用手偶或其他活动来拓展故事,并记录结果。

6. 和幼儿一起使用字母书并开展字母活动。观察并记录结果。

7. 让几个幼儿参与一个简单的书写或涂鸦活动,并参照表6-8分析每个幼儿的书写水平处于哪个阶段。

8. 向一组幼儿阅读一本关于列清单或写日记的图书,让他们学着自己列清单或写日记。

推荐读物

Blank, J. (2012). Fostering language and literacy learning: Strategies to support the many ways children communicate. *Dimensions of Early Childhood*, *40*(1), 3–11.

Block, M.K. & Duke, N.K. (2015). Letter names can cause confusion and other things to know about letter-sound relationships. *YC-Young Children*, *70*(1), 84–91.

Birckmayer, J., Kennedy, A., & Stonehouse, A. (2010). Sharing spoken language: Sounds, conversations, and told stories. *Young Children*, *65*(1), 34–39.

Chen, J.J. & Shire, S.H. (2011). Strategic teaching: Fostering communication skills in diverse young learners. *YC-Young Children*, *66*(2), 20–27.

Gillanders, C. & Castro, D.C. (2011). Storybook reading for young dual language learners. *YC-Young Children*, *66*(1), 91–95.

McNair, J.C. (2007). Say my name, say my name: Using children's names to enhance early literacy development. *Young Children*, *62*(5), 84–89.

Pandey, A. (2014). Using mother tongues as building blocks in childhood education. *Childhood Education*. *90*(1), 61–67.

Pilonieta, P., Shue, L., & Kissel, B.T. (2014). Reading books, writing books: Reading and writing come together in a dual language classroom. *YC-Young Children*, *69*(3), 14–21.

Salinas-Gonzalez, I, Arreguin-Anderson, M.G., & Alanis, I. (2015). Classroom labels that young children can use: Enhancing Biliteracy development in a dual language classroom. *Dimensions of Early Childhood*. *43*(1), 25–31.

Schickedanz, J.A. & Collins, M.F. (2013). *So much more than the ABCs*. Washington, DC: NAEYC.

Shagoury, R. (2009). Language to language: Nurturing writing development in multilingual classrooms. *Young Children*, *64*(2), 52–57.

Temple, C., Nathan, R., & Temple, C. (2013). *The beginnings of writing*, 4e. Boston: Pearson.

儿童图书

Ada, A.F. (2002). *I love Saturdays y domingos*. New York: Atheneum.

Baker, K. (2010). LMNO peas. New York: Beach Lane Books.

Bergman, M. (2005). *Snip snap! What's that?*. New York: Greenwillow.

Bingham, K. (2012). *Z is for moose*. New York: Greenwillow.

Bottner, B. (2010). *Miss Brooks loves books (and I don't)*. New York: Knopf.
Bottner, B. & Kruglik, G. (2004). *Wallace's lists*. New York: Katherine Tegen Books.
Cabatingan, E. (2012). *A is for musk ox*. New York: Roaring Brook Press.
Child, L. (2005). *But excuse me, that is my book*. New York: Dial.
Child, L. (2004). *I am too absolutely small for school*. Cambridge, MA: Candlewick Press.
Child, L. (2008). *I completely know about guinea pigs*. New York: Dial.
Child, L. (2009). *I will be especially very careful*. New York, Dial.
Cox, J. (2005). *Don't be silly, Mrs. Millie!* New York: Marshall Cavendish.
Cronin, D. (2002). *Giggle, giggle, quack*. New York: Simon & Schuster.
Cronin, D. (2003). *Diary of a worm*. New York: Joanna Cotler Books.
Cronin, D. (2005). *Diary of a spider*. New York: Joanna Cotler Books.
Cronin, D. (2007). *Diary of a fly*. New York: Joanna Cotler Books.
Dewdney, A. (2013). *Llama Llama and the bully goat*. New York: Viking.
Dole, M.L. (2003). *Drum, Chavi, drum*. San Francisco: Children's Book Press.
Dominguez, A. (2013). Maria had a little llama. New York: Henry Holt.
Edwards, P. (2007). *Oliver has something to say*. Montreal, Canada: Lobster Press.
Elya, S.M. (2006). *Bebe goes shopping*. Orlando, FL: Harcourt.
Elya, S.M. & Banks, M. (2007). *N is for Navidad*. San Francisco: Chronicle Books.
Fosberry, J. (2011). *My name is not Alexander*. Naperville, IL: Sourcebooks.
Fosberry, J. (2010). *My name is not Isabella*. Naperville, IL: Sourcebooks.
Garcia, E. (2008). *Tip tip dig dig*. New York: Sterling Publishing.
Garcia, E. (2008). *Toot toot beep beep*. New York: Sterling Publishing.
Guarino, D. (1989). *Is your mama a llama?* New York: Scholastic.
Hall, A.G. (2013). *Dino bites!* New York: Boxer Books.
Heide, F.P. & Gilliard, J.H. (1990). *The day of Ahmed's secret*. New York: Lothrop, Lee & Shepard.
Kontis, A. (2006). *Alpha oops! The day Z went first*. Somerville, MA: Candlewick Press.
Lord, C. (2010). *Hot rod hamster*. New York: Scholastic Press.
Marin, C. (2008). *Captain Cheech*. New York: HarperCollins.
Martin, B. & Archambault, J. (1989). *Chicka chicka boom boom*. New York: Simon & Schuster.
McLeod, B. (2006). *Superhero ABC*. New York: HarperCollins.
Novak, M. (2005). *Flip flop bop*. (2005). Brookfield, CT: Roaring Brook Press.
Ohora, Z. (2013). *No fits, Nilson!* New York: Dial.
Recorvits, H. (2003). *My name is Yoon*. New York: Farrar, Straus and Giroux.

Recorvits, H. (2003). *Eleanor, Ellatony, Ellencake, and me.* Columbus, OH: Gingham Dog Press.

Rubin, A. (2013). *Secret pizza party.* New York: Dial.

Rubin, C.M. (2003). *Eleanor, Ellatony, Ellencake. and me.* Columbus, OH: Gingham Dog Press.

Shannon, D. (1998). *No, David!* New York: The Blue Sky Press.

Stevens, J.R. (1993). *Carlos and the squash plant.* Flagstaff, AZ: Rising Moon.

Stevens, J. & Crummel, S.S. (2011). *The little red pen.* New York: Harcourt.

Sutton, S. (2008). *Roadwork.* Somerville, MA: Candlewick Press.

Tafolla, C. (2008). *What can you do with a rebozo?* Berkeley, CA: Tricycle Press.

Thomson, P. (2003). *Drat that fat cat!* New York: Arthur A. Levine Books.

Ulmer, W. (2008). *A isn't for fox.* Ann Arbor, MI: Sleeping Bear Press.

Waddell, M. (1992). *Owl babies.* Cambridge, MA: Candlewick Press.

Watkins, A.F. (2014). *R is for robot, a noisy alphabet.* New York: Penguin Group.

Whybrow, I. (2007). *Hello! Is this Grandma?* Wilton, CT: Tiger Tales.

第七章

提高创造性技能

Suzanne Clouzeau/Pearson Education

学习目标

在本章你将学会：

◆ 让幼儿通过自由发挥想象力来促进其创造性发展。

◆ 给予幼儿在戏剧表演游戏中发挥创造力的机会。

◆ 提供美工材料和活动让幼儿自主进行创造性探索。

◆ 鼓励幼儿创造音乐并享受音乐带来的乐趣。

让幼儿通过自由发挥想象力来促进其创造性发展

当我们提到富有创造性技能的人时,我们通常指的是一个有独到想法的人,他以新颖和不同的方式做事,并且能够发挥想象力和创造力带来新颖的形式。幼儿能够通过这些方式表现出创造性吗?

幼儿不仅能够表现出创造性,而且他们本性如此。创造性对于幼儿来说似乎是一种与生俱来的本能。从一出生起,幼儿就具有能够从自身完全独特的视角去观察、倾听、嗅闻、品尝和触摸周围事物的能力。毕竟,在这个陌生和复杂的世界里,幼儿是新颖和独特的生命体。他们理解周围事物的唯一方式是运用自己的感官来探索:尝试探索周围的事物,去发现事物之所以变成这样的原因以及事物是否还有其他不同的形式。

艾森伯格和加隆戈(Isenberg & Jalongo,2010)告诉我们,想象力和幻想力在幼儿期十分活跃。幼儿不断地进行假想,形成对虚构的人和事物的丰富而生动的心理表象。

全美幼教协会(NAEYC)的课程标准启示我们,幼儿园需要遵循其课程标准。

全美幼教协会(NAEYC)课程标准:艺术创意表达与欣赏

描述一下你所在的幼儿园将如何达到以下标准。

- ◆ 为儿童提供各种机会,运用反映文化多样性的方式来欣赏艺术、音乐和戏剧。
- ◆ 学习与艺术、音乐和戏剧有关的新概念和词汇。
- ◆ 发展和拓展儿童支持艺术表达形式的技能。
- ◆ 通过音乐、戏剧、二维和三维艺术来创造性地表达自己。
- ◆ 对其他儿童和成人的艺术作品做出反应。

资料来源:NAEYC. (2008) *NAEYC Early Childhood Program Standards and Accreditation Criteria: The Mark of Quality in Early Childhood Education.* Washington, DC: National Association for the Education of Young Children (NAEYC). Copyright © 2008®. Reprinted with permission.

这个幼儿能用一块紫色的黏土做什么？

在任何活动中，幼儿都会带着求知的精神和强烈的好奇心，并且通过游戏和新颖的方式自发进行探索、实验和操作物体。例如，你班上的幼儿能用一块紫色的黏土做什么？这就是创造性。这与演员、艺术家、作家、音乐家、舞蹈家和科研人员所具有的探索冲动是相同的。

有些幼儿对有创意的活动和不同的事物并没有表现出太多的创造性和兴趣。正如我们在"第五章 提高认知技能"中所指出的，有些幼儿对任何新鲜事物几乎都没有兴趣。除非有教师的指导，否则他们不会参与任何活动。这些幼儿需要我们的特别帮助，才能重新发掘他们与生俱来的创造性。

◎ 接纳与鼓励

创造性只有在被接纳和鼓励时才能得以发展。如果婴儿、学步儿和学龄前儿童被他们周围的成年人支配，并且不被允许以他们自己的方式做任何事情，那么他们就可能不会表现出太多的创造性。他们已经吸取了惨痛的教训：试图按照自己的方式去做事情，只会让自己陷入麻烦。那些受到忽视、缺乏关爱、被严格管教或过度保护的幼儿似乎也缺乏创造性的火花。

因此，对教师、助教、志愿者和实习教师来说，在学前教育中帮助幼儿重新点燃创造性的火花十分重要。尤其重要的是，幼儿在学习应对周围复杂的世界时，要能够自由地运用假想、想象思维和发明等创造性技能。这些看起来很奇怪的技能将最有助于幼儿解决问题，学会与他人相处，理解周围的世界，并最终形成抽象思维。事实上，提高创造性是促进幼儿的认知发展最为行之有效的途径。

第七章　提高创造性技能

◎ 教师的创造性

作为幼儿园教师，你的创造性如何？你是否愿意参与幼儿的假想游戏并时而扮演一个滑稽的角色？或者，你认为作为一个成年人，做出如此愚蠢和滑稽的行为是不体面的吗？你喜欢和幼儿一起玩耍，讲有趣的故事，因他们的笑话而捧腹大笑吗？你能从平常事物中寻求乐趣，就像《米莉老师，别傻了》一书中的米莉老师一样，让幼儿挂山羊（外套）并坐在虫子（地毯）上听故事吗？你可以尝试做一天的米莉老师，想想教室里的所有物品，你都可以将它们转变成有趣的东西［比如：the clock（钟表）—a rock（岩石），seat（坐）—meat（肉），table（桌子）—label（标签），light（灯光）—night（夜晚），drink（喝水）—ink（墨水）］。你可以做到吗？你想这么做吗？

如果幼儿认为你无忧无虑而又充满乐趣，那么他们也将倾向于这么做。你发挥创造力的方式应该能够促使幼儿采用新颖和自发的方式来挖掘他们自身的创造性。你的目标之一应该是让幼儿的创造力得以自由发挥，并为他们的创造活动提供支持性条件。如果米莉老师的行为仅仅是为了逗幼儿开心，那么她就错失了教育的良机。我们相信，米莉老师是希望让幼儿放松一下，使他们可以在谈话、扮演和思考的方式上发挥创造力。

◎ 自由

自由是创设促进创造性发展的环境的关键。幼儿必须能够自由地、自发地进行探索、尝试、操作、发明和假想游戏。让成年人向幼儿展示怎么做或告诉他们做什么，就违背了幼儿自由创造的目的。因为成人不能站在幼儿的角度看待事物和使用事物。幼儿需要不受成人的指导和干涉，有机会提出自己的许多想法并用自己的方式付诸实践。

◎ 幻想角色游戏

开展幻想角色游戏是能够促进幼儿创造性发展的一种方式。在这种角色扮演游戏中，幼儿假装自己是虚构故事中的英雄或者将自己置身于一个虚构的场景中。该游戏可以从现实的场景开始，然后让幼儿幻想往返于一段星空的冒险旅途之中。幻想是想象思维的有机组成部分。当一个人运用想象力创造虚构的或不可能存在的心智图像或概念时，幻想就产生了。幻想是一种"假如……将会怎样"的情况。

关于幻想角色游戏的引导性图书

让幼儿参与到丰富的假想游戏中的一个好方法是，让幼儿阅读有奇幻情境的图画书，然后为幼儿的角色扮演提供道具。教师可以搜集一些以"如果……"或者"假如……将会怎样"为主题的图画书。

《如果我有一条龙》(*If I Had a Dragon*, Ellery & Ellery, 2006)是一本简单的图书。书的封面上有一条绿色的喷火龙坐在一个骑着自行车的小男孩身上。这个小男孩叫莫顿，他的妈妈告诉他要和他的弟弟一起玩儿。莫顿心想，要是他的弟弟能变成像龙一样有趣的东西就好了！他就是这么做的！然后，莫顿想象如果他有一条龙他会做什么。最后他发现，如果有条龙是非常危险的。

如果幼儿有一条龙会做些什么呢？教师可以每次为一小组幼儿阅读这本书，并且要求每个幼儿都想象一下如果自己有一条龙会做些什么。他们愿意假扮一下吗？教师需要为幼儿准备的道具有：用彩纸制作的、可供幼儿穿戴的有鳞片的长尾巴或翅膀；不同颜色的彩色卡纸——你知道的，龙并不一定是绿色的；在画架上为龙涂色或者在厚纸板上为龙爪涂色。如果幼儿愿意，他们会告诉教师关于他们的龙的奇幻故事，教师可以录制音频供以后播放。如果幼儿更愿意将自己的弟弟变成其他的事物，那也是可以的。

当幼儿的想象力不断涌现时，教师应多加注意！他们甚至可能幻想在火星、木星或月球上种植向日葵！如果教师无法获得这本书（或者提到的任何一本书），就请教师发挥自己的想象力。在没有实物书的情况下，教师可为幼儿讲述一个小男孩把自己的弟弟变成一条龙并发生了一系列情节的故事。请幼儿帮助教师讲述当他们去露营、野餐或者向外太空发射时发生的事情。

> 其他关于幻想角色游戏的引导性图书包括：
>
> 《如何骑着自行车去月球上种向日葵》（*How to Bicycle to the Moon to Plant Sunflowers*，Gerstein，2013）；
>
> 《如果我建了一座房子》（*If I Built a House*，Van Dusen，2012）；
>
> 《如果妈妈有三只手臂》（*If Mom Had Three Arms*，Orloff，2006）。

多民族的图书

你应该鼓励男孩和女孩扮演他们所阅读的图书中的假想角色。在《外祖母》（*Abuela*，Dorros，1991）一书中，一个名叫罗萨尔芭的西班牙小女孩和她来自纽约的外祖母出发去公园。罗萨尔芭想象着她们最终飞到城市的上空并飞向自由女神像。当她们最终回到公园时，她的外祖母用西班牙语说"Vamos"（我们走吧），在图书的最后一页，她们又在划艇上开启了新的冒险。

这个幻想故事的道具盒里可以包含的材料有：人物模型、船舶、飞机、汽车和建造城市等的桌面积木。积木建构区和沙盘桌可以打造一个美丽的城市公园，公园里还有一个用手镜做成的小池塘。在听了几遍故事之后，有些幼儿是不是可以说一些西班牙语的单词呢？

在《沥青海滩》（*Tar Beach*，Ringgold，1991）这本书中，一个居住在美国市中心的非裔女孩卡西自己进行了一次假想飞行。在炎热的夏夜，卡西陪着家人到他们公寓的黑色屋顶上进行野餐，他们还将毛毯和食物放在"沥青海滩"上。后来，当她和她的哥哥躺在毯子上仰望星星和附近高楼大厦的灯光时，卡西想象自己飞过城市上空欣赏风景。（这两本书都有平装本。）

与很多图书（如《沥青海滩》和《外祖母》）配套的角色玩偶也日渐增多。幼儿喜欢和这些有着冒险经历的玩偶一起玩耍。教师要做好让卡西和罗萨尔芭在教室里飞行的准备，并且讲述他们所看到的虚幻景象。如果没有这些玩偶，教师可以复印书页，制作纸质玩偶，以供幼儿进行假想游戏。

超级英雄游戏

幼儿喜欢超级英雄，而且喜欢在家里、户外场所以及幼儿园扮演超级英雄。

然而，大多数的教师并不喜欢超级英雄，他们认为超级英雄会导致幼儿产生完全不受控制的喧闹、野蛮和破坏性行为。教师应该禁止幼儿在教室里进行这类游戏吗？在做出如此严厉的决定之前，教师需要考虑两件事情：第一，了解幼儿为何如此迷恋超级英雄游戏。第二，了解如何通过超级英雄游戏释放幼儿被压抑的精力并帮助幼儿获得有益的经验。

超级英雄游戏无疑是一种幻想游戏。大多数幼儿喜欢在扮演游戏中假扮成人，如妈妈、爸爸、哥哥、警官、医生、建筑工人或消防员。这些角色让幼儿觉得自己高大、成熟、能够控制事物并能做很多重要的事情。在幼儿的渺小、无助、无法控制事物以及不能做重要事情的世界里，幼儿认为超级英雄的角色甚至比成人的角色更厉害。超级英雄往往比成年人要高大，并且有能力做不可思议的事情。幼儿觉得要是自己能成为超级英雄就好了！他们认为，最棒的事情就是假扮成超级英雄。

关于超级英雄游戏的引导性图书

一旦教师理解了幼儿被超级英雄强烈吸引的原因，就可以通过引导幼儿想象那些不打架、不伤害他人、不使用武器或没有暴力行为的超级英雄来支持幼儿开展这类游戏。这些超级英雄是什么样子的呢？他们是教师和幼儿在阅读诸如《超级英雄ABC》(*Superhero ABC*，McLeod，2006)这类的图书时创造出来的。这不是一本面向婴儿和学步儿学习字母ABC的图书，而是一本为学龄前儿童准备的图书。幼儿可以假扮成向坏蛋吹泡泡的泡泡人、镇定地捉拿罪犯的云船长、做出勇敢行为的危险人物，或者是向歹徒吐黏液的黏性女孩。因为图书中对每一位超级英雄的描述只有一到两页，所以幼儿需要用自己的想象力创造更多的故事情节来充实自己的冒险活动。教师唯一需要准备的道具是斗篷、面具或护目镜。在游戏之前，教师首先要和幼儿一起探讨什么是超级英雄。

他们高大而又强壮	他们能够跳过高楼大厦	他们能看穿建筑物
他们是勇敢的	他们能在天空中飞翔	他们有透视眼
他们不会害怕	他们不会伤害人类	女孩也可以成为超级英雄

他们同坏人做斗争	他们不会伤害动物	他们跑得很快
他们是好人	他们拯救地球	他们可以隐身

女孩可以成为超级英雄吗？《瓢虫女孩》（*Ladybug Girl*，Soman & Davis，2008）这本书中，露露的故事向我们展示了女孩怎样才能成为超级英雄。当露露的哥哥拒绝和她一起玩耍时，她身着红衣，穿上红色的靴子和带有黑色斑点的红色纸质翅膀，扮演成乐于助人的"瓢虫女孩"在天空展翅飞翔。教师可以让幼儿罗列出露露做过的所有助人为乐的事情。这仅仅是导入下一本书（或下一个活动）的开始。

在《瓢虫女孩和大黄蜂男孩》（*Ladybug Girl and Bumblebee Boy*，Soman & Davis，2009）这本书中，露露在去往公园游乐场的路上，结识了一位可以变成"黄蜂男孩"的新朋友。他们一起使用超能力吓跑了怪兽（松鼠）并且打败了一条巨大的蛇（滑梯）。但是，当新的超级英雄试图加入他们的"昆虫小队"时，超级英雄必须使用超能力将战斗转化为帮助他人。

其他有关正能量的超级英雄的图书包括：

《大黄蜂男孩历险记》（*The Amazing Adventures of Bumblebee Boy*，Soman，2011）；

《超级英雄有泰迪熊吗？》（*Do Superheroes Have Teddy Bears?*，Coyle，2012）；

《超级瓢虫大营救》（*Super Ladybug to the Rescue*，Van Genechten，2013）。

这些图书可以激励幼儿尝试成为乐于助人而不是伤害他人的超级英雄。如果幼儿决定成为昆虫超级英雄，并组建自己的"昆虫小队"，教师甚至可以让幼儿进行一次科学冒险游戏。幼儿一旦选择了他们想要成为的超级英雄，教师就可以帮助幼儿列出他们所扮演的超级英雄具有的超能力，并决定要执行的任务。如果幼儿需要特殊的道具，可让他们使用尺子、积木、磁铁、筛子、勺子等材料作为假想道具，并制作自己的昆虫帽子和翅膀。之后，扮演超级英雄的幼儿可以告诉同伴他们都做了哪些助人为乐的事情。

干预

像这样的超级英雄游戏有时会变得过于粗野,教师需要适时干预。教师应该简单地介入并重新指导游戏,就像处理其他失控的游戏时所做的那样。当事情平静下来之后,教师可以让幼儿再尝试一次扮演游戏,或者让幼儿改天进行。

> **全纳教育**
>
> 幼儿园里的每个幼儿都需要创造性的戏剧游戏和假想游戏。爱德华兹(Edwards,2006)指出,创造性戏剧游戏能够改善健全幼儿对残疾幼儿的态度。研究者发现,残疾幼儿能够积极主动而非消极被动地参与到游戏中。爱德华兹解释说,如果想让一个有听力障碍的幼儿扮演消防员,教师就需要为他提供视觉线索。教师需要检查每一个道具以确保没有锋利的边角,同时必须确保各种道具能够被视障幼儿轻易地识别出来。永远不要强迫有特殊需要的幼儿参与创造性戏剧游戏,而应该给予他们温和的鼓励。当戏剧游戏结束时,教师可以让幼儿谈论游戏中所发生的事情,以及他们所扮演的角色,从而让每个幼儿都了解游戏中到底发生了什么。

给予幼儿在戏剧表演游戏中发挥创造力的机会

表演区是鼓励和期望幼儿进行假想和角色扮演的活动区之一。该活动区的设置通常包含一个儿童版的厨房,厨房中配有木桌、椅子、烤箱、冰箱和橱柜;或者也可以是一个儿童版的商店,里面摆满了货架,还有一个收银台;还可能是一间医务室或一家餐馆。教师可以鼓励幼儿扮演他们亲眼看见过的角色,如爸爸妈妈、社区帮助者或他们参观过的真实场景中的人。当幼儿假扮成妈妈、爸爸、医生、警察或消防员时,他们会体验到成为别人的感觉。这种类型的扮演也被称为社会性戏剧游戏。当幼儿在特定情景下采取某人的动作、感觉、想法和行为时,这种角色扮演游戏就产生了。然而,由于所有的一切都是幼儿假想的,所以幼儿能够充分发挥自身的创造力。

这种游戏通过促使幼儿发挥想象力来帮助幼儿发展创造性技能。幼儿通过想象构成了游戏的角色、规则、情境和解决方案。这种戏剧游戏可以是幼儿精心设计的，也可以是简单的游戏。虽然看上去很奇怪，但正是通过这样富有想象力的游戏，幼儿才开始了解幻想和现实之间的区别。对于有机会想象的幼儿来说，现实世界变得更加真实。

> **关于戏剧游戏的引导性图书**
>
> 《我们要玩什么游戏？》（*What Shall We Play?*，Heap，2002）这本书中，讲述了三个来自不同民族的幼儿如何一起玩耍：莉莉总是想扮演仙女，马特最初和其他人意见不一致，而玛莎对扮演剧本中的角色有非常明确的想法。他们是如何创造性地解决这些问题的？
>
> 当你给一个小组的幼儿阅读图书时，让幼儿靠近你坐在一起，请他们讨论一下他们在每一种情况下会怎么做。他们喜欢哪种类型的假想游戏？他们最喜欢扮演什么角色？
>
> 其他关于戏剧表演游戏的图书包括：
>
> 《泰迪医生》（*Doctor Ted*，Beaty，2008）；
>
> 《星期五，我的收音机起飞了》（*Friday My Radio Flyer Flew*，Pullen，2008）；
>
> 《马克斯的兔子生意》（*Max's Bunny Business*，Wells，2008）；
>
> 《鲁比的美容店》（*Ruby's Beauty Shop*，Wells，2002）；
>
> 《维奥莱特飞行员》（*Violet the Pilot*，Breen，2008）。

◎ 表演区

正如第三章中所讨论的，教师希望在教室里有一个永久性的区域来进行这种装扮游戏。除了永久性的娃娃家，其他的表演区可能要适时地改变。例如，教师可能想要设置一个超市、鞋店或邮局，尤其是在幼儿实地参观了其中的一个地方之后。幼儿可以带来一些空纸箱、罐子和盒子来填满商店的货架。教师可以使用道具盒来存储材料供以后使用。美容院的道具盒可以包括吹风机、梳子、刷子、空的喷雾瓶、美发杂志、预约簿、理发围布和手持镜子。除了道具盒之外，一棵挂着各种帽子的帽子树还能激励幼儿扮演一个与众不同的角色。

在教室的其他活动区，也可以通过使用玩具来进行戏剧游戏，它同样具有创造性目的。教师可以通过在活动区张贴活动图片来鼓励幼儿进行戏剧表演游戏，图片涉及幼儿实地参观过的地点——商店、农场、动物园、宠物商店、邮局或公园，同时应注意张贴的图片要在幼儿的视线范围内。然后，教师必须提供适当的玩具和道具（如人物、动物、小轿车和卡车的模型，绳子，水族馆的塑料水管，小盒子等），以配合游戏的顺利开展。让幼儿用自己想用的任何方式使用这些道具。要想有创造性，幼儿的假想游戏必须是自发的。

在玩沙桌、玩水桌旁边和操作区也要这样做。如果教师致力于激发幼儿开展富有想象力的游戏，那么给他们提供人物、动物、汽车、卡车、船只的模型和娃娃家具是必不可少的。

◎ 教师的角色

教师最初的角色可能是一个观察者。教师需要了解：哪些幼儿爱参与戏剧表演？哪些幼儿从来不参与？谁是领导者？谁是追随者？他们还扮演过其他什么角色？他们扮演角色时能维持多久？他们的创造力如何？

这个女孩正在尝试戴帽子以担任新的角色。

幼儿对于看医生或牙医的恐惧可能会在戏剧游戏中显露出来。如果教师观察到幼儿对医生或牙医的行为存在误解，不要打断游戏去给幼儿"纠正错误"。相反，教师要注意观察他们的错误观念。然后，教师可以为幼儿阅读一本有关看医生或牙医的图书。或者，教师可能会发现幼儿在戏剧游戏中能够用自己的方式，很好地消除对医生或牙医的恐惧。

在表演区发生的事情与教师投放了哪些可用的器材、家具、相关材料等息息相关，通常取决于教师创设的方式。例如，如果幼儿对警察感到恐惧，教师可以拿出合适的道具，比如警帽，尤其是在带领幼儿参观了警察局之后。

作为示范者

如果教师观察到某些幼儿没有参与戏剧游戏，或者不能坚持扮演一个角色，或者在角色中没有和其他人真正地互动，教师可以通过自己扮演一个角色（比如示范者），来帮助他们参与到戏剧游戏中。例如，你可能会说："来吧，钱德拉，让我们去逛逛杰斯的商店。你带上游戏钱币吧。我们该买些什么呢？"当幼儿渐渐地融入游戏并感到舒适时，你可以像你介入角色一样再轻松地退出角色。

对于似乎不知道如何开始戏剧游戏的一小群幼儿，教师甚至可以自己扮演一个角色，并给他们分配角色从而启动游戏。当游戏顺利开展时，教师可以适时退出。"我们去海滩吧，"教师可能会说，"有人想和我一起去海滩吗？好的，让我们收拾一下泳衣吧。沙滩背包在架子上。瑞秋，你带上野餐篮。罗伯，你带上沙滩球，我来带毛巾。莎伦，你想要开车去海滩吗？"

当然，所有这些都是假装的。如果教师碰巧有沙滩背包或野餐篮作为道具，那就更好了。如果没有，幼儿可以假装他们有这些道具，把椅子排成一排当作汽车，然后用纸盘做方向盘。如果去海滩是最受欢迎的主题，那么教师就可以制作一个"道具箱"，用来装必备的道具，例如，沙滩玩具、毛巾、太阳镜等，并把它与其他的道具盒放在特定区域的架子上。可以用彩色的防尘纸包装电脑纸盒，并贴上标记或图片，制成精美的道具存储箱。

询问幼儿还想尝试什么主题类型的戏剧游戏。有些幼儿可能会提到他们和父母一起去过的地方，或者他们的父母工作的地方：办公室、餐厅、加油站、便利店、博物馆、花店、面包店、修理店、工厂、学校、理发店或体育用品店。教师可以在道具盒里装上幼儿从家里、跳蚤市场或真实地点带来的适宜的材料。然后，在合适的时机逐一地介绍这些道具。这些道具并不是必要的，可以渐渐地不再使用道具，而是鼓励幼儿自主发挥想象力。

◯ 作为协调者

当戏剧表演游戏开始变得混乱无序时，教师需要介入并重新指导幼儿。举例来说，当建构区里的赛车比赛已经演变成追逐打闹和大吼大叫时，教师可以说："当比赛结束时赛车手应该做什么呢？"如果教师手边有可用的道具，那么可以重新引导幼儿"为他们的赛车进行冲洗和打蜡"。一组幼儿决定用两端开口的牛奶箱作为洗车场，用废旧牙刷清洗赛车并用纸巾擦亮。想要使所有相关方面都令人满意，就需要找到和平解决此类冲突的办法。

提供美工材料和活动让幼儿自主进行创造性探索

当提及创造性时，多数教师首先想到的是美工区。不幸的是，美工区往往是整个教室里幼儿发挥创造性最少的区域，因为美工区的活动完全由成人主导，没有什么活动是幼儿自发产生的。成人拿出美工材料，在桌子上安排活动，指导幼儿如何使用工具，然后在桌子旁进行观察，确保幼儿按照指导进行操作。

这并不是创造性的美工活动，只能算是遵从成人指导的练习。像这种结构化活动不应该被取消，是因为它们有益于提高幼儿的操作技能和听从指示的技能。但是，教师和幼儿不应该将这种活动与创意美工活动混为一谈。如前文所述，创造性的关键是自由。幼儿需要用美工材料自由探索、尝试、发明和进行假想游戏，就像他们进行积木游戏和角色扮演游戏一样。成人很少认为有必要待在娃娃家监管幼儿，以确保幼儿"合适地"进行打扮或"正确地"扮演角色，然而这种监管却时常发生在美工区。

◯ 过程与作品

我们需要回顾与思考在教室里开展美工活动的主要目的是什么。是为了让幼儿画一幅漂亮的画或者制作一张可爱的拼贴画带回家给妈妈吗？如果班级中的现状确实如此，那么教师就把美工活动的作品和过程混淆了。大多数学龄前儿童还没有创作一幅完整的美术作品的技能或发展水平。相反，美工活动的目的应该是帮助幼儿参与创作过程，因为这一过程对于幼儿的发展十分重要。

我们不应该错误地只关注幼儿的作品。欣赏一幅画比关注它的创作过程要容易得多。而且，从来没有人告诉我们这不是"教"艺术的正确方法。毕竟，与绘画过程相比，难道不是每个人都更关心作品本身吗？事实上并不是每个人都更关注绘画结果。

注意观察教室里正在参与绘画活动的幼儿，对他们来说唯一重要的事情就是体验，即过程。只有在成人对他们的作品大惊小怪之后，或者在他们了解到自己的作品可以取悦成人之后，他们才会关注自己的作品。在此之前，幼儿似乎更喜欢在周围涂抹颜料、调和颜色、来回移动刷子，并用一种新的颜色覆盖他们已经完成的作品。这就是美术活动的过程，正是这种尝试才使创造力得以诞生。

◎ 画架活动

教师应该如何开展艺术活动来促进幼儿自由创作呢？首先，教师应该准备一两个可供幼儿每天使用的画架，大张的画架纸需要放在画架附近以便幼儿取用。例如，幼儿可以在自由活动时间通过选择佩戴"画架项链"或画架围裙，然后在画架上画画。不需要教师的指导或帮助，幼儿就可以学习独立使用画笔和控制涂色。

观察初学绘画的幼儿，教师会发现他们是如何进行绘画活动的。新手小画家会花费大量的时间来尝试应该使用哪只手作画，抓握画笔的最佳方法是什么，如何将颜料瓶里的涂料倒到纸上，如何在纸上涂画颜料，以及如何防止颜料滴落。换句话说，他们是在"操作工具"而不是在绘画。

为了帮助幼儿学会使用这些新的工具，教师应该为幼儿提供粗短的画笔或者专供初学者使用的画笔。许多画刷的厚度适合幼儿胖乎乎的手指，但是对于幼儿来说太长而不便于操作使用，教师要试图把画刷剪短。教师可以只提供一两种颜色的颜料，直到幼儿可以使用更多种颜色。

准备好画架供幼儿每天使用。

美工用品

教师应该在便于幼儿取放的区域储备常用的美工材料。为了幼儿来园后能够自由地使用美工材料,教师应提供充足的纸、颜料、画笔、蜡笔、水彩笔、胶水、剪刀以及图画用纸等。把美工用品放在幼儿桌子或工作区域附近的低架子上,这样幼儿就能更容易地看到和选择可用的美工材料,并方便在完成作品后归还材料。教师要确保在附近的架子上张贴美工作品的剪贴画和临摹画,以便幼儿将材料放回合适的位置。

教师需要准备彩色的建筑用纸、白色的绘图纸、牛皮纸袋、糨糊、胶水、剪刀、蜡笔、水彩笔、彩色粉笔、手指画颜料、海报画颜料、纱布、冰棒棍、管道清洗剂和一篮子拼贴画。让幼儿知道他们能够自由选择自己喜欢的材料在美工桌上使用。

◎ 橡皮泥

在其他时间，教师可能想要在幼儿入园前设置好美工活动，并让他们在入园后的自由选择时间创造性地"玩"。以玩橡皮泥为例，一开始，教师可以准备揉好的橡皮泥，让幼儿来园后进行探索和尝试。教师也可以准备擀面杖和曲奇模具供幼儿使用。一旦幼儿对擀面杖和曲奇模具的兴趣减弱了，教师就可以在几天内提供不同的工具。当幼儿探索了操作工具和橡皮泥的所有玩法之后，教师可以引导幼儿在玩之前自己测量和搅拌橡皮泥，从中体验乐趣。教师还可以让幼儿在橡皮泥中添加不同颜色的食用色素，引导幼儿观察完全不同的效果。

◎ 彩色粉笔

在其他时间，教师可以为幼儿提供彩色粉笔、盛水盘和牛皮纸袋来开展美工活动。幼儿可以尝试在有水和无水的情况下在牛皮纸袋上画画，以体验多种效果。幼儿每次画画时，都可以用粉笔蘸取一点水。此外，为了丰富幼儿用粉笔画画的经验，教师还可以为幼儿提供黑板。

不论教师使用什么样的美工材料都应该进行合理的安排，以便幼儿能够自己发挥创造性使用这些材料。拼贴纸、糨糊以及裱糊纸等材料应该放在幼儿的桌子上，以便幼儿取用。至于幼儿用这些材料做什么完全取决于幼儿自己。过段时间后，教师还可以为幼儿提供食用色素、药用滴管以及一瓶水。

◎ 手指画

手指画可以在平正的纸张、桌子、大塑料托盘或者铺在地板上的牛皮纸上进行。开始时幼儿可以使用剃须膏进行手指画，以习惯手指画的杂乱，因为剃须膏作画便于清洗。手指画的关键是要开展美工活动，让幼儿能够自己创造性地游戏。有时在活动开始时需要教师参与进来，但之后教师可以退出，让幼儿独立完成工作。

颜料大混合

为了使混合颜料游戏成为幼儿最感兴趣的活动，首先教师可以为幼儿阅读一本有关怪兽的图书。然后让幼儿成为色彩怪兽。

关于混合颜料游戏的引导性图书

翻开《怪兽喜欢颜色》（*Monsters Love Colors*，Austin，2013）这本图书，准备来一次古怪而又毫无章法的经历吧。八个灰色怪物手里各拿着一支彩色蜡笔进行涂鸦、颜料混合并扭动着身子。它们大声说自己最喜欢的颜色是红色、黄色和蓝色。它们能为你调和出哪些你喜欢的新颜色呢？黄色和蓝色混合变成绿色；黄色和红色混合变成橙色；蓝色和红色混合变成紫色。当一只灰色怪兽离开时，剩下的怪兽来回投球形成了彩虹。

混合颜料游戏也遵循同样的原则。教师首先让幼儿自己探索两种颜色混合后的变化。不看这本书幼儿想出了什么颜色？意大利瑞吉欧·艾米利亚的学龄前儿童发现了不同的色调：红色和粉红色。他们是怎么做到的呢？是通过自己探索颜色发现的（Kim，2012）。

其他有关颜色的图书包括：

《艺术大魔法》（*Art & Max*，Wiesner，2010）；

《画了一匹蓝马的艺术家》（*The Artist Who Painted a Blue Horse*，Carle，2011）；

《薇洛》（*Willow*，Nelson & Brennan，2008）；

《黄色是我的颜色之星》（*Yellow Is My Color Star*，Horacek，2010）。

接纳美术作品

如果说自由是发挥创造性最重要的因素，那么接纳就是第二重要的因素。教师必须无条件地接纳幼儿创作的一切作品，正如无条件地接纳幼儿自身一样。并非所有的幼儿都能够达到教师期望的标准，但是这并不意味着你不能接纳或者不肯定他们的价值。

幼儿创作的作品也是如此。覆盖在画架纸上的棕色污迹可能意味着幼儿在防止颜料滴落和抓握笨拙的画刷上取得了突破。教师必须接纳作品的全部——它不是一幅画，而是一个过程，是幼儿与绘画工具艰难斗争的结果。此外，教师要真诚地接纳幼儿的作品。教师应该说些什么呢？或许可以这样说："阿郎佐，你在今天的绘画工作中确实用了许多颜料呀！"幼儿能够理解这种基于事实的真实性评价。

然而，幼儿可能已经创作了一幅代表性画作，并希望得到教师的反馈。如果教师不知道这幅图画的含义是什么，那么可以对图画的艺术元素进行评论。绘画的颜色、图案、形状、线条、结构以及图画的布局都可以作为评价的元素。当幼儿认为自己画作中的红点是消防车时，教师若是询问"这个红点是什么？"，可能对幼儿来说是一种侮辱。相反，教师可以这样说："我喜欢你运用了红色。你的想法是什么呢？"或者说："我看到了一幅颜色鲜亮而美丽的画。"

有些教师会问幼儿："你想和老师谈论一下你的画吗？"这无疑是一个非判断性的评论，并且可能会引出有关这幅画的更多信息，教师可以根据这些信息继续与幼儿谈论。然而，幼儿展示给教师的可能不是一幅画，而是他进行美术创作过程的结果。幼儿可能无法表达这一点。此外，幼儿也不总是想谈论他们的绘画作品。幼儿向教师展示他们的作品可能只是想表明自己完成了工作，并希望让教师看到他们做了什么。

对另一些幼儿来说，他们的美术作品是私人的。他们不想谈论自己的美术作品，甚至不想展示给教师。这是他们的自由，但是教师应该提供一些机会，让幼儿把自己的作品贴在墙上进行展示。让幼儿将画作放在自己喜欢的位置，或者为了更好地展示，可以让幼儿用裱糊纸装裱自己的画作。

> **关于美工活动的引导性图书**
>
> 《阿特》（*Art*，McDonnell，2006）是一本简单的图画书，讲述了一个叫阿特的小男孩和他的美术作品的故事。书中有许多页面展示了他的涂鸦或线条；还有些页面展示了他绘画的斑点。然后，他开始用黑色的蜡笔画各种东西：一座房子、一棵树、一辆酷酷的汽车、星星和月亮。最后，当小男孩睡着的时候，这些物体聚集在一起飞向了月球，书中用一幅漂亮的彩色插图展示了这一情节。故事的结尾是，阿特的妈妈展示了阿特最初在冰箱上进行的涂鸦和所画的线条。
>
> 将这本书放在美工区，教师可以为那些想要听这个故事的幼儿阅读这本书。幼儿的反应是什么？这个故事能够鼓励幼儿谈论自己的作品吗？它能鼓励幼儿制作自己的图书吗？

◎ 有关成年画家的图书

幼儿也需要了解画家。在《通过乔治亚的眼睛》（*Through Georgia's Eyes*，Rodriguez，2006）这本图书中，美国艺术家先驱乔治亚·奥基夫（Georgia O'Keeffe）用剪纸拼贴画和绘画作品将自己的生活描绘出来了。锈红色的峡谷、白牛的头骨以及她创作的大片红花几乎要溢出整个页面。她用不同的视角审视世界并将她所看到的都画了下来。教师一定要让幼儿欣赏一些乔治亚所画花朵的图片。教师也可以不时地为幼儿提供一束鲜花，让幼儿用自己的感觉（视觉、嗅觉和触觉）进行探索。他们是不是也看到了不同形状和颜色的花朵呢？有些幼儿想要根据自己的印象来绘画。无论幼儿画什么，教师都应该给予无条件的接纳。

有关成年画家的图书还有《源于她心中的艺术：民间艺术家克莱门蒂娜·亨特》（*Art from Her Heart: Folk Artist Clementine Hunter*，Whitehead，2008）。

绘画发展阶段

如果教师了解到，当允许幼儿自发表达时幼儿在绘画过程中所经历的各个发展阶段（见表7-1），那么教师就会更加欣赏幼儿的美工作品。在2—3岁的时候，幼儿主要是涂鸦。这个阶段十分重要，如果希望幼儿发展绘画技能就应该在这个阶段多鼓励他们。涂鸦之于画画，就像是牙牙学语之于说话。年龄相仿的幼儿，即使在不同的地方也会用同样的方式进行涂鸦（Kellogg，1969）。

表7-1 绘画发展阶段

年龄	阶段
2—3岁	**涂鸦** 不受控制（在纸上做标记） 受控制（控制手眼运动）
2—4岁	**形状** 圆形、正方形、椭圆形、三角形、长方形
3—5岁	**设计** 太阳（椭圆形或方形；从太阳上延伸出来的短线条） 光线（从圆点或圆向外辐射的线）
4—5岁	**人** 画一个"太阳脸" 从两侧画出两条水平线当作胳膊；从底部画出两条长线作为两条腿；还可能画出圆形的手脚
4—5岁	**绘画** 尖耳动物 房子、汽车、树、花

资料来源：Based on *Analyzing Children's Art* by R. Kellogg, 1969, Palo Alto, CA: National Press.

在2—4岁的某个时间段，幼儿的涂鸦呈现出有轮廓的形状，如圆形、椭圆形、正方形、三角形和十字形。在3—5岁的时候，幼儿开始根据自己所画的形状进行设计。尽管可以设计出无限种可能的图案，但是幼儿通常只会一遍又一遍地画一些自己喜爱的图案，比如"光线"和"太阳"。在4—5岁的时候，幼儿往往喜欢画人。这些所谓的"蝌蚪人"是从太阳这一图案中延伸出来的，太阳的光线变成了人的胳膊、腿和头发，圆圈变成了人的脸和身体。似乎世界各地的幼儿在第一次画人的时候都是采用这种方式。

5岁的时候，很多幼儿进入了绘画阶段，开始创作出具有代表性的绘画作品。他们在小学阶段是否能继续发展他们的绘画天赋，这同发展与生俱来的技能一样，在很大程度上取决于他人给予幼儿的自由和接纳程度。

对教师和幼儿的家长来说，了解幼儿的绘画发展阶段非常重要。这样，当3岁的幼儿下次向你展示他的一页涂鸦作品时，你就不会将它误解为"只是乱画而已"。相反，你知道这是幼儿在学习绘画的发展历程中第一个令人兴奋的阶段。

为了证明自己真正接纳幼儿的美术作品，无论是其涂鸦还是绘画作品，教师都可以连续几周或者几个月收集每个幼儿的美术作品。你可以把幼儿的画用裱糊纸加以装饰或者装裱在画框里，并在教室里进行展示。你也可以拍下每个幼儿使用画架绘画时的照片，或者拍下幼儿已经完成的美术作品，并将这些照片放进幼儿的剪贴簿或者儿童发展导师（CDA）档案袋中。

鼓励幼儿创造音乐并享受音乐带来的乐趣

幼儿需要成人做榜样来生动地向他们展示成人希望他们如何表现。这在创造性艺术中就如同在餐桌前进餐一样，都是真实的。俗语讲得一点都不错：幼儿会像我们所做的那样做，而不是像我们所说的那样做。如果想要幼儿在音乐中发挥创造力，教师就需要带头引导。

就如同期望幼儿做到一样，教师的创造性行为也应该是自然的、自发的。换句话说，不要引导幼儿观察教师在做什么并模仿教师。教师希望的是通过引导促使幼儿产生独创性行为，而不是一味地模仿教师。

你害怕在别人面前唱歌吗？我们很多人都害怕。这与我们自己对音乐的不正确认识有关吗？我们有责任避免幼儿犯同样的错误。音乐对幼儿的发展至关重要，但并不是每位教师都这么认为。那些没有音乐背景的家长可能不会意识到早期音乐经历对幼儿成长的价值。

作为21世纪儿童早期教育的专业人员，我们需要知道，为什么必须克服这种不愿意把音乐作为早期课程重要组成部分的想法。如果你觉得自己在音乐方面信心不足，下面的信息可能会改变你的处境。

◎ 关于音乐的脑科学研究

音乐是幼儿大脑发育的重要工具。这是神经心理学家、大脑研究人员发现的关于音乐重要性的令人惊讶的新事实之一。研究者发现，早期接受音乐的熏陶是十分必要的，或者至少可以极大地促进大脑认知过程的发展。音乐是思维最直接的途径，因为它不需要可感知的文字或符号。在大脑"音乐区"发展的关键时期，让幼儿接受音乐的熏陶尤为重要。这一发展的关键时期是在学龄前和小学初级阶段。

研究者认为，他们的发现对儿童早期教育工作者来说可能是非常重要的。音乐能够唤起人的情绪反应，它似乎打开了通往大脑皮层和高级思维的大门。换句话说，音乐能够刺激并激发批判性思维。不仅如此，研究者还发现唱歌是幼儿记忆的一种形式，正是幼儿对现场音乐的反应改变了他们的记忆（Matthews，2012）。

◎ 就这么做

这是我们都能做的一项技能。还在等什么呢？让我们出去和幼儿一起创作音乐吧！如果你乐在其中，不仅幼儿会喜欢，你也会喜欢！我们需要找到和幼儿一起唱歌的方法，让幼儿自己唱歌。唱！唱！唱！重要的是，唱歌会让幼儿变得更加聪明，而且不再胆怯。我们能够做到。教师可以询问幼儿："你想成为一名摇滚明星吗？"然后为幼儿阅读同名幻想图画书《看来你想成为一名摇滚明星》(*So You Want to Be a Rock Star*, Vernick,

我们需要找到方法让幼儿唱！唱！唱！

2012）。如果没有这本书，教师可以自制一本。

那么你想成为一名摇滚明星吗？好吧，这本书中指出，从无线麦克风开始：也就是你紧握的拳头！需要一把酷酷的电吉他吗？用一只手弹奏你的腹部——你的虚拟吉他，用另一只手臂在空中挥动。需要成为一名很酷的歌手吗？张开嘴，用你的拳头麦克风大声歌唱！需要一首主题曲吗？一遍又一遍地唱你的名字和姓氏即可。需要签名吗？花里胡哨的签名也行。班级里的每个幼儿都想听这本书并尝试自己做动作，所以教师要做好准备，并让手机摄像头和录音机为所有的故事再现做好准备。

大约 20 年前，神经科学家弗兰克·威尔逊（Frank Wilson）记录了幼儿在完成特定任务时的大脑扫描情况。他指出，当幼儿阅读文字时，扫描仪上显示幼儿大脑的语言区会发亮。但是当他们唱歌时，扫描仪显示整个大脑就像圣诞树一样发光！（Snyder，1997）。

儿童音乐专家哈普·帕尔默（Hap Palmer，2001）研究发现，歌曲不仅能够促进幼儿的口语发展，甚至可以让幼儿通过唱他写在书中的单词来学习阅读。确实是这样！戴维斯（Davies，2000）指出，由于音乐强调情感卷入的学习，这使人们更容易记住信息。肖尔和斯特拉瑟（Shore & Strasser，2006）则强调，不只是在音乐区，甚至将音乐贯穿于整个幼儿课程中都有诸多好处（见表 7-2）。

表 7-2　将音乐贯穿于课程中的益处

- 促进幼儿的口语发展
- 帮助幼儿学会阅读
- 帮助幼儿记忆
- 帮助幼儿过渡到新活动中
- 午睡时让幼儿平静下来
- 帮助幼儿分享文化传统
- 帮助幼儿建立自尊
- 提高幼儿语言和数学的学业成绩

唱歌

既然已经认识到幼儿参与音乐活动的重要性，那么就需要教师齐心协力去创设音乐活动。除了当摇滚明星，你还会做什么？教师不需要做到唱歌不跑调，许多幼儿一开始也做不到。重要的是，教师能从音乐中获得愉悦感，并让幼儿参与其中。如果教师在音乐活动中玩得开心，那么幼儿也会如此。教师可以从一首单调旋律的歌曲开始，如果教师不知道有哪些单调旋律的歌曲，可以自己进行创编。

    Hap-py day, Hap-py day,
    快乐的一天，快乐的一天！
    Let's have a, Happy, happy day!
    让我们有一个快乐的，快乐的一天！

教师可以边唱边拍手，有些幼儿可能会跟随着教师一起拍手。重复唱几遍歌曲，可能又会有一些幼儿参与进来。这不是在正式的"音乐时间段"进行的，不要让音乐活动正式化。只要想做在任何时候都可以做。也许音乐活动本身能够让教师感到身心愉悦；也可能是每个幼儿都忙于音乐活动的场景，使教师感觉良好。教师沉浸在歌唱中，因为歌唱是在表达自己的情感。无论幼儿是否会做出回应，都不重要，但是教师自发的、创造性的行为为幼儿在感觉良好的时候创作歌曲奠定了基础。

关于愉快歌唱的引导性图书

  当幼儿熟悉的歌曲被写成儿童图画书时，幼儿会得到意外的收获。也就是说，幼儿可以一边看着书面的歌词和插图，一边用熟悉的旋律来演唱这首歌，这是一种有效的阅读辅助手段。如果这首歌曲是欢快的，那么整个班级都会被这首歌所营造的积极氛围感染。

  歌曲图画书可以以书本的形式将幼儿熟悉的歌词用文字和图画展现。《如果你高兴，你就会知道》(*If You're Happy and You Know It*)这首歌在一开始展现的是一个小女孩在拍手。在第二节中，一只棕色的小狗摇晃着它的尾巴。然后，一只大象在扇动它的耳朵……幼儿都可以跟唱并模仿这些动物。之后，教师可以让幼儿选择一种动物并轮流进行模仿。

如果幼儿意犹未尽，教师可以将幼儿两两分组，让每组幼儿选择一种动物进行模仿。当轮到某组幼儿表演时，教师可以给予提示。在终场表演中，教师要确保每个幼儿都能够将声音和动作结合起来。（教师可以带领幼儿重复进行一次活动。）最后，让幼儿扮演新的动物并模仿动物的叫声。如果教师没有这本书，无论如何都要为幼儿演唱这首歌。

《在意大利面上》(*On Top of Spaghetti*, Johnson, 2006)，这本多年来深受幼儿喜爱的图书也出现了不同的翻译版本。书中讲述了这样一个故事：当有人打了一个喷嚏后，肉丸滚得太快了，以至于约德尔·琼斯无法抓住它，最后它滚出了门外。幼儿可能想要参与到歌唱活动中，并且会因为书中古怪的动物插图而捧腹大笑。

用来导入愉快歌唱的图书包括：

《我爱你，蒲式耳和派克》(*I Love You a Bushel and a Peck*, Wells, 2005)；

《如果你高兴，你就会知道》(*If You're Happy and You Know It*, Warhola, 2007)；

《小小的蜘蛛》(*Itsy Bitsy Spider*, Toms, 2009)；

《在意大利面上》(*On Top of Spaghetti*, Johnson, 2006)；

《唯一的爱》(*One Love*, Marley & Marley, 2011)；

《彩虹之上》(*Over the Rainbow*, Collins & Arlen, 2009)（包含CD）；

《她将绕过这座山》(*She'll Be Coming Round the Mountain*, Emmett & Allwright, 2006)；

《阳光照在我的肩上》(*Sunshine on My Shoulders*, Denver, 2003)（包含CD）。

幼儿也可以用熟悉的歌声来表演歌词。如果这些儿歌也出现在图画书里，教师就可以浏览全书，裁剪出书中的小人和动物并进行塑封，然后让幼儿在演唱歌曲时将这些小人和动物插在沙盘桌上。

可供参考的书目如下。

《玛丽·麦克小姐》(*Miss Mary Mack*, Hoberman, 1998)；

《老麦克唐纳有个农场》(*Old MacDonald Had a Farm*,Rounds,1989);
《公共汽车上的海豹》(*The Seals on the Bus*,Hort,2000);
《跳跃的灵魂》(*Skip to My Lou*,Westcott,1989)。

当幼儿唱着歌曲"公共汽车上的轮子不停地转呀转",并扮演着《公共汽车上的海豹》这本图书中很多滑稽的动物(如海豹、老虎、鹅、蛇、臭鼬)时,他们多么快乐啊!阿基里斯(Achilles,1999)指出,个别幼儿可以在沙盘蛋糕锅剧院里一边玩裁剪的玩偶角色,一遍戴着耳机听歌曲。教师可以通过在蛋糕锅中装满沙子并在压舌板上粘贴人物图片来为幼儿布置剧场。如果教师没有特定歌曲的磁带,那么当幼儿唱歌时教师可以录制下来。

全 纳 教 育

歌曲图画书同样可以为有特殊需求的幼儿提供有价值的帮助。艾森伯格和加隆戈(Isenberg & Jalongo,2010)阐述了有视力障碍的幼儿如何唱出他们看不见的单词。双语学习者能够听到他们所看的图画书中的单词的声音。对于有听力障碍的幼儿来说,他们可以阅读歌曲图画书。

◎ 指令

这是另一项有趣的音乐活动。与其对幼儿说话,教师不如尝试通过歌唱或有旋律的节奏来发出指令。这是非常有效的。音乐指令活动可以适用于任何情况:穿外套、摆桌子、洗手、准备好午睡小床时(这些时候教师都可以小声地歌唱)。教师可以在清早通过唱歌的方式欢迎幼儿来园,或者整日都使用歌唱的形式称呼他们的名字。以下是一些可以帮助教师开展音乐活动的熟悉的曲调。

卡洛斯在哪里?(Where is Carlos?)[仿照歌曲《大拇指在哪里?》(*Where Is Thumbkin?*)]

可爱的丽莎,你在哪里?在哪里?(Where, oh where, is nice little Lisa?)[仿照歌曲《爪子补丁》(*Paw Paw Patch*)]

罗伯,罗伯,快来吃午餐。(Rob, Rob, come to lunch.)[仿照歌曲

《跳跃的灵魂》(Skip to My Lou)]

凯莎进来了。(Here comes Keisha through the door.)[仿照歌曲《这个老人》(This Old Man)]

一天中在哪些情境下教师还可以采用歌曲的形式？取物或整理材料时可以吗？

我们正在收拾积木，(We're picking up the blocks,)

我们正在收拾积木，(We're picking up the blocks,)

哐啷，哐啷，哐啷，哐啷，(Clunk, clunk, clunk, clunk,)

我们正在收拾积木。(We're picking up the blocks.)

[这四句话仿照歌曲《山谷里的农夫》(The Farmer in the Dell)]

如果幼儿参与进来，教师可以让幼儿帮助创造一些整理其他物品时要用的词语。

操作音乐工具

你班级里的幼儿还有什么其他创造性的音乐体验？幼儿需要像搭建积木一样进行音乐活动，尝试不同的组合，进行拆解与重组。与美工活动一样，音乐活动重要的是过程而不是结果。唱歌和跳舞可以使人产生强烈的满足感，但是如果不是伴随着愉快的体验，幼儿就永远不会进行重复活动。

最初，幼儿会像进行美工活动一样进行音乐活动：学习操作工具。这可能听起来有些奇怪，但这是幼儿自发学习任何新技能的自然方式。换句话说，幼儿需要与音乐、节奏和运动进行互动游戏。

教师可以在音乐区或倾听区设立一个发声台。制造音响的工具可以是一系列的小容器，如空的金枪鱼罐头瓶、果汁罐头瓶、黄油杯子和杯盖，还要准备一些种子、豆子、米和小石头，幼儿可以将它们放在容器里摇晃。在桌子上放一台音乐播放器，并准备一些有节奏的音乐光盘，供幼儿自行取用。让幼儿试着摇晃容器来创作音乐，幼儿可能希望记录并回放制作出的音乐。

在另一时间，教师还可以引导幼儿将容器当作鼓。提供一些用胶带包裹住末端以便降低噪声的小棍和鼓槌，让幼儿练习伴随音乐敲鼓。教师也可以提供一些金属容器和大勺子作为鼓槌。让幼儿在罐子和玻璃杯中加入不同分量的水，并用勺子敲打它们。教师也可以准备一些废旧物品，鼓励幼儿制作自己的"乐器"。教师可能认为这是噪声而不是音乐，但是，如果想要幼儿继续发挥创造性，请不要告诉幼儿这些声音是噪声。

创作音乐的阶段相当于绘画的涂鸦阶段和说话的牙牙学语阶段。当幼儿学会了自如地使用音乐工具后，他们就想在探索游戏的掌握阶段不断地重复表演如何使用音乐工具。他们现在只是在为此做准备。

节奏乐器

有时候一个故事可以促使幼儿自主地进行创造。《班扎》（*The Banza*, Wolkstein, 1981）讲述了一个海地民间故事：小老虎泰格拉和小山羊科伯瑞是好朋友。为了印证他们的友谊，小老虎送给小山羊一个带有魔法的班卓琴来保护她，并告诉山羊："班卓琴由真心做成，没有比真心更强大的保护了。"当小山羊发现自己被十只饥肠辘辘的老虎包围时，她用班卓琴演奏了一首歌，最终吓跑了所有的老虎。

幼儿可以用鞋盒和长皮筋制作自己的魔法班卓琴。教师可以帮助幼儿在鞋盒的盖子上剪一个心形洞，就像山羊科伯瑞的班卓琴一样，并在鞋盒盖的每端剪四个凹槽，系上四根橡皮筋，这些橡皮筋沿着盖子和盒子的长边方向纵向拉伸。在系橡皮筋之前，幼儿可以为班卓琴涂色和装饰。幼儿可以一边用拇指弹奏一边唱歌或哼唱，但是注意提醒幼儿不要太用力。

教师通常认为有节奏的乐器应该由节奏乐队演奏。幼儿喜欢在节奏乐队中尽可能大声地演奏音乐。但是，教师在开始让幼儿集体演奏乐器之前，要确保每个幼儿都有机会用一种乐器单独演奏。否则，在整个乐队演奏时无法听到个别乐器的声音。

这就是在音乐区提供CD播放器供幼儿独立使用具有重要意义的原因。教师可以把节奏乐器悬挂在活动区的小钉板上，供幼儿在自由选择时间使用。鼓励幼儿自己尝试操作各种乐器，听听它们分别发出的声音。然后，让幼儿演奏乐器来录制背景音乐，诸如湖岸教具公司制作的CD《起来，走吧》（*Get Up and Go*）

和《非洲操场》(*African Playground*)。教师可以通过调节按钮控制播放器的音量，如果操作有困难，可以让幼儿佩戴能够控制音量的耳机。

在幼儿有机会体验过各种乐器之后，教师可以引导幼儿将这些乐器带到谈话活动中，每次请一位幼儿向其他幼儿介绍一种乐器。让幼儿互相传看并尝试弹奏乐器。之后，想要演奏乐器的幼儿可以选择一样乐器，伴随着播放器里的音乐和大家一起在班级里演奏。当全班幼儿都参与进来的时候，幼儿时常会为了争抢特别的乐器而产生冲突，教师可以要求幼儿在参与每一次活动时都交换乐器进行演奏。这样每个幼儿都能轮流使用一种以上的乐器。之后，幼儿可以在音乐区演奏他们最喜爱的乐器。

◎ 自己的乐器

如果教师带着自己的乐器来演奏，那就让幼儿也尝试一下。请记住，幼儿不是音乐的倾听者，而是音乐的创造者，只有创造音乐才能使幼儿获得更多的经验。例如，当教师按下和弦按钮时，幼儿可以弹奏教师的竖琴。让一个幼儿坐在教师旁边，一边弹奏，一边和大家一起唱歌。幼儿可以轮流进行，直到每个幼儿都获得参与机会。除了竖琴以外，其他乐器包括吉他、夏威夷四弦琴和电子琴。小电子琴是钢琴的缩小版，它更适合幼儿弹奏。

像口琴、卡祖笛、塑料长笛等吹奏乐器一直受到幼儿的欢迎。不幸的是，由于细菌通过唾液传播，让一组幼儿吹奏同样的乐器是不卫生的，除非教师在每个幼儿使用后用消毒液清洗这些吹奏乐器。

但是，幼儿可以用长的包装纸管制作属于自己的吹奏乐器，尤其是在教师为幼儿阅读了《你会吹奏迪吉里杜管吗？》(*Do You Do a Didgeridoo?*) 这个有趣的故事之后，幼儿更愿意自己制作乐器。这本书讲述的是音乐先生在他的音乐商店里找不到澳大利亚乐器的故事。

关于乐器弹奏的引导性图书

《我的家人会演奏音乐》(*My Family Plays Music*,Cox,2003)这本书,讲述了一个女孩的全家人在不同的环境下用不同的乐器演奏不同音乐的故事。女孩的妈妈在一个西部乡村乐队演奏小提琴;她的爸爸在弦乐四重奏乐团演奏大提琴;姐姐在游行乐队中演奏单簧管;哥哥在摇滚乐队中担任主音吉他手;姑姑在爵士乐组合中演奏颤音琴;叔叔在一个大乐队里吹萨克斯;外婆在蓝草乐队演奏班卓琴,等等。当和家人在一起时,小女孩还会演奏她自制的打击乐器。教师可以搜集一些封面上有乐器插图的书。在《轰隆轰隆,快走开》(*Boom Boom Go Away!*,Geringer,2010)一书中,甚至连幼儿的玩具也能演奏乐器。

在《轰隆轰隆,快走开!》这本图书中,小男孩的玩偶精灵敲鼓,小精灵敲锣,王子演奏巴松管,骑士用铃铛演奏,机器人用勺子演奏,还有一只熊吹喇叭。玩具们在睡前轮流演奏流畅的乐曲,直到小男孩进入梦乡。在讲述故事时,教师可以让每个幼儿选择一种节奏乐器进行演奏。

关于有趣的乐器的图书包括:

《轰隆轰隆,快走开!》(*Boom Boom Go Away!*,Geringer,2010);

《查利·帕克演奏爵士乐》(*Charlie Parker Played Be Bop*,Raschka,1992);

《你会吹奏迪吉里杜管吗?》(*Do You Do a Didgeridoo?*,Page,2008)(包含CD);

《我的家人会演奏音乐》(*My Family Plays Music*,Cox,2003);

《不要在动物园旁边演奏音乐》(*Never Play Music Right Next to the Zoo*,Lithgow,2013)(包含CD);

《吱吱,隆隆,砰砰!砰砰!砰砰!》(*Squeak, Rumble, Whomp! Whomp! Whomp!*,Marsalis,2012)。

> 幼儿不需要外在的乐器来演奏音乐。他们自己就可以通过哼唱、拍手、轻轻跺脚或者轻拍手指等，使自己成为一种乐器。在集体活动时间，教师可以引导幼儿有节奏地拍手。让幼儿拍出姓名歌——"拉—塔—莎—来—了"——每个音节都要拍手。幼儿也可能想进行伴随说唱的拍手"追随"游戏，这时可以请一个幼儿拍打出节奏，然后请其他幼儿进行模仿。教师可以将这些节奏录音并回放。
>
> 教师一旦意识到，在学龄前阶段为幼儿提供个人演奏和体验乐器的机会必不可少，那么教师的音乐课程就会呈现出完全不同的特点。除此之外，教师还可能发现具有音乐天赋的特殊幼儿。有时一个3岁的幼儿会变成比成人还优秀的竖琴演奏家。

◎ 使用录制的音乐

即使是不擅长音乐的教师，也能够为幼儿提供高质量的音乐活动，教师可以将摇篮曲或者经典儿歌的 CD 放入音乐区，幼儿可以戴上耳机欣赏这些音乐。有些音乐可以是乐器演奏的，还有一些可以是歌手演唱的。

音乐能够帮助教师营造良好的班级氛围。教师可以在自由选择时间播放柔和的背景音乐，在大型运动时间播放声音响亮的背景音乐。教师和幼儿演唱的歌曲可以从唱片中获得。循环播放这些歌曲，教师和幼儿很快就能将这些歌曲烂熟于心。如果想让幼儿在午睡之前安静下来，教师可以和幼儿一起歌唱或者哼唱舒缓的儿歌。一些幼儿特别喜欢的 CD 来自建设玩具公司（Constructive Playthings），例如：

《安静的地方》（*Quiet Places*，Hap Palmer）；

《一个孩子安静的摇篮曲世界》（*A Child's Quiet World of Lullabies*，Hap Palmer）；

《梦乡：世界摇篮曲》（*Dreamland: World Lullabies*，Various Artists）；

《孩子爱唱的歌》（*Songs Children Love to Sing*，Ella Jenkins）；

《你唱一首歌，我唱一首歌》（*You'll Sing a Song and I'll Sing a Song*，Ella Jenkins）。

其他创造性活动

如果教师能够精心创设班级里的活动区让幼儿自主地进行活动，就能够促进幼儿创造性的发展。当教师在沙水区投放一些幼儿触手可及的有趣材料时，沙水区就成了幼儿发挥想象力的源泉。当幼儿自由选择材料并采用富有想象力的方式使用它们时，操作材料和桌面玩具也能促进幼儿创造性的发展。

本章小结

让幼儿通过自由发挥想象力来促进其创造性发展

本节讨论的重点是在幻想角色扮演区、表演区、美工区和音乐区通过游戏化的表达和自由的活动来促进幼儿创造性的发展。幻想角色扮演游戏是让幼儿扮演成虚构故事中的人物角色或者将自己置身于一个虚构的场景中。通过聆听教师阅读幻想主题的图书，幼儿可以谈论发生的故事并幻想"如果……还会发生什么"。装有服装和人物模型的道具盒能够帮助幼儿通过自己的假扮游戏来延伸这些故事，这是促进幼儿创造性思维发展的催化剂。如果幼儿虚构的超级英雄能够用超能力帮助而非伤害他人，那么假扮超级英雄的游戏就可以成为另一种发展幼儿创造性的尝试。

给予幼儿在戏剧表演游戏中发挥创造力的机会

本节讨论了教师的角色是为幼儿创设表演区，让幼儿扮演自发的角色、图书中的故事角色或者真实场景中见到的人物。本节还讨论了教师在幼儿游戏中作为榜样者和调节者的角色。

提供美工材料和活动让幼儿自主进行创造性探索

教师应该鼓励幼儿在美工区尝试使用各种材料和颜色，并无条件地接纳幼儿的美工作品，只有这样才能支持幼儿创造性的不断发展。虽然教师指导幼儿进行美工活动在促进幼儿听从指令和提高幼儿的操作技能方面具有一定的作用，但教师指导的美工活动和创造性的美工活动不能混为一谈,在创造性美工活动中幼儿可以用自己的方式操作美工材料并探索接下来将要发生的事情。然而,教师需要了解儿童绘画技能的发展阶段,以支持幼儿进行探索实验。

鼓励幼儿创造音乐并享受音乐带来的乐趣

当教师以轻松愉快的方式创设音乐活动时,音乐也能促进幼儿创造性的发展。脑研究强调音乐在认知学习中可以激发歌唱的重要性。但是教师必须带领幼儿哼唱、歌唱,并提供制作音乐的材料和乐器。幼儿需要积极地参与创造自己的音乐。幼儿还可以自制节奏乐器并进行演奏。

道 德 困 境

助教阿琳(Arlene)任职的幼儿园来了一位新园长,这位园长鼓励所有的教职工通过让自己参与音乐活动来帮助幼儿参与其中。幼儿园组织了充满乐趣的课外工作坊帮助教师学习唱歌、哼唱、创造节奏或简单的乐器演奏。阿琳没有参加,因为她唱歌总是跑调,并且特别排斥被强迫去做她做不到或不愿意做的事。她不愿意参与音乐活动并且对音乐活动持消极态度,这影响到了她的教学表现。幼儿园管理者劝说阿琳换一份工作,阿琳威胁说要雇律师起诉这个新来的园长。如果你是阿琳,你会怎么做?

你 可 知 道

1. 我们希望幼儿所具备的创造性技能有哪些?
2. 教师能做些什么来帮助幼儿重新发现他与生俱来的创造力?
3. 作为一名教师,你可以和班级里的幼儿进行哪些创造性活动?
4. 什么是幻想角色扮演游戏?教师如何在班级中开展该游戏?
5. 教师为什么要支持开展假扮超级英雄的游戏,应该如何做?
6. 教师如何用图画书来促进戏剧游戏的开展?
7. 如果戏剧游戏失控了,教师该如何调节呢?

8. 为什么在幼儿的美工活动中"过程与作品"的问题十分重要？

9. 为什么在幼儿的美工活动中自由是十分重要的一方面？

10. 一本怪兽图书是如何在帮助幼儿学习色彩方面发挥创造性作用的？

11. 大脑研究发现了音乐在幼儿发展中的哪些方面可以应用于幼儿园中？

12. 如何使用音乐向幼儿传达指令？

13. 如果幼儿没有乐器该怎么创造音乐？

学 习 活 动

1. 在你的文件夹中添加 10 张卡片，并在卡片上记录你对于发展幼儿创造性的具体想法。在每张卡片上列出相关的参考文献。

2. 和幼儿一起阅读一本推荐的幻想图画书。然后与幼儿进行讨论并为幼儿提供进行幻想角色扮演游戏的道具。

3. 和一个小组的幼儿一同讨论超级英雄。幼儿喜欢什么样的超级英雄？幼儿想要成为什么样的超级英雄？阅读图画书《超级英雄 ABC》或者从超级英雄漫画书中裁剪下他们的图片，准备一些斗篷、面具或者护目镜，让幼儿选择超级英雄可以解决的一个困境并扮演超级英雄。然后和幼儿一起讨论并写下讨论结果。

4. 收集幼儿在一段时间内的绘画作品，并说明幼儿所经历的绘画发展阶段。写下或讨论你所收集的作品是如何反映这些阶段的。

5. 准备乔治亚·奥基夫的一两副花卉作品和一些鲜花。为一个小组的幼儿阅读图书《通过乔治亚的眼睛》。与幼儿讨论为什么和大多数人相比乔治亚看待事物的视角有所不同，并且绘画也有所不同。幼儿从花中看到了什么？他们想尝试画一画吗？无论幼儿画的是什么，即使是胡乱的涂鸦，教师也应该接纳。幼儿可以使用美工区中的任何工具进行绘画。教师要对此进行观察。

6. 运用本章的理念和幼儿一起开展唱歌或哼唱活动，并对结果进行记录。

7. 为个体或小组幼儿创设声音活动或节奏乐器活动，并对结果进行记录。

8. 在班级中创设一个新的美工区或音乐区。设计图纸并列出需要提供的材料清单。写下你希望幼儿如何使用这些材料，以及你将如何鼓励幼儿去使用它。

推荐读物

Beaty, J.J. (2014). *Observing development of the young child*, 8e. Columbus, OH: Pearson.

Cerniglia, E.G. (2013). Musical play in early childhood classrooms: Taking it one step further. *YC-Young Children, 68*(5), 68–73.

Eckoff, A. (2010). Using games to explore visual art with young children. *YC-Young Children, 65*(1), 18–22.

Freeman, R. (2012). Elements of musical foundation for children. *Exchange, 43*(1), 46–48.

Gould, E., Kaplan, R., & Wilson, T. (2012). Changing lives and developing brains. *Exchange, 43*(1), 49–51.

Hoffman, R. (2004). Magic capes amazing powers: Transforming superhero play in the classroom. St. Paul, MN: Redleaf Press.

Kinard,T.A. (2014). Flying over the school: Superhero play—Friend or foe? *YC-Young Children, 69*(2), 16–23.

Koster, J.B. (2015). Growing artists: Teaching the arts to young children. Stamford, CT: Cengage.

Leong, D.J. & Bodrova, E. (2012). Assessing and scaffolding make-believe play. *YC-Young Children, 67*(1), 28–34.

Lobman, C.L. & Clark, K. (2015). From the dress-up corner to the stage: Dramatic activities in early childhood classrooms. *YC-Young Children, 70*(2), 92–99.

Morehouse, P.G. (2013). The importance of music making in child development. *YC-Young Children, 68*(4), 82–87.

Prairie, A.P. (2013). Supporting sociodramatic play in ways that enhance academic learning. *YC-Young Children, 68*(2), 62–67.

Soundy, C.S. & Lee, Y.H. (2013). A medley of pictures and patterns in children's drawings. *YC-Young Children, 68*(2), 70–77.

Wanerman, T. (2010).Using story drama with young preschoolers. *YC-Young Children, 65*(2), 20–28.

儿童图书

Austin, M. (2013). *Monsters love colors*. New York: Harper.

Beaty, A. (2008). *Doctor Ted*. New York: McElderry.

第七章　提高创造性技能

Breen, S. (2008). *Violet the pilot.* New York: Dial.

Carle, E. (2011). *The artist who painted a blue horse.* New York: Philomel.

Collins, J. (2009). *Over the rainbow.* Morganville, NJ: Imagine Publishing (with CD).

Collins, J. (2009). *Over the rainbow.* New York: Imagine Books (CD included).

Cox, J. (2005). *Don't be silly, Mrs. Millie.* New York: Marshall Cavendish.

Cox, J. (2003). *My family plays music.* New York: Holiday House.

Coyle, C.L. (2012). *Do super heroes have teddy bears?* Lanham, MD: Taylor Trade.

Denver, J. (2003). *Sunshine on my shoulders.* Nevada City, CA: Dawn Publications (CD included).

Dorros, A. (1991). *Abuela.* New York: Dutton's Children's Books.

Ellery, T. & Ellery, A. (2006). *If I had a dragon.* New York: Simon & Schuster.

Emmett, J. & Allwright, D. (2006). *She'll be coming 'round the mountain.* New York: Atheneum.

Emmett, J. & Allwright, D. (2007). *She'll be coming 'round the mountain.* New York: Atheneum.

Geringer, L. (2010). *Boom boom go away!* New York: Atheneum.

Gerstein, M. (2013). *How to bicycle to the moon to plant sunflowers.* New York: Roaring Brook.

Heap, S. (2002). *What shall we play?* Cambridge, MA: Candlewicke Press.

Hoberman, M.A. (1998). *Miss Mary Mack.* New York: Scholastic.

Horacek, J. (2010). *Yellow is my color star.* New York: Beach Lane Books.

Hort, L. (2000). *The seals on the bus.* New York: Henry Holt.

Johnson, P.B. (2006). *On top of spaghetti.* New York: Scholastic.

Lithgow, J. (2013). *Never play music right next to the zoo.* New York: Simon & Schuster (with CD).

Marley & Marley (2011). *One love.* San Francisco, CA: Chronicle Books.

Marsalis, W.(2012). *Squeak, rumble, whomp! Whomp! Whomp*! Somerville, MA: Candlewick.

McDonnell, P. (2006). *Art.* New York: Little, Brown. McLeod, B. (2006). *Superhero ABC.* New York: HarperCollins.

Nelson, D.B. & Brenner, R. (2008). *Willow.* Ann Arbor, MI: Sleeping Bear Press.

Numeroff, L. (2008). *If you give a cat a cupcake.* New York: HarperCollins.

Orloff, K.K. (2006). *If Mom had three arms.* New York: Sterling.

Page, N. (2008). *Do you do a didgeridoo?* Hertfordshire, England: Make Believe Ideas (+CD).

Pullen, Z. (2008). *Friday my Radio Flyer flew.* New York: Simon & Schuster.

Raschka, C. (1992). *Charlie Parker played be bop.* New York: Orchard Books.

281

Ringgold, F. (1991). *Tar beach*. New York: Crown.

Rodriguez, R. (2006). *Through Georgia's eyes*. New York: Henry Holt.

Rounds, G. (1989). *Old MacDonald had a farm*. New York: Holiday House.

Soman, D. & Davis, J. (2009). *Ladybug girl and Bumblebee Boy*. New York: Dial.

Soman, D. & Davis, J. (2011). *The amazing adventures of Bumblebee boy*. New York: Dial.

Toms, K. (2009). *Itsy bitsy spider*. Hertfordshire, England: Make Believe Ideas.

Van Dusen, C. (2012). *If I built a house*. New York: Dial.

Van Genechten, G. (2013). *Super ladybug to the rescue!* New York: Clavis.

Vernick, A. (2012). *So you want to be a rock star*. New York: Walker & Co.

Warhola, J. (2007). *If you're happy and you know it*. New York: Orchard Books.

Wells, R. (2008). *Max's bunny business*. New York: Viking.

Wells, R. (2005). *I love you a bushel and a peck*. New York: HarperCollins.

Wells, R. (2002). *Ruby's beauty shop*. New York: Puffin Books.

Westcott, N.B. (1989). *Skip to my Lou*. Boston: Little, Brown.

Whitehead, K. (2008). *Art from her heart*. New York: Putnam.

Wiesner, D. (2010). *Art & Max*. Boston: Clarion Books.

Wolkstein, D. (1981). *The banza*. New York: Dial.

第八章

建立积极的自我概念

学习目标

在本章你将学会：

◆ 通过创设良好的班级环境帮助幼儿提高自我概念。

◆ 接纳自我并接纳幼儿，将幼儿视为有价值的个体，并使用语言和非语言暗示让幼儿知道自己是被接纳的。

◆ 接纳并尊重幼儿的多样性，帮助幼儿学会互相尊重。

◆ 帮助每个幼儿发展独立性并在班级中体验成功。

通过创设良好的班级环境帮助幼儿提高自我概念

自我概念在幼儿出生后就开始形成，并在学前阶段获得发展。这种自我意识包括自我形象（对自身内在形象的认知）和自尊（对自我价值的认知）。幼儿的自我形象包括对自己的外貌、性别、种族、家庭地位以及自身能力的认知。自我形象是描述性的事实，并不带有价值判断。相反，自尊是对这些方面的评价。自我形象和自尊这两方面构成了自我概念。在我们的生活中，对自我形象和自我价值的认知相辅相成。

幼儿自我认知的形成，是幼儿与他人和周围环境不断互动并积累经验的结果。如果大多数的互动是积极的，幼儿就会自我感觉良好。如果幼儿被家庭接纳，如果幼儿被关爱、照顾、喜爱，如果幼儿衣食无忧，如果家长为幼儿提供丰富的环境刺激，那么幼儿就开始形成一种积极的自我概念：自己是一个讨人喜欢的人。如果幼儿不被忽视、不被冷落、不被严厉责骂、不被严格限制、不被时常唠叨，那么他们就会渐渐地喜欢自己和他人。全美幼教协会（NAEYC）非常具体地规定了早期教育课程应包括哪些内容。

全美幼教协会（NAEYC）课程标准：自我概念

描述一下你所在的幼儿园将如何达到以下标准。

- ◆ 为儿童提供成为班级团体一员的机会，使每个儿童都感到被接纳并获得归属感。
- ◆ 为儿童提供各种学习机会，促进儿童积极的自我认同，并形成对自己和他人的新认知。

资料来源：NAEYC. (2008) *NAEYC Early Childhood Program Standards and Accreditation Criteria: The Mark of Quality in Early Childhood Education*. Washington, DC: National Association for the Education of Young Children (NAEYC). Copyright © 2008®. Reprinted with permission.

但是，如果幼儿从他人和周围环境中获得了太多负面的反馈，他们就会相信是自己有问题。幼儿是以自我为中心的，他们会认为自己是周围事情发生的根源。如果幼儿做每件事得到的都是消极反馈或者根本没有得到回应，那么他们自然而然地就会认为，这是自己的错，是自己做得不够好。如果周围的成人很少关注他们，他们甚至会觉得自己不讨人喜欢。

学龄前儿童正处于对自己的价值和能力做出判断的关键阶段。他们认为自己是否讨人喜欢，取决于他们做事能力的高低，而且他们很容易受到成人的表扬或批评的影响。教师和班级里的工作人员需要帮助幼儿尽可能多地体验与他人和环境的积极互动。然而，教师需要意识到自我概念的形成需要回应的不断积累，而不是一两次的回应就能形成的。因此，教师及其同事对待幼儿的行为应保持一致，这样他们就能收到一个清晰无误的信息：教师对他们持有积极的态度。

学龄前儿童正处于对自己的价值和能力做出判断的关键阶段。

物质环境

教师要创设温馨、舒适而又令人兴奋的物质环境，使环境与幼儿"对话"。幼儿的自我认知需要通过他们周围的事物反映出来，例如，幼儿的面孔。

面孔

每个幼儿的照片可以张贴在教室里的各个地方。教师需要在幼儿进入活动之前就为幼儿拍摄好照片。在初次的家长会中，教师也可以拍几张照片：幼儿的特写、全身照、幼儿和父母在一起时的照片、幼儿拿着最喜爱的玩具的照片。然后，将这些照片洗出来并以多种方式加以使用，如表8-1所示。

表8-1 使用幼儿照片的方式

- 在幼儿的储物柜上使用
- 在考勤卡上使用
- 在餐垫上使用
- 在配对游戏中使用
- 在拼图时使用
- 作为进入活动区的通行证
- 在身份挂牌上使用
- 在幼儿讲述故事时使用
- 在幼儿的日记本上使用
- 在剪贴簿上使用

当幼儿来园时，他们可以选择自己的照片卡，然后挂在考勤表的钩子上。一定要告诉幼儿照片中的他们是多么好看。如果他们愿意，也可以戴上一条由他们自己的不同照片卡组成的项链。另外的照片可以挂在活动区入口的钩子上或者作为轮流进入电脑区或建构区的凭证。

放大幼儿照片中的某些部分，由教师将其贴在硬纸板的背面并剪切成几块用作拼图。将这些拼图保存在马尼拉纸制作的信封中，并附上未裁剪过的幼儿照片，以供幼儿制作照片拼图时查看。照片会不会太多了？如今，拍摄和打印手机照片越来越便捷了。

幼儿需要通过这种方式观察自己，其他幼儿也需要通过这种方式来观察他们。这是教师能够做到的一件让幼儿知道教师在关心他的事情。这对幼儿自我概念的形成起到了极大的促进作用！教师不要把拍摄的范围限制在一开始拍的那些照片上。请随身携带手机，为幼儿拍摄一些他们忙于游戏、画画、搭积木或角色扮演时的生活快照。教师可以与幼儿家长分享这些照片，或者将照片放入每个幼儿的成长档案中。你还能想出使用照片的其他方式吗？让幼儿互相拍照怎么样？

幼儿还能怎么看到自己的面孔呢？请确保教室里至少有两面镜子。在表演区放置一面全身镜，这样幼儿在进行扮演游戏时能够看到自己的装扮。小镜子可以与放大镜一起投放在科学区。教师要时不时地告诉幼儿，他们在镜子和照片中有多美。记住，评价要具体！比如，可以谈论幼儿的眼睛、微笑或他们站得有多直。这就是强化幼儿自我概念的方式。教师一定要为幼儿阅读《神奇的面孔》（*Amazing Faces*）。

关于观察不同面孔的引导性图书

著名的儿童诗人李·班尼特·霍普金斯（Lee Bennett Hopkins）在《神奇的面孔》（2010）中收集了 14 首关于儿童个体的精彩脸谱诗，并附有幼儿及其看护者的双页大插图。每个幼儿代表一个不同的民族参与日常活动。如果要求班上的小听众写一首关于自己面孔的诗，他们会怎么说呢？记录他们的回答。

服装 / 鞋

童装也是其中的一个重要组成部分。教师尤其需要注意幼儿的鞋子。是的，教师也要给他们的鞋子拍照。教师还能用鞋子来做什么呢？鞋子不一定是新的，但对穿鞋的幼儿来说他们的鞋子是很重要的。教师要记录对特定幼儿的鞋子和服装所做的评价，这样就不会遗漏任何一个幼儿。想想针对幼儿的任何一双鞋子教师可以谈论的内容：这些鞋子看起来结实耐用、舒适、时尚、色彩丰富、有漂亮的鞋带或印有酷酷的图案。图画书中的那只猫——皮特，也总是在谈论它的鞋子。教师可以为幼儿阅读这本书或者另一本有关鞋子的图书。让幼儿讲述一个有关自己鞋子的有趣的故事。教师可以把这些故事打印出来，并附上幼儿鞋子的照片或幼儿的绘画作品。

第八章 建立积极的自我概念

有关鞋子的图书

《跳舞的人字拖》(*Flip Flop Bop*, Novak, 2006);

《那些鞋子》(*Those Shoes*, Boelts, 2007);

《皮特猫：我喜欢我的白鞋子》(*Pete the Cat: I Love My White Shoes*, Dean, 2010);

《皮特猫：穿着校鞋跳摇滚》(*Pete the Cat: Rocking in My School Shoes*, Litwin, 2011);

《鞋子—啦—啦》(*Shoe-La-La*, Beaumont, 2011)。

对有些幼儿来说，是服饰（如衬衫、裤子、裙子或帽子等）让他们觉得自己很特别。他们可能喜欢听老师阅读图书《佐伊准备好了》(*Zoe Gets Ready*, Murgvia, 2012)，这本图书讲述了一个小女孩由于不能决定穿什么衣服，所以她穿上了所有衣服的故事。或者，教师可以为幼儿阅读《艾拉·萨拉穿上衣服》(*Ella Sarah Gets Dressed*, Chodos-Irvine, 2003)，这本图书讲述了另一个女孩拒绝妈妈的穿衣安排，自行决定穿什么的故事。

教室布置

教师可以扮演幼儿的角色走进教室，从幼儿的视角来审视教室，哪些方面让你感到舒适？张贴的指示标志和图片应与幼儿的水平视线持平。地毯和窗帘的色彩要鲜艳。教师应提供充足的材料以供每个幼儿使用，将玩具、积木、拼图投放在幼儿容易拿到的地方。教师还可以为幼儿创设一个私人空间。

◎ 精神环境

教师和其他工作人员之间交谈和互动的方式为幼儿搭建了基本平台。你的声音听起来温柔而又令人快乐吗？当幼儿来园时，你能确保和每个幼儿打招呼吗？当幼儿和你讲话时，你能认真倾听吗？你能蹲下来和幼儿讲话吗？你能叫出每个幼儿的名字，使用他喜欢的昵称吗？教师可以问问幼儿他们喜欢的昵称。当幼儿遇到开心的事情时，教师可以和他们握手和击掌。玛雅终于找到了她丢失的手套；杰里米建造了一座没有倒塌的大厦；泰雷尔今天把他所有的午饭都吃光了。这些都是幼儿感到开心的事情。

自我概念美工作品

教师一定要以幼儿为中心来布置各个活动区域。以美工区为例，与自我概念相关的美工活动可以全年开展。在学年初期，教师可以让幼儿画出自己的身体轮廓。让每一个幼儿躺在一张大的牛皮纸上，然后教师或其他幼儿勾画出他身体的轮廓。一旦画好了轮廓，幼儿就可以用颜料或蜡笔进行填充，为自己的衣服和面部特征涂色。然后，教师可以帮助幼儿剪出身体的轮廓并挂在墙上。让这件事成为一项伴随着活泼音乐的有趣活动，当轮廓填充完成时幼儿还可以拍手庆祝。

其他有关自我概念的美工活动还有小手、小脚、鞋子以及指纹的彩色印画，这些活动可以在一年中逐一完成。教师要确保让每个幼儿的名字出现在印画中。在其他活动区也可以开展自我概念活动。

音乐区：带有幼儿名字的歌曲

建构区：幼儿赛车场

表演区：摇滚明星的试镜

图书区：幼儿阅读自己写的故事

书写区：幼儿宠物日记

数学区：不论输赢的计数比赛

科学区：每个幼儿的昆虫宠物

大肌肉运动区：戴冠军王冠

大肌肉运动区投放了一个冠军王冠，任何能完成其中一项运动技能的幼儿都能够戴这个王冠。以跳跃技能为例，幼儿必须双脚并拢跳过摇板三次，挑战成功者可以戴一天跳跃杰克冠军的王冠。

第八章 建立积极的自我概念

这个男孩成为第一个跳跃杰克冠军。

接纳自我并接纳幼儿

接纳是幼儿建立积极自我概念的基本要素。大多数人需要感觉到他们被周围的人接纳,这样他们才能自我感觉良好。同样重要的是,幼儿在能够完全接受他人之前,需要先接纳自己是有价值的人。因此,幼儿接纳自我、感受到被他人接纳以及接纳他人都是非常重要的。

成人的自我接纳

接纳的作用不仅适用于幼儿,同样也适用于成人。作为教师需要接纳幼儿园里的幼儿,同样也需要自我感觉良好。你是否被生命中重要的人接纳?你接纳自我了吗?在你成为一名真正优秀的教师之前,这些领域可能是你需要努力去做的。你喜欢自己的哪些方面?列举出你认为最积极的一些品质。在你的清单中有以下品质吗？

积极品质清单

我热爱幼儿　　　　　　　　　　　我致力于教学

我可以与幼儿建立融洽的关系　　　　我有幽默感

我可以坚持不懈，直到任务完成

然后做第二份清单。不要把它称为"消极品质清单"，就像对待幼儿一样，我们也需要积极地对待自己。当我们使用"消极"一词形容我们自己或幼儿时，我们就倾向于从负面、不好或错误的角度来思考。相反，用"我想要拥有的品质清单"来代替"消极品质清单"这一标题。在你的第二份清单中有以下品质吗？

我想要拥有的品质清单

可以把工作做好的信心　　　　　　较好的组织能力

更好地控制我的脾气　　　　　　　更好听的嗓音

在幼儿面前自在地唱歌

教师可以选择第二份清单中的一项品质并尝试努力实现。例如，什么可以让你拥有做好工作的信心？看看你在第一张清单中的积极品质，思考这些积极品质能如何帮助你在工作时充满信心。你可能会觉得，所有的幼儿都接纳你，并且你能够与他们每个人都建立融洽的关系，这有助于你树立做好工作的信心。那么，在未来几天和几周内，你需要关注的任务就是接纳每一个幼儿，并且让幼儿也接纳你。

◎ 成人—幼儿互相接纳

帮助幼儿接纳自我的第一步是，教师要完全地、无条件地接纳幼儿。这条建议可能听起来很简单。当然，你会接纳那个不开心的幼儿——就像你接纳班级里所有的幼儿一样。但是你能做到完全地、无条件地接纳他吗？

事实上，教师可能有自己特别喜欢的幼儿，同样也有自己不喜欢的幼儿。当面对吵闹好斗的、不爱干净的、肥胖的、爱抱怨的或者不会说英语的幼儿时，该怎么办呢？这些幼儿似乎有一种不可思议的能力，能够辨别出教师对他们的感受。在教师希望能够改变幼儿对自己的认知之前，教师需要理清自己对幼儿的感觉并加以改变。

接纳幼儿的方法类似于接纳自我的方法：列出班级里的每个幼儿。在写下每个幼儿的名字之后，尽可能坦诚地写下每个幼儿身上所具备的你喜欢的积极品质及其原因。同时，写下你希望看到每个幼儿改进的地方及其原因。然后，写下你对班级里每个幼儿的回应（仅从你自己的角度）。例如：

莎拉

我欣赏的：她做游戏时很安静。

原因：我喜欢安静的幼儿。

需要改变的方面：她不够整洁。

原因：我不喜欢脏。

我的回应：让她一个人待着。

安特万

我欣赏的：当他游戏时不会打扰到其他幼儿。

原因：我喜欢对他人友好的幼儿。

需要改变的方面：他的消极态度。

原因：我不喜欢他经常不礼貌地对待他人的方式。

我的回应：当他的行为不礼貌时，我会批评他。

当你完成后，回顾清单内容并对以下问题进行反思：我真的已经完全地、无条件地接纳这两个幼儿了吗？我的日常回应是否向幼儿传达了我接纳他们的信息？如果没有，你需要改变对待幼儿的方式，让幼儿知道你是接纳他们的。

这并不意味着你必须接纳幼儿的破坏性行为。你接纳的是幼儿，而不是幼儿的破坏性行为。不管幼儿的外表或行为如何，你都应该将幼儿视为有价值的个体，接纳每个幼儿。这种接纳意味着你将通过自己的接纳行为和对幼儿的尊重，来帮助每个幼儿改变不恰当的行为。如果从清单中你发现没有对某些幼儿这样做，那么你需要开始改变对他们的态度。

一开始，你可以通过三天的观察列出没有被完全接纳的幼儿所具有的积极行为。你可以准备一支笔和便笺纸，认真观察并记录幼儿的积极行为。这些记录就像你的原始数据一样，只供自己看或者与同事分享。当你完成后，将记录存放在私人的地方。根据教师对莎拉和安特万的回应，可见教师并没有完全地接纳他们，那么教师需要观察和记录他们的积极行为。

通过对安特万的观察，教师可能已经注意到，在第一天早晨，当安特万走进教室的时候，他对雷蒙说了声"你好"，没有麻烦其他人就将夹克衫放进了自己的小储物柜里，之后，他在吃点心的时候也没有打扰身边的幼儿。

教师对安特万的这些积极行为应该如何反馈呢？当他进来的时候，你可以向他挥手打招呼："你好，安特万！"当看到他将夹克衫放进小储物柜里的时候，你可以在他转身时朝他点头和微笑。在他吃完点心时，你可以微笑着对他说："安特万，这是一段美好的进餐时光，对吗？"你似乎已经通过直觉感到，当和幼儿说话时，应该称呼幼儿的名字。这是你的积极品质清单中"与幼儿建立融洽的关系"需要做的一部分。

通过一段时间的观察、记录、回应，教师可能会发现自己和幼儿都发生了改变。当在幼儿身上寻找积极行为时，你就会发现他们具备的良好品质。越多地注意幼儿的积极行为，教师对幼儿的印象就会越好。这常常会以非言语的形式传达给幼儿，而反过来幼儿的行为也会变得更加积极。教师因为幼儿的行为有所改善而改变对幼儿的印象，而幼儿会因为感觉到教师比以前更喜欢他而亲近教师，最后，教师和幼儿对彼此形成了良好的印象。教师可以尝试做做这样的练习，看看效果如何。

关于成人—幼儿自我概念活动的引导性图书

图书真的能够帮助幼儿发展积极的自我概念吗？菲尼和莫拉夫奇克（Feeney & Moravcik，2005）认为，教师为幼儿阅读的图画书，在塑造幼儿自我形象方面起着关键作用。

在《妈妈，你爱我吗？》(Mama, Do You Love Me?, Joose, 1991) 这本图书中，一个因纽特小女孩问了她妈妈一个问题："妈妈，你爱我吗？"即便小女孩做出了让妈妈生气的极端行为，她的妈妈也总是以积极的态度回答她。甚至当小女孩变成了一只令人讨厌的北极熊之后，妈妈仍然很爱她，因为变成北极熊的小女孩是她的孩子啊。这本多年前的书至今仍可以购买到并且十分受欢迎。

听完这个故事，班级里的幼儿有什么反应呢？为一组幼儿阅读这本书并让幼儿想一想如果他们对妈妈（或祖母或姑姑）做了其他类似的恶作剧，她们仍会接纳和爱护自己吗？

在第二本书《爸爸，你爱我吗？》（*Papa, Do You Love Me?*，Joose，2005）中，一个马赛小男孩问了他的非洲爸爸一个问题："爸爸，你爱我吗？"在这个故事中，如果小男孩在看守牛群时感到炎热、口渴、睡着了或者遇到其他极端情况，小男孩继续问他的爸爸这个问题，他的爸爸会怎么回答呢？爸爸的回答依然是积极的。请小组中的男孩想一想，哪些行为会惹恼他们的爸爸（或爷爷或叔叔）呢？如果做出这些行为，爸爸（或爷爷或叔叔）还会接纳和爱护自己吗？

在第三本书《奶奶叫我"美丽"》（*Grandma Calls Me Beautiful*，Joose，2008）中，讲述了一个关于姓名来历的故事：一名夏威夷小女孩让她的奶奶告诉她，她的名字为什么叫美丽。小女孩认为岛屿上飞翔的热带小鸟和蝴蝶才是美丽的，而她自己则相貌平平。但是奶奶却认为，她的头发乌黑发亮像夜晚点缀着星星，棕色的皮肤像一片光滑的田野，她的一切都是那么美丽。请幼儿想一想，他们自己身体的哪些部位和周围的环境一样美丽呢？

《红色是美丽的》（*Red Is Beautiful*，John & Thomas，2003）是一本双语（英语和纳瓦霍语）图书。书中讲道，小女孩娜莎莎泪流满面地坐在校车上回家时，她希望远离那些嘲笑她皮肤粗糙的同学，书中的每一页都使用了绚丽的色彩进行描绘。她的奶奶亲切地把她带到木屋，在那里奶奶向她讲述了红土材料的奇闻，纳瓦霍人经常用这种红土材料治愈皮肤病（过了很久，长大的娜莎莎使用这种材料成功地做起了化妆品生意）。幼儿对土壤可以治愈皮肤病的方法了解多少呢？

非言语暗示

除了说话，非言语暗示（见表8-2）也能显示出你对幼儿的接纳。幼儿更多的是通过你的行为方式而不是你说的话来感受你对他们的态度。例如，你说话的语调同所说的内容一样富有内涵，甚至语调中包含着更多信息。对于你似乎还无法完全接纳的幼儿，你同他说话的方式是怎样的？当你和幼儿在活动区开展活动时，你可以打开录音机，在活动结束后回放录音并认真听自己的语调，其他的内容可以忽略。你可以把音量调低，这样由于听不清内容而更容易专注于语调。你对听到的语调满意吗？如果不满意，你可能需要做笔记，改变自己说话的语调，或者让语调变得更温和，或者不要再有责骂的语气。这也是你的清单中想要培养的另一品质。

表8-2 非言语暗示

• 语调（响亮、温柔、责骂）	• 面部表情（微笑、生气）
• 头部动作（点头、摇头、转动）	• 眼神（眯眼、斜视、瞪眼）
• 手势（击掌、拍手）	• 姿势（笔直地站着、转身）
• 接近，抚摸	

教师需要重视的另一个非言语暗示是面部表情。你面对幼儿时的面部表情是怎样的？你经常皱眉吗？你经常微笑吗？尝试对一个不开心的幼儿微笑。幼儿会对周围人的表情加以反馈。如果没有人对他们微笑过，他们怎么会感到快乐呢？保持你的微笑，最终你将会收获幼儿的微笑。

亲近和抚摸对学龄前儿童来说也是重要的接纳暗示。爱意通常通过拥抱、搭肩、搂腰、靠近坐着或站着等方式来表达。大多数幼儿都渴望这种感情。而有些幼儿似乎不喜欢这样，当别人接近或者抚摸他时他会退缩，这类幼儿可能确实有自我概念方面的问题，或者仅仅是因为害羞。你对这类幼儿的非言语暗示可以是微笑，也可以是友好的语调，直到他产生良好的自我感觉并在班级里感到自在。不要过分关注"抚摸是否得到了积极的回应"，否则这会改变你对幼儿喜爱之情的表达。"积极的抚摸"对幼儿积极自我概念的发展是十分必要的。

最受欢迎的幼儿

在班级中，成人对所有的幼儿一视同仁是十分重要的。如果你是班主任或团队领导者，你有责任确保实现这一点。如果你注意到班级教师似乎特别喜欢一个幼儿或者忽视了另一个幼儿，你就需要召开一次团体会议，在会议上让所有教师练习列出：幼儿的姓名、喜欢的原因、幼儿需要改变的方面以及你的回应。

成人用非言语的暗示表达对一个幼儿的偏爱时，也会向其他幼儿传达同样的信息，这样就会对其他幼儿造成伤害。这种行为清楚地向幼儿表达了："这个受宠爱的小朋友比你更可爱"或者说"你不如这个小朋友好"。

因此，你对班上所有幼儿的接纳和积极的回应，对于促进他们健康的自我概念的发展极其重要。正如定期对幼儿的自我认知进行评估一样，你也需要时常检查自身对幼儿的感觉。然后，确保每个幼儿都会获得关注。

行为管理风格

你的行为管理风格是怎样的？在班级中你会严格控制幼儿的行为吗？如果成人完全地控制了幼儿的行为，幼儿可能会形成一种优柔寡断的自我意识。但是，如果成人放任幼儿，不对幼儿的行为进行任何限制，这就像是在告诉幼儿，"我不关心你，也不在意你的行为，否则我会帮你控制自身的行为"。重要的是，你要帮助幼儿发展自控能力，同时寻找一些方法来缓解或改变他们不受控制的行为。

幼儿的自我接纳

幼儿的自我接纳怎么样？班级里幼儿的自我感觉如何？幼儿的自我概念难以确定。评估幼儿自我概念的一种方法是，根据检核表观察幼儿并记录他们的行为。"自我概念检核表"（表8-3）可以帮助你和你的同事评估幼儿的自我概念。表中列出的幼儿行为应该是时常发生的，否则它们不具有代表性，就无法准确地反映幼儿的形象。

表 8-3　自我概念检核表

幼儿姓名_____　　　　日期_____
____当你和幼儿说话时，他能够看着你，不遮挡自己的脸
____可以通过姓和名认出自己
____寻找其他幼儿参与游戏或被邀请时愿意加入
____很少表现出对新鲜或不同事物的恐惧
____很少破坏材料或干扰活动的进行
____微笑，多数时间看上去是开心的
____完成任务时表现出自豪
____维护自己的正当权益
____动作自信，有良好的运动控制能力

资料来源：Janice J. Beaty, *Skills for Preschool Teachers*, 9e. Copyright © 2012 by Pearson Education, Inc. All rights reserved. Permission is granted by publisher to reproduce this checklist for evaluation and record keeping.

首先，尝试判断幼儿的自我认识。因为幼儿的口语表达尚存在困难，所以你可以通过观察和记录幼儿与他人在活动中进行互动时的特定行为或反应来做出判断。将这些信息添加到每个幼儿的观察记录表中，并根据这些信息为幼儿制订个人计划。

对于检核表上打钩很少的幼儿，你和同事需要提供特殊的经验来强化他们的自我概念。也许，幼儿自我形象最关键的标志是："微笑，大多数时间看起来很快乐。"不微笑或没有表现出快乐的幼儿似乎表明他们有情绪困扰。你能做些什么来帮助他们呢？

◎ 镜子、照片和录音机

教师除了接纳幼儿之外，最重要的角色就是帮助幼儿接纳自我。幼儿只有了解自己的形象，才能完全接纳自我。因此，正如前面提到的那样，一个全身镜是教室里的必需品。幼儿既能在表演区使用它，也能在每天的空闲时间使用它。他们对自己充满了好奇。"这就是我真正的样子吗？"你会发现幼儿使用镜子的方式与成人不同，毕竟成人已经知道自己的样子了。有些幼儿可能会朝着镜子里的自己做鬼脸，或者在镜子前戴帽穿衣，还有些幼儿会盯着镜子中的自己看很长时间。

幼儿正在尝试辨别自己并想要知道自己是谁。手镜也有同样的用途，可以让坐在桌子旁的幼儿通过小镜子近距离地看清楚自己的脸。教师可以在教室里多准备一些这样的小镜子。

前面所提到的手机相机是促进幼儿积极自我概念发展的另一个很好的工具。教师可以在整个学年为每个幼儿拍摄许多照片。当幼儿建造一栋积木大厦、完成一项科学作品或者扮演消防员时，教师可以用相机记录下这些精彩的瞬间，这样幼儿就能够看到自己成为大型积木公寓的建造者或者消防车司机的样子。

当教师家访时，也可以为幼儿和家长拍照，这也再次表现出了你对幼儿及其家庭的接纳。可以为正在制作美工作品的幼儿拍照，也可以给正在喂宠物、参加实地考察、玩拼图游戏、滑滑梯或者与小伙伴交谈的幼儿拍照。将这些照片贴在活动区或者存放在每个幼儿都想制作的个人剪贴簿中。

使用录音机同样也能够促进幼儿自我概念的形成。教师需要花时间与个别幼儿或一组幼儿一起活动，录制他们的声音，并进行回放和讨论。幼儿可能想讲述一些关于自己、宠物、家人或家庭的事情，也可能想讲一个故事、唱一首歌或者扮演成他人。当幼儿学会使用录音机时，就可以为彼此录制声音。

◎ 有关自我概念的名字游戏和儿歌

幼儿喜欢看到自己的名字，就像在镜子或照片中看到自己一样。部分幼儿可能已经知道如何书写自己的名字了。大多数幼儿至少知道自己名字的首字母。用你所能想到的任何方式来使用幼儿的名字，这不仅能够帮助幼儿学会认识自己的名字，而且能够使他们形成对自己的良好印象。"A—n—t—w—o—n，这是我名字的字母，就是我。"将幼儿的名片堆放在桌子上，和小组幼儿一起玩"找名片"的游戏。用复制的姓名卡片和出勤表上的姓名卡片玩"匹配名片"的游戏。

提供几套字母积木，让幼儿尝试找出包含自己名字的字母积木，并拼出自己的名字，之后教师可以给幼儿拼出的完整名字拍照。教师还可以将幼儿的姓名卡片摆放在午餐桌上，或者在谈话时间将带有幼儿姓名卡片的垫子放在地板的座位上。

用幼儿的名字代替歌曲中的人物名字，例如："哦，你认识安东尼奥吗？"

［仿照歌曲《松饼人》(The Muffin Man)］"芭比-乔，她扮演两个角色；她在摆弄鞋子上的小饰品。"［仿照歌曲《这个老人》(This Old Man)］幼儿喜欢听到他们的名字被这样唱出来。在班级中，教师可以偷偷地在歌词中插入一个幼儿的名字，然后来演唱。当幼儿听到他的名字被唱出来时，他就站起来，并且每个幼儿都会鼓掌。

当她听到自己的名字被唱出来时，她站了起来。

有关自我概念的美工活动和摄影

除了前面提到过的身体轮廓画和手指印画，幼儿还可以进行"运动鞋拓印"，在运动鞋底部放一张白纸，用蜡笔在白纸上涂画，直到出现鞋底的图案。之后幼儿可以将图案剪下来，并进行张贴。

面部勾画有时需要教师来进行，在幼儿脸上贴一张薄纸轻轻地勾画出面部轮廓，然后由幼儿涂色并裁剪。等到每个幼儿的个人艺术品都完成后，再在班级中展示，这样就不会让幼儿觉得自己被忽视了。

幼儿可以在听了一个故事后，画出自己想成为的故事中男孩或女孩的形象。在给幼儿读完查理和洛拉（Charlie & Lola）的故事——《我永远不会吃番茄》（*I Will Never Not Ever Eat a Tomato*）之后，让幼儿画出其中的一个角色。

教师或同伴拍摄的照片也能帮助幼儿从不同的视角认识自己。当幼儿扮演戏剧游戏中的角色时，让幼儿互相拍照。请幼儿辨认照片里是谁。他们能辨认出来吗？和幼儿谈论穿着不同时看起来有何不同（Byrnes & Wasik，2009）。

关于幼儿自我接纳活动的引导性图书

在《草莓脸》（*Freckleface Strawberry*，Moore，2007）这本书中，一个红头发的小女孩因为她的雀斑而被她的同学取笑。他们称小女孩为"草莓脸"。小女孩尝试擦洗、遮盖和隐藏这些雀斑，但是都没有效果。所以她决定接纳自己的雀斑，并且发现自己仍然有很多朋友。在幼儿听完这个故事后，问问他们如果自己遇到这种情况会怎么做。

其他关于幼儿自我概念的图书还有《我喜欢我自己》（*I Like Myself*，Beaumont，2004）和《不可思议的我》（*Incredible Me*，Appelt，2003）。当教师为幼儿阅读《我喜欢我自己》这本书时，一定要让幼儿围坐在一起，以便看到那些精彩有趣的插图。书中一个黑皮肤的小女孩穿着像理发店旋转招牌一样红白相间的衣服，牵着她的小狗，展示着自己喜欢的内在与外在的所有事物——甚至是她的身材。班级里的幼儿可以表现出怎样的自我呢？

在《不可思议的我》这本书中，一个扎着两个小辫的小女孩在翩翩起舞，告诉每一个人，她有独一无二的1个鼻子、10个脚趾，其他人也不会像她一样微笑、亲吻、吹口哨。班级里的幼儿会做一些别人不会做的事情吗？

接纳并尊重幼儿的多样性，帮助幼儿学会互相尊重

班里的幼儿可能会反映出多元文化，有的富有、有的贫穷、有的天赋异禀、有的身有残疾，这使美国成为一个富有活力的地方。毋庸置疑，幼儿通过肤色、

头发和面部特征这些属性意识到了种族差异。他们该如何应对这些差异呢？

在大多数情况下，幼儿的反应微乎其微。如果他们对同龄人做出回应，那是因为蒂雷尔有酷酷的跑鞋，当他走路时鞋子就会发亮，或者尤兰达会吹口哨。其他幼儿长什么样并不一定能给他们留下深刻的印象，除非这个幼儿是新来的。尤其是当这个幼儿的外表与其他幼儿不同时，他需要发展一些熟练的策略以适应新环境。

菲尼和莫拉夫奇克（Feeney & Moravcik, 2005）指出，3—4岁的幼儿开始形成对待种族差异的态度。他们的态度有时是消极的。幼儿形成的这些态度往往来自周围成人的态度。如果你意识到这种态度，你会怎么做？

教师需要和对他人持消极态度的幼儿谈话，告诉幼儿，在班级中幼儿和成人应该相互尊重。他们不会骂人，也不会恶意中伤，同时他们也不希望听到他人说自己的坏话。

作为一名早期教育专业人员，如果你将幼儿视为有价值的特殊个体，并对他们一视同仁，那么班级里的幼儿也会在你的指导下接受每个同伴。为了帮助你做到这一点，请记住下面的指导原则。

- 求同存异。
- 培养每个幼儿的优势。
- 对每个幼儿寄予高期望。

正如前面所提到的，教师必须接纳幼儿的外貌、语言、性别、文化、衣着、缺陷以及声音。教师可以通过语调、微笑、言语和行动来表达对幼儿的接纳。每天愉快地问候每个幼儿，让幼儿在幼儿园里获得家一般的感觉。

求同存异

虽然你可能会注意到不同的幼儿有不同的肤色、发型、语言或缺陷，但每个幼儿都需要你的关心、爱护和支持。你不需要把所有幼儿看作不同的个体，也没有必要区别对待每一个幼儿。

幼儿应该如何对待在他们看来与众不同的小朋友呢？在这个问题上，教师是幼儿行为的榜样。如果幼儿看到你对待"特殊"小朋友的行为态度就像对待他们那样，那么他们在做出相同的行为时就会感觉到自己是正确的。例如，如果幼儿发现阿尔贝托和他们说话的方式不同,你可以同意他们的观点,并实事求是地告诉他们:"世界上很多人说不同的语言,你想学习阿尔贝托的语言吗?"

阿兹里亚-埃文斯(Azria-Evans,2004)建议,教师可以在教室前面挂一个横幅,上面用幼儿和他们的家人使用的语种写下"欢迎"字样,邀请每种文化背景下的幼儿家庭成员用他们的语言来阅读或讲述一个故事。教师可以在图书区投放不同文化的图画书,而不论教室里是否存在这种文化。

关于不同文化活动的引导性图书

《打鼓,查维,打鼓!》(*Drum, Chavi, Drum!*,Dole,2003)是一本双语(英语和西班牙语)图画书,查维是一个住在迈阿密的古巴裔美国女孩,她喜欢打鼓。但是,当查维想在"第八街音乐节"上打鼓时,所有人都告诉她女孩不能打鼓。当查维穿着斗篷、戴上草帽和面具去参加音乐节时,人们都认为她是个男孩。后来,她成了音乐节中最优秀的鼓手,尽管大家最终发现了她是个女孩,但依然纷纷祝贺她。

几乎在每一种文化背景下,人们都可以打鼓。你能在音乐区投放一对小手鼓,并且让幼儿用真正的鼓来重现这个激动人心的故事吗?或许可以请一位会西班牙语的人来参观,并且为幼儿讲述这个故事的西班牙语版本。

教师要确保选用以男孩和女孩作为主人公的图书。《我祖父的吉他》(*My Tata's Guitar*,Brammer,2003)是一本以小男孩作为主人公的双语(英语和西班牙语)图画书,讲述了一个男孩在他祖父的车库里发现一把旧吉他的故事。祖父告诉男孩自己的祖父是如何将吉他送给自己的,现在轮到他把这把吉他送给小男孩了。当幼儿弹奏玩具吉他或者自制的橡胶班卓琴时,教师可以播放买来的拉丁美洲音乐 CD。

除了音乐和语言之外,幼儿在饮食方面也能够找到共同语言。尽管不同的幼儿和家庭可能吃不同种类的食物,但他们都需要吃食物。在《大家煮米饭》(*Everybody Cooks Rice*,Dooley,1991)这本书中,一个大姐姐发现在她居住的多民族地区,每个人都吃某种大米。教师可以为幼儿提供筷子,让幼儿做饭,并在午餐时吃自己做的米饭。

《韩国拌饭》(*Bee-bim Bop!*, Park, 2005)这本书是关于拌饭的故事。书中一个小女孩和她的母亲为全家做了一道美味的韩国美食——拌饭。从购买材料到享受拌饭的每一个步骤，书中都用精彩的押韵节拍进行了说明。你想为班级里的幼儿做些拌饭吗？书中给出了幼儿和成人的制作食谱。

全 纳 教 育

在《不一样也没关系》(*It's Okay to Be Different*, Parr, 2001)这本图书中，幼儿通过滑稽的图画认识到有不同的鼻子（大象的鼻子）、有不同的颜色（斑马）、有轮椅（坐轮椅的幼儿）、来自不同的地方（土星）或者最晚到达（乌龟）都是没有关系的。换句话说，教师应该一视同仁地对待幼儿。

教师也需要接纳略带攻击性的幼儿和肥胖的幼儿。使用拐杖和助听器的幼儿首先是幼儿，而不是残疾幼儿。他们需要感受到自己和其他幼儿并没有什么不同，因为"感到不同"通常意味着"自卑"，这会招致其他幼儿的愚弄和嘲笑。

显然，幼儿周围的成人和年长儿童会在很大程度上影响他们接纳不同的人、地域、食物、服装、肤色、发型和接纳残疾的态度。教师要确保一视同仁地接纳所有的幼儿和他们的家庭，从而把这种接纳的态度传递给幼儿。

图书纽带

在本书中，儿童的多元文化图画书时常被提到，它能够帮助教师让幼儿参与各种班级活动。幼儿之所以喜爱这些图画书，是因为他们能够认同故事中的多元文化角色。他们想一遍又一遍地听这些故事，并且开始喜欢书中的这些人物。如果教师鼓励幼儿玩角色娃娃或角色剪贴画，那么这些角色对幼儿来说就会变得非常真实。事实上，一些教育学家把幼儿对图画书中人物的深度认同简称为"角色联合"或"图书纽带"(Beaty, 1997)。

第八章 建立积极的自我概念

幼儿经常与反映不同文化的图画书中的人物互动。

由于图画书中呈现了来自不同文化的幼儿，因此幼儿通过书中的故事了解到，我们的社会接纳多元文化背景下的幼儿。幼儿能够接纳图画书中的人物角色，他们当然也会在社会中接纳这些人物角色。因此，教师为幼儿阅读具有多元文化人物角色的图画书，对幼儿在社会中接纳来自多元文化的人有着重要的影响。

◎ 发挥每个幼儿的优势

教师可以帮助那些缺乏自信的幼儿发现和培养自己的长处。例如，会说西班牙语的幼儿可以帮助其他幼儿学习用西班牙语计数。而其他幼儿则可以帮助他学习用英语计数。教师可以提供图书和磁带以促进幼儿的语言交流。

听障幼儿可以向其他幼儿展示如何表示"你好"。《手工字母表》(*The Handmade Alphabet*，Rankin，1991)这本书在每一页都用手指展示了字母 A 到字母 Z。白色的手、棕色的手、戴着手套的手，甚至可以用手部的 X 光片来展示字母。幼儿可以学着用手来展示自己名字的首字母或整个名字所有的字母。

每个幼儿都可以做得很好。教师应该帮助幼儿发现自己的特殊技能并且加以培养。略带攻击性的幼儿可能是一个攀岩专家，他可以帮助其他缺乏攀爬技能的幼儿控制攀爬架。害羞的幼儿可能会变成班级里的电脑专家，他可以和其他幼儿分享自己的技能。

也许运动协调性差的幼儿可以握住汤匙并充分搅拌。因此，教师应该提供一些能够让幼儿体验到成功的活动：混合凝胶或粉状饮料，或者揉面团。同时，增加其他一些活动来丰富幼儿的体验。让幼儿和那个负责使用挖球器的幼儿一起做水果沙拉。想想幼儿可以顺利使用的其他工具：用来计算每天到园人数的打孔机、磨碎苹果或南瓜的研磨器。或许幼儿还可以在你的音乐创作活动中当鼓手。

为幼儿阅读《聪明的筷子》（Cleversticks，Ashley，1992）这本图书，书中一个名叫宋林的中国小男孩，在幼儿园无法完成其他幼儿轻轻松松就能完成的任务。例如，系鞋带、写名字、扣夹克衫或系上绘画围裙。之后，他偶然发现自己擅长做一件事情：将画笔颠倒过来作为筷子，夹起掉在地上的饼干。所有的幼儿都为他的技能鼓掌，他的爸爸还称他为"聪明的筷子"。

教师可能希望在每个幼儿的个人"成就卡"上列出这样的技能，并在"成就卡"上留有一定的空间，当幼儿完成新任务时记录发生的日期。父母需要知道教师对他们孩子的培养目标，教师也需要知道家长的目标。教师可以和家长讨论幼儿在班级里可以独立完成哪些事情，从而引导家长鼓励幼儿在家中完成相似的事情。

◎ 对每个幼儿寄予高期望

全 纳 教 育

教师要对班级中的每个幼儿抱有高期望。在你的支持和指导下，每个幼儿都应该能够参加大部分的活动。使用轮椅的幼儿可能无法爬攀爬架，但可以用绳子把自己拉到攀爬架周围进行体育锻炼。害羞的幼儿如果觉得大声说话不舒服，那么可以和木偶轻声耳语。一个不会说英语的幼儿可以用他自己的语言讲述故事，并录下来分享给其他幼儿听。

无论什么活动，教师都应该期待和鼓励（而不是强制）幼儿积极参与。如果幼儿在唱歌，听障幼儿可以通过演奏节奏乐器或敲鼓参与其中。不会讲英语的幼儿可以小声哼唱，而害羞和孤僻的幼儿可以让他的木偶唱歌。

请幼儿挑战自己。让他们与自己竞争，而不是与其他幼儿竞争。他们上周跳了多远？今天能跳得更远吗？使用卷尺测量并记录结果。阿尔费雷多已经学会了用英语数到 10，接下来他想学什么呢？数到 20？建构区的幼儿每天用秒表为自己的整理时间计时，将耗时记录在图表上，并尝试在整理积木和准确堆积积木上创造新的时间纪录。幼儿和父母也可能会想出一些新的挑战。

文化对幼儿自我概念的影响

当你接纳来自不同民族、不同文化和不同种族背景的幼儿时，要意识到幼儿及其家庭的文化观念很可能会影响来自不同背景的幼儿的自我感受。你如何看待他们的自我概念？重要的是，教师要认识到许多文化背景下的幼儿自我概念与西方模式是不同的。我们追求独立、个性并坚持积极的自我概念。

许多亚洲、非洲和拉丁美洲文化强调和谐和相互依存的关系。许多亚洲人希望幼儿害羞、沉默寡言、安静。而在北美洲的教师看来这些幼儿是被压抑和缺乏自信的（Marshall，2009）。在评估幼儿的自我概念时，教师需要意识到这些文化差异。

有些文化，如传统的纳瓦霍文化，期望幼儿在尝试做事之前先进行观察。如果纳瓦霍的幼儿站在一旁观察而不加入活动，教师不应该把幼儿的这种行为看作自卑的表现。教师在评估这些幼儿时要记住这一点。

教师需要与幼儿的家长和家庭沟通，了解幼儿的哪种行为类型是家长重视和期待的。幼儿往往对家园的差异有很强的适应能力，能够做到在家和在园的主要行为表现都满足家长和教师的期望。幼儿非常善于观察，能够注意到周围正在发生的事情，以及不同情况下成人对他们的期望是什么，并尽可能地做出恰当的调整。

◎ 帮助幼儿学会互相尊重

教师要关注在活动区幼儿之间是如何进行互动的。教师应该达到什么目的？让一组幼儿主导一个活动区吗？例如，让男孩独占建构区？教师可以询问幼儿他们想如何让其他幼儿参与活动。他们可能想通过轮流游戏让男孩和女孩都参与到活动中。教师要记住，这些幼儿是班级的主人。必要时，他们可能还会采取抓阄的形式，或者在建构区规定"男孩建构日"和"女孩建构日"。教师可以试一试，看看效果如何。

另一个问题是幼儿彼此之间如何相处。即使你无法接受幼儿的某些攻击性或消极行为，你也要表现出对所有幼儿的接纳。相反，你需要帮助有攻击性或消极行为的幼儿找到其他的行为方式。你的言语也应该表现出对幼儿的接纳和尊重。罗夫曼和瓦纳曼（Roffman & Wanerman，2011）指出，幼儿是通过聆听教师的言语方式学会如何说话的。事实上，沟通是帮助人们和睦相处的关键因素。

帮助每个幼儿发展独立性并在班级中体验成功

体验成功是影响幼儿自我概念健康发展的重要因素之一。这个阶段的幼儿需要体验成功以产生良好的自我感觉。如果幼儿发现他们能成功地使用教师提供的材料并完成活动，就能提升他们的积极自我概念。在家庭以外的环境中获得成功对幼儿来说非常重要。他们需要反复体验成功才能产生良好的自我感觉，并有信心完成有意义的事情。

确保提供的材料和开展的活动适合幼儿的发展水平。换句话说，在学年初期不要为幼儿准备非常复杂的拼图、图画书和美术作品，也不应该在班级里强调竞争。幼儿很快会在班级以外的生活中遇到竞争。在班级中教师应该给幼儿自由的空间去发展积极的自我认知，将自己视为有价值的人，能够完成班级中有趣的和富有挑战性的活动。当幼儿积极的自我概念发展起来后，成功和失败就会悄然而至。

尽管幼儿可以从教师提供的游戏和材料中进行选择，但是教师需要引导有困难的幼儿选择更简单的材料和活动。对于那些很少能长时间坐着完成一项活动的幼儿，教师可以坐在他旁边并鼓励他完成活动，尽量使活动成为一种游戏。

有些幼儿由于害怕失败而不敢尝试。教师需要一步一步地帮助他们获得成功。你可以递给正在拼图的幼儿一片拼图，让他尝试找到这片拼图应该放置的位置。鼓励他不断尝试，"你能找到的，哈基姆，再仔细看看。"如果他还是找不出来，你可以再递给他另一片拼图。当拼图完成时，你可以问问他是否想要为自己的拼图作品拍张照片放进个人的剪贴簿。这也许是哈基姆第一次完成拼图。如果你告诉他你为他感到骄傲，那么他就会为自己的作品感到骄傲。

◎ 增强幼儿的独立性

当幼儿学会独立做事时，他们的自我概念也会得到进一步的发展。很多幼儿园教师没有认识到这一点，他们认为给幼儿系鞋带、拉上夹克拉链、提供食物、倒牛奶是在帮助幼儿。他们认为，如果为幼儿提供材料、启动电脑程序、将幼儿的拼图和桌面积木准备妥当，就会为幼儿提供便利。幼儿不会抗议，毕竟，在进入幼儿园之前他们一直是弱小和无助的。

随着幼儿的成长和变化，周围的成人也需要改变。他们必须对幼儿放手，并给予幼儿独立做事的自由。帮助幼儿成长和发展独立性应该是所有幼儿园的主要教育目标之一。用当前的术语讲，我们称之为"赋予幼儿权利"。

◎ 控制班级环境

想想班级里的环境。幼儿有哪些支配权？你可以列出幼儿能够自己完成的事情或者有责任完成的事情。这样的清单中可能包括表 8-4 中的项目。

这只是清单中的一部分内容。在你所在的幼儿园里，幼儿能够做到这些事情吗？更重要的是，成人允许幼儿做这些事情吗？有些教师说，"我不允许 3 岁幼儿使用锋利的小刀。他可能会伤到自己。"但是也有教师回应道，"我们班级里的所有幼儿都会学习使用这些危险的工具，如小刀和锯子，这样他们就不会受伤。如果他们曾经划到或者切伤了自己（但从来没有发生过），这也是一种学习经验，我们会帮幼儿用绷带包扎，并安慰幼儿。"

表8-4　班级任务

• 给植物浇水	• 播放录音机、CD机
• 喂鱼	• 操作电脑
• 给豚鼠喂饲料和水	• 使用锤子和锯子
• 为吃点心和午餐布置桌子	• 用剪子和小刀剪切
• 帮助教师拿取午睡用的小床	• 遵循食谱表
• 带邮件到办公室	• 用涂鸦签名
• 选择课程区进行活动	• 帮忙打扫和整理
• 自己取出美工材料和拼图	• 轮流等待
• 帮忙揉面团	• 登记借阅超过一天的图书

许多教师担心幼儿使用录音机或电脑，因为这些物品太贵了并且容易被幼儿弄坏。有些教师表示他们只购买耐用的、防止幼儿摔坏的录音机，这样的录音机使用寿命要长一些。至于电脑，只要不被摔、不被溅到液体，它也是经久耐用的。在电脑区可以使用一张简单的图表提醒幼儿注意使用电脑的规则：

● 每次只允许两名幼儿使用

● 防止液体溅到电脑上

● 使用前先洗手

赋予幼儿权利的教师认为，让幼儿自己使用录音机、CD播放机和电脑对幼儿来说至关重要。他们愿意花尽可能多的时间来指导幼儿认识这些设备的价值和正确使用的方法，监督幼儿直到他们能够独立使用这些设备。如果幼儿需要通过探索性操作、熟练掌握和意义理解来学习，那么他们就需要能够自由地自行使用教室里的所有材料和设备进行实验。当幼儿发现自己能够成功地使用成人的工具时，他们会大大地改善"自身作为有价值的人"的观念。

在幼儿园里幼儿需要独自学习的其他技能如表8-5中所示。教师可以对某些技能进行示范，或者让一个有经验的幼儿来帮助新来的幼儿。幼儿一旦掌握了这些技能，他的自我概念的发展将会突飞猛进。

表8-5　自助技能

• 将外套挂在自己的小储物柜里	• 端取自己的食物，并自己倒牛奶和果汁
• 独立使用盥洗室	• 自己擦桌子
• 戴上自己画画或玩水用的围裙和护目镜	• 起床并整理自己的床单和毯子
• 洗手和刷牙	• 穿上外套并系好鞋带

幼儿的活动选择

幼儿能够在幼儿园里体验成功的另一个重要因素是，教师要允许他们在自由选择或活动（游戏）时间选择他们感兴趣的活动区。幼儿需要能够查看到可以使用的材料，然后自己选择感兴趣的活动。如果幼儿选择的活动区人数已满，他们可以在等候时先选择其他活动区。在受欢迎的活动区，教师可以设置一张签到表，使每个想要进入该活动区的幼儿轮流进入。

教师要尽可能地使每个活动区都有同等的吸引力。例如，如果靠墙的书架上只有几本书，而且除了一张木椅和桌子之外没有其他地方可以进行阅读，那么就别指望幼儿会选择图书区。相反，在图书区放置一些色彩鲜艳的枕头和一条地毯，选择一些彩色封面的图书，一个豆袋椅，还有一些毛绒动物玩具、角色娃娃和木偶，很快你就会发现幼儿会轮流签到进入图书区。

教师可以每周都在各个活动区开展一些不同而又有趣的活动，提出一些有挑战性的问题。例如，在图书区，教师在为幼儿阅读了《我可以做任何自己的事情》（*I Can Do Anything That's Everything All on My Own*，Child，2008）这本书之后，出示标识牌上的问题向幼儿提问，"哪些事情洛拉一个人无法完成？"然后幼儿必须回顾书中的内容并找出洛拉一个人做不到的事情。或者，教师可以制作一个含有外套、电脑、奶瓶、秋千、跷跷板等图片的鞋盒，并贴上"找出洛拉自己做不到的事情"这一标签。

在操作区/数学区为幼儿准备一台录音机和一个大的装有记号笔的密封透明塑料罐子，在罐子上贴一个标语："这个罐子里有多少支记号笔？用录音机录下你的名字和回答"。当幼儿知道标语的意思后，他们会蜂拥而至这个活动区，尝试数出记号笔的数量并用录音机录下答案。在建构区，教师可以提供一个装满农场小动物的盒子，并贴上"请为我们建一个棚子"的标签。

当每个活动区都同样吸引人时，幼儿就会热切地选择每个活动区。确保这是幼儿自己的选择，而不是教师的选择。有些教师把某些幼儿指派到特定的活动区，因为他们觉得幼儿需要在这个活动区学习经验。这可以达到教师的目的，但不一定是幼儿的目的。即使当幼儿重复选择同一个活动区时，我们也必须记住，幼儿的学习包括操作学习、熟练（重复）学习和意义学习。要确保每个幼儿都有足够的时间进行必要的重复活动，而只有幼儿自己知道他们需要多少时间。

幼儿的特殊技能

通常，每个幼儿至少有一项自己可以轻松完成的技能。有些幼儿已经知道他们最擅长的技能是什么。奥马尔知道如何建造巨大的积木高塔。多米尼克很擅长弹奏老师的竖琴。但是，一些幼儿似乎会花很多时间观察其他幼儿能做什么，却不会展示他们自己的特殊技能。当这些幼儿在不同的活动区活动和玩耍时，教师需要观察并记录他们是否也能在某些方面有出色的表现。在午餐时间可以和幼儿谈谈他们在家里感兴趣的事情，和幼儿一起翻看杂志或玩具目录，看看是否有什么物品能引起幼儿的兴趣。

教师可以为个体或一组幼儿阅读《我什么都可以做！》（*I Can Be Anything!*, Spinelli，2010）这本幽默的图画书。幼儿可能想尝试一下像"没头脑的说笑者"这样的角色。"告别挥动者"的角色怎么样呢？感兴趣的幼儿可以在硬纸板上勾勒出他们手的轮廓，给它涂上颜色并裁剪下来，然后把它固定在压舌板上让它挥动。书的最后两页能够展开成四页，上面展示了"所有事情"。

一旦你发现了幼儿的特殊兴趣，就需要用图画书、拼图、游戏和活动来支持幼儿的兴趣。一位教师发现莫里斯想成为一名像他爸爸一样的画家，但每个人都嘲笑他在美术活动中的努力。这位教师决定为莫里斯阅读《班级艺术家》（*The Class Artist*, Karas，2001）这本图书，向莫里斯介绍了故事书中的小男孩弗雷德。弗雷德也想成为一名画家，但是他不知道怎么画画。在这本书中，弗雷德的姐姐向他介绍了一种简单地画朝圣者的方法，弗雷德走上了自己的绘画之路。讲故事的时候，许多幼儿也参与进来和莫里斯一起听这个故事。不久，在莫里斯的班级

第八章 建立积极的自我概念

里出现了一些新的"班级艺术家",他们热衷于练习自己的绘画技能。

这些小男孩的特殊技能原来是玩电脑。

教师的角色

教师如何确定幼儿体验到成功了呢?可以为每个幼儿准备一张"成就卡",每天都记录幼儿在哪个活动区玩耍并完成了什么事情。然后在每周的计划会议上和团队成员一起回顾这些卡片,听听其他教师的意见,并为幼儿设计新的适宜的活动。

教师的主要角色是设计能激发每个幼儿参与的趣味活动,同时也要选择对某些幼儿有特殊益处的活动。然后,通过观察每个幼儿如何与材料和其他幼儿互动,教师可以计划如何支持他们的学习,以帮助每个幼儿提升到下一个发展水平。

在这个角色上,教师并不孤单。无论你是一名教师、实习生、助教还是社区志愿者,你都是团队中的一员。例如,当团队中的一员带领幼儿做集体活动时,团队里的其他人可以对那些在提高自我概念方面需要特别帮助的幼儿进行一对一的指导。

本章小结

通过创设良好的班级环境帮助幼儿提高自我概念

本节讨论了在班级里提高幼儿自我概念的方法。幼儿的个人自我需要反映在他们周围的事物（如照片、镜子、有关面孔的图书、有关鞋子的图书、有关自我概念的美工作品）中。

接纳自我并接纳幼儿，将幼儿视为有价值的个体，并使用语言和非语言暗示让幼儿知道自己是被接纳的

接下来，你必须接纳自我，将自己的积极品质列出清单，然后发展自己想要拥有的其他品质。然后，你需要无条件地接纳每个幼儿，并通过非言语和言语的暗示让幼儿感受到你对他们的接纳。微笑着面对幼儿，用语言鼓励他们，让他们知道你对他们的感受。对于你难以接纳的幼儿，观察并记录他们三天内所做的积极的事情。用非语言的暗示向他们表达你的赞扬，最终他们的态度也会发生改变。

接纳并尊重幼儿的多样性，帮助幼儿学会互相尊重

当幼儿看到，无论他们的背景、外貌、与他人的差异如何，你都无条件地接纳所有幼儿时，他们也开始接纳其他幼儿。通过强调幼儿的相似性并尊重他们的差异性，可以帮助幼儿形成相似的态度。关注诸如饮食或语言等领域来说明幼儿之间的共同联系，同时也要阐明不同的语言和饮食文化都十分有趣。

帮助每个幼儿发展独立性并在班级中体验成功

识别并发挥幼儿的优势，以帮助他们形成良好的自我感觉。每个幼儿都能很好地完成一些事情，你必须发现每个幼儿的优势。你可以通过鼓励幼儿独立自主，并允许他们把控自己所处的环境以及自主选择活动等方式，来帮助幼儿在教室的活动区里体验成功。

道德困境

尤金是班上新来的一个男孩，因为他比较胖，班级里的其他男孩总是取笑他，为此他的妈妈十分担忧。放学后，班里的男孩跟着他回家，朝他扔橡子，并在尤金试图逃跑时大声叫他的名字。他的妈妈觉得教师在管教其他男孩方面做得不够，并打算向政策委员会报告这个情况。如果你是这位教师，你会怎么做呢？

你可知道

1. 班级环境是如何促进幼儿的自我概念发展的？

2. 除了表 8-1 中的想法外，还可以如何利用幼儿的照片来促进他的自我概念发展？

3. 除了本章提及的活动外，你还能说出不同活动区可以开展的两项自我概念活动吗？

4. 你想提高自己哪两方面的品质？你会怎么做？

5. 你希望看到某个幼儿哪两方面的进步？你会怎么帮他？

6. 表 8-2 中列出的非言语暗示，你最常使用的是哪个？你什么时候使用？和谁一起用？效果如何？

7. 在用表 8-3 "自我概念检核表"观察每个幼儿之后，哪些项目打钩最多？哪些项目打钩最少？这些结果对你的教学有什么影响？

8. 幼儿最喜欢哪本多元文化图画书里的角色？你和幼儿能为这些角色设计什么延伸活动？

9. 你能为图画书中每个受欢迎的角色设计一个新的多元文化庆祝活动吗？每场庆典包括哪些游戏和活动？

10. 在教学中，你需要完成的三种成功措施是什么？

11. 幼儿为了提高自我形象需要完成的三项成功措施是什么？

学习活动

1. 至少阅读一本推荐读物。在你的文件夹中添加 10 张卡片，在卡片上写出你对于帮助幼儿形成积极自我概念的具体想法，并标注参考文献来源。

2. 使用"自我概念检核表"（表 8-3）来评估班上每个幼儿的自我概念发展情况。

3. 列一张班级幼儿的名单。在每个名字后面坦诚地写下幼儿身上具有的你喜欢的积极品质以及原因，同时写下你认为幼儿需要改进的地方及其原因，并写下你在班级中对幼儿的回应。

4. 选择一个你无法完全接纳的幼儿，试着改变你的态度。列出三天内你观察到的幼儿做的所有积极的事情，用非语言暗示来表达你的赞赏，并记录结果。

5. 基于本章的理念，为一个似乎有些自卑的幼儿设计和实施一些活动，并记录结果。

6. 为班上的每个幼儿列出他能做好的事情清单。选择一个可能需要特别帮助的幼儿，用他的优势帮助他在不同的活动中取得成功，并记录结果。

7. 帮助需要建立自我概念的幼儿，当他参与班级的某项活动时，为他拍照。让他用相机为自己喜欢的物品拍摄三张照片。把照片打印出来并和他讨论，记录下他的评论。如果他想要，还可以帮他制作个人剪贴簿。

8. 为一组幼儿阅读本章中提到的任意一本图书，并使用这本书作为自我概念活动的导入图书。记录活动结果。

推荐读物

Beaty, J.J. (2014). *Observing development of the young child*, 8e. Columbus, OH: Pearson.

Beneke S.J. & Ostrosky, M.M. (2013). The potential of the project approach to support diverse young learners. *YC-Young Children, 68*(2), 22–28.

Derman-Sparks, L. & Edwards, J.O. (2010). *Antibias education for young children and ourselves*. Washington, DC: NAEYC.

Espinosa, L.M. (2010). *Getting it right for young children from diverse backgrounds.* Boston, MA: Pearson.

Klefstad, J.M. & Martinez, K.C. (2013). Promoting young children's cultural awareness and appreciation through multicultural books. *YC-Young Children, 68*(5), 74–81.

Kostelnik, M.J., Rupiper, M., Soderman, A.K., & Whiren, A.P. (2014). *Developmentally appropriate curriculum in action.* Boston, MA: Pearson.

Ponciano, L. & Shabazian, A. (2012). Interculturalism: Addressing diversity in early childhood. *Dimensions of Early Childhood, 40*(1), 23–29.

Souto-Manning, M. (2013). *Multicultural teaching in the early childhood classroom.* New York: Teachers College Press.

儿童图书

Appelt, K. (2003). *Incredible me!* New York: HarperCollins.

Ashley, B. (1992). *Cleversticks.* New York: Crown.

Beaumont, K. (2004). *I like myself.* Orlando, FL: Harcourt.

Beaumont, K. (2011). *Shoe-la-la!* New York: Scholastic Press.

Boelts, M. (2007). *Those shoes.* Somerville, MA: Candlewick Press.

Brammer, E.C. (2003). *My tata's guitar.* Houston, TX: Pinata Books.

Child, L. (2000). *I will never not ever eat a tomato.* Cambridge, MA: Candlewick.

Child, L. (2008). *I can do anything that's everything on my own.* New York: Grosset & Dunlap.

Chodos-Irvine, M. (2003). *Ella Sarah gets dressed.* Orlando, FL: Harcourt.

Dean, J. (2010). *Pete the cat, I love my white shoes.* New York: Harper.

Dean, J. (2011). *Pete the cat, rocking in my school shoes.* New York: Harper.

Dole, M.L. (2003). *Drum, Chavi, drum!* San Francisco: Children's Book Press.

Dooley, N. (1991). *Everybody cooks rice.* Minneapolis, MN: Carolrhoda.

Hopkins, L.B. (2010). *Amazing faces.* New York: Lee & Low Books.

John, R. & Thomas, P.A. (2003). *Red is beautiful.* Flagstaff, AZ: Salina Bookshelf.

Joose, B.M. (1991). *Mama, do you love me?* San Francisco: Chronicle Books.

Joose, B.M. (2005). *Papa, do you love me?* San Francisco: Chronicle Books.

Joose, B.M. (2008). *Grandma calls me Beautiful.* San Francisco: Chronicle Books.

Karas, G.B. (2001). *The class artist.* New York: Greenwillow.

Moore, J. (2007). *Freckleface Strawberry*. New York: Bloomsbury USA.

Murgvia, B.D. (2012). *Zoe gets ready*. New York: Arthur A. Levine.

Novak, M. (2005). *Flip, flop, bop*. Brookfield, CT: Roaring Brook Press.

Park, L.S. (2005). *Bee-bim bop!* New York: Clarion Books.

Parr, T. (2001). *It's okay to be different*. Boston: Little, Brown.

Rankin, L. (1991). *The handmade alphabet*. New York: Dial.

Spinelli, J. (2010). *I can be anything!* Boston: Little, Brown.

第九章

提高社会性技能

学习目标

在本章你将学会：

◆ 帮助幼儿发展与他人和谐相处的社会性技能。

◆ 帮助幼儿学会通过分享与轮流来进行合作性活动和游戏。

◆ 帮助幼儿学会在不打断游戏的情况下加入正在进行的游戏。

◆ 帮助幼儿学会寻找玩伴。

第九章 提高社会性技能

帮助幼儿发展与他人和谐相处的社会性技能

社会性技能的学习早已是学龄前儿童发展的重要目标之一。儿童早期教育者明白，幼儿是高度自我中心的个体，这是人类成长过程中个体在婴儿期得以发展的必经之路。但是，随着幼儿年龄的增长，他们需要发展成社会的个体，从而能够与家庭之外的其他人交往。他们需要依靠自己的社会智能，才能与他人和谐相处。

威利斯和席勒（Willis & Schiller，2011）探讨了社会智能在幼儿学习和成长能力中的关键作用。这种智能涉及在群体情境中自我管理的能力，包括在与其他幼儿建立关系中的自我控制、合作、情感表达、同理心。幼儿园里的幼儿必须学会合作性活动和游戏，这不仅是出于我们对他们的期望，也是因为他们处在一个需要合作的群体环境中。他们需要学会通过分享和轮流来与其他幼儿交往，在不打断游戏的情况下加入正在进行的游戏中，并能够找到玩伴，这对一些幼儿来说并非易事。表9-1列出了学龄前儿童的一些重要社会性技能。

表9-1　学龄前儿童的社会性技能

- 与其他幼儿交流并游戏
- 与同龄人互动，送给他人物品和接受他人所给物品
- 与同龄人和谐相处
- 与其他幼儿做朋友
- 从其他幼儿的角度看待事物
- 加入正在进行的游戏
- 轮流并分享游戏材料
- 解决人际冲突

例如，3岁的幼儿与其他年龄阶段的幼儿相比，与成人的关系更为亲近。毕竟，他们还未远离蹒跚学步的阶段，几乎完全依赖成人的看护。如今，他们进入一个新的群体中，成年人没有时间专门与他们相处，并且不希望他们成为依赖他人、以自我为中心的个体。许多幼儿在进入幼儿园时并没有意识到这一点。对一

些幼儿来说还需要适应。

你和其他教师应该认识到这个问题，并帮助幼儿成为可以和其他幼儿一起活动和游戏的社会个体。对一些幼儿来说这不是一件难事，他们已经在其他地方学到了这些技能。对另外一些幼儿来说，你必须周密地为他们创造成为集体一分子的机会。

为了确认哪些幼儿已经掌握了社会性技能，哪些幼儿在发展这些技能时还需要帮助，你可以用表9-2"社会性技能检核表"来观察每个幼儿。在集体游戏中观察每个幼儿时尽可能不要干扰到幼儿。这些信息将让你深入了解每个幼儿的社会性发展水平，从而确定哪些幼儿会做游戏，能够分享、轮流、参与到集体游戏中，并自行解决冲突。

表9-2 社会性技能检核表

幼儿姓名_____　　　　　　日期_____
____作为旁观者观察他人游戏
____与小组分开独自游戏
____自行开展平行游戏
____寻找其他玩伴或加入某一小组
____没有干扰地参与到正在开展的游戏中
____轮流扮演角色、玩玩具和器械
____不慌不忙地排队等待
____分享玩具、材料和器械
____自己解决人际冲突
____与其他幼儿做朋友

幼儿通过自发地参与其他幼儿的游戏来学习这些技能。这些技能不是教师能"教会"的。教师的作用是创设幼儿可以一起游戏的环境。然后，教师可以利用如表9-2所示的检核表，在不干扰幼儿游戏的情况下观察每个幼儿，以确定幼儿社会性技能的发展水平。

对于那些需要特殊帮助的幼儿，教师可以提供帮助——而非施加压力——让他们参与到其他幼儿的活动中。例如，对于在学习轮流或解决冲突方面需要特殊帮助的幼儿，教师可以在小组游戏之外创设特殊的环境，让幼儿练习他们在游戏中自发学会的技能。全美幼教协会（NAEYC）有关课程的标准提醒我们，在幼儿的社会性发展中我们扮演着重要的角色。

> **全美幼教协会（NAEYC）课程标准：社会性发展**
>
> 描述一下你所在的幼儿园将如何达到以下标准。
> - 儿童全天都有各种机会与教师互动，教师对他们的关心和回应，促进了他们社会性技能的发展，并提高了他们通过与他人互动学习的能力。
> - 教师通过引导和支持儿童与他人进行合作性游戏、运用语言交流、学会轮流、控制身体冲动、以不伤害他人或自己的方式表达负面情绪，来帮助儿童管理自己的行为。
>
> 资料来源：NAEYC. (2008) *NAEYC Early Childhood Program Standards and Accreditation Criteria: The Mark of Quality in Early Childhood Education*. Washington, DC: National Association for the Education of Young Children (NAEYC). Copyright © 2008®. Reprinted with permission.

脑科学研究

幼儿教育工作者花费如此多的时间帮助幼儿学会与他人互动真的很重要吗？他们把时间花费在幼儿的早期阅读和书写上不是更好吗？根据脑科学家的研究，情况并非如此。弗罗斯特、沃瑟姆和赖费尔（Frost, Wortham & Reifel, 2012）探讨了关于人脑功能的脑研究的最新成果及它如何影响儿童发展。他们指出，幼儿教育工作人员需要具备"大脑知识"才能够了解，最新研究发现会对他们班上的幼儿产生何种影响。

通过脑部扫描，如计算机轴向断层扫描（Computerized Atial Tomograhy，简称CT扫描）、磁共振成像（Magnetic Resonance Imaging，简称MRI）和正电子发射断层扫描（Positron-Emission Tomography，简称PET），这些科学家发现了大脑发育与儿童游戏之间的重要联系。

在儿童生活中真正重要的事情发生在他们生命的最初几年。有趣的活动对大脑发育和之后的人体机能产生了积极的影响。

大多数人都没有注意到这一点。弗罗斯特和他的同事说,这种大脑发育完全隐藏在"游戏的外衣"中。儿童游戏中发生的事情正在影响他们的大脑。只有脑科学家才能看到脑部扫描的物理证据。这些脑部扫描揭示了环境刺激或忽视幼儿对幼儿的影响。关于大脑发育与儿童游戏之间的联系,如表9-3所示。

表9-3 大脑发育与儿童游戏之间的联系

- 所有健康的儿童都会玩游戏
- 当大脑神经元以惊人的速度开始连接时,游戏的范围和复杂性迅速增加
- 早期游戏使儿童具备了在生活中所需要的技能
- 儿童早期的经历对大脑和儿童形成各种发展能力之间的联系产生了显著而精准的影响

如果看不到这些脑部扫描,幼儿园教师能做些什么呢?在没有意识到它的情况下,在教育工具库中我们有一个最重要的物证:观察幼儿。我们可以通过对幼儿进行系统、仔细的观察来了解幼儿大脑发育的结果。换句话说,我们需要谨慎而频繁地使用"社会性技能检核表"(表9-2)。这是我们的脑部扫描证据!

社会性游戏

游戏是幼儿学习认识自己、他人以及周围世界的主要方式。成人常常把游戏视作娱乐方式,而幼儿则把游戏视为自己的工作,他们花费大量的时间、精力和注意力与材料和周围的人一起游戏。我们将幼儿与同伴一起进行的游戏称为"社会性游戏"。

儿童发展理论家的先驱皮亚杰和维果茨基(Piaget & Vygotsky)都十分关注幼儿的社会性游戏。皮亚杰的游戏理论关注幼儿在象征性游戏(假装游戏)中的认知发展,这种游戏会自发地发生在感知运动阶段的最后几个月,并在前运算阶段发展成戏剧表演游戏。规则游戏出现在具体运算阶段,并持续到形式运算阶段——这一切都不需要外界的帮助。

相反,维果茨基关注的是表征或假想游戏的发展,而不是游戏的各个阶段。他认为幼儿的社会性游戏是他们理解能力发展的基本要素,同时,年长儿童和成人对游戏提供的支架作用也至关重要。他指出,游戏是发展的源泉,并提出了最

近发展区理论（Frost，Wortham，& Reifel，2005）。

自从米尔德丽德·帕顿（Mildred Parten）于1932年发表了她关于"学龄前儿童的社会参与"的研究成果以来，儿童早期教育研究人员一直对幼儿如何利用自发的社会性游戏来发展彼此相处所需的技能感兴趣。帕顿定义了六种游戏行为。

帕顿的游戏类型
- 无所事事的行为：幼儿不参与周围的游戏，他待在某一地点、跟随老师或四处走动。
- 旁观者行为：幼儿花费大量时间观察同伴游戏，甚至可能会和同伴交谈，但他不参与或进行身体上的互动。
- 独自游戏：幼儿独自开展游戏，不会与同伴互动，也不会使用同伴的玩具。
- 平行游戏：幼儿在同伴旁边开展独自游戏，并且经常使用同伴的玩具或材料。
- 联合游戏：幼儿与同伴使用同样的材料开展游戏，甚至会和同伴交谈，但他依然是依据自己的兴趣来玩，此时的兴趣还只是个人兴趣。
- 合作游戏：幼儿参与到有特定组织的小组中进行游戏，小组成员担任不同的游戏角色。

当你全年在幼儿园观察幼儿游戏时，你可能也会意识到很多幼儿都经历了这种自然的游戏行为发展阶段——从旁观者到独自游戏，到平行游戏，再到合作游戏。这些游戏水平似乎与年龄相关，年龄小、不成熟的幼儿从旁观者开始，然后自发地步入其他水平，直到最终能够与小组开展合作游戏。

平行游戏的重要性

由于游戏的早期阶段似乎是一种不太成熟的社会互动模式，因此许多教师建立了以鼓励合作游戏为主要目标的学习环境。研究人员安德森和罗宾逊（Anderson & Robinson，2006）发现，尽管幼儿在这些阶段中都取得了进步，但在这一进程中平行游戏起到了重要而又不可估量的作用。即使在幼儿园里，幼儿已经发展到合作游戏阶段,但他们玩平行游戏的时间依然和学龄前儿童玩平行游戏的时间一样多。研究结果表明,平行游戏是旁观者行为、独自游戏和合作游戏之间的桥梁,发挥着承上启下的作用。幼儿常来来回回地进行平行游戏。如果教师注意观察幼儿就会发现这一点。

从旁观者到平行游戏再到合作游戏

安德森和罗宾逊(Anderson & Robinson,2006)的研究发现了游戏进程中重要的一方面:学龄前儿童不仅会利用转换过渡到合作游戏,而且会在游戏场景中,反反复复地进入或退出合作游戏。教师要抓住每一个机会对幼儿的社会性游戏进行观察,记录下每个幼儿说了什么和做了什么。幼儿遵循这一游戏发展顺序吗?还是他们来来回回地只进行平行游戏?有时他们的行为过于微妙,以至于你都没有意识到他们是在进行平行游戏而非合作游戏。

在这一情景中,有些幼儿是旁观者,有些是独自游戏者。图中有平行游戏或合作游戏吗?

当观察幼儿时，我们总是以成人的视角来看待和解释，有时就会忽略有关幼儿自身动机和行为的一些基本因素。因此，你和每位幼儿园教师花时间观察和记录幼儿的行为，并仔细解释其含义是非常重要的。关于幼儿我们仍有很多未知的事情。但是只要我们仔细观察并深入研究，我们将会学到更多东西。

◎ 教师的角色

作为一名教师，你能做些什么来鼓励幼儿一起游戏呢？
- 创设适宜小组活动的班级环境。
- 安排充足的自由选择时间，让幼儿深入参与游戏。
- 接受所有幼儿，无论他处在哪一游戏发展阶段。
- 观察和记录每个幼儿所表现出的社会性技能。
- 帮助（而非强迫）幼儿在社会性技能发展方面获得进步。

我们需要帮助幼儿发展的社会性技能包括在表9-2"社会性技能检核表"中列出的那些技能。

帮助幼儿学会通过分享与轮流来进行合作性活动和游戏

当幼儿第一次进入幼儿园时，面对众多的玩具、游戏、材料和可用的器械，常常感到不知所措。这些都是为他们准备的吗？由于幼儿是以自我为中心的，一些幼儿开始时会认为，这些玩具是专门给他个人准备的。如果他们想要得到另一个幼儿手里的玩具，很可能会直接抢夺——如果有必要，还会使用蛮力。

◎ 分享和轮流

有这种行为的幼儿并不是小气，而是分享、轮流和排队等待的社会性技能还没有成为他们行为的一部分。幼儿需要通过观察他人或试误的互动来学习控制冲动、等待、谈判或讨要的能力。作为教师，你可以鼓励幼儿请求轮流使用玩具，而不是用蛮力去抢自己想要的玩具。对教师来说，强迫幼儿分享并不是真正的分享。

学龄前儿童明白分享的意义。据观察，两岁的幼儿之间会互相提供玩具。但到了 4 岁，即使他们不再玩某个玩具，也要设法占有这件珍贵的玩具，这是他们以自我为中心的本性使然。由于他们缺乏口头谈判技巧，所以在争论玩具时，他们常常是通过行为而不是语言表现出来（Kostelnik，Soderman，Whiren，Rupiper，& Gregory，2015）。教师可以采用如表 9-4 所示的多种策略来帮助幼儿学会分享。

表 9-4　分享和轮流策略

- 教师示范
- 使用玩偶示范
- 阅读有关分享的图书
- 轮流使用电脑

示范分享和轮流行为

幼儿能够从你或班级中其他成人的示范中获得学习。让幼儿明白你尊重他们的权利，并且会在必要时为他们挺身而出。要特别感谢那些能够轮流等待以及与他人分享的幼儿。只要不断这样做，一些幼儿很快就会模仿你的行为，通过说"谢谢"表达对同伴的感谢。而这也会帮助强化其他幼儿的这一行为。因为幼儿之间也会相互模仿，当其他幼儿看到第一个幼儿这样做时，你的示范将会在整个班级里传播。

教师可以运用特殊的玩具或活动进行分享和轮流。例如，为了演示轮流，教师可以向一组幼儿展示一些他们都想玩的新玩具或毛绒动物玩具。该如何决定谁先玩，谁接下来玩？一个幼儿可以玩多长时间？这些问题可以在小组谈话活动中讨论和决定。或许幼儿会列一份名单，想要轮流玩的幼儿可以签上自己的名字（或是涂鸦）。又或者，他们可以采用抓阄的方式来确定轮流的顺序。他们还可以用一个 3 分钟的煮蛋计时器来管理时间。然后，在自由选择时间，鼓励幼儿把这些技巧运用到自发的小组游戏中。

◎ 使用玩偶进行示范

对于仍旧不能与他人分享玩具的幼儿，你可以带两个玩偶，一个是给你的，另一个给经常与他人发生分享冲突的幼儿。询问幼儿是否愿意和你一起玩玩偶。向他介绍一下玩偶，幼儿的玩偶可以叫"萨迪"，即"分享玩具"的意思。你的玩偶可以叫"唐娜"，即"不放弃"的意思。让你的玩偶和他的玩偶产生分享冲突。例如，你可以以玩偶的语气说："看看我发现了什么。我在玩具架上找到了一只很酷的恐龙。"（在玩具架上摆放一只真正的玩具恐龙来引起幼儿的注意）。幼儿的玩偶可能回应道："我能看看吗？我也想玩。"你的玩偶可以回复："不行，它是我的。是我最先看到它的，你不能玩。"

这时你可以以教师的身份通过语言对幼儿的活动进行干预，问问幼儿萨迪可以如何劝说唐娜来跟他分享这个恐龙玩具。也可以和幼儿讨论那些没有用的策略：生气、大喊大叫或者用蛮力抢夺。然后，你继续与幼儿进行角色游戏，指导萨迪最后得到玩具。当幼儿表现出适当的行为时，教师要给他真的玩具以强化这种行为，并帮助幼儿理解在分享中哪些是有效策略而哪些是无效策略。

关于分享和轮流活动的引导性图书

最好是在幼儿经历过分享冲突之后再阅读相关的图书。幼儿需要将图书中较为抽象的观点建立在真实而具体的经验之上。而故事恰好是一种有效的后续活动，可以强化幼儿从冲突中获得的学习经验。

在《不懂分享的小男孩》(*The Boy Who Wouldn't Share*, Reiss, 2008) 这本图书中，爱德华是一个不愿分享玩具的男孩。押韵的语言和滑稽的插图描述了他从妹妹克莱尔那里抢走了所有的玩具，直至自己被掩埋在了一堆玩具中。当妈妈端着一盘软糖进来时，没有看到爱德华，就把所有的软糖给了克莱尔。让幼儿猜猜：接下来会发生什么？他们会做些什么？

> 这个故事会让读者想要再现情景。让每个想参加的幼儿选择一个妹妹的玩具。他们可以围着爱德华站成一个圈，坐在地板上。一个幼儿可以假扮克莱尔，另一个假扮母亲。当你读故事时，每次指着一个幼儿让他把玩具堆在爱德华身上。妈妈的盘子里可以放上假装的软糖（或真的水果片）。然后与幼儿讨论这个故事。幼儿会认为爱德华真的吸取教训了吗？
>
> 其他关于分享活动的引导性图书：
>
> 《美洲驼拉玛来分享》（*Llama Llama Time to Share*，Dewdney，2012）；
>
> 《我的！我的！我的！》（*Mine! Mine! Mine!*，Becker，2006）；
>
> 《我的索尔》（*The Mine-O-Saur*，Bardhan-Quallen，2007）。

轮流使用电脑

当幼儿亲身体验到多名同伴想同时使用某个设备时，就能更好地学会与他人合作。例如，班级中的电脑应该是一次让两名幼儿使用。在自由选择时间，幼儿可以通过选择电脑区的两条"通行项链"来使用电脑。然后让两名使用电脑的幼儿为每个项目制定自己的轮流方案。

观察者发现，轮流使用电脑的问题通常是通过沟通而非靠肢体冲突来解决的，而对于班级中其他材料的使用，却并非总是如此。由于每项电脑程序几乎都有轮流安排，电脑合作伙伴能够学习到轮流使用的经验，诸如，谁先使用，谁后使用，每人可以点击多少次鼠标。旁观者也从中学会了轮流等待，而不是和第一个使用电脑的幼儿争抢，并和等待的其他幼儿交流想法。

对于与他人沟通存在困难的幼儿，你可能需要帮助他们进行互动，给予他们关心而非压力。如果幼儿根本不想参与小组活动，你首先要通过观察和记录来评估这种情况。

在适当的时候，帮助幼儿到电脑区报名。请另外一名幼儿与初次进入电脑区的这名幼儿合作。教师要进行观察以确保他们轮流使用。

帮助幼儿学会在不打断游戏的情况下加入正在进行的游戏

在幼儿园里，幼儿的自由选择游戏就像海滩上的波浪一样起伏不定，都不能持久。有的幼儿在积木建构区短时间聚集；有的幼儿在画架上画画；有的幼儿跑到戏剧表演游戏区的厨房里；还有的幼儿穿着高跟鞋，推着小车里的婴儿娃娃走来走去；两名幼儿在操作电脑；其他人在美工桌旁忙碌着；有几名幼儿在数积木、串珠子；有的幼儿在阁楼上戴着耳机听音乐。下一刻，一切都发生了变化，不同的幼儿试图参与或忙于不同的游戏活动。

你可能想知道为什么幼儿不会在同一个活动区待很长时间。随后，你会想到3—5岁幼儿的注意力持续时间很短。你也会意识到，他们对于探索周围一切事物具有无限的精力和无尽的动力。如果你观察的时间足够长，你肯定会遇到一种常见情况——当有的幼儿想加入一个正在进行的游戏中时，幼儿间的冲突就产生了。"我想做他们正在做的事，而他们不让我做！"这是在幼儿园里经常听到的一句抱怨。

> **全美幼教协会（NAEYC）课程标准：社会性**
>
> 描述一下你所在的幼儿园将如何达到以下标准。
>
> ◆ 为儿童提供各种机会，来发展他们进入社会团体、建立友谊、学会帮助及其他亲社会行为的技能。
>
> 资料来源：NAEYC. (2008) *NAEYC Early Childhood Program Standards and Accreditation Criteria: The Mark of Quality in Early Childhood Education.* Washington, DC: National Association for the Education of Young Children (NAEYC). Copyright © 2008®. Reprinted with permission.

如果幼儿没有被邀请加入或不知道如何与正在玩耍的幼儿建立联系，他经常会被拒绝加入游戏。当幼儿看到他最喜欢的玩具动物被其他两名幼儿摆放在地板上，他想参与游戏却被拒绝时，他能做些什么呢？这种典型的团体进入冲突对幼儿来说可能是一种挫折困境，他可能最终会破坏其他幼儿的游戏，或者流着眼泪来找你。你对团体访问策略的了解，可以帮助这样的幼儿将冲突转化为学习社会性技能的机会。

进入游戏小组的策略

你需要了解哪些内容呢？你需要知道，对于大多数尝试加入他人小组游戏的幼儿来说，哪些策略有效而哪些策略没有效。幼儿观察者注意到，对于被拒绝的幼儿来说，最好的策略之一是安静地待在小组附近，仔细观察他们在做什么（即旁观者的行为）。一旦幼儿知道了这个小组在做什么，他就可以在他们身边用相似的材料进行平行游戏。当时机合适时，他可以再尝试加入小组游戏。

在上述案例中，你可以建议那个被拒绝的幼儿安东尼奥从架子上再拿出几只毛绒动物，摆放在另外两个幼儿旁边的地板上（这就是支架）。过一段时间，他们可能会让他进入他们的游戏。如果他们依然拒绝，他可以继续玩自己的游戏。大多数被拒绝的幼儿不会尝试再次加入游戏。然而，幼儿观察者表示，第二次尝试加入游戏的幼儿更容易被接受。

在正在开展戏剧表演游戏的案例中，被拒绝的幼儿也应该观察其他幼儿正在做什么，然后开始以他自己的方式在附近进行游戏。例如，如果凯莉的请求被正在进行医生办公室游戏的另外三名幼儿拒绝，她可以先观察他们正在做什么，直至她注意到其中两个女孩正带着她们的娃娃去打针。然后，她可能会拿着自己的洋娃娃进入游戏中，说："我的宝宝也要打针。"如果幼儿希望得到教师的帮助，教师可以建议她："为什么不看看这些女孩在做什么呢？她们可能过一会儿就会让你玩了。"如果幼儿无法找到融入游戏的方法，教师可以建议："你为什么不也拿个布娃娃玩呢？"

当然，并非所有的策略都会奏效。向游戏者询问和自身相关的问题不会有太大的帮助。例如，"我能玩吗？"或者"我能拿那个娃娃吗？"几乎总是会得到"不"的回答。幼儿若是对正在游戏的同伴提出咄咄逼人的要求，同样也会被拒绝。例如，说"我先来这里的！""那是我的！"或者"我第一个拿到的！"，这些幼儿只会激怒其他玩伴，而不允许新玩伴加入游戏中。如果被拒绝的幼儿通过拿走材料、大喊大叫或扔东西来破坏正在进行的游戏，他们最后只能让游戏终止。此外，其他幼儿也会记住这样的行为，并可能在他们以后的活动中排斥外来的玩伴。表 9-5 列出了一些加入正在进行的游戏的策略。

表 9-5　加入正在进行的游戏的策略

对幼儿有用的策略	幼儿应该避免的策略
• 安静地观察（旁观者）	• 询问关于"我"的问题
• 模仿游戏（平行游戏）	• 提出咄咄逼人的要求
• 再试着进入小组	• 用身体破坏游戏

作为教师，你为什么不直接告诉正在游戏的幼儿让其他小朋友参与其中呢？当然，你有权威，也有权利这样做。但是你应该这样做吗？教师如果干预幼儿能自己解决的人际冲突，将会使幼儿错失学习人际交往的重要机会。在幼儿园里，幼儿应该学习如何与他人相处，而真正学会这种社会性技能的主要方法是在人际冲突中自己试图解决冲突。

幼儿通过尝试自己解决冲突学习社会技能。

你的角色应该是在幼儿的冲突中起到支架作用。当然，如果有幼儿受伤或哭泣，或发生了身体攻击，你需要进行干预。但如果只是一种常见的加入小组游戏的冲突状况，那么就要给幼儿一个自己解决问题的机会。

游戏中与其他幼儿的争抢是幼儿必须面对的最关键的学习机会。这些冲突教给幼儿与他人相处的方方面面：如何观察和等待；何时开始建立联系；如何了解游戏中大家正在做什么；如何融入小组；如何表达才不会被拒绝，以及在被拒绝的情况下该怎么做。这些关键的内容在幼儿起起落落的自由游戏中会反复出现。

◎ 戏剧表演游戏

对于幼儿来说，学习和练习各种社会性技能最有效的机会之一就是通过戏剧表演区自发的假想游戏（有时也称为"社会扮演游戏"）来实现。

大多数班级都有一个戏剧表演区，用于鼓励幼儿假想并进行角色扮演。有时称为"过家家"或"娃娃家"，正如前面所提到的，该活动区投放了玩具炉灶、冰箱、洗手池和桌子、厨房设备和扮演所用的服装等材料。这些用具鼓励幼儿自发地扮演他们所熟悉的家庭角色：妈妈、爸爸、宝宝、姐妹、兄弟。

在班级中，这种活动有机会让幼儿成为小组中的一员。如果他们互相之间感到害羞，就可以通过所扮演的角色来互相熟悉。他们可以躲在角色后面，可以说，就像害羞的幼儿躲在木偶后面一样。戏剧表演游戏是教师能够提供给幼儿学习社会性技能最独特的机会之一。为了与其玩伴相处，幼儿必须学会分享、轮流、调整自己的行动以适应群体，并在没有成人的帮助下解决矛盾。

◎ 在戏剧表演游戏中向同伴学习

我们知道，同伴压力对年长的幼儿来说十分重要。儿童发展研究如今也认识到了同伴对幼儿的重要性。他们交流有关周围世界的信息，彼此间提供适宜行为的建议，有的甚至试图把他们的意愿强加给小组中的其他人。幼儿会了解到同伴的期望是什么，以及他是否要顺应期望所带来的这种压力。

幼儿观察同龄人如何对待其他幼儿，在人际冲突解决中哪些策略有效而哪些策略无效，以及同伴尝试以自己的方式做事可以做到何种程度。好斗的幼儿认识到其他幼儿不会接受他们专横霸道的方式。在局面失控的情况下，小组成员可能会通过中止游戏来表达自己的感受，或者不允许好斗的同伴加入他们下一次的游戏活动。好斗的幼儿会在这种消极的同伴回应反复发生的情况下吸取教训，除此之外，其他玩伴也会认识到，如果他们同样以过于激进的方式行事，很可能会得到小组成员类似的回应。

赖费尔和萨特比（Reifel & Sutterby，2009）指出，幼儿要密切观察谁在进行角色扮演以及扮演什么角色。这种协商能力是社会交流的重要组成部分。社交能力强的幼儿能获得最好的角色，而其他不太受欢迎的幼儿只能扮演不太重要的角色，比如婴儿或宠物。在戏剧表演游戏中经常学到的社会性技能如表9-6所示。

表9-6　戏剧表演游戏中的社会性技能

- 如何与他人交往
- 如何避免冲突
- 如何协商
- 如何妥协
- 如何轮流

学习现实生活中的角色

除了教会幼儿社会性技能外，戏剧表演游戏还使幼儿有机会尝试扮演他们熟悉的现实生活中的角色。这可以帮助他们理解成为母亲或成为哥哥的感觉。他们开始从另一种视角来看待事物，常常试图确定自己成年后最终所扮演的角色的大小。当幼儿在班级中扮演这些角色时，他们正以一种比任何成人所教的、更有效的方式融入社会。他们学会遵循同伴的指示，扮演领导者或跟随者的角色，妥协自己的意愿、解决同伴间的冲突——所有这些都是通过自发的游戏来实现的。

此外，戏剧表演游戏能够帮助幼儿澄清关于社会和周围世界的新观念。当他们获取到陌生角色及其相关情况的信息时，他们能够将这些信息融入想象游戏，使之变得容易理解。家里来过水管工的幼儿，在娃娃家开展相关的游戏，从而开始更好地理解这种情况。换句话说，戏剧表演游戏为抽象观念赋予了具体意义。

戏剧表演游戏也能帮助幼儿调节不适感。成年人有时无法意识到，幼儿在成人世界里会体会到渺小和无助所带来的挫折感。假扮成年人能帮助幼儿对自己的世界进行更好的控制，并帮助他们消除害怕和沮丧。他们可以假装去看医生和打针，将在明年去一所陌生的学校，或者和保姆待一晚上，从而减轻真实事件所带来的创伤。

搭积木

社会性技能也可以在建构区进行学习和实践。幼儿在建构区的角色游戏和在戏剧表演游戏区的游戏一样，只是规模较小。实际上，积木块可以用于建造道路、桥梁和楼房，或者搭建汽车、飞机、宇宙飞船或幼儿想象得到的任何抽象的东西。幼儿根据自身对生活、积木、假想的经验，用现实和想象的方式创造性地搭建积木。

有时，幼儿似乎并不知道如何开始搭建积木。那么，这可能需要你进行一定的干预。你该怎么做呢？有时候仅仅是你出现在建构区，就会吸引害羞或缺乏安全感的幼儿进入这个区域。如果他不知道要做什么，你可以让他从架子上帮你拿一块长积木。让他放下积木，再拿一块来。问问幼儿想把积木放在哪里。让他参与选择、摆放积木的过程中。一旦他参与进来了，你就可以适时退出，就像在戏剧表演游戏中所做的那样。告诉幼儿几分钟后你会回来，看看他搭建了多少块积木，搭建成了什么样子。你的角色应该是对害羞或犹豫的幼儿起到支持作用，并对其他幼儿进行观察。

很快你就会了解到，哪些幼儿是自己搭建（独自游戏），哪些幼儿在其他幼儿的旁边独立搭建（平行游戏），以及谁能够与其他幼儿合作搭建（合作游戏）——这是社会化进程的最后一步。在幼儿个人"成就卡"上记录幼儿的进步，并在表 9-2 "社会性技能检核表"中记录结果。

重要的是不要强迫幼儿社会化。加布里埃尔和杰克一起玩耍并不取决于你。你可能需要为他们提供机会，但幼儿必须自己建立联系。当他们双方在建构区彼此间建立了安全感之后，一起玩的情况就会自然而然地出现。这意味着他们将自己尝试使用积木进行搭建。许多幼儿在获得与同伴进行合作的信心之前，往往需要进行长时间的单独建构游戏和平行建构游戏。

◎ 处理人际冲突

通常，幼儿间最初的社会交往会出现冲突。"他拿我的积木！""她不让我玩！"作为一名教师或实习生，你常常会被卷入其中，因为幼儿想让你解决这个问题。不受控制的愤怒、破坏材料或伤害他人的情况都需要你的介入。你必须严肃而冷静地执行先前制定的不让幼儿伤害他人或破坏材料的规定。

然而，只要幼儿感受到了你的支持，他们的很多人际冲突你就可以让他们自己处理。如果有帮助，可以用胶带把建构作品的边界给他们标记出来。帮助他们做一个告示牌，提醒他人不要毁掉搭建好的作品。帮他们把厨房的计时器设为5分钟，这样他们就可以在建构区轮流玩最喜欢的卡车。让幼儿给其他想加入的建构者发放门票。问问幼儿想如何解决问题。你和幼儿可以提出许多类似的想法来帮助他们解决冲突。

当然，你必须记住，成人的指导会扼杀幼儿自己解决问题的想法。你可能从一开始就需要鼓励幼儿，帮助他们自行解决问题，随后你再巧妙地退出。当游戏局面不受控制的时候，你可能需要引导他们重新定位游戏，但之后你应该退居一旁。要想使小组游戏真正有效地促进社会技能的发展，幼儿需要自己管理自己的社交角色。

◎ 他尊冲突转换

幼儿需要知道你尊重每个幼儿的权利；然后你可以帮助每个幼儿维护自己的权利。当发生冲突时，教师往往无法确定谁对谁错。尽量不要基于是非、责备和羞辱来处理幼儿的冲突。相反，教师要以一种不做表态的方式倾听每个幼儿的意见。

例如，娜塔莎说布鲁克拿走了她玩的玩具收银机。她开始哭起来。布鲁克说玩具是她先拿到的，她只是放下一会儿去取玩具纸币而已。当她回来的时候，娜塔莎正在玩，所以她从娜塔莎那里拿走了玩具收银机。

你最好能帮助她们认识到对方的观点，并强调让她们倾听彼此的感受，并感谢她们告诉你发生了什么事，然后询问她们对此有何想法。这与通常的指责、羞辱或者只询问其中一名幼儿感受的处理方式截然不同。通常，询问幼儿对方的感受，会使幼儿感到惊讶。在他们做出回应之后，你可以问问每个幼儿可以做些什么使对方感觉更好。这种方法称为"他尊冲突转换"，这是一种学会处理社会冲突的积极方式，而不是责备和惩罚的方式。

例如，娜塔莎告诉老师，这是布鲁克的错，因为她把收银机从自己那里拿走了。布鲁克说这是娜塔莎的错，因为是自己先玩的，她放在那儿一会儿去取一些玩具纸币。她只是从娜塔莎那里把收银机拿回来而已。教师认真倾听每个幼儿的观点，然后对每个幼儿说"谢谢你告诉我发生了什么"。教师既没有责怪任何一个幼儿，也没有让她们陷入谁该受责备的争论中。

相反，教师接着问："娜塔莎，你觉得布鲁克对这件事有什么感受？"娜塔莎可能会对这个问题感到非常惊讶，并说："但这是她的错。她拿走了我的收银机。"然后教师可以回应说："我知道，你已经告诉我了，但现在我们谈论的是感受。你觉得布鲁克有什么感受？看看她的脸。"

当娜塔莎最后能够回答布鲁克看起来很生气时，教师就可以再问问布鲁克，她觉得娜塔莎是什么感受。布鲁克也对这件事的转折感到惊讶，她还想责怪娜塔莎。但是教师坚持要布鲁克谈娜塔莎的感受。布鲁克可能最终会说，她觉得娜塔莎很难过，因为她哭了。这时"冲突转化"就发生了。教师没有责备和羞辱，而是把这一情况转化为感受：另一个小朋友感受如何？大多数幼儿都能诚实地回答这个问题。最后，教师通过询问每个幼儿他认为应该怎么做才会让对方感觉更好来结束。

对每个幼儿来说，这通常是一种很轻松的问题解决方式，因为他们没有受到指责或惩罚。同时，幼儿也掌握了解决问题的方法。这通常意味着幼儿将做出他们决定做的任何事情，而不会将冲突延续到以后。成人强加的解决办法从来都不是那么令人满意，往往会使幼儿产生糟糕的感受或将冲突持续下去。但幼儿的解决方法常常比成人提出来的更具有创造性。也许他们决定用厨房计时器轮流使用收银机，或者一起同时使用收银机，或者一起玩一个完全不同的游戏；或者他们甚至决定给对方一个大大的拥抱！表9-7概述了教师在一种"他尊冲突转换"

的情况下可以采取的步骤。

表9-7 教师在"他尊冲突转换"中的角色

- 倾听幼儿
- 感谢每个幼儿告诉你所发生的事情
- 不要责备任何一个幼儿或陷入批评争吵之中
- 询问每个幼儿他认为对方的感受如何
- 询问每个幼儿该做什么让对方感受好些
- 遵循一起协商达成的解决办法

无论你最终如何处理冲突，都要保持始终如一。如果你每次以同样客观的方式处理人际问题，幼儿就会信任你，并知道你会在事件中公平地对待他们每一个人。这为他们自己解决问题提供了一个良好的基础。然后，他们可以尝试不同的策略，看哪种效果最好。有时候唯一的解决办法是让教师把幼儿争抢的玩具收起来第二天再让他们玩。但那必须是幼儿的决定。

当这些观念通过幼儿在班级中的体验而被内化时，他们的社会行为也会从自我中心转向合作和尊重他人。

害羞的幼儿

然而，害羞或犹豫的幼儿或者双语学习者，可能需要你的帮助才能开始学习社会化，否则他可能永远不会尝试参加小组活动。帮助幼儿的一种方法是，你扮演一个短期角色，然后在幼儿渐渐适应与其他幼儿游戏的时候再抽离出来。"我们今天去罗莎家好吗，丹尼斯？你敲门，看看她是否在家。"如果幼儿缺乏社会性技能无法进入游戏小组，那么你所示范的适当行为和对话就会帮助幼儿。

教室里的材料有时也能帮助这样的幼儿参与到其他人的游戏中。幼儿能够参与使用而又不会完全暴露自己的材料是最好的。例如，一个玩具手机，可以让他们和其他幼儿开展非直接对话，直到他们自己感觉足够适应之后，就可以进行更直接的交往了。教师可以发起这样的假装打电话游戏。玩偶、布娃娃或者玩具动物也可以给予害羞的幼儿同样的保护。毛绒动物玩具可以充当幼儿的安全毯，为犹豫不决的幼儿提供一种接近他人的途径。

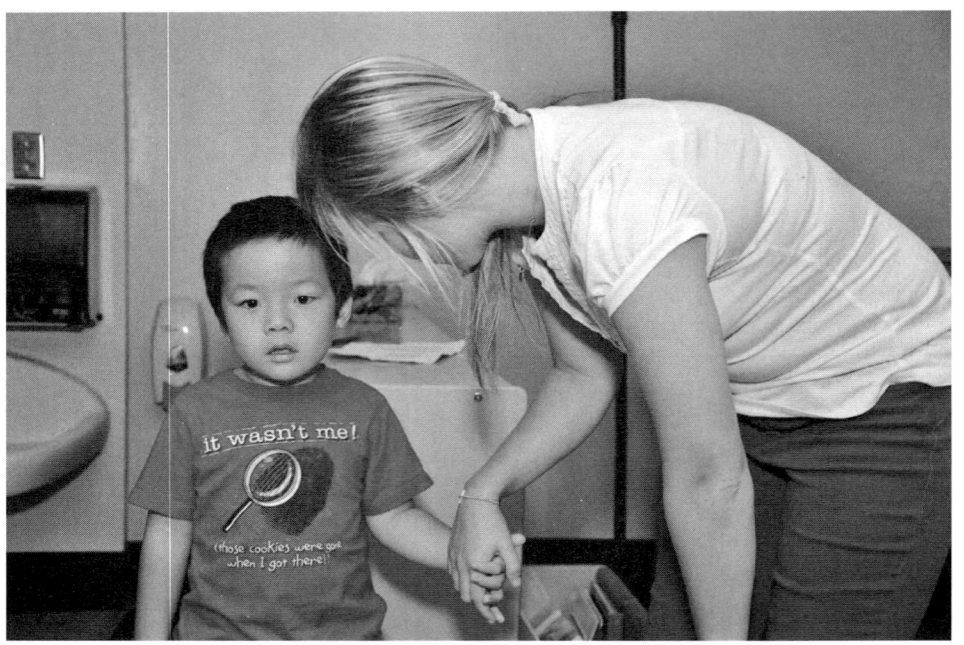

有时一名双语幼儿可能需要你帮助他加入游戏小组。

如果幼儿在独自游戏中玩得很开心,可以邀请但不要强迫他参与到小组活动中。事实上他自己可能会做得更好。正如对待成人一样,我们需要尊重幼儿之间的差异。但是,不要完全放弃所谓的孤独者。有些幼儿只是被大群体吓到了。你可以从邀请他们和另一名幼儿一起做些事情开始:一起看一本书,一起帮忙捡玩具,一起摆桌子,睡午觉时摆出小床,或者去办公室拿信件。幼儿最终可能会自己参与到小组活动中。

不知道如何开展游戏的幼儿

如果幼儿园里的幼儿不知道如何开展游戏该怎么办呢?莱昂和博德洛娃(Leong & Bodrova,2012)认为,儿童文化发生了重大的改变。由于安全问题,许多幼儿再也不能在户外自由玩耍了。成人指导的课外活动也取代了许多幼儿在室内的自由游戏。电视、电子游戏和其他高科技设备已经取代了其他的玩具。对于许多幼儿来说,幼儿园是他们唯一学会如何与他人玩耍的地方。

在你所在的幼儿园，幼儿的情况怎么样呢？如果是上述情况，你可能需要给每个幼儿提供更多的空闲时间与同伴一起玩积木、玩具、戏剧表演游戏。你为每个幼儿提供的个人支持像一个安全阀，能够激发他们的社交乐趣。当你观察他们的脸时，你能了解到他们对这种游戏的感觉。你现在理解了为何他们的大脑发育需要这样的游戏。当然，阅读、书写、数学和科学也是十分重要的。但是你有一个很多成人都不了解的秘密：幼儿通过游戏能更好地学习这些技能。在你创设每个活动区的时候，要牢记这个秘密。

帮助幼儿学会寻找玩伴

幼儿之间的友谊与年龄稍大的儿童或成人之间的友谊是不一样的。学龄前儿童往往看重同伴的能力来满足他们的需求，而不是看重他们的性格。幼儿需要朋友来帮助他们建造积木大厦，或者扮演消防队员，或者拉着马车到处跑。因为幼儿是以自我为中心的，所以早期的友谊往往是一边倒或不稳定的。如果一个玩伴满足了另一个幼儿的某些需要，那么他就会被视为有价值的朋友。当一个小朋友与幼儿分享玩具或一起游戏时，他至少在当时会被幼儿视作朋友。

对于在教室里不善于寻找玩伴的幼儿，教师有时可以通过示范适当的行为来帮助他们。如果幼儿愿意，你可以戴一个手偶，让幼儿戴一个手偶。让你的手偶要求幼儿的手偶去做些事情。他们能一起搭建一座塔吗？也许这个幼儿也可以向另一个幼儿展示如何做他熟悉的事情。他们能一起使用电脑，进行一次玩偶谈话，一起看书，或者一起建乐高大厦吗？这些活动能够为幼儿提供加入其他小组活动的方法，他们可以在这些活动中建立友谊。表9-8列出了一些幼儿可以用来建立友谊的策略。

表 9-8　幼儿建立友谊的策略

- 邀请其他幼儿一起游戏或活动
- 分享玩具和材料
- 进行一次谈话
- 提供帮助
- 交流游戏想法
- 一起阅读或倾听一本图书
- 跟随另一个幼儿的领导或领导另一个幼儿
- 一起散步、吃饭、玩耍
- 在实地考察时做搭档
- 一起大笑
- 一起开心地玩

与教室里的豚鼠或兔子交朋友是幼儿与其他幼儿建立友谊的第一步。教师可以帮助幼儿熟悉教室里的小动物，让这个过程得以开始。教师要发现害羞的幼儿感兴趣的事物，借此来激励他们与他人交往。

关于帮助幼儿参与到他人活动中的引导性图书

《萨米：教室里的豚鼠》(*Sammy: The Classroom Guinea Pig*, Berenzy, 2005) 是一本很好的图书，能够帮助害羞的幼儿参与到其他幼儿的活动中。萨米住在B先生教室的一个笼子里。一个星期一的早上，萨米一声大叫（WHEEEP）打扰了所有人。然后它跑来跑去，踢碎木屑，大声叫喊（WHEEEP）。最后，玛丽亚指出它只是在周末时感到很孤独，想要得到关注。当幼儿想要得到关注时，他们会怎么做？

如果他们同意，可以让一名害羞的幼儿和另一名助手照顾豚鼠一周。然后，这两名幼儿向下一对照顾者展示如何喂养和照顾这只小动物。这一经历可以很好地让害羞的幼儿参与到其他幼儿有趣、有意义的活动中。

其他关于照顾豚鼠的引导性图书包括：

《查理大获全胜》(*Charlie Hits It Big*, Blumenthal, 2007)；
《豚鼠的总数》(*Guinea Pigs Add Up*, Cuyler, 2010)；
《我了解豚鼠》(*I Completely Know About Guinea Pigs*, Child, 2008)；
《失而复得的豚鼠帕奇斯》(*Patches Lost and Found*, Kroll, 2001)。

倾听玩伴

作为教师，你需要为幼儿提供帮助。你可以从阅读一本书开始，选择一本关于两个孩子友谊的图书，挑选几对幼儿，邀请他们一起听故事。例如，如果书中的主人公是男孩，你可能想让两个男孩来听。《玩！哦？》(*Yo! Yes?*，Raschka，1993) 在相对的页面上用大图片展示了两个孤独的男孩，一个是非裔美国人，一个是盎格鲁人，他们站着互相注视着对方。其中一个小男孩说"玩！"，另一个说"哦？"。他们试图用超大字体的单个词接近对方。他们彼此都在寻找朋友，当他们最终聚在一起时，他们一起说："好！"

问问幼儿，如果他们遇到了想要成为朋友的人时，他们会说些什么。如果对方同意成为他们的朋友，他们还会说什么？如果幼儿想请你再读一遍这本图书，你一定要答应。然后，问问他们是否可以自己把这个简单的故事"读"给其他人听。如果他们忘记了书中的单词，你可以让他们为这个简单的故事创造自己的词汇。

在《玛格丽特和玛格丽塔》(*Margaret and Margarita*，Reiser，1993) 这本书中，玛格丽特和玛格丽塔这两个小女孩被妈妈带去了公园，她们最后坐在了公园的同一张长椅上。玛格丽特带着她的玩具兔子苏珊，说着英语，而玛格丽塔带着她的玩具猫苏珊娜，说着西班牙语。她们会做什么？当成人们背对背坐着的时候，这两个小女孩却试探性地靠近对方，说"Hello（英语'你好'）"和"Hola（西班牙语'你好'）"，最后让她们的玩具宠物用对方的语言进行回应。尽管每个幼儿都说着自己的语言，但是她们很快成了朋友。如果你的听众是玛格丽特或玛格丽塔，他们会怎么做？

儿童游戏

通常，游戏将幼儿联系在一起。在查理和洛拉（Charlie & Lola）的图书《你可以是我的朋友》(*You Can Be My Friend*，Child，2008) 中，查理的朋友马文带着他的弟弟莫顿和洛拉一起玩。洛拉高兴地想和莫顿一起玩茶话会游戏。莫顿一句话也没说，然后就穿戴好扮演起了海盗。这没什么。假想游戏完全颠倒了。不过依然没什么。当他们停下来吃点心的时候，洛拉叹了口气，在她的粉色牛奶中吹泡泡。莫顿咯咯地笑了起来！然后笑得更厉害了。他们吹出更大的泡泡并假想他们在泡泡里。莫顿在玩！莫顿在说话！然后他想玩洛拉讨厌的棋盘游戏"转呀转"。但这一次洛拉也参与了这个游戏，因为莫顿是她新认识的、特别的朋友。

在你阅读了这本图书之后，有些幼儿可能会被棋盘游戏吸引，那么两个玩伴可以在建构游戏中玩以下简单的棋盘游戏。

学会分享的贝尔斯泰熊（The Berestain Bears Learn to Share）；

鹅妈妈游戏（The Mother Goose Game）；

野生动物在哪里游戏（Where the Wild Things Are Game）；

勇敢的小火车头（The Little Engine That Could）。

全纳教育

有特殊需要的幼儿可能很难在班级里找到朋友，有时是因为教室之外的幼儿对他们不友好。作为教师，你能提供的帮助不是责备别人，也不是指出需要对这些幼儿给予特殊帮助，而是像对待其他幼儿一样对待有特殊需要的幼儿。你可以帮助他们参加所有的班级活动，并帮助他们扮演简单的领导角色，比如负责拿出美工或户外游戏的材料和设备，喂水族箱里的鱼，或者帮忙拉出午睡用的小床。

当你一次为两名幼儿阅读适宜的图书时，他们也可以成为倾听伙伴；如果他们想轮流使用电脑，他们也可以成为电脑伙伴。你也可以像帮助其他需要帮助的幼儿一样，帮助他们找到玩伴。艾森伯格和加隆戈（Isenberg & Jalongo, 2010）指出，有轻微残

有玩伴很重要，但没必要说出来。

Benjamin Laframboise/Pearson Education

疾的幼儿和健全的同龄人一样遵循相同的游戏发展阶段。只是由于他们的社交技能常常滞后，所以他们往往会进行更多的独自游戏。例如，患有自闭症谱系障碍的幼儿可能在社交技能方面存在困难，缺乏进行假想游戏所需要的心理表征和语言能力。你可以通过你的行为示范来教他们所需的技能。

然而，教师需要意识到友谊是不断发展的，不能被强迫。与幼儿谈论谁和谁是朋友对解决问题来说无济于事。有些幼儿似乎更喜欢和某个幼儿在一起，但这并不是告诉他人桑德拉和瑞秋是亲密朋友的理由。这种说法可能会在不知不觉中给那些没有明确朋友的幼儿带来压力。寻找私密朋友并不是幼儿期的重要事件。大多数幼儿还没有发展到这个水平。有玩伴很重要，但没必要说出来。

创建友善班级

班级本身就能反映出你对尊重和友善对待他人的关注。友谊产生于一些小小的善意行为，比如一个幼儿主动帮助另一个幼儿整理积木，和另一个幼儿分享午餐的三明治，或者把自己使用电脑的机会让给他人。你可以用几种方式提醒幼儿关注这些善意的行为。例如，一位教师从评价她看到的幼儿的每个善意行为开始，并把它写在一张纸条上，贴在"善意行为"布告栏上；另一位教师在卡片上写下幼儿的善意行为，并把卡片放进一个玻璃"善意瓶"里。

这只是开始。不久幼儿贡献出了自己的"善意见解"。这一次，教师可以让幼儿用自己喜欢的方式，如涂鸦、打印、绘画或让别人写下名字等方式，将这些善意行为记录在卡片上。然后将这些卡片放进瓶子或篮子里，或者贴在"善意剪贴簿"上，让每个幼儿都可以到图书区查看。一些幼儿还想把他们的"善意卡片"赠送给那些表现出这种行为的幼儿，让他们带回家或放在自己的日记里。

在一年结束之前，一些幼儿还会报告说他们的冲突解决也是一种善意行为。教师特别高兴地听到"我们决定做朋友"作为解决玩具冲突的办法。每个人，包括教职工都明白了，当你寻找善意时，你就会发现善意；当你期望幼儿和教师善待他人时，这种情况就会出现。在这场善意运动中还包括家长、厨师、公交车司机、参观者、其他班级的幼儿和教师。

本章小结

帮助幼儿发展与他人和谐相处的社会性技能

这个年龄段的幼儿本性上以自我为中心,让他们在集体环境中进行合作性活动和游戏是困难的。为了促进这些游戏的开展,教师需要观察并记录有关个体及其社会性技能发展的信息,如谁寻找其他幼儿一起游戏,谁学会了轮流,或谁能自己解决人际冲突。

帮助幼儿学会通过分享与轮流来进行合作性活动和游戏

教师通过使用玩具和手偶进行示范,阅读有关分享和轮流的图书,以及创设诸如电脑合作伙伴等轮流场景,来帮助幼儿学习轮流。幼儿游戏与大脑发育之间的联系,使得促进这种社会性游戏变得更加重要。

帮助幼儿学会在不打断游戏的情况下加入正在进行的游戏

对于需要学习如何参与小组游戏的幼儿,教师要帮助他们使用已经证实有效的策略,而避免使用无效策略。幼儿在戏剧表演区和建构区的经验可以为他们解决与同龄人的关系问题提供机会。通过戏剧表演游戏,幼儿学会了从他人的视角来看待问题。幼儿彼此之间通常就适当的行为方式进行沟通和交流。他们学会了分享、轮流和等待。

帮助幼儿学会寻找玩伴

幼儿的朋友通常是那些和他们分享玩具及一起游戏的人。教师可以通过示范行为、使用手偶、让幼儿一起听有关友谊主题的图书等,帮助幼儿找到自己的玩伴。玩具和游戏材料也可以把幼儿作为玩伴和朋友联系在一起。有特殊需要的幼儿可能需要教师的直接帮助才能找到朋友。教师和幼儿在记录和分享行为时注意到,友谊本身可以从小小的善行中产生。

第九章 提高社会性技能

道德困境

班级里新来了一个名叫瑞纳尔多的西班牙男孩，他在与其他幼儿相处方面有困难。同伴不让瑞纳尔多进入他们的游戏小组，当瑞纳尔多变得有攻击性时，老师让他坐在反思椅上。在和老师交谈后（老师声称是瑞纳尔多挑起了所有的麻烦），他的母亲非常生气，她给当地报纸的编辑写了一封关于这一情况的信。她说这位老师是个种族主义者，在班里将盎格鲁幼儿和她的孩子区别对待。如果你是那位老师，你会怎么做？如果你是瑞纳尔多的妈妈呢？如果你是瑞纳尔多呢？

你可知道

1. 什么是社会智能？幼儿是如何发展它的？
2. 神经科学家报告的关于游戏的重要发现是什么？
3. 教师有哪些关于幼儿大脑发育的物证？
4. 皮亚杰和维果茨基关于儿童社会性游戏的理论有何不同？
5. 平行游戏为什么很重要？你怎么知道幼儿在进行平行游戏？
6. 你如何帮助幼儿学会分享和轮流？
7. 幼儿如何在不打断游戏的情况下学会加入正在进行的游戏？
8. 为什么成人指导不利于幼儿的问题解决？
9. "他尊冲突转换"策略与大多数其他冲突解决策略有什么不同？
10. 你该如何帮助那些似乎不知道怎么玩游戏的幼儿？
11. 如何利用引导性图书来帮助幼儿找到朋友？

学习活动

1. 至少阅读一本推荐读物。在你的专业资源文件中添加10张卡片，在卡片上写出你对于帮助幼儿发展社会性技能的具体想法，并标注参考文献来源。

2. 当幼儿参与戏剧表演游戏或积木建构游戏时，使用"社会性技能检核表"（表9-2）来指导你对幼儿的观察。记录和解释观察结果，标注那些可能需要帮助的幼儿。

3. 选择一名或多名可能需要帮助发展社会性技能的幼儿，并使用本章中的方法来帮助他们提高社会性技能。

4. 你会如何帮助一个从未玩过积木的新幼儿参与到积木建构游戏中？

5. 使用一条或多条本章描述的策略，来帮助在加入正在进行的游戏方面存在困难的幼儿，并记录结果。

6. 帮助害羞的幼儿参与到活动中，或者利用本章提出的方法帮幼儿找到朋友，并记录结果。

7. 通过展示玩具或手偶如何轮流，指导幼儿学习理解对方在冲突中的感受，并帮助对方感觉更好，从而帮助幼儿解决轮流冲突，并记录结果。

推 荐 读 物

Christenson, L.A. & James, J. (2015). Building bridges to understanding in a preschool classroom: A morning in the Block Center. *YC-Young Children*, *70*(1), 26–31.

DeMeulenaere, M. (2015). Promoting social and emotional learning in preschool. *Dimensions of Early Childhood*, *43*(1), 8–10.

Gallagher, K.C. (2013). Guiding children's friendship development. *YC-Young Children*, *68*(5), 26–33.

Kennedy, A.S. (2013). Supporting peer relationships and social competence in inclusive preschool programs. *YC-Young Children*, *68*(5), 18–25.

Manaster, H. & Jobe, M. (2012). Bringing boys and girl together: Supporting preschoolers' positive peer relationships. *YC-Young Children*, *67*(5),12–17.

Meece, D. & Soderman, A.K. (2010). Positive verbal environments: Setting the stage for young children's social development. *YC-Young Children*, *65*(5), 81–86.

Nissen, H. & Hawkins, C.J. (2008). Observing and supporting young children's social competence. *Dimensions of Early Childhood*, *36*(3), 21–29.

O'Neill, B.E. (2013). Improvisational play interventions: Fostering social-emotional development in inclusive classrooms. *YC-Young Children*, *68*(3), 62–67.

Riley, D., San Juan, R.R., & Ramminger, A. (2008). *Social and emotional development.* Washington, DC: NAEYC.

Roffman, L. & Wanerman, T. (2011). *Including one including all: A guide to relationship-based early childhood inclusion.* St. Paul, MN: Redleaf Press.

儿童图书

Bardhan-Quallen, S. (2007). *The mine-o-saur.* New York: Putnam.

Becker, S. (2006). *Mine! Mine! Mine!* New York: Sterling Publishing.

Berenzy, A. (2005). *Sammy: The classroom guinea pig.* New York: Henry Holt.

Blumenthal, D. (2007). *Charlie hits it big.* New York: HarperCollins.

Child, L. (2008). *I completely know about guinea pigs.* New York: Dial.

Child, L. (2008). *You can be my friend.* New York: Grosset & Dunlap.

Cuyler, M. (2010). *Guinea pigs add up.* New York: Walker Publishing Co.

Dewdney, A. (2012). *Llama llama time to share.* New York: Viking.

Kroll, S. (2001). *Patches lost and found.* Delray Beach, FL: Winslow Press.

Raschka, C. (1993). *Yo! Yes?* New York: Orchard.

Reiser, L. (1993). *Margaret and Margarita.* New York: Greenwillow.

Reiss, M. (2008). *The boy who wouldn't share.* New York: HarperCollins.

第十章

提供教师指导

学习目标

在本章你将学会：

◆ 通过积极的引导帮助幼儿发展自控能力。

◆ 采取积极的预防措施帮助幼儿消除不当行为。

◆ 采取积极的干预措施帮助幼儿控制自身的不当行为。

◆ 使用积极的强化技巧帮助幼儿学习得当行为。

通过积极的引导帮助幼儿发展自控能力

积极的指导能够帮助幼儿控制自身的不当行为，也有助于提高他们的自尊。自我感觉良好的幼儿很少表现出破坏性的、消极的行为。一些幼儿面带微笑地走进教室，他们认可自身的价值，并将这种良好的感觉体现在他们的合作行为中。还有些幼儿则会有长达三四年的消极经历，这些经历反映在他们的破坏性行为中。你如何帮助这些幼儿学习得当行为呢？

一些教师长期以来采用传统的"纪律"方式对幼儿的不当行为进行回应。这种纪律通常意味着惩罚、纠正或训斥幼儿。这种行为管理可能会终止幼儿的不良行为，但也会带来其他更加严重的问题。究其原因：第一，这些控制来源于幼儿自身以外，幼儿没能发展自己的自控能力，并变得依赖成人来控制他们的行为。第二，大多数纪律管教会伤害幼儿的自尊心并使幼儿变得易怒，他们会等待下次机会发泄自己的不满。尽管幼儿的行为被阻止了，但是其负面情绪不断产生并发展。

如果你意识到很多幼儿的不当行为都源于他们的不安全感和负面的自我形象，你就会明白，惩罚、严厉地对待、大声地命令或责骂并不能解决问题。这些回应方式本身就是不当行为，只会强化幼儿糟糕的自我形象。这种管教并不能帮助幼儿转变对自我的认识，也不会帮助他们建立适应社会所需的自我控制能力。

如今许多幼儿园教师转变了以往的教育方式，选择引导幼儿，这是一种保持幼儿自我形象的积极回应方式。加特雷尔（Gartrell，2007）将"引导"视为为每个幼儿创造一种积极的学习环境。布雷德坎普（Bredekamp，2013）将"引导"作为幼儿生活技能的教学过程，它们需要以积极的方式发挥作用。本章讨论了积极的学习环境和生活技能。

学龄前儿童来到幼儿园是为了发展操作技能、提高肢体协调能力、学习社交技能、发展语言能力和创造力、学习认知概念并改善自我认知。学会自我控制也是学习目标之一，对于某些幼儿，你需要将这个目标列在首位，然后像教授其他技能一样进行教学。

◎ 脑科学研究

与儿童发展的其他领域一样,大脑研究也谈到了儿童的行为以及大脑和儿童行为之间的相互影响。儿童早期的高度压力会引起化学反应,使大脑的思维和调节中枢尤其是调节"逃跑或战斗反应"的杏仁核产生短路。幼儿在压力大的情况下会产生威胁感,一些幼儿在自卫时常常表现出攻击性。如果幼儿随后受到惩罚,那么高压水平会继续存在,甚至使幼儿更难学会控制自己的行为(Gartrell, 2011)。然后,成人必须采用积极的引导策略来帮助幼儿平静下来并改变他的行为。

全美幼教协会(NAEYC)关于课程的标准有些涉及了儿童的行为。尽管他们没有使用"引导"一词,但标准中确实描述了指导原则。

全美幼教协会(NAEYC)课程标准:问题行为

描述一下你所在的幼儿园将如何达到以下标准。

- ◆ 教师不仅注重减少儿童的问题行为,还注重教授儿童社交、沟通和情绪调节的技能,通过环境创设、活动调整、成人或同伴支持以及其他教学策略,来支持儿童的得当行为。
- ◆ 面对儿童的问题行为包括人身攻击,教师确保儿童及教室里其他儿童的安全,冷静对待并尊重儿童,向儿童提供关于得当行为的信息。
- ◆ 教师通过引导和支持儿童控制身体冲动,以不伤害他人或自己的方式表达负面情绪,运用解决问题的技巧以及了解自己和他人等方式,来帮助儿童管理自己的行为。

资料来源:NAEYC. (2008) *NAEYC Early Childhood Program Standards and Accreditation Criteria: The Mark of Quality in Early Childhood Education.* Washington, DC: National Association for the Education of Young Children (NAEYC). Copyright © 2008®. Reprinted with permission.

采取积极的预防措施帮助幼儿消除不当行为

◇ 学习环境创设

首先，你需要预测可能产生的问题行为，并创设防止这种行为发生的学习环境。如果教室内安排了足够大的空间，幼儿可能会疯狂地跑来跑去。如果没有足够的玩具或者投放的玩具不适合幼儿的发展水平，幼儿可能会为玩具和材料而争吵。同样，如果"旧物"总是摆在架子上，没有及时补充新图书或玩具，幼儿可能会对同一本书或同一个玩具感到厌烦。

教师可以通过表10-1"教室布置检核表"中所描述的方法重新布置教室和提供更多的材料，来纠正幼儿园里出现的一些破坏性行为。按照表10-1中的方法来布置教室，你需要付出很多努力来减少幼儿之间的冲突，此外你也可以有更多的时间与需要特别帮助的小组和个人一起活动。活动区用过道来分隔，这样既使活动区之间有了通道，同时也防止了过度拥挤，从而能够在活动前预防破坏性行为的产生。

表10-1　教室布置检核表

一般房间布置
____ 用低矮分隔物或架子分隔开的活动区
____ 避免出现大片空闲区域而设置的活动区
____ 足够数量的吸引幼儿参与活动的活动区
____ 活动区有足够的空间，能一次性容纳多名幼儿
____ 照明、阳光、隔音

可用性
____ 留有方便进出活动区的空间
____ 残疾幼儿（使用轮椅、步行车和支架的幼儿）同样适用
____ 材料放置在低矮的架子上，正面朝外
____ 过道宽阔，便于幼儿自由行动
____ 过道长度适宜，避免幼儿奔跑

续表

材料
____ 数量充足以便多名幼儿能够同时使用
____ 有几件幼儿最喜爱的玩具
____ 提供表达感情的机会
____ 用多种颜色创设不同的情绪基调
____ 根据幼儿的兴趣变化投放不同的材料

私人空间
____ 存放私人物品的储物柜、架子或盒子
____ 在安静的角落放置靠垫
____ 加有厚软垫的椅子或沙发
____ 放有靠垫的小型充气水池
____ 有门的大纸箱
____ 铺有毯子的便携小桌

用多种颜色创设不同的情绪基调

墙饰、窗帘、地毯和设备所使用的颜色可以在教室里创造出你期望的任何情绪基调。例如，午餐时间桌子上铺的红格子桌布能够使幼儿更加愉快地用餐。彩色盘子和餐巾纸增加了节日的气氛。黄色的窗帘散发出一种阳光明媚、快乐的感觉。色彩柔和的地毯和多彩的粗麻布墙饰使图书区显得安静。不时变换戏剧表演区灯光的颜色。问问幼儿喜欢什么颜色，带着他们一起帮你为图书区或私人空间购买豆袋椅。

新材料

在早上的小组活动中，教师可以通过向全班幼儿介绍新的玩具或设备来减少破坏性行为发生的概率，在介绍完新的玩具或设备之后，通过传递的方式让幼儿观察，然后将它们放置在每个人都能识别的标签架上或其他位置。如果教师预料到新材料可能会带来的冲突，那么就可以提前询问幼儿，他们想如何轮流使用这些新材料。另一个防止幼儿争夺物品的方法是，让幼儿至少拥有两个最喜欢的玩具。以幼儿最喜欢的恐龙玩具为例，两件是远远不够的。

如果班级里幼儿经常因为玩具和材料产生冲突，教师就可以给幼儿个人或小

组阅读相关主题的图书，然后讨论在同样的情况下应该怎么做。

为幼儿阅读一本以物品争夺为主题的图书。

关于防止物品争夺冲突的引导性图书

和幼儿一起讨论这个故事。他们会如何改变劳拉关于图书馆里的书是属于她的这个想法？班级中有没有图书和玩具会引起同样的纠纷？你能像查理那样解决玩具带来的冲突吗？

《抱歉，那是我的书》（*But Excuse Me That Is My Book*，Child，2005）是另一本有关查理和洛拉的书。书中，小洛拉没有在图书馆找到她最喜爱的那本书。然后，她看到另一个女孩拿着那本书。如果幼儿熟悉关于查理和洛拉的图书，让他们预想一下查理会如何解决这个问题。

◐ 创设鼓励男孩的环境

一些教师表示男孩会产生更多的破坏性行为。是这样吗？这可能要归咎于教室的设置未能满足活泼好动幼儿的需求。金和加特雷尔（King & Gartrell，2003）指出，许多男孩确实比女孩需要更多的身体活动，他们喜欢到处跑来跑去，喜欢搞恶作剧。你的教室里是什么样的状况呢？

如果班级里有这样活泼好动的幼儿（男孩和女孩），为什么不建立一个室内的体育活动区呢？投放一些沙包供幼儿投掷硬纸板卡通目标；投放供幼儿跳跃用的方格地毯；投放一些木板供幼儿行走并锻炼平衡能力；投放一块健美操地板垫；投放一辆迷你健身自行车（把三轮车放在积木上）；投放用于锻炼的CD播放机和CD（例如，为幼儿提供来自湖岸教具公司的幼儿园有氧运动音乐、运动歌曲、早操CD）。

> **全 纳 教 育**
>
> 有这样一种观点：对身体有缺陷的幼儿来说，他们在操场上骑三轮车有困难，而放置在室内体育活动区的固定三轮车可以帮助他们学习骑三轮车。帮他们在三轮车上系上安全带，并观察他们是否会使用踏板。为了让他们获得尽可能真实的体验，给他们戴上在户外骑车时所需的头盔。就像下面提到的关于骑自行车的图书中的角色一样，他们可以想象自己骑到了遥远的地方。如果真的很有趣，每个幼儿都可能想轮流尝试一下。
>
> 关于骑自行车的图书有：
>
> 《莎莉·琼——自行车女王》（Sally Jean, The Bicycle Queen，Best，2006）
>
> 《迈克和他的自行车》（Mike And The Bike，Ward，2005）

◐ 活动的先后顺序

另一个防止幼儿产生破坏性行为的积极措施是使日常活动秩序井然。一日生活需要按照一定的顺序进行，以使幼儿在知道将要发生什么和接下来会发生什么时感到安全。尽管有些幼儿的家庭生活是无序的，但他们的班级生活应该秩序井然，以便对他们的行为产生平稳的影响。在幼儿的视线范围内贴一张带有插图的日程表。每天遵照日程表安排各项活动，这样幼儿就会逐渐适应每天的安排。

一日的流程需要合理且平衡的安排。例如，在剧烈活动之后应该安排一个安静的活动。在户外活动之后为幼儿提供一段安静或休息的时间。如果幼儿没有进行剧烈运动，那就不要强迫幼儿休息。如果你在上午的中间段安排了一段休息时间，但幼儿并不累，那么就不必强迫幼儿休息。

减少等待时间

不要让幼儿一直等待。如果在排队去户外时让幼儿长时间站着或坐着，或者在等待午餐时让他们坐在桌旁无所事事，有些幼儿就会出现破坏性行为。如果出现了不当行为，那就是你的失误，而不是幼儿的错。教师要安排好日程，以减少不必要的等待时间。教师应准备一项过渡活动，以保持幼儿的兴趣和注意力。教师可以给他们讲一个故事，做一个手指游戏，唱一首歌，或者和他们一起玩猜谜、猜名字游戏。

充足的时间

经验丰富的教师发现，给予学龄前儿童足够的时间也是一个防止他们产生不当行为的好方法。教师可给予幼儿选择活动的时间、参与活动的时间、与朋友交谈的时间、完成他们正在做的任务的时间以及整理玩具材料的时间（见表10-2）。你的活动应该是轻松且不慌乱的。幼儿完成任务所需的时间比我们预想的要长。他们需要时间自己完成任务。如果你严格限制时间，幼儿就会感到焦虑，从而产生破坏性行为。

表10-2　学龄前儿童时间表

- 选择活动的时间
- 参与活动的时间
- 与朋友交谈的时间
- 完成活动的时间
- 整理玩具材料的时间

整理玩具材料也是一些幼儿容易出现破坏性行为的时间段。你应该预想到，并避免出现这种情况。一些教师通知幼儿："整理材料的时间是 5 分钟。"这种指导并不总是有效的。大多数学龄前儿童对 5 分钟或任何一段时长并没有明确的概念。对于某些幼儿来说，这可能是让他们快速离开活动区的信号，这样他们就不用再拿玩具了！教师可以尝试一下并观察效果。

对教师来说一种更有效的方式是，你走到某个活动区轻轻地告诉幼儿："你现在可以结束游戏了，我会用几分钟的时间帮你整理材料。"成人帮他们整理玩具材料十分重要。有些幼儿被散落在地板上的积木或玩具弄得不知所措，不知道该怎么开始整理。应该让他们参与到整理物品的游戏中，比如："让我们把大积木块当作推土机，把所有的小积木都推到架子上。"一旦他们开始，你就可以离开去其他的活动区了。或者播放一些活泼愉快的歌曲，观察在音乐结束前他们能完成多少。整理物品应该是有趣的，而不应是枯燥无味的。

幼儿参与规则制定

另一种防止幼儿破坏性行为的积极措施是让幼儿参与到班级规则的制定中。在决定期望幼儿做出的行为上，如果让幼儿参与其中，他们往往会表现得更好并且更乐于遵守这些规则。在集体谈话时间，与幼儿讨论规则并询问他们在使用玩具和材料时应该遵循什么样的规则。

"取用材料的幼儿应该帮助整理材料"和"小心地使用材料"，这些规则应该是从讨论中得出来的。让幼儿帮你制定一些关于使用材料和设备的简单规则。你可以将这些规则张贴在相应的活动区，并用图画进行阐释。例如：

建构区：积木搭建高度不应高于身高

电脑区：使用键盘前先洗手

一台电脑一次供两个小朋友使用

在写字板上按顺序签名

然后，幼儿可以进行自我管理。如果他们听到其他幼儿和教师大声朗读并提及这些规则，即使处于识字初期的幼儿，也会很快理解这些标志。幼儿可以在活动区以及针对喜欢的玩具和活动规定好自行轮流和使用的顺序。表 10-3 列出了一些可用于幼儿进行自我管理的材料。幼儿可以自己决定使用哪种方式来设置活动区的参与权、使用电脑的机会、骑三轮车的先后顺序或者借书的顺序。

表10-3　自我管理的材料

- 活动区的项链或者标签
- 进入受欢迎的活动区或者得到受欢迎的玩具所需的票券
- 按照顺序从帽子中取出姓名标签
- 为了轮流而准备的签到表或笔记板
- 控制时间的厨房定时器或鸡蛋沙漏

你认为规则会改变学龄前儿童的行为吗？幼儿教育专家爱泼斯坦（Epstein，2009）对此有深入研究。她认为，如果这些规则的产生来自幼儿，幼儿就能在解决问题时有个人的立场。然后，他们也更愿意遵循这些规则。

男孩拿到了一些玩具火车，现在准备整理好它们。

当教师制定了所有规则，幼儿根本没有发言权时，教室里的气氛就会变得紧张，幼儿也会感到不舒服。有些幼儿可能仅仅为了测试教师而试图打破规则。一本关于违反规则的有趣的图书就提及了这个问题。

> **关于规则制定的引导性图书**
>
> 在《佐伊·弗莱芬巴赫的头发去上学》(*The Hair of Zoe Fleefenbacher Goes to School*, Anderson, 2009) 一书中,任何试图控制佐伊头发的人都会发现,佐伊满头蓬松的红头发是有生命的。在幼儿园阶段这没有什么问题,但是到了小学一年级,教师制定了规则。头发最终使教师修改了规则,教师也在这个过程中学到了许多东西。
>
> 在阅读完这本书后与幼儿进行讨论。他们能从插图中看出谁才是真正控制头发的人吗?为什么头发在幼儿园和一年级会表现不同?

◇ 设定限制

当幼儿清楚地了解了班级中的行为规则时,他们才更易于接受这些规则。这意味着规则应该简单明了、数量精简。在制定规则之前,你和同事需要提前就行为规则达成一致,并且坚定地、始终如一地贯彻这些规则,同时不要羞辱和指责幼儿。许多幼儿园都赞同以下行为限制。

幼儿将不被允许:

- 伤害自己;
- 伤害他人;
- 破坏公物。

这些规则并没有张贴在教室里,但是,每个人都同意并贯彻执行这些规则。如果没有这些限制,幼儿可能会经常挑战你的容忍度。他们需要意识到破坏性行为是不被允许的。班级环境应该给幼儿带来安全感,这样他们才能把精力花费在建构性的活动中。

你的同事也需要牢牢记住这些限制,因为他们也需要负责始终如一地、坚定地而非严厉地执行这些限制。其他关于活动区幼儿人数的规则、轮流顺序和分享材料的规则,主要可以通过教室的环境布置和先前制定的轮流方法让幼儿自主管理。

了解幼儿

如果你了解幼儿并知道他们在不同情况下的行为方式,你就可以在破坏性行为产生之前进行干预。例如,留意那些突然停止参与活动的幼儿。乔斯的注意力持续时间很短,有时会突然停下来,然后起身环顾四周。在教师进行干预之前,他会尽可能地在其他幼儿的活动中制造恶作剧。在教师发现这种情况之后,他们就会格外留意乔斯,当他突然停止参与活动时,其中一名教师会迅速引导他参与到另一个活动中或者给他讲故事。

不可接受的强制

最后,教师不要强迫幼儿参与集体活动。有些幼儿还没有准备好参与这种人数比较多的活动。另一些幼儿可能在班级中没有获得足够的安全感。你应该邀请他们参加,而不是强制他们参加。

如果你预料到几个不参加活动的幼儿会出现破坏性行为,那么就为他们准备一些活动或任务。为他们提供选择:"丹特瑞尔,如果你不想参加活动,那么就去阅读一本故事书。当你读完后再来加入活动。如果还是不想参与活动,你可以在旁边观看我们活动。"

表10-4中列出了一些预防措施,你和你的同事可以用这些措施来减少幼儿的不当行为。

表10-4　预防幼儿不当行为的策略

- 在教室内创设有明确划分且宽敞的活动区
- 提供足够的适宜幼儿发展水平的材料和活动
- 向每个幼儿介绍新材料,并制定轮流使用的规则
- 保持均衡的日程安排
- 减少不必要的等待时间
- 为幼儿提供自由选择和深入参与活动的时间
- 让幼儿参与规则的制定并选择自我管理的设备
- 了解幼儿并能预料到他们的破坏性行为
- 制定一些简单的行为规则并能始终如一地执行

采取积极的干预措施帮助幼儿控制自身的不当行为

◎ 接受负面情绪

当幼儿生气或心烦意乱并开始发泄自己的情绪时,你会怎么做?首先,不要等到这件事情发生后再被迫采取一些不适宜的措施。教师要学会在一次次的实际情况中积累经验,学会预测幼儿的行为,并做好解决问题的准备。

一旦你认识到负面情绪是幼儿成长和发展的自然组成部分时,你就能更有准备地采取下一步措施,即接受这种情绪。幼儿感到愤怒、沮丧或难过是很自然的。接受并不意味着认可,这意味着你认识到幼儿既有消极情感又有积极情感。接受是帮助幼儿控制不当行为的下一步骤。

此外,接受幼儿的负面情绪有助于消除他们的消极感受。你需要表现出对他们负面情绪的接受而不要表现出生气或心烦意乱。你需要保持冷静并从事实出发对幼儿做出回应。镇定自若的行为是让幼儿同样保持冷静的又一措施。你的行为告诉幼儿:"如果老师没有生气,那么事情就不会太糟糕。"

◎ 帮助幼儿表达负面情绪

接下来,你需要帮助幼儿用一种可接受的方式来表达他们的负面情绪。帮助他们找到一种适宜的方式来表达这种感受,并发泄负面情绪。否则,他们可能会再次爆发出来。

将感受语言化,即用语言表达情绪,这是解决问题最有效的方法之一。用语言表达愤怒、嫉妒或沮丧有助于缓解这些负面情绪。你冷静地对幼儿说:"詹妮弗,你感觉如何?请告诉我你的感受。"这可能会使幼儿平静下来。如果詹妮弗不愿意直接与你谈论,可能会向你手中或她手中的手偶倾诉。你一定要耐心。情绪爆发的幼儿通常需要时间冷静下来,进而向你倾诉。

情绪素养

为了表达自己的感受，幼儿需要掌握一些单词。他们从父母、兄弟姐妹或同伴在冲突情况下使用某些单词的过程中学到了一些。这种用恰当的语言理解和回应情绪的能力，被早期教育专家称为情绪素养（Bredekamp，2013）。作为一名教师，你需要帮助幼儿学习许多单词的含义。想想英语中用来表达生气的单词有哪些。你的清单中可能包括表 10-5 中的一些单词。

表10-5　有关生气的单词

• Angry（生气的）	• Furious（狂怒的）	• Disgusted（厌恶的）
• Dismayed（沮丧的）	• Unhappy（不高兴的）	• Cross（易怒的）
• Frustrated（泄气的）	• Disturbed（烦躁的）	• Irate（盛怒的）
• Upset（难过的）	• Mad（愤怒的）	• Fuming（发怒）
• Distraught（发狂的）	• Seething（大怒）	• Grumpy（脾气暴躁的）

教师可以让幼儿对着镜子做一个生气的表情。然后让他们说"我很愤怒（Mad）""我真的很难过（Upset）"或者"我对你所做的事情感到不高兴（Unhappy）"。让幼儿表达出这样的情绪话语有助于消除幼儿的消极感受。

建设玩具公司（Constructive Playthings）设计了一套"情绪卡片"，这套卡片是由 22 种不同情绪的幼儿表情图片组成的。教师可以出示给幼儿并与幼儿一同讨论。然后，当幼儿在某种情绪状态下用行为而不是语言来发泄时，教师要温柔而坚定地提醒他们，"卡文，告诉他你的感受，而不要打他"或者"娜塔莉，请使用语言而不是拳头"。如果你能够言行一致，幼儿最终也会先使用语言而不是行为发泄情绪。当你听到他们互相提醒"告诉她，别打她"时，你就知道幼儿已经学会了用语言表达感受。

关于情绪表达的引导性图书

对幼儿来说，词汇量的不足导致他们还不能用语言来表达感受。你可以为幼儿阅读一本幼儿用语言表达不愉快情绪的图书。

当你第二次阅读时，让一两名幼儿坐在你旁边，以便他们可以看到插图和听到书中的内容。问问他们：如果遇到同样的情况你会怎么办？

关于生气这一主题的图书有：

《克兰斯坦》(Crankenstein, Berger, 2013)，一个脾气暴躁的绿色男孩怪兽；

《美洲驼拉玛生妈妈的气》(Llama Llama Mad at Mama, Dewdney, 2007)，美洲驼拉玛想要走自己的路；

《尼尔森，这不合适！》(No Fits, Nilson!, Ohora, 2013)，阿米莉亚不让她的大宠物尼尔森出风头；

《我说不、不、不的一天！》(My No, No, No Day!, Patterson, 2012)，贝拉整天大声喊叫；

《恐龙怎么说"我愤怒了"？》(How Do Dinosaurs Say I'm Mad?, Yolen, 2013)，恐龙就像顽皮的孩子。

《和平解决吧，宝贝》(Peace, Baby, Ashman, 2013)的故事发生在家里、幼儿园、大街上和操场上，幼儿因为发生的事情而生气。愤怒的孩子没有打架、打人或大喊大叫，而是通过说"和平解决吧，宝贝"来化解局势。与劳拉的物品争夺，对皮特的愤怒，诺拉推了扎克，奥马尔跌倒了，是书中讲述的几个有关愤怒的小插曲。他们可以采用打架、打人、推搡和喊叫的方式。但是相反，他们拥抱着用押韵的语言说："和平解决吧，宝贝（Peace，Baby）。"

幼儿喜欢听这些故事，因为他们与书中的角色十分相近。试着让幼儿对这些有趣的图片咯咯地笑或大笑，因为这可以缓和气氛，让幼儿感觉更好。这真的有效吗？在下一次冲突情境中听听幼儿有何反应，你可能会听到有人说："尼尔森，这不合适！"

第十章　提供教师指导

幼儿可以从情绪卡片上学习要表达的单词。

你可以把幼儿大笑、哭泣或感到孤独的照片贴在班级的集体活动区，在集体谈话时间进行讨论。如果没有照片，你也可以扫描图画书中角色的图片，来鼓励幼儿谈论他们自己的感受。

纠正不当行为

一个充满敌意、哭闹的幼儿可能不会用语言来做出回应。但是，班级活动可以帮助他冷静下来并重新调节自己的情绪。玩水游戏是一种特别能舒缓情绪的活动。如果班级里没有玩水桌，你可以把玩具水池放在家务区或者在桌子上放一个塑料盆，供情绪不安的幼儿游戏。纠正幼儿的不当行为要使用的策略是，通过让幼儿参与适当的活动来引导他们远离不当行为。

泥土和面团也可以很好地帮助幼儿摆脱挫败感。鼓励幼儿用拳头或木棒来揉捏或敲打材料。沙包也有同样的作用。让幼儿通过向目标投掷沙包或泡沫球来消除负能量。

手指绘画也能帮助幼儿释放负能量。教师可以考虑在教室的安静角落放置一把舒适的摇椅，开辟一块供幼儿玩水、揉面团、画手指画的空间。如果幼儿知道你会帮助和支持他们以非破坏性的方式释放负面情绪，他们会更努力地去调节自己的情绪。

◎ 不要使用反思椅

在早期教育中，对失控幼儿常用的一种干预方法就是坐"反思椅"。出于对积极干预措施的考虑，现在很多班级不再使用"反思椅"。大多数教师都为此松了一口气。让失控的幼儿坐在"反思椅"上一直是教师们的难题，因为幼儿的吵闹和哭泣往往会扰乱整个班级。

较为顺从的幼儿会听从教师的命令坐在"反思椅"上，但这可能会对他们的自我概念发展造成损害。虽然椅子放在教室里，教师并非要孤立他们，但其他幼儿还是会因此而疏远这些幼儿。这本不应该是一种惩罚，只是为了让捣乱的幼儿有时间冷静下来。然而，其他幼儿却把他们当作被惩罚的人而疏远他们，这也就成了一种特别令人不快的惩罚。"反思椅"本不应该是一种威胁，但在一个令人愉快的环境中，它确实是一种威胁性的存在——就像旧时学校教室里的一把"差生椅"一样，等待着被惩罚者坐在上面。取消这种椅子是令人欣喜的，同时那些往往会侮辱幼儿而非教给幼儿得当行为的消极干预方式也应该被取消。

◎ 失控的幼儿

尽管如此，仍有一个问题。有些幼儿没有足够冷静到可以重新加入小组或者用语言做出回应，那么该如何对待这些幼儿呢？他们可能到处乱跑、喊叫或者破坏其他幼儿的物品。首先，你必须冷静、坚定、平心静气地阻止他们。许多教师发现最有效的做法是把这些幼儿拉到一边——但不是让他们坐反思椅，而是和他们待在一起，直到他们足够冷静时再与之进行交谈。

这可能意味着让哭泣的幼儿坐在你的腿上或坐在你旁边。这也可能意味着耐心地等待，直到幼儿的情绪好一些。与失控的幼儿交谈通常是徒劳的，往往还会引起他们情绪的进一步爆发。他们需要的是时间和空间来重新调节自己的情绪。在旁边安静地等待会让幼儿感到你在关心他，并在时刻准备着为他提供帮助。像"祖父母志愿项目"中的祖父母这样的志愿者，就非常擅长安抚这些心烦意乱的幼儿。

乱发脾气

如果有幼儿在建构区发脾气，此时你需要引导其他幼儿离开这个区域。在适当的时间，你可以平心静气、温柔地与幼儿交谈，把他的注意力转移到你希望他做的一些活动上，以使他在这些活动中消除自己的负面情绪。例如，你可以说："罗德尼，当你觉得你可以的时候，能把积木架上的卡车给我拿过来吗？"一旦罗德尼把卡车拿了过来，你可以温柔地和他交谈，告诉他你希望他高兴起来，或者问问他做些什么能帮助他消除心烦意乱的感觉。当他能重新调节自己的情绪时，他可以选择再次加入其他活动。

咬和打

咬和打是一种冲动行为，起源于婴儿期的探索性行为。某些幼儿仍然采用这种方式来表达他们的沮丧或引起看护者的注意。布雷泽尔顿和斯帕罗（Brazelton & Sparrow，2001）指出，这样的冲动行为对幼儿来说是可怕的。幼儿不知道如何停止这种行为，所以他一遍又一遍地重复它，因为这种行为能够产生强有力的回应。幼儿园教师还观察到，当环境发生变化或缺乏成人关注时幼儿就会有压力感，在这种情况下幼儿咬东西的行为会更频繁地发生（Ramming，Kyger，& Thompson，2006）。

当然，作为教师，你必须制止这样的行为，但要采用快速、坚定、切中要害的方式——而不是采用严厉、指责和惩罚的方式。你可能需要紧紧地抱着幼儿，或者把他带到一边，告诉他不允许伤害其他幼儿。一旦出现这种破坏常规的现象，教师就要采取这样的措施。与此同时，当幼儿冷静下来后，幼儿需要有一个他可以立即求助的替代品。对于咬东西这种行为，教师可以想想哪些材料是可以供幼儿咬的。当幼儿想要咬东西的时候他会咬什么？一位教师建议，如果幼儿同意，可以将橡胶动物印章（老虎或鲨鱼）用线穿起来戴在幼儿的脖子上。当幼儿想要咬东西的时候可以咬它。

幼儿喜欢敲打该怎么办呢？可以让幼儿决定他可以敲打的物品，通过敲打物品，幼儿可以在不伤害他人的情况下发泄自己的愤怒。一位教师建议将海绵吸满水，把它放在一个浅盘里，让幼儿把水打出来。如果弄得一团糟，幼儿就会亲身感受到，当他把愤怒情绪发泄在别人身上的时候，怒气会造成多大的影响（Beaty，2014）。

◎ 干预幼儿间的冲突

儿童发展研究人员发现，在幼儿园发生的人际冲突中，90%以上都涉及对物品所有权的争论。以自我为中心的幼儿往往认为教室里的玩具和活动只是为他自己准备的。"这是我的！"或"他拿走了我的玩具！"是在许多幼儿园里经常听到的抱怨。幼儿需要大量的时间和亲身经历，才能学会与同伴分享和轮流使用某件物品。随着幼儿年龄的增长，尽管争夺材料仍然是引起班级纠纷的主要原因，但类似的纠纷似乎越来越少。

这些冲突大多数是短暂的游戏中断，然后由他们自己解决冲突。其中一名幼儿拿到了玩具而另一名幼儿放弃了一次轮流机会。有时候他们会跑来向你求助解决这个两难问题。你需要做的应该是帮助幼儿自己解决问题。

然而，冲突状况有时会变得糟糕，以至于你必须介入。当幼儿出现身体攻击、扔东西或哭喊时，你就需要采取行动了。你需要做什么呢？最有效的干预形式之一就是所谓的"冲突转换"。教师可以把发生冲突的幼儿带到一边，通常是两名幼儿。当他们冷静下来时，让每个幼儿告诉你发生了什么。接受他们所说的一切。然后让每个幼儿说说对方的感受。最后，询问幼儿怎样才能让对方感觉更好。像这样的冲突转换可以帮助每个幼儿从对方的角度看待两人之间的冲突，这对他们来说是不同寻常的。

许多幼儿惊讶地发现，原来冲突还有另外一面。大多数幼儿从来没有被要求去考虑对方的感受，换句话说，就是从对方的角度看问题。但大多数幼儿能够考虑到对方的感受。当他们发现你并没有因为冲突而指责和惩罚他们时，他们会如释重负。所以，你要让每个幼儿考虑对方的感受，然后帮助他们决定怎么做才能让对方感觉更好。

了解同伴的感受会带给幼儿巨大的启示。这是大多数学龄前儿童以前没有考虑过的事情。但是当被问及如何看待对方的感受时，他们可以准确地做出回答。

冲突转换

在冲突情境下，当教师引导幼儿考虑对方幼儿的感受时，就像为幼儿点亮了一盏明灯。幼儿太关注自己，而没有意识到对方的心情也很糟糕。此时，就需要进行"冲突转换"。现在，当你询问幼儿怎样才能让对方感觉更好的时候，幼儿自己就可以找到解决问题的办法。有时这个办法是放弃想要的玩具或者让你把玩具收起来。常见的做法是给对方一个大大的拥抱。这是一种令人满意的解决冲突的方式，特别是当幼儿掌握了解决办法的时候。

其他幼儿也会注意到正在发生的事情，甚至可能因此而改变他们的行为。在这个喧闹的时代，学习理解"他人的感受"的确在学前教育中具有非常重要的作用。这些积极的干预措施能够帮助幼儿提升自我控制能力。这些措施还包括表10-6中所列举的干预策略。

表10-6　不当行为的干预策略

- 将幼儿的注意力从不当行为中转移出来
- 保持冷静
- 帮助幼儿用语言表达感受
- 阅读并谈论有关感受的图书
- 纠正不当行为
- 只有当成人与幼儿单独相处时才能使用隔离手段
- 当幼儿的人际冲突失控时，使用冲突转换策略

使用积极的强化技巧帮助幼儿学习得当行为

◎ 积极强化

积极的强化可以帮助教师把注意力集中在期望幼儿表现出的行为上，而忽略不当行为。由于不当行为很容易吸引教师的注意，所以教师经常关注这些行为。扰乱秩序的幼儿为了吸引成人的注意经常会大喊大叫，即便他们会因此受到

惩罚。尽管我们对这种不当行为做出回应，甚至是做出惩罚，暂时制止了这种行为，但是并不会改变幼儿的这种行为。相反，我们是在以一种消极的方式强化这种行为。任何一种回应都会让幼儿相信，"如果我这样做，他们就会关注我。"

因此，我们必须将自己的注意力由不当行为转移到得当行为上。这不是一项简单的任务。你和同事需要协同努力，把幼儿的注意力转移到积极行为上，而忽视幼儿的破坏性行为。这种转变需要思维定式的改变。你必须先采取明确的行动来改变自己，然后才能期待幼儿做出改变。

你可以通过列出具有破坏性行为的幼儿日常表现出的积极行为来开始完成这次改变。与其他教师分享这份清单。每当幼儿表现出积极行为时，教师需要用微笑、点头或鼓励的话语来强化他的行为。每当幼儿表现出破坏性行为时，试着忽略它。如果幼儿的这种行为伤害到其他幼儿或者破坏了材料，教师就必须阻止这种行为。你只需要将其他幼儿引导到其他活动区或将材料拿走。不要在此时与出现破坏性行为的幼儿进行眼神或语言上的交流。但是，一旦幼儿表现出令人满意的行为，就要走到他身边表达你的欣喜之情。一定要在该行为出现的第一时间进行回应，此时幼儿就会收到这样的信息：你会对他的积极行为而不是不当行为做出回应。

学会自我控制

确保班级中的其他成人对具有破坏性行为的幼儿做出同样的回应。教师没有必要生气、急躁，大声说话或惩罚幼儿。你和同事需要记住，"规则"即"引导"，这意味着"学习适当的行为"或"学习自我控制"。对幼儿来说，学习自我控制意味着你和同事需要为他们提供大量的学习机会。

在你期待幼儿做出改变之前，你可能需要多次练习这种新的回应方式。请其他教师观察你的做法，然后一起谈谈你的行为及其效果。再让进行观察的教师也和同一名幼儿进行尝试。你需要持续练习这种方式直到掌握为止。比起强迫幼儿停止不当行为，练习这种方式需要花费更多的时间。但是，这些时间耗费是值得的，因为这样一来幼儿的行为调节就会源于自身而非外在力量。这样的努力一方面会提高幼儿的自控能力，另一方面会使幼儿在行为控制上减少对成人的依赖。

◯ 关注受害幼儿，而非伤害者

当状况失控，一名幼儿伤害了另一名幼儿时，你首先关心的应该是受伤的幼儿，而不是伤害他人的幼儿。当然，你必须制止这种不被接受的行为，但你需要通过转移受伤害的幼儿来达到这一目的。这与大多数成人在处理类似冲突时的常见做法截然不同。通常，教师会冲上前制止伤害者，甚至惩罚他。然而，这种应对方式往往会强化幼儿的不当行为，幼儿会认为他在第一时间得到了关注。如果你首先关注受害幼儿，伤害他人的幼儿会感到很惊讶，因为他没有用不当行为吸引你的注意。

然而，要记住，在伤害他人的幼儿表现出积极行为时，教师应尽快给予回应。告诉他，你对他现在的行为感到满意，并询问他是否能通过其他方式来处理自己的负面情绪，以免他人受到伤害。如果幼儿似乎并不知道，你可以尝试采用木偶角色扮演游戏。

当进行木偶角色扮演游戏时，教师可以扮演一名伤害者，幼儿扮演受害者。如果幼儿拒绝，教师可以双手各拿一个木偶，同时扮演两个角色，表演给幼儿看。之后，教师和幼儿可以一起谈论发生了什么、是什么原因引起的以及木偶是如何解决的。幼儿现在是否愿意使用木偶扮演其中一方并尝试新的解决方法呢？至少在盒子里放两个"问题木偶"，以供幼儿和教师使用。或者，发生冲突后，在集体谈话活动中也可以使用木偶。

◯ 示范得当行为

具有破坏性行为的幼儿如何学习可以被接受的得当行为呢？首先，你和同事需要解释并示范这些行为。幼儿通过榜样示范能够获益匪浅。对幼儿说："当你对同伴生气时，你需要告诉同伴你的感受。你会对他说什么呢？尝试一下。"如果幼儿不知道该如何用语言表达愤怒，你可以进行示范。告诉他，"对莎伦说：'莎伦，你把颜料溅到我的纸上了。这让我很不高兴！'"

你需要对这种行为进行示范，向幼儿表达你的感受："罗布，我真的为你伤害了莎伦感到很难过。你应该用语言向她表达你的感受，而不是打她。"如果你

走到幼儿跟前，温柔地和他谈话。

不断重复这样的建议，幼儿就会注意到这种解决问题的方式。最终你会听到幼儿对他人说："用语言告诉她，别打她。"

你也需要保持自制力。当你对幼儿非常生气时，你需要先冷静下来，然后再和他们交流。对幼儿大喊大叫会让你和失控的幼儿处于同样的境地。愤怒对你们都没有帮助。在幼儿园里，应让幼儿学习如何处理自己强烈的情绪。他们希望有人防止他们情绪失控。他们希望教师能够示范如何控制自己的行为。你可以说，"今天早上颜料洒了，这真的让我很不高兴。大家需要注意自己的行为。"

教师应确保在班级里以身作则、谦虚待人，像对待朋友一样对待幼儿。当幼儿出现不当行为时，不要对幼儿大喊大叫。你可以走到幼儿面前，用一种礼貌而坚定的态度，平静地对她说："布伦达，你在瑞秋还没有画完之前就把画笔从她手里拿走了。她真的很生气。你现在需要把画笔还给她。如果你想使用画笔，你可以报名轮流使用。"

也许你还可以让另一个幼儿去帮助瑞秋："瑞秋，让我们去找布伦达，把你的感受告诉她。你打算对她说什么？"通过这种方式，你可以为幼儿提供行为示范。表10-7总结了一些强化得当行为的策略。

表 10-7　强化得当行为的策略

- 将注意力从不当行为转移到得当行为上
- 寻找并强化具有破坏性行为的幼儿的积极行为
- 首先关注受害的幼儿，而不是伤害者
- 只有在幼儿的不当行为停止后，才能与这些幼儿进行眼神或语言交流
- 以身作则示范得当行为

这种现场教学策略的理论基础是维果茨基的支架教学，也就是说，首先为幼儿提供外在的支持，当他们能够为自己的行为承担更多的责任时，逐渐减少外在支持。

在改善幼儿的自控能力方面，你所做的努力就会得到回报，因为幼儿学会了在班级中控制自己的行为。家长也会注意到他们的孩子在这方面的成长，并在家中支持你的工作。有特殊行为问题的幼儿可能需要更多的关注，家庭和学校应共同努力来促使幼儿改变行为。这些付出是值得的。

本章小结

通过积极的引导帮助幼儿发展自控能力

教师引导的目的应该是促进幼儿自我控制能力的发展。教师关注的重点不是惩罚或纠正幼儿的不当行为，而是帮助幼儿学会社会交往和情绪调节。

采取积极的预防措施帮助幼儿消除不当行为

这是通过积极的干预措施实现的。这些措施包括创设学习环境来预防破坏性行为的产生；通过制定有序的日常活动流程使幼儿获得安全感；减少幼儿不必要的等待时间；为幼儿完成活动提供充足的时间；让幼儿参与班级规则及自身行为规范的制定。

采取积极的干预措施帮助幼儿控制自身的不当行为

积极的干预措施中不再包括使用"反思椅"，因为"反思椅"会对幼儿产生有害的影响。教师的积极干预措施是：首先，接受幼儿的消极感受；其次，帮助幼儿用语言表达自己的感受；最后，引导幼儿将不当行为转变成建设性的活动，如画手指画、揉面团、玩水、丢沙包。当失控幼儿陷入人际冲突时，一种称为

"冲突转换"的新颖而有效的技术会有所帮助。幼儿发现他们已找到问题的解决方式时，就开始对自己的行为形成更好的自我控制。

使用积极的强化技巧帮助幼儿学习得当行为

此外，强化幼儿的得当行为也能使幼儿学会自控。例如，每次当捣乱的幼儿表现出积极的行为时，你都可以给他们一个微笑、点头或表扬。尽可能忽视他们的不当行为，或者在不与幼儿进行眼神交流的情况下对事实做出回应。关注受害者而不是伤害者，也会帮助幼儿意识到不当行为并不能引起你的注意。渐渐地，幼儿开始发展自身行为的控制能力，并开始学会考虑同伴的感受。

道德困境

隆达是正在实施高瞻课程的一名新教师，因为班上的两个女孩而遇到了困难。她们总是吵架、抢走对方的玩具，并且互相告状。两个女孩与隆达住得很近，并将隆达管理她们的方式告诉了她们的妈妈。两位妈妈将隆达的情况报告给了园长，园长也正因为有关隆达的其他投诉而考虑辞退她。隆达听到了有关要解雇她的传闻后告诉园长，如果她被解雇，那就证明她是被歧视的受害者。如果你是隆达，你会怎么做？

你可知道

1. 幼儿的大脑发育如何影响他的行为？
2. 为什么传统的管教方式不适合具有破坏性的幼儿？
3. 班级学习环境如何帮助消除幼儿的不当行为？
4. 颜色是如何在班级中营造情绪基调的？
5. 幼儿为什么需要参与班级规则的制定？
6. 你会用什么策略阻止幼儿的不当行为？为什么？
7. 幼儿为什么需要用语言表达负面情绪？他们可以怎么做？
8. 什么是情绪素养？幼儿该如何学习？

9. 你应该如何纠正幼儿的不当行为？

10. 你会对幼儿使用"反思椅"吗？为什么用或者为什么不用？

11. 你会如何干预幼儿之间的人际冲突？

12. 你会用什么积极强化策略来帮助幼儿学习得当行为？为什么？

学习活动

1. 至少阅读一本推荐读物。在你的专业资源文件中添加10张卡片，在卡片上写出你对于帮助幼儿发展自我控制能力的具体想法，并标注参考文献来源。

2. 在教室里对幼儿的行为进行三天的观察并进行记录。如果记录到幼儿的破坏性行为，教师需要试着确定它是否是由教室的环境布置方式引起的（参考表10-1"教室布置检核表"），并尝试找出解决这种破坏性行为问题的措施。

3. 将班级规则、行为规范以及自我管理的策略列出来制定成表。阐释规则制定的原因、规则的使用、在幼儿行为方面所起的不同作用。

4. 对具有破坏性行为的幼儿进行一天的观察，记录他所做出的积极行为。通过微笑或表扬来表示你对他的这些积极行为的认可，并记录幼儿行为的结果。

5. 为表现出负面情绪的幼儿阅读一本有关感受的图书，帮助他们用语言表达感受并记录结果。

6. 当两名幼儿因为一个玩具或设备的所有权而产生冲突时，对这两名幼儿采用冲突转换的方法，并记录结果。

7. 使用本章中讨论过的一种或多种方法来强化幼儿的积极行为。你为何使用这种方法？其效果如何？

推荐读物

Alexander, N.P. (2015). Time-out: Best strategy or easiest? Responding to challenging behaviors in the classroom. *Exchange*, *37*(1), 53–55.

DeMeulenaere, M. (2015). Promoting social and emotional learning in preschool. *Dimensions of*

Early Childhood, *43*(1), 8–10.

Fields, M.V., Merritt, P.A., & Fields, D.M. (2014). *Constructive guidance and discipline: Birth to age eight*, 6e. Columbus, OH: Pearson.

Gartrell, D. (2011). Aggression, the Prequel: Preventing the need. *YC-Young Children*, *66*(6), 62–64.

Katz, J.E. (2014). *Guiding children's social and emotional development: A reflective approach.* Columbus, OH: Pearson.

McLaughlin, T. & Bishop, C. (2015). Setting up your classroom to prevent challenging behaviors. *Exchange*, *37*(1), 42–47.

Nemeth, K. & Brillante, P. (2011). Dual language learners with challenging behaviors. *YC-Young Children*, *66*(4), 12–17.

Raisor, J.M. & Thompson, S.D. (2014). Guidance strategies to prevent and address preschool bullying. *YC-Young Children*, *69*(2), 70–75.

Rajan, R.S. (2014). Supporting conflict resolution through structured dramatic play. *Exchange*, *36*(3), 58–71.

儿童图书

Anderson, L.H. (2009). *The hair of Zoe Fleefenbacher goes to school.* New York: Simon & Schuster.

Ashman, L. (2013). *Peace, baby!* San Francisco, CA: Chronicle Books.

Berger, S. (2013). *Crankenstein.* Boston, MA: Little, Brown.

Best, C. (2006). *Sally Jean, the bicycle queen.* New York: Melanie Kroupa Books.

Child, L. (2005). *But excuse me that is my book.* New York: Dial Books.

Dewdney, A. (2007). *Llama llama mad at mama.* New York: Viking.

Ohora, Z. (2013). *No fits, Nilson!* New York: Dial.

Patterson, R. (2012). *My no, no, no day!* New York: Viking.

Ward, N. (2005). *Mike and the bike.* Salt Lake City, UT: Cookie Jar Press.

Yolen, J. (2013). *How do dinosaurs say I'm mad?* New York: Blue Sky Press.

第十一章

促进家庭参与

学习目标

在本章你将学会:

- 鼓励家庭参与幼儿园活动,以促进幼儿的健康成长。
- 让家长参与幼儿的学习活动。
- 了解不同家庭的成员构成并提供支持。
- 通过家长会建立教师和家长之间的良好关系。

鼓励家庭参与幼儿园活动，以促进幼儿的健康成长

家庭参与长期以来一直是大部分学前教育项目的一部分，但直到最近几年，其重要性才被意识到。研究表明，有家庭充分参与的学前教育机构能够对幼儿产生最为持久的积极影响。学前教育的经历，不仅会改变幼儿的行为并提高他们的技能，而且会使幼儿的家庭在这个过程中发生改变。

例如，如果这种参与采取家庭支持的形式，那么它可以缓解父母的压力。反过来，又会降低父母虐待幼儿的风险。要使家庭参与发挥作用，就必须了解家庭的需求，赋予其话语权（Gonzales-Mena，2009）。家庭参与的方式已经被写入了国际公法，这种参与在幼儿的学业成就方面产生了积极的影响。例如，开端计划中要求父母参与从幼儿的班级互动到政策委员会代表的一切事务。

儿童发展导师（CDA）国家认证计划中还要求入职教师"与家庭建立积极、响应和合作的关系，鼓励他们参与儿童活动，并支持儿童与其家庭的关系"。

全美幼教协会（NAEYC）专门用几页的篇幅讨论了解和理解儿童的家庭，以及建立教师和家庭关系的标准。

全美幼教协会（NAEYC）课程标准：建立关系

描述一下你所在的幼儿园将如何达到以下标准。

- 教师与家长之间开展合作，建立并保持一种定期、持续、双向的交流。
- 教师获得有关家庭如何定义自己的种族、宗教、家庭语言、文化和家庭结构的信息。
- 教师不断与家庭成员沟通，了解儿童的个人需求，并确保家庭与幼儿园之间的平稳过渡。

> ◆ 教师不仅在入学时，而且全年都需要与家长分享有关班级规则、教师期望和日常活动流程的信息。
>
> 资料来源：NAEYC. (2008) *NAEYC Early Childhood Program Standards and Accreditation Criteria: The Mark of Quality in Early Childhood Education.* Washington, DC: National Association for the Education of Young Children (NAEYC). Copyright © 2008®. Reprinted with permission.

直接参与幼儿园活动的家长和家庭更有可能在家中鼓励幼儿的发展，并在今后的学校生活中支持他们的学习。而那些没有直接参与幼儿园活动但对其表现出热情的家长，也会在家庭和学校中帮助幼儿提高自尊并降低其行为问题出现的概率。表11-1列出了家庭参与的其他好处。

表11-1 家庭参与的好处

对于幼儿	强化安全感
	在家庭和学校的学习更加容易
对于教师	更深入地了解幼儿
	制定新的行为管理策略
	理解不同的文化
	成为当地社区的一部分
对于家庭	加强幼儿教育的安全意识
	制定新的行为管理策略
	了解可用的资源
	成为学校的一部分

大多数家庭并不会主动参与到幼儿园的合作中。教师必须发挥主动性，让家长知道他们是受欢迎的，并帮助他们找到一种适宜的方式为幼儿的发展贡献力量。他们可能没有意识到自己在幼儿学业成就方面所起的重要作用。家长是学龄前儿童最重要的榜样。如果家长忽视或轻视幼儿在学校的经验，幼儿也不会认真对待，而且如果家长不知道幼儿在学校的学习进展情况，他们就很难在家里支持

或拓展幼儿所学到的内容。

因此,重要的是,教师要想办法让每个幼儿的家长和家庭参与到幼儿园活动中。获得家长的支持和参与,尤其是获得平日忙于工作或由于学校经历对教师和课堂产生负面情绪的家长的支持和参与,可能并非易事。然而,只要你致力于家庭参与,就一定可以找到让家长参与的办法。

让家长参与幼儿的学习活动

家长对幼儿学习活动的参与可以分为不同的水平,表11-2列出了一些家庭参与的可能形式。

表11-2 家长参与幼儿园活动

- 参观幼儿园
- 在幼儿园里吃午餐
- 参加班级会议帮助幼儿制订计划
- 作为志愿者,担任教师的助教
- 接受培训并像助教一样工作
- 在实地考察活动中帮助教师
- 观摩课堂活动,为幼儿讲故事或与他们一起唱歌
- 制作开展活动用的设备、材料或玩具
- 将一些本民族的文化或语言带到活动中(故事、歌曲、舞蹈、食物)
- 为班级做一个筹资计划
- 以社区志愿者的身份或者以展示你的职业为目的参与班级活动
- 成为家长委员会、政策委员会或其他决策机构的一员
- 在家中与孩子一起进行一项你在幼儿园里学到的活动
- 加入幼儿园里的家长俱乐部并参与活动
- 在由幼儿园发起的工作坊中,参与营养、烹饪、指导或其他方面的培训
- 参加早期阅读小组

◇ 关注幼儿

家长参与最有效的方法是关注幼儿,而不是关注课程。幼儿是什么样的性格?他最喜欢的活动是什么?他喜欢唱歌还是画画?家长有没有给幼儿阅读过图

画书？都是哪些书？课程是否应该考虑幼儿的特别之处和需求？家长关心他们孩子的幸福。你也应该如此。如果从一开始就专注于此，你将很快吸引家长的注意。

在年初的入学面试或入学过程中，你可以邀请父母参与进来，并为他们提供几个选择。例如：父母可以每月和幼儿一起吃一次午餐；在每星期五的"故事时间"为一组幼儿讲故事；和幼儿一起去公园散步；让家长担任儿童保育杂志和小册子的管理员；委任一名"通讯家长"，在每月家长会的时候通知其他家长；任命"交通家长"，将没有私家车的家长送来开家长会，或者为家长的时事通讯收集相关消息。

家长也可能对每月的工作坊有新的想法，也许他们想了解一些话题，比如低卡路里饮食，预算紧张的购物，用废弃物品制作的游戏，或者针对难以管理的幼儿的积极指导策略。

◇ 拜访幼儿的家长

在开学前你可能见不到幼儿的家长。然而，一些教师在开学前会拜访幼儿的家人，并为幼儿和家人拍照，然后把合影放置在幼儿开学后制作的个人手册中。幼儿既需要做好从家庭到幼儿园的过渡，也需要确信教师和幼儿园接受并尊重他的家庭和父母（Block，2014）。

如果你不太喜欢家访，可以考虑带一位同事一起去。如果家长对家访感到不自在，你可以让家长选择一个会面的地点，如操场、公园或者餐厅。

◇ 建立家长与教师的双向信任

正如家长需要对你和幼儿园建立信心一样，你也需要相信家长。毕竟，比起教师，家长才是对幼儿最有影响的成年榜样。教师的角色是第二位的。幼儿的父母或监护人是他们最重要的老师。但是，你必须成为幼儿和家长关系的桥梁。了解家长对幼儿园的期望，并向他们传达幼儿园是如何来支持其子女的成长和发展的。教师可以带上几张幼儿参加日常活动的照片，向家长展示幼儿园的情况。

并不是所有的家长都能够理解和同意你的教学内容和教学方法。"我希望我的孩子学习字母表。"一位家长可能这样对你说。"她需要学会阅读。她的课程表在哪里呢？"这样说的家长可能期望你站在全班幼儿面前"教"他们学书本知识。与家长争论"幼儿通过玩游戏来学习"或"幼儿自主学习效果最好"是徒劳的，也是没有必要的。

给家长出示幼儿在幼儿园里的照片。

相反，你可以询问家长希望幼儿这一年内完成哪些任务，以此作为与家长建立关系的开端。一些家长可能会有非常具体的想法，另外一些家长可能没什么主意。要认真对待家长关于幼儿的所有观点，因为家长在表达他们的想法和愿望。记录家长对幼儿的目标以及家长的观点和建议是非常重要的。你需要让家长知道，你关心他们的孩子，会倾听他们的意见并认真对待他们。

有些幼儿园要求家长为自己的孩子填写学习目标清单。这不仅可以帮助你确定哪些领域对家长来说是重要的，还能帮助家长认识到幼儿园活动的广泛性和丰富性。此外，这张清单并没有说明你将如何帮助幼儿达到每项目标。因此，你不需要和家长争论关于自主学习与直接教学、游戏与工作表等问题。这张清单也为你和家长的谈话奠定了基础，你们可以就家长对幼儿的期望以及为什么认为某项内容十分重要等问题进行讨论。

你可以使用类似表11-3这样的表格，就像你在新学期采用入学面试的方式获取关于幼儿家庭及其对子女教育目标的信息一样，为家长制定一份个性化清单。和家长一起浏览表格，不要采用邮件的方式发放和收回表格。这张表格能够作为家长谈论幼儿和幼儿园的中心点。同时，也要为自己制定一份清单，这样你和家长都能记录重要的事情或信息。如果家长不会使用英语，可以将清单翻译成西班牙语或其他语言。

表11-3　家长期待幼儿达到的学习目标

幼儿姓名_____　　　　年龄_____
你的姓名_____　　　　日期_____

（根据目标对你和幼儿的重要程度，在括号中填入相应的数字）
非常重要……………1　　　　有些重要……………2　　　　不重要……………3

我希望我的孩子学习这些技能：

身体
1. 能够上下攀爬（　）
2. 在平衡木上保持平衡（　）
3. 投掷并接住球（　）
4. 穿上夹克衫并拉上拉链（　）
5. 系鞋带（　）
6. 使用剪刀（　）
7. 倾倒液体时不会洒出来（　）

认知
8. 识别颜色和基本图形（　）
9. 根据相似性将物品进行分类（　）
10. 计数（　）
11. 理解数字代表一定数量的实物（　）
12. 培育植物（　）
13. 照顾动物（　）
14. 保护环境（　）

语言
15. 吐字清晰（　）
16. 用另一种语言说简单的词句（　）
17. 喜欢一本故事书（　）
18. 用布偶和衣服进行扮演游戏（　）
19. 用单词进行韵律游戏和手指游戏（　）
20. 会写自己的名字（　）
21. 用电脑学习游戏（　）

创造性
22. 创编故事（　）
23. 唱歌（　）
24. 演奏一种节奏乐器（　）
25. 使用音乐播放器（　）
26. 在画架上画画（　）
27. 使用橡皮泥和黏土（　）

社会技能
28. 与其他幼儿和谐相处（　）
29. 轮流做事（　）
30. 分享玩具和材料（　）
31. 合作游戏（　）
32. 交朋友（　）
33. 控制不当行为（　）
34. 解决因玩具引起的纠纷（　）
35. 谈论感受（　）

自尊
36. 在他人或事物面前不畏缩（　）
37. 在班级活动中取得成功（　）
38. 在学前阶段很快乐（　）
39. 喜欢其他小朋友（　）
40. 自我感觉良好（　）

其他

_____
_____
_____
_____

一旦家长了解了幼儿园的学习范围，他们就会更愿意帮助幼儿在家里和在学校里实现这些目标。询问家长是否愿意选择表 11-3 中列出的六大领域之一来帮助班级里的其他幼儿。你可以为家长志愿者制定一份名单，并告诉家长，当幼儿参与到家长所选的活动区进行活动时，会与他们联系。

教师一定要把家长期待幼儿实现的学习目标添加到列表中。之后，当你和家长沟通时，一定要提及家长认为最重要的目标，与他们讨论幼儿在这些方面做得如何。

但是，不要将此类目标清单作为日后幼儿学业成绩的报告单。事实上，幼儿可能无法实现所有的或家长期望达到的目标。当你全年经常使用清单之后，即使没有清单，你也可以和家长谈论幼儿的积极成就。你可以将这些清单存档，作为日后的参考。

◎ 开始幼儿园生活

许多幼儿园在每年开学时都有错时入学的安排，所以并不是所有的幼儿和家长会在同一天、同一时间来园报到。例如：一半幼儿可能在开学第一天入园，另一半幼儿可能在之后几天入园；一半幼儿可能在早上来园，另一半幼儿可能在下午来园。在刚开学的这几天，每个班有一半的幼儿只在幼儿园待半天。教师可以邀请家长或者其他监护人带着幼儿一起参与简短的班级活动。这样，你和同事可以更好地分配家长与幼儿相处的时间。你可以邀请幼儿和家长参观教室，也可以为他们设置一个戏水台，或参观其他的活动区。家长甚至可能想为幼儿阅读一本故事书或让幼儿猜个谜语。

邀请家长陪伴在幼儿身边，直到幼儿离开父母没有不适感为止。有些幼儿可能需要几天的时间来适应。家长可能会在开学的第一天去幼儿园陪伴幼儿，但是如果家长有工作，就可能会因此而迟到。如果他们没有时间，可以派其他家庭成员来幼儿园。对于那些陪伴了幼儿几天却不知道该何时离开的家长，教师可以给予帮助。让家长们从一开始就知道，随着幼儿越来越多地参与到班级活动中，他们每天停留的时间就应该逐渐缩短。同时，教师需要确保幼儿充分地参与活动，这样可以在适合家长离开的最佳时间及时通知家长。

> **关于帮助幼儿习惯幼儿园生活的引导性图书**
>
> 在《再见，妈妈！》(See You Later, Mom!，Northway，2006)这本书中，威廉和他的妈妈一起来到了一个吵闹的班级，这个班级由多民族学龄前儿童构成，并配了一名来自印度东部的教师。威廉在一旁观看但没有参与游戏，并且不让他的妈妈离开。每天他都会尝试新的活动，但仍然不让他的妈妈离开，直到有一天他找到了一个朋友。这时他才对妈妈说："再见，妈妈！"
>
> 许多幼儿一开始就像威廉一样，他们需要母亲陪伴一段时间，直到他们习惯了一个有许多人的大集体。通过阅读此类图书会让幼儿明白，他们的父母并没有抛弃他们，父母会回来接他们的。
>
> 其他关于上学开始那段时间的图书有：
>
> 《我现在上学还太小了》(I Am Too Absolutely Small for School，Child，2004)；
>
> 《上幼儿园的时间到了！》(It's Time for Preschool!，Codell，2012)；
>
> 《皮特猫：穿着校鞋跳摇滚》(Pete the Cat: Rocking in My School Shoes，Litwin，2011)。

双向交流

我们经常会说父母是幼儿的第一位也是最重要的老师，这种观点是正确的，但在实践中却往往忽视了父母。要认识到这一事实，教师需要努力让家长参与，将其转化成一个双向互惠的过程。在这一过程中，不仅需要教师向家长传达幼儿的情况，而且需要家长与教师交流幼儿在家的行为，以及家庭中发生的可能影响到幼儿的事情。这并不意味着教师要打探幼儿家庭的隐私。再一次强调，关注的焦点应该是幼儿。也就是说，对于什么最有利于幼儿的发展这一问题，教师和家长需要达成共识。教师将支持家长的工作，同时也期待家长能够支持教师的工作。

如果教师发现自己与家长的教育目标出现了分歧，教师需要与家长进行沟通，让他们了解教师的做法及其原因，并与他们消除分歧、达成共识。家长需要知道幼儿园支持他们所做的努力，以帮助他们的孩子成长和学习。幼儿园课程的开发与实施同样也需要家长的配合与努力。也许在幼儿的培养方式上，家庭和幼儿园会有所不同，但是家长需要理解这两种方式都是可行的。

有时对幼儿期望的分歧集中在行为目标上。家长可能期望他们的孩子能够安静地游戏、安静地坐着听教师讲课或者保持衣服的整洁。然而，幼儿园可能会期望幼儿参与到所有活动中，既有安静的活动，又有喧闹的活动。幼儿能够独立做出自己的选择，关注对所有活动的体验而不是衣服的整洁。

如果可能，教师需要和家长面对面地沟通这些目标。安排一个可以与每个家庭见面的时间。如果家长都有工作，可以在午餐时间来学校吗？能不能在晚上进行家访？家长可以在晚上、早上或放学后参加家长会吗？家长会能在非正式的地点（比如餐馆）进行吗？这样是不是能让家长感到更自在呢？

如果家长没有意识到幼儿学习的最好方式是探索性游戏，教师可以考虑通过播放录像或者演示PPT[1]的方式向家长解释这类活动。但是，如果你从家长那里了解到由于家里的衣物资源有限，因此家长非常重视幼儿在园时衣服的整洁，那么你就需要想办法确保幼儿的衣服不会污损。收集一些成人的衣物，必要时让幼儿换下自己的衣服，可能是一条有用的小策略。

◎ 双向交流的方法

要想让家长时时了解他们的孩子在幼儿园里的表现，可以采取表11-4中列出的双向交流的方法。重要的是，这些方法也给予了家长做出反馈的机会。如今，手机、电子邮件、短信和语音信箱使幼儿园能够与家长直接联系。一个月联系一次对家长来说时间太长了。幼儿园要时常与家长保持联系，让家长了解幼儿在园的表现，同时询问家长幼儿在家的表现并期望得到家长的回应。许多幼儿园表示，像这样频繁的双向交流是使家庭参与获得成功的原因。

---

[1] PPT，全称为Microsoft Office PowerPoint，指微软公司研发的演示文稿软件。——译者注

表11-4 双向交流的方法

• 电话、短信、语音信箱	• 接送时间
• 电子邮件	• 校访
• 电子照片	• 家访
• 幼儿的记录	• 家长会
• 录像带	• 家长工作坊
• 时事通讯	• 视频
• 公告栏	• 电脑
• 家园日志	• 便笺簿
• 可借图书馆（借书登记台）	• 智能手机

在幼儿园里最流行的一种方法是制作电子照片。教师至少每月为每个幼儿拍摄一次在活动区里活动的照片。这些照片可以从电脑中下载，第一页的照片上附有幼儿活动情况的简要说明。第二页上要求家长记录幼儿在家的行为表现。如果家长有电子邮箱，电子照片会通过电子邮箱发送给家长。如果没有，可让幼儿将装有他们照片的信封带给家长。

家长和幼儿都很喜欢这些照片及其介绍。有电子邮箱的家长会及时反馈幼儿的家庭活动情况。没有电子邮箱的家长会写一张简短的便条或给教师打个电话进行反馈。在幼儿园里教师会将打印出来的照片张贴在公告栏上，起名为"我们班的这个月"，之后，会把这些照片放进幼儿的档案里。教师认为，虽然这项工作任务量很大，但它是非常值得的。

◎ 作为桥梁的图画书、材料和照片

对于一些家庭，材料是家庭和幼儿园之间最好的沟通桥梁。家长可以了解幼儿带书回家或送一些用于表演区的空容器到幼儿园的目的。再次强调，关注的重点是幼儿。教师要多备几套同款图书，以便幼儿每天能借阅并带回家。幼儿可以在每天离园时借一本书，并于第二天早上入园时归还。如果他们忘记了归还，他们就必须等到归还后才能再次借书。

可借玩具库

同样，教师也可以使用教室里多余的玩具（比如汽车、卡车、人物模型、动物玩具、恐龙玩具）建一个可借玩具库。幼儿可以把他们喜欢的玩具借回家，并保留一晚上。这也是你和家长交流想法的最好时候。在装有幼儿借的玩具的塑料袋中放一张资料卡片。在这张卡片上你可以写一些关于幼儿或幼儿园的简短信息，并请求家长在卡片的背面做出反馈。

照片

一个令人兴奋的家园合作项目，应包含教师用数码相机拍摄幼儿参与各种班级活动的日常照片。然后教师将照片传输到电脑，幼儿为每张照片添加文字说明，当家长来访时，将这些照片用幻灯片进行放映。之后幼儿会询问他们是否可以将照片带回家给家人看。

一名幼儿建议他们制作相册与家人分享所有的照片。他们确实这么做了——在每本相册后留有空白，以便让家长为幼儿写一封回信。幼儿拿到相册的当天晚上就迫不及待地想听听家长对这些照片的看法。他们每周都会在相册中增加新的照片，并让家长及时看到更新。在幼儿园里的幼儿和家中的父母这种激动人心的双向对话，使家园更紧密地联系在一起，因为家长真正了解了孩子在幼儿园里学什么和做什么（Gennarelli，2004）。

家访

教师可以在幼儿园开学的时候安排家访。你可以提前告诉家长你想在最近几周内进行家访，让他们了解他们的孩子在幼儿园里的适应情况。你要计划好拜访所有的家庭并向他们提供这方面的信息，并确定双方都合适的时间。向家长说明开学之初进行家访的目的，否则家长可能担心后期的家访是因为自己的孩子做错了什么事。当然，一旦和家长说过要进行家访，你一定要做到。

如果一些家长认为他们的家庭不符合教师的期望，那就很有可能对教师来访感到不自在。有些教师可能也会因为走出了自己舒适的教室"领地"而对家访感到不自在。如果把访问的焦点放在幼儿身上，教师和家长都会感到更自在。教师进行家访的目的是了解幼儿在家庭中的表现，并与家长交流幼儿在园的情况。

教师在家访时应该带几张幼儿在班级中参与活动的照片，比如：幼儿搭建的积木大厦；幼儿扮演的一个角色；幼儿参与的一项美术活动；幼儿玩的拼图，等等。向家长分享一些幼儿的手工作品或他们喜欢的图书。

教师也可以谈谈幼儿在纸上的涂鸦，这被视为幼儿绘画或书写技能发展的第一步。将幼儿最喜欢的图书留给家长，让他们给幼儿阅读。家访结束前，教师可以邀请家长在特定的时间参观幼儿园或参与某些活动。

像这样的家访是十分有必要的，不仅可以让教师了解幼儿的家庭环境和背景，而且教师愿意花时间进行家访本身，也能够让家长感受到幼儿园和教师对幼儿足够的关心。

◎ 家长的班级访问

家长在探访幼儿的班级时可以做什么呢？仅仅是坐下来观看幼儿活动或者参与幼儿的活动吗？你可以在门口迎接家长，并告诉他们可以做什么。起初他们可能想坐在那里观看。随后，如果他们愿意，可以采取某种方式参与到活动中。米歇尔的奶奶应邀去搅拌幼儿做零食用的明胶。拉杰的爸爸在来幼儿园的那天给每个幼儿讲了一个故事。迈克的妈妈和班里的幼儿一起散步，收集彩色树叶。

家长需要意识到，当他们在场时，有些幼儿可能会表现得更好。这并不稀奇，也没什么不对劲。有些幼儿对于家长的出现或者家长与其他幼儿一起活动感到不舒服，你需要让这样的幼儿扮演一个特殊的角色，布置一项任务或者让他们负责某些事情，以此让他们将注意力从家长身上转移。或者，你也可以让这些家长扮演教师的角色，例如，为某个幼儿或小组阅读图画书、监督木工区的活动或者负责播放 CD。

对一些幼儿来说，让他们安静下来的最好方法是和他们的父母一起活动。也许他们会和父母一起拼图、画画、搭积木。或者，你可以邀请家长和幼儿到图书区浏览家庭读本，并借一本书回家阅读。

第十一章 促进家庭参与

拉杰的父亲在为他阅读图画书。

◎ 家长担任班级志愿者

如果家长愿意，教师可以鼓励家长定期到班级担任志愿者。那些来班级参观并与幼儿沟通十分顺畅的家长，可能愿意再次回来担任志愿者。你需要和这些家长谈谈课程目标，你给每个幼儿制定的目标，以及家长在班级中感到舒服的事情。

强调团队合作以及家长如何成为班级团队的一部分十分重要。其他团队成员的角色也需要得到重视，这样家长才能理解自己的角色定位和他们该如何扮演这种角色。记住，教师需要花费时间和精力才能使志愿者的作用得以充分发挥。

你可以在每个活动区张贴标语，告诉志愿者和参观者幼儿在做什么以及志愿者的角色是什么。例如，在图书区，标语可能是："幼儿可以在自由选择时间选择图画书阅读。如果幼儿感兴趣，志愿者和参观者可以为幼儿阅读一本书。"在美工区，标语可能是："鼓励幼儿独自尝试操作各种美工材料。志愿者和参观者

393

可以观察并鼓励幼儿，但一定要让他们自行开展美工活动。"

起初，你可能希望家长志愿者既观察幼儿又观察教师，这样他们就能更好地了解教师是如何实现活动目标的。指导领域是经常需要解释的领域。让每个家长花时间观察教师如何"采取积极的干预措施帮助幼儿控制自身的不当行为"，或者如何"使用积极的强化技巧来帮助幼儿学习得当行为"。

在观察结束时，你或其他教职工会希望与家长坐在一起讨论他的所见所闻，讨论引导幼儿的方法，同时解释使用不同方法的原因。询问家长如果在家中遇到同样的行为时他会怎么做。

最初你可能希望家长志愿者只在一两个活动区工作，直至他们充分了解了幼儿和活动为止。你或你的同事需要向家长志愿者提供帮助和支持，或者在事情进展不顺利时进行干预。提供"如何操作手册"以便家长志愿者借阅，或者建议他们观看有关他们工作的活动区或指导方法的视频。邀请志愿者参加课程规划和在职培训项目。当他们参与的课程达到足够的学时时，一些志愿者可能希望接受儿童发展导师（CDA）项目的评估。

◎ 班级志愿者规则

你很快就会发现一些对你帮助较大的志愿者。你需要制定规则来管理班级志愿者，以免他们对幼儿园产生负面影响。如果志愿者数量太多，就为每位志愿者安排每周一天的时间。如果这成为一个问题，你可能需要调整每位志愿者的工作次数。记住，志愿者应该在幼儿园里起到推动作用而非阻碍作用。

◎ 家长会

教师在一年内至少需要举办两次家长会。通常情况下，教师会通过电话联系家长，与家长从正面角度谈论幼儿的表现。有时候会组织几次家长会来讨论特定的问题。如果你提前为家长会做好了计划，那么每次的家长会都会使所有家长感到满意。如果家长使用的是另外一种语言，请确保有翻译在场，这名翻译可以是一名年龄较大的儿童。

物理空间和时间

物理空间应该让教师和家长感到舒适。不要坐在桌子后面,请围坐在圆桌旁,这样会有一种平等的感觉。在桌上摆放幼儿的一些作品,并准备好咖啡、茶点。提前准备好多媒体设备,以便播放 CD 或放映幼儿完成活动时的照片。将你的电脑放在多媒体设备旁,以便于家长观看。

教师与家长围坐在圆桌旁。

因为教师和家长的工作都很繁忙,所以要为家长会安排一个适宜的时间长度,比如 30 分钟,并且要严格按照时间进行。在会议开始时你需要声明,你想要在必要的时候花费更多的时间,但是在今天的会议上你会尽可能在规定的时间内完成会议内容。这样的声明会让教师和家长都认识到会议不会拖拖拉拉地进行下去,同时教师也需要把注意力集中在当时的话题上。

不必紧张

许多家长会在开始阶段有些紧张,因为教师和家长都可能感到不自在。不必这样,你需要放松自己并享受过程。教师轻松的举止也会让家长感到轻松。你要谈论的是健康成长的幼儿和良好的幼儿园。热情地关注这些积极的事情，会议将以肯定的基调进行。如果家长的语气并不友好，只需仔细倾听并做好记录，保持眼神的交流。你并不需要采取防御性措施与其争论。感谢家长提出的建议，并确保把这些观点都记录下来。轮到你发言时应自信、实事求是，不要争论。记住，你们都是在关心幼儿。

会议安排

当你能够与家长建立融洽的关系时，家长会是最成功的。要做到这一点，你需要围绕家长的需要和关切来规划会议。你可能需要更改自己的日程安排，花时间听取家长的意见。试着把会议安排成三个部分。

- 倾听并分享故事。
- 讨论幼儿在园的表现。
- 为未来做准备。

首先，让家长进行讨论并仔细倾听他们所说的内容。如果在开始阶段讨论并不顺利，你可以用幼儿的趣闻逸事或参与活动的经历来帮助家长缓解紧张气氛。或许家长可能会用自己的一件逸事作为回应。毕竟，家长会就是一个教师和家长分享故事的时间。

分享完故事后，你可以讨论幼儿的在园表现。你可能想使用"家长期待幼儿达到的学习目标"（见表 11-3）作为指导，与家长分享幼儿已经学会的技能。至少应该提到以下各个领域中的一项技能：身体、认知、语言、创造性、社会技能、自尊。

许多幼儿园都会使用档案袋记录每个幼儿的学习情况，比如：幼儿的书写范例，幼儿知道的书籍、歌曲、游戏清单，幼儿的艺术作品样本，以及有关幼儿在社会性、身体和自尊方面发展的照片。有些幼儿园将幼儿在各个活动区的照片放进了幼儿的剪贴簿中，每张照片都由幼儿自己进行了文字说明。还有些幼儿园使用电子照片的形式，尽可能多地记录幼儿在活动区参与练习每项技能的活动时的情况，而这些技能都包含在"家长期待幼儿达到的学习目标"清单中。

接下来你可以请家长描述任何有关幼儿的具体问题。准备好幼儿的观察记录、你使用过的个人计划、幼儿的照片和成绩,以及幼儿的书法或艺术作品,与家长分享这些东西。详细谈论,而不是笼统地概括。不要说"哦,他做得很好",而应该说:"昨天乔希第一次和我们一起唱歌。你知道他唱得多好吗?"如果出现了问题,不要掩饰,而应仔细听取家长的意见和看法。

主持人

通常有一位了解问题的主持人来促进会议的进行会更好。如果家长不会讲英语,主持人应该说他们的语言。主持人会欢迎每位参与者,并在会议开始时通过聊天与大家建立融洽的关系。对话应该首先尝试确立双方共同的目标。然后,参与者可以描述他们注意到的幼儿行为,这些行为既包括不当行为,也包括可接受的行为,甚至是最细微的行为。如何鼓励幼儿的这种可接受行为?每位参与者怎样为幼儿提供帮助?

当会议快要结束时,教师或主持人可以总结讨论过的内容,并描述在未来要采取的行动计划。一定要确保家长会是积极的、互惠的。双方都关心幼儿,都需要对未来的计划有明确的认识。如果教师需要跟进大家所关注的某件事,那么在会议上就该决定计划的内容和时限。最后,向参会的家长表示感谢,并邀请他们到教室里参观幼儿的学习成效。

全 纳 教 育

在准备与残疾幼儿的家长开会时,你需要意识到可能会出现一些伤感的话题。家长对幼儿残疾状况的反应可能是情绪化的。赖特、斯特格林和哈特尔(Wright,Stegelin & Hartle,2007)指出,在与这些家庭的接触中,教师可能会遭遇不同的情绪反应,包括拒绝、愤怒、悲伤和羞愧。你要做一名保持冷静并提供帮助的听众。无论幼儿的成就多小,你都应该加以关注。

了解不同家庭的成员构成并提供支持

21世纪的生活方式和家庭构成与过去的美国传统家庭大不相同。甚至在20年前,许多家庭还是由母亲担任家庭主妇,父亲作为养家糊口者,而幼儿在公办园首次经历集体生活。然而,当今的家庭,在成员结构上更加复杂,可能是单亲家庭、双语家庭、多元文化的家庭,而且这些家庭往往在孩子的婴幼儿时期起就开始依赖儿童保育。

单亲家庭

在1970—2000年,单亲家庭的数量急剧增加,原因之一是离婚率的上升和未婚先孕少女的增加。单亲家庭收养儿童的现象也逐渐增多。父亲或母亲的早逝则是另一原因。虽然单亲家庭中母亲居多,但单亲父亲的数量也逐渐上升。

儿童早期教育机构需要认识并接纳这样的家庭。在适当的支持下,单亲父母可以维持并经营好家庭的良性运转。然而,教师必须意识到,在家庭破裂的动荡时期,幼儿需要特殊的支持,家长可能也需要特殊的安排才能与幼儿园教师见面。在清晨的早些时候、晚上或周末,教师需要安排几次家长会。你应该优先联系并在日程安排上优先会见这类家庭成员,这是你的职责所在。

关于单亲家庭的图书

当单亲家庭的幼儿发现别的幼儿都有爸爸妈妈以及兄弟姐妹,而自己的家庭只有妈妈(或爸爸)时,他们会感到焦虑和伤心。你可以为这些幼儿阅读以下图书:

在《爱在家中》(Love Is a Family, Downey, 2001)这本书中,莉莉向她的妈妈抱怨她想要一个像梅丽莎那样的家庭:梅丽莎有四个兄弟和两个姐妹,她的家里每天都是热闹、杂乱的。妈妈告诉莉莉,家是由爱组成的。在学校的家庭欢乐之夜中,莉莉发现确实是这样。许多家庭都有继父、继母、同父异母或同母异父的兄弟姐妹，他们都微笑着表达对彼此的爱意。

幼儿听了这个故事会做何反应？关于单亲家庭的图书还有：

《只有我们两个》(Just the Two of Us，Smith，2001)；

《我今天告诉你我爱你了吗？》(Did I Tell You I Love You Today?，Jordan & Jordan，2004)；

《弗雷德和我在一起！》(Fred Stays with Me!，Coffelt，2007)；

《我和妈妈还有约翰》(Me and Mama and Big John，Rockliff，2012)。

◇ 混合/重组/收养家庭

许多单亲父母最终会选择再婚。当父母双方都带着各自的孩子组建家庭时，这个新的家庭通常被称为"混合家庭"或"重组家庭"。重组家庭可以像之前的家庭一样为幼儿提供同样的支持。然而，家庭和幼儿之间需要花费时间建立安全、互信的关系，尤其是对那些之前因严重家庭问题而导致破裂的家庭。幼儿似乎最容易受到这种压力的影响，常常会产生内疚感、羞耻感和排斥感。

幼儿园教师需要意识到重组家庭和收养家庭中可能存在的这种压力，并让幼儿和家长知道，幼儿园同样接纳和重视他们。再次强调，教师首先需要联系家长并安排恰当的时间组织与家长的会面。

教师发现，在主题讨论时准备好与主题相关的儿童图画书，将会对幼儿产生很大的影响。你可以在班级中为幼儿阅读这些书，也可以把书放在书架上供幼儿阅读，尤其是要满足家庭借阅以便与幼儿共读的需要。

越来越多的家庭，尤其是那些夫妻无法生育自己孩子的家庭，开始选择收养幼儿。许多收养的幼儿来自亚洲、中美洲和南美洲。幼儿会发现自己很难与家中的兄弟姐妹融洽相处，在幼儿园里也很难融入班集体。有时阅读图书能够为这些幼儿与班上其他幼儿的相处提供支持。

> **关于收养或重组家庭的图书**
>
> 《我们需要你》(*We Wanted You*，Rosenberg，2002)讲述了一对父母收养了一个叫恩里克的孩子的故事。书中讲述了养父母是多么地需要他，如何整理他的房间等待他的到来，他最后又是如何来到了这个家庭。但书中最重要的是体现了养父母对他始终如一的爱。你班上的幼儿听了这个故事有何感受？
>
> 其他关于收养家庭的图书包括：
>
> 《家庭是不同的》(*Families Are Different*，Pellegrini，1991)；
>
> 《家庭是永恒的》(*Families Are Forever*，Capone & Sherman，2003)；
>
> 《快乐的领养生活》(*Happy Adoption Day*，McCutcheon，1996)。

隔代抚养的家庭

有些幼儿和祖父母（或外祖父母）而不是亲生父母生活在一起。这种情况可能是暂时的，也可能是永久的。幼儿园应该为祖父母（或外祖父母）和幼儿提供全方位的支持，尤其是，当前有250多万祖父母（或外祖父母）在幼儿亲生父母不在身边的情况下，独自抚养孙辈（Birckmayer，Cohen，Jensen，& Variano，2005）。

导致这种现象的原因是多方面的。有些祖父母（或外祖父母）不得不照顾十几岁的未婚女儿生下的孩子，或者儿子或女儿离婚后留下的孩子。其他原因则包括父母吸毒或酗酒、有精神或身体疾病、虐待和忽视孩子、进监狱或已死亡。教师可以通过了解和尊重这些祖父母（或外祖父母）并为他们提供多种支持，来帮助他们更好地照看幼儿。比尔克迈耶（Birckmayer）建议：

- 共情地倾听。
- 将他们介绍给有同样境遇的其他人。
- 将老年服务、食品银行和诊所介绍给他们。
- 为有特殊需要的幼儿提供资源信息。

你也可以邀请他们参与班级活动。也许他们想为幼儿讲一个故事、唱一首歌或者准备一些小吃。祖父母（或外祖父母）也可能是一个"令人惊喜的读者"，每周来为幼儿讲一个关于幼儿和他们自己的故事。

关于祖父母（或外祖父母）的图书

现在有很多关于祖孙的优质图画书可供阅读。以下是几本涉及多文化或多种族的图书，幼儿可能希望你或来园参观的祖父母（或外祖父母）为他们一遍又一遍地阅读。

在《爱丽丝这一年》（*Alice Yazzie's Year*，Maher，2003）一书中，爱丽丝·尤奇和她纳瓦霍的祖父住在泥盖木屋中，在那里她每天的生活就是在外面玩儿，日复一日，月复一月。

在《满满都是爱》（*Full, Full, Full of Love*，Cooke，2003）一书中，杰杰每周日都去拜访他非裔的奶奶，帮助她为所有亲戚准备一顿丰盛的佳肴。

在《奶奶叫我"美丽"》（*Grandma Calls Me Beautiful*，Joose，2008）一书中，美丽的夏威夷奶奶 TuTu，为美丽讲述了她出生的故事。

在《我爱星期六，多明哥斯》（*I Love Saturdays y domingos*，Ada，2002）一书中，一个小女孩每周六去见她的盎格鲁祖父母，每周日去见她的墨西哥裔美籍的外祖父母。这本双语图书表现了她非常享受这种相似但又有文化差异的体验。

在《探望日》（*Visiting Day*，Woodson，2002）一书中，一名非裔美国女孩和她的祖母坐长途汽车去监狱看望她"短期服役"的爸爸。

◎ 多元文化家庭

具有不同于班级中大多数家庭的文化的家庭，被称为多元文化家庭。他们可能是从海地、古巴、多米尼加共和国、波多黎各、墨西哥、南美洲或中美洲、越南、太平洋岛屿、印度、日本、中国、韩国或世界其他地区移民到美国。这些家庭可能是少数族裔，如西班牙裔美国人、亚裔美国人、美国土著人或非裔美国人。他们可能只讲母语或者会说两种语言。

大多数移民是为了寻求经济机遇或政治避难而来到美国。在美国这种情况十分常见。这些家庭希望这里的幼儿园能帮助他们的孩子适应美国的生活、语言和习俗。他们也希望自己的文化和语言能够得到尊重，而不是被忽视或嘲笑。

你和同事需要及早与这些家庭沟通。如果家长不会讲英语，你需要带一名会讲他们母语的翻译人员或者让幼儿会讲英语的哥哥姐姐到场。初次会面必须是面对面的，将会面的地点选在家长方便的地方。和家长建立良好关系是很重要的。

试着让移民家长像其他家长那样参与到幼儿的活动中。与他们一起探讨"家长期待幼儿达到的学习目标"，并邀请他们观察幼儿在家的行为和表现来支持幼儿的学习。征求他们的意见，在学习清单的空白处列出对他们的孩子而言很重要的事情，询问他们有没有人愿意做志愿者。

有些活动可以由教师、幼儿和家长一同参与，包括用幼儿的母语唱歌，创建包含家庭和幼儿园照片的家庭图片长廊，将家庭照片放大到海报的尺寸（组织幼儿一同去复印中心），并建立一个以家庭为中心的图书馆，这样幼儿可以在家里分享一些诸如学乐出版社（Scholastic Press）出版的多元文化图书，如：

《奇异恩典》（*Amazing Grace*）（非裔美国人）；

《天使之子，龙之子》（*Angel Child, Dragon Child*）（越南人）；

《家庭是不同的》（*Families Are Different*）（韩国人）；

《花园》（*Flower Garden*）（非裔美国人）；

《山姆和压岁钱》（*Sam and the Lucky Money*）（中国人）；

《好多的玉米粽子啊》（*Too Many Tamales*）（西班牙人）；

《洋子》（*Yoko*）（日本人）。

在职父母

无论家庭的构成如何，父母在白天基本上都是外出工作而不是待在家中。这意味着他们非常依赖幼儿园为他们的孩子提供高质量的照顾、关心和支持。帮助家长确信，事实就是如此。教师应主动与家长联系，并在他们方便的时间安排见面。这是每位教师和每位保育员工作职责中非常重要的一部分。

通过家长会建立教师和家长之间的良好关系

◎ 家庭对幼儿园的支持

家庭对幼儿园的支持同样重要。事实上，这是学龄前儿童成长的关键。如果家长对幼儿在园的活动表现出热情，那么幼儿就会从活动中获益。如果家长对幼儿园活动没有表现出热情或持消极态度，幼儿似乎就不会在自尊或行为改善方面有所收获。因此，你需要向家长和家庭传达幼儿园的信息：如果能够获得家长和家庭的支持，这些活动就可以帮助幼儿在情感、社会性、身体、智力、创造性和语言技能等方面获得成长和发展。

相应地，你也必须承认和支持家庭在抚养子女方面所发挥的作用。你应该如何做呢？首先，要像接受幼儿一样，通过接纳家庭来了解幼儿的家庭。你可能无法理解甚至不赞同他们的生活方式。然而，这是他们的事情，不属于你的工作范围。在接纳家庭这方面，你的特殊角色是支持并帮助他们养育子女。为此，如前文所提到的，你需要与幼儿的家长和其他家人建立双向交流机制。你不仅要与家长交流幼儿在活动中的表现，还必须从家长那里了解他们对幼儿的期望，以及你如何支持他们实现目标。

◎ 每月的班级家长会

事实证明，每月一次的班级家长会是许多幼儿园尝试开展的众多家庭参与活动中最为成功的活动。家长发现，与其他类型的学校会议相比，班级家长会不会让他们感到紧张和不安。这种会议不同于一对一的家长会——家长只能听到有关自己孩子的情况，也不同于全校家长会——家长不认识其他人。

这类会议通常在傍晚举行，并采用让幼儿参与的特殊方式进行。首先，幼儿可以像平日那样参与班级活动，此时，家长可以与教师和他人互相认识。然后，让家长留在教室里，幼儿到另一间教室里去听故事或安静地玩玩具。家长们会得到姓名标签，围坐成一个圆圈并进行自我介绍，然后选择一个活动区并参与一小段时间的活动。在每个活动区都贴有标志，可帮助家长了解幼儿在每个活动区所能学到的知识和技能。你和同事可以轮流到不同的活动区，就像平时对待幼儿那样。参观完一个活动区后，家长可以轮流参观其他活动区，在时间允许的范围内家长可以尽可能多参观一些活动区。

在会议要结束时，请家长重新围圈而坐，他们可以唱歌、听故事、报告他们在各个活动区的所见所闻。一定要为家长准备一份可带回家的纸质材料，在材料里列出他们在各个活动区所体验的活动，向家长阐明幼儿在各个活动区能够学到的内容，并给出关于如何在家里组织延伸活动的建议。正如你所注意到的，会议的重点是关注幼儿在不同活动区的学习方式和学习内容，而不是幼儿的行为问题。

◯ 活动区的活动

每月的家长会都可以关注不同的问题或主题。读写能力的萌发就是话题之一。在教室里多设置一些标识和标签。在特定的活动区放置带有人物剪贴画的图书或玩偶。提供新的电脑文字程序，并在不同活动区设计不同的延伸活动。例如，在电脑上安装字母表程序"叽喀叽喀砰砰"；在图书区投放绘本《叽喀叽喀砰砰》(*Chicka Chicka Boom Boom*, Martin & Archambault, 1989)；在阁楼放置一棵用麻布包裹的扫帚"树"，"树"上还贴有泡沫制作的字母；在音乐区投放字母歌磁带，以及供幼儿听歌用的耳机；在操作区投放塑料字母以便幼儿进行字母匹配游戏；在大肌肉运动区准备字母沙包和投掷目标；在美工区投放字母面团印模和橡皮泥。在其他活动区也可以准备相应的材料。

教师可以帮助家长参与到不同区域的活动中，并提出一些需要他们解决的问题，就像对待孩子一样："找到你名字首字母的磁力字母。""看看你能在这盒磁力字母中找到多少同样的字母，然后把它们放在磁力板上。""观察班级里所有人的姓名卡片，看看哪些名字的首字母与你的一样。""你能在画架上画出你的名字吗？""你能用橡皮泥捏出你的名字吗？""你能让所有的字母都爬到字母树的顶端吗？哪一个字母掉下来了？"

之后，当家长聚在一起讨论他们所做的事情时，你可以和他们谈谈幼儿如何通过自学认识某些字母，如何学习那些对他们来说非常重要的字母，以及在刚开始学习字母时并没有必要记住全部的字母。此外，你还需要告诉家长为什么幼儿开始书写字母时会出现方向相反或倒立的字母，以及幼儿在家可以玩什么字母游戏。

在下一次会议中你可以集中讨论社会技能，包括轮流、排队、交友、参与正在进行的游戏或者与他人相处等方面。教师还需要准备好与此类主题相关的图画故事书。然后，让家长谈谈自己和孩子的经历。他们是如何在家里帮助幼儿开展延伸活动的？同时，家长也有机会表达他们的担忧并得到问题的解决方案。

鼓励家庭参与

定期开展班级家长会非常重要，这样家长才能更好地了解教师的想法。他们可以选择一个合适的晚上会面并互相打电话提醒参与会议。如果你或者家长能够提供一名翻译人员——可能是某个家庭中年龄稍大的儿童，也可以鼓励英语非母语的家长来参会。如果活动对他们和孩子来说是愉快而有益的，他们就会来参加会议。很快这个消息就会传播开，越来越多的家长也会参与进来。教师一定要征求家长关于会议主题和活动的意见，并根据家长的意见付诸实践。这对每个人来说都是一次激动人心的学习聚会。你一定要向家长提供一份可以带回家的工作表，在工作表上提供在家衔接幼儿园活动的想法和建议。

一些幼儿园将每年最后一次的家长会作为年终晚宴，每个人都做一道菜。在这一年中家长和教师可以互相了解并共同计划晚餐需要带的东西。如果你能找到一些多年前出版的有关聚餐故事的图画书，你可能想通过阅读其中一个故事来使幼儿做好准备。幼儿能帮忙准备食物吗？

关于聚餐的图书

《鳄鱼带着苹果来了：一场字母表的盛宴》（*Alligator Arrived with Apples: A Potluck Alphabet Feast*，Dragonwagon，1987）是一本关于宴会的故事书。动物们将含有自己名字中字母的美食带到了宴会上，如熊（bear）带来了香蕉面包（banana bread），美洲驼（llama）背来了柠檬（lemons）、酸橙（limes）和越橘（lingonberries）。

在《野蛮人的宴会》（*The Beastly Feast*，Goldstone，1998）一书中，动物将与自己名字押韵的水果带到宴会上：熊（bears）带来了梨（pears），鹦鹉（parrots）带来了胡萝卜（carrots）。让幼儿猜一猜：海雀（puffins）带来了什么［松饼（muffins）］？或者蚊子（mosquitoes）带来了什么［卷饼（burritos）］？听了几次这个故事之后，幼儿很快就会记住所有的食物。

有些幼儿园会有一场人人参与的晚餐。

《家常便饭》（*Potluck*，Shelby，1991）一书中讲述了一个儿童聚餐的故事，多元文化背景下的幼儿带来了含有姓名中的字母的美味食物：郎尼（Lonnie）带来了烤宽面条（lasagna）；昆西（Quincy）带来了乳蛋饼（quiche）；最后，齐克和塞尔达（Zeke & Zelda）带来了西葫芦（zucchini）。

本章小结

鼓励家庭参与幼儿园活动，以促进幼儿的健康成长

家庭可以通过多种方式参与到幼儿园活动中。他们可以访问班级，帮助教师开展日常活动、实地考察、制作材料。他们可以与幼儿分享一首歌、一个故事或一次文化体验。他们可以在委员会或政策机构进行服务。对于幼儿的发展来说，家庭对幼儿园活动的大力支持和幼儿园活动本身对幼儿的支持同样重要。

让家长参与幼儿的学习活动

当家长填写"家长期待幼儿达到的学习目标"清单时，教师可以从表中获取家长关于幼儿学习目标的意见和想法。然后，教师可以向家长展示幼儿是如何通过幼儿园提供的活动来实现这些目标的。教师可以邀请家长观察和参与幼儿的学习活动。带回家的纸质资料也可以为家长提供关于幼儿在家进行类似活动的建议。

了解不同家庭的成员构成并提供支持

幼儿园和教师需要了解和支持那些非传统家庭，如单亲家庭、重组家庭和多元文化家庭。班级中的图书、材料和活动也应包括这类家庭的例子。

通过家长会建立教师和家长之间的良好关系

当幼儿的父母都工作时，教师需要将会议安排在家长比较方便的时间。最成功的家庭参与活动之一是每月组织的班级家长会，在会议中家长扮演了幼儿的角色，并了解了幼儿是如何在班级的各个活动区进行学习的。晚餐聚会也使教师和家长在充满乐趣的聚餐氛围中建立了稳定融洽的关系。

道德困境

家长会过度参与活动吗？是的。一位妈妈坚持每天来园参与日常活动，干扰了教师、其他教职工和幼儿的一日生活。她住在幼儿园附近，除了访问班级外似乎没什么事情可做。教师起初试图让她为幼儿讲故事，但没有一个幼儿愿意听。同时，她的孩子经常四处乱跑，扰乱其他幼儿的活动。最后，教师告诉她，家长只有在被邀请的情况下才能到班内进行志愿者工作，同时向她的工作表示了感谢。现在轮到其他家长进行志愿者工作了。但是，第二天这位妈妈又来了。作为教师，你会怎么办？

你可知道

1. 家庭参与为什么很重要？
2. 家庭参与如何帮助幼儿？
3. 如果你对家访感到不自在，你会怎么做？
4. 你如何帮助家长建立对幼儿园的信任？
5. 开学最初的时间如何帮助家长和幼儿园？
6. 如何利用电子照片作为家园双向交流的方法？
7. 如果有家长在家长会上语气不友好，你该怎么做？
8. 你该如何帮助抚养孙辈的祖父母（或外祖父母）？
9. 在每月的家长会期间，你会在各个活动区为家庭举办哪些活动？

学习活动

1. 至少阅读一本推荐读物。在专业资源文件中添加10张卡片，在卡片上写出你对于促进家长参与的具体想法，并标注参考文献来源。

2. 使用"家长期待幼儿达到的学习目标"（表11-3）与家长进行交流，或就本章中关于幼儿的一些想法与家长交流。

3. 教师邀请一位家长作为志愿者参与班级活动，并与家长在他感觉适合的活动区一起工作。

4. 与那些来自多元文化家庭、单亲家庭、重组家庭的家长进行面对面的交流是非常重要的。找出家庭成员期待幼儿达到的目标，并与家长讨论课程的目标。

5. 计划一项家长可以参与的幼儿园活动，针对活动内容征求家长的意见，并让他们以某种方式参与活动。

6. 为班级家长会设置活动区。打印标牌以便让家长了解幼儿在每个活动区的学习内容和学习方式。为家长制作讲义，让家长参与会议并与其进行交流。

7. 为家长建立一个图书借阅区，在该区域中提供关于儿童保育和教育的图书和小册子，以及可供他们给子女阅读的图画书。

推荐读物

Campin, J. (2015). Parent involvement at its best: Parents teaching parents. *Exchange*, *37*(2), 23.

Dropkin, E. (2015). Families through the bars: Supporting children of incarcerated parents. *Exchange*, *37*(4), 22–23.

Hall, A.H. & Axelrod, Y. (2014). Inviting families to celebrate in the writing process. *Dimensions of Early Childhood*, *42*(1), 10–14.

Hammack, B.G., Foote, M.M., Garretson, S., & Thompson, J. (2012). Family literacy packs: Engaging teachers, families, and young children in quality activities to promote partnerships for learning. *YC-Young Children*, *67*(3), 104–110.

Keys, J. & Barraza, A. (2014). Voices of immigrant parents in preschool settings. *YC-Young Children*, *69*(4), 32–39.

McWilliams, M.S., Vaugns, A.B., O'Hara, A., Novotny, L.S., & Kyle, T.J. (2014). Art play: Stories of engaging families, inspiring learning, and exploring emotions. *YC-Young Children*, *69*(2), 32–39.

McWilliams, M.S., Maldonado-Mancebo, T., Szczepaniak, P.S., & Jones, J. (2011) Supporting Native Indian preschoolers and their families. *YC-Young Children*, *66*(6). 34–41.

Paula, A. & da Silva, P. (2014). Supporting gay and lesbian families in the early childhood classroom. *YC-Young Children*, *69*(4), 40–44.

Schweikert, G. (2014). Using technology to communicate with parents: Tool or taboo? *Exchange, 36*(3), 62–65.

Winter, M. & Hollingsworth, H. (2015). Promoting pretend play in the preschool years: Teacher practices and strategies for involving parents. *Childhood Education, 91*(3), 182–189.

儿童图书

Ada, A. (2002). *I love Saturdays y domingos.* New York: Atheneum.

Capone, D. & Sherman, C. (2003). *Families are forever.* Montauk, NY: Simple as That.

Child, L. (2004). *I am too absolutely small for school.* Cambridge, MA: Candlewick Press.

Codell, E.R. (2012). *It's time for preschool!* New York: Greenwillow Books.

Coffelt, N. (2007). *Fred stays with me!* Boston: Little, Brown.

Cooke, T. (2003). *Full, full, full of love.* Cambridge, MA: Candlewick Press.

Downey, R. (2001). *Love is a family.* New York: Regan Books.

Dragonwagon, C. (1987). *Alligator arrived with apples: A potluck alphabet feast.* New York: Macmillan.

Garden, N. (2005). *Molly's family.* New York: Farrar Straus Giroux.

Goldstone, B. (1998). *The beastly feast.* New York: Henry Holt.

Hoffman, M. (1991). *Amazing grace.* New York: Dial Books.

Isadora, R. (2006). *What a family! A fresh look at family trees.* New York: G. P. Putnam's Sons.

Joose, B.M. (2008). *Grandma calls me Beautiful.* San Francisco: Chronicle Books.

Jordan, D. & Jordan, R.M. (2004). *Did I tell you I love you today?* New York: Simon & Schuster.

Litwin, E. (2011). *Pete the cat rocking in my school shoes.* New York: Harpers.

Maher, R. (2003). *Alice Yazzie's year.* Berkeley, CA: Tricycle Press.

Martin, B. & Archambault, J. (1989), *Chicka chicka boom boom.* New York: Simon & Schuster.

McCutcheon, J. (1996). *Happy adoption day!* Boston: Little, Brown.

Northway, J. (2006). *See you later, Mom!* London, England: Francis Lincoln Children's Books.

Okimoto, J.D. & Aoki, E.M. (2002). *The white swan express.* New York: Clarion.

Parr, T. (2003). *The family book.* Boston: Little, Brown. Pellegrini, N. (1991). *Families are different.* New York: Scholastic Press.

Richardson, J. & Parnell, P. (2005). *And Tango makes three*. New York: Simon & Schuster.

Rockliff, M. (2012). *Me and mama and big John*. Somerville, MA: Candlewick Press.

Rosenberg, L. (2002). *We wanted you*. Brookfield, CT: Roaring Brook Press.

Shelby, A. (1991). *Potluck*. New York: Orchard Books.

Smith, C. (2000). *Jingle dancer*. New York: Morrow.

Smith, W. (2001). *Just the two of us*. New York: Scholastic.

Woodson, J. (2002). *Visiting day*. New York: Scholastic Press.

第十二章

进行课程管理

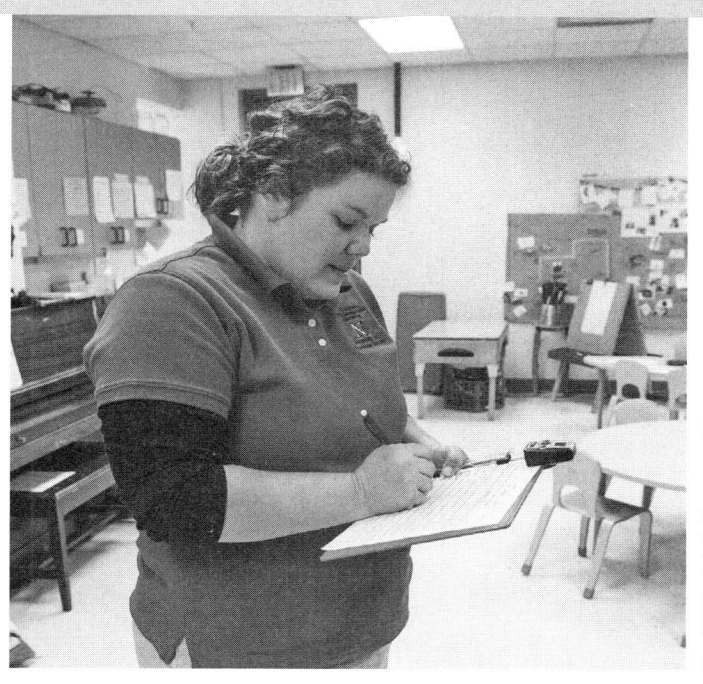

学习目标

在本章你将学会:
- ◆ 观察、记录和解读幼儿的需要和兴趣。
- ◆ 计划并实施生成性课程。
- ◆ 在日程安排中管理时间。
- ◆ 评估结果。
- ◆ 根据评估安排后续活动。

幼儿园教师的课程管理涉及五大功能：观察、计划、实施、评价和跟进。由于幼儿园的关注点在幼儿，因此课程管理也必须以幼儿为基础。通过观察、记录和解读结果先对幼儿的需求进行评估，然后，你和同事就可以为幼儿个体及其团体制订计划、实施计划、评估结果，并决定必要的后续活动。表12-1中列出了高效课程管理所需的技能。

表 12-1　课程管理技能

- 观察并记录幼儿的兴趣与需要
- 阐释结果
- 计划课程以满足需要
- 实施计划
- 评估结果并进行跟进

尽管这些技能看起来平淡无奇，但是你和同事实施这些技能的方式却不尽相同。你是抱着兴奋、热情和快乐的心态看待它们吗？还是会一拖再拖直到实在无法避免，然后才迫不得已地去做？怎样才能让你像和幼儿游戏一样满怀热情地观察幼儿并为他们制订计划呢？再来看看幼儿：他们热情、欢笑、吵吵闹闹，随时准备冲进教室，动手操作你为他们提供的奇妙材料并开展活动。记住，幼儿值得你为他们创设最激动人心的活动。你可以假设自己是一名画家，站在画板前，用亮丽的笔触和鲜艳的色彩描绘一幅幼儿园蓝图。

丰富多彩的设计

如果你知道组织事情不是你的强项，那就把它作为一项特殊任务来弥补自己的不足，努力达到与你的其他幼教技能一样出色。例如，买文件夹时，选择你喜欢的颜色，而不是单一的色调。使用五颜六色的便利贴来提醒你要完成哪些事情。用彩色纸张来做幼儿观察记录，而不是只用页面上方贴有幼儿照片的白纸。记住，你还需要有一部能够连接电脑并能照相的手机，可以随时打印各种图片以备不时之需。

例如，你可以将每个幼儿的"活动区参与检核表"（表12-2）用彩色纸打印出来，并在页面上方贴上每个幼儿的照片。观察了一个幼儿在活动区的表现之后，你可以找时间告诉他，看到他如此努力地工作，你是多么高兴。在检核表上核对相关条目，并记录幼儿的表现。让幼儿自己选择一张彩色纸，并在纸上进行涂鸦，记录自己想表达的内容。别忘了在幼儿不注意你的时候，给他拍一两张照片。

表12-2　活动区参与检核表

幼儿姓名_____　　　　　　　　日期_____
观 察 者_____　　　　　　　　时间_____

1. 幼儿在积木建构区
____搬运积木，装、卸，但不动手搭建
____在地板上把积木平铺成排，或垂直堆叠
____把两堆平行的积木连接起来搭建积木桥
____给搭建的房子命名，并用它们来玩游戏

2. 幼儿在图书区
____谈论图画书中的图片
____假装阅读
____能复述故事
____认识一些单词

3. 幼儿在表演区
____扮演一个角色（假扮成某人）
____假想有某个东西
____假想某个虚构的情景
____在游戏中用语言交流

4. 幼儿在大型运动区
____在一块木板上保持平衡
____轻松地攀爬
____双脚并拢跳过障碍物
____用沙包或球击中目标

5. 幼儿在操作/数学区
____按颜色对物品进行分类、匹配
____按形状、大小对物品进行分类、匹配
____数出一组物品的数量
____轻松地完成拼图

6. 幼儿在美工区
____用画笔画画
____会使用剪刀
____恰当地使用糨糊或胶水
____画出人或物的形象

7. 幼儿在音乐区
____唱歌或自编歌曲
____和别人一起唱歌
____做出创造性动作
____演奏节奏乐器或玩具乐器

8. 幼儿在科学区
____运用感官观察新事物
____使用科学工具（磁铁、放大镜等）
____问有关材料的问题
____照顾动植物

9. 幼儿在沙/水区
____正确地使用工具、玩具
____遵守规则和界限
____分享或轮流使用材料
____创造性地使用材料玩假装游戏

10. 幼儿在木工区
____自信地操作工具
____钉钉子
____用木头制作东西
____遵守规则和界限

11. 幼儿在书写区
____涂鸦
____临摹字母
____颠倒地写名字、个别字母
____正确地写名字、一些单词

观察、记录和解读幼儿的需要和兴趣

在你为任何课程制订计划之前,首先要进行"需求评估"。像你所在的幼儿园这样为幼儿服务的机构,应该对幼儿的需求进行评估。他们是否在身体上、认知上、社会上、情感上、语言和创造力上都得到了应有的发展呢?这是否意味着要对他们进行测试?并非如此。众所周知,3—5岁幼儿的应试水平很差。你需要观察他们在活动中的表现。这意味着大部分评估要通过观察、记录和解释观察结果来进行,其余的评估则可以通过访谈家长和幼儿来完成。

◎ 观察

追踪班级中幼儿进步情况的一种简单方法是,使用检核表对每个幼儿进行持续观察,这样能够帮助你专注于需要了解的内容。大多数教师想知道幼儿在身体、认知、社交、情感、创造性和语言等方面是如何发展的。如果你按照第三章"创设一个学习环境"中的建议布置了教室,那么现在教室里已经创设了许多活动区,可以帮助你了解在这些活动区中游戏的幼儿。根据"活动区参与检核表"(表12-2)观察每个活动区,该表中列出了幼儿在每个活动区可能表现出的四种行为。

全国各地的儿童早期教育人员都开始依靠儿童观察来确定儿童的进步、课程要求和方案的有效性。沃瑟姆(Wortham,2012)也表示,正是通过观察我们才意识到幼儿的个性特征。学龄前儿童通过自己的行为来表现自己,因为在这个年龄他们不会掩饰自己的感受。如果在每个活动区进行系统的观察,就能给我们提供有关课程运作的有价值的信息。

幼儿园教师的 13 项专业技能

对每个幼儿的观察是重要的评估工具。

> **全 纳 教 育**
>
> 虽然这项特殊评估着眼于幼儿在活动区的表现,但观察者必须对有特殊需要的幼儿和来自不同文化背景的幼儿的需求保持敏感。重要的是,你要邀请家庭成员参与评估,并在你制订计划的时候征求他们的意见。全美幼教协会(NAEYC)还列出了对儿童进行评估的标准。

> **全美幼教协会(NAEYC)课程标准:制订评估计划**
>
> 描述一下你所在的幼儿园将如何达到以下标准。
> - 幼儿园的书面评估计划涉及评估的多种目的和用途,具体来说包括:
>   - 确定儿童的兴趣和需要;
>   - 描述儿童的发展进步和学习情况;

- 改进课程，适应教学实践和教学环境；
- 规划幼儿园的改进方案；
- 与儿童的家庭沟通。

资料来源：NAEYC. (2008) *NAEYC Early Childhood Program Standards and Accreditation Criteria: The Mark of Quality in Early Childhood Education*. Washington, DC: National Association for the Education of Young Children (NAEYC). Copyright © 2008®. Reprinted with permission.

记录

在学年初期的自由选择阶段，你和同事需要花时间观察和记录每个幼儿的行为。一些教师还会在一段特定的时间里为每个幼儿做一份"持续记录"。"持续记录"是对按时间顺序发生的行为的详细描述。观察者站在或坐在幼儿旁边，记录他所看到的发生在某个幼儿身上的所有事情。这种记录可能只有短短几分钟，也可能会在一天内不时发生（Beaty，2014）。

许多教师会使用诸如表12-2"活动区参与检核表"这样的表格来做记录。如果教师像第三章所描述的那样已经创设了活动区，就会想要了解：幼儿在每个活动区做了什么？幼儿是如何使用这些活动区的？是否有过度拥挤的活动区？哪个活动区被幼儿忽视了？幼儿在没有成人帮助的情况下能在活动区自主活动吗？他们是待在某个活动区直到完成活动，还是从一个活动区逛到另一个活动区？最重要的是，幼儿在这些活动区中是怎样发展的，真正学到了什么？

为了做出这样一份评估，教师需要在学年开始时尽可能多地收集每个幼儿的资料。然后，可以根据幼儿的需要设计并实施生成性课程。问问你的同事想要如何收集这些资料。他们可能认为，将检核表和"持续记录"结合起来使用是最好的方法。检核表可以帮助观察者聚焦于每个活动区可能发生的事情上，而持续记录则补充了幼儿实际上所说和所做的细节。

让每名教职工（教师、助理和实习生）负责5~6名幼儿，在每天的自由选择时间，观察幼儿5分钟左右，检核他们的行为并写下持续记录笔记。一周结束时，教职工可以总结所观察到的内容。在接下来的一周里，可以着重观察那些从其身上几乎没有或根本没有获得任何信息的幼儿，填补观察的缺失内容。

当收集和总结了足够多的信息后，可以把所有的信息进行汇总。你将得到什么结论呢？对于幼儿个体来说，你应该能够分辨出每个幼儿在哪个活动区花的时间最多，哪些活动区是他不喜欢的，以及他最喜欢的活动是什么。对于整个班级来说，你应该了解到哪些活动区、哪些活动是最受欢迎的，这些活动是否具有发展适宜性（不要太简单或太难）。

阐释结果

例如，对马塞拉的三次观察表明，她在图书区花费的时间最多，在表演区玩角色扮演游戏时玩得很开心，在操作/数学区玩了匹配和拼图游戏，在美工区的画架上画过画，在音乐区使用了录音机并创编了歌曲，在科学区提问题并喂了豚鼠，在书写区写了几行字母和她的名字。她没有参与其他区域的活动。观察结果显示，许多女孩差不多也是如此。她们似乎有意避开积木建构活动、大肌肉运动活动、一些科学活动和木工活动。

许多男孩把大部分的自由选择时间花在了以下活动中：在积木建构区为小汽车修路，在大肌肉运动区攀爬，在操作/数学区拼关于宇航员主题的拼图，在音乐区使用录音机或玩具吉他，在科学区使用显微镜，在感官桌上玩水上玩具，在书写区使用电脑，在木工区把钉子钉进木桩。

许多男孩避开了阅读、戏剧表演、美工和书写活动。听起来有些熟悉吧？因为是在学年初期，有几名幼儿仍然是旁观者或游荡者。然而，所有的幼儿都参加了晨跑、集体活动和午餐前的故事阅读活动。教职工最终从这些观察中明白了什么呢？

- 幼儿知道在自由选择时间如何使用活动区，而且可以自行调节进入每个活动区的幼儿数量。
- 所有的活动区都有幼儿参与，但并不是所有的幼儿都会进入全部活动区。
- 为了把男孩和女孩都吸引到所有的活动区，教师需要找到一种对男孩和女孩都有吸引力的活动。

- 有些幼儿需要帮助才能参与活动并坚持活动。
- 各个活动区整体来看运行良好,但现在需要通过综合学习课程把各个活动区整合起来。

计划并实施生成性课程

团队计划

幼儿班级的课程管理需要所有执行计划的人,即教师、助教、实习生和志愿者都参与计划,甚至连幼儿本身也是计划进程中的一部分。

经验丰富的教师认为,如果你不对未来的事情做计划,最终将一无所获。这是常识。然而一些幼儿教学团队几乎从来没有做过计划。在许多情况下,进行什么样的美工活动,开展什么科学活动,或者在感官桌上放置什么材料,都是由教师决定的。其他的教职工只是顺从教师的决定。暂且不说幼儿对日常活动是否感兴趣,这里要说的是,这些活动彼此之间缺乏联系,或者与下周要开展的活动也没有什么关联。

如果没有提前计划让幼儿达成某些目标,那么你怎么能了解他们是否已经达成目标呢?如果教职工没有表达自己想法的平台,那么你怎么了解他们可能有什么想法呢?如果没有时间进行头脑风暴,又怎么会产生激动人心的新主意呢?如果没有专门做计划的时间,你和你的团队成员就无法获得共同合作的巨大满足感,也很难制订新的计划来帮助幼儿成长和学习。你也可能会错过别人接受你的想法,并让幼儿以极大的热情去实践所带来的自豪感和满足感。

班级计划不仅仅是锻炼你管理能力的一种练习,也是每一个参与优质幼儿教育计划的人所必需的。表 12-3 列出了团队计划的优点。

表 12-3 团队计划的优点

- 所有团队成员都有机会提供意见并帮助规划课程。
- 团队成员渴望与幼儿一起开展活动，因为这些活动是他们帮忙设计的。
- 团队成员能够更好地继往开来，因为计划是有连续性的。
- 团队成员感到自己是幼儿园里的主人，并在工作中获得成就感。

团队计划会议

为了使课程顺利并持续地实施，每周必须定期召开全员参与的计划会议。一些班级选择在星期五下午的某个时间段来讨论计划。在团队制订计划期间，可以找一名代课教师，安排资深志愿者为幼儿阅读图书，或者如果幼儿不愿参与，也可以提前让幼儿离园。

班级团队中的每个成员必须知道如何制订计划、何时制订以及谁参与制订。如果你是班主任，你就会意识到制订和执行计划需要团队中每个人的参与。如果参与者参加了计划的制订，那么计划的实施就会更有效。如果你是助教、实习生或志愿者，你会意识到，自己对计划的贡献度取决于自身在计划所负责活动部分的投入程度。

所有团队成员都必须参与团队计划。

每周一次的团队会议分为三个部分。在讨论这三个问题时，每个成员都要建言献策：

- 我们的现状如何？
- 我们的愿景是什么？
- 我们如何才能实现这个目标？

教师可以带头总结过去一周内在班级里发生的事情，同时将其他成员讨论的内容记录在大白纸或黑板上，以便让所有人都能看到。观察记录、集体和个体成绩的信息以及特定活动的开展方式，都可以作为总结的一部分加以讨论。如前所述，在学年初期，需求评估在计划工作中做出的贡献最大。

接下来几周的计划将基于之前所发生的事情，以及每个教职工所负责的个别幼儿或整个班级的目标。头脑风暴不仅有助于激发新想法，而且能够对正在开展的活动进行后续跟进。然后，每个团队成员的任务和职责也会随之确定。

在幼儿班级中，没有谁能够或应该独揽所有的事情。但是，幼儿教育课程的成功管理既取决于教职工的人际关系和合作，又要依靠其他的一些单一因素。当全部教职工都参与到计划中时，这种管理的关键就是平衡（Kostelnik，Rupiper，Soderman，& Whiten，2014）。

团队角色及职责

教师必须是领导者，因此需要带头鼓励其他团队成员表达自己的想法和关心的问题。班主任既不能支配别人，也不能允许他人支配。他应该征求别人的意见，然后请他们自愿参加或者赋予他们责任，让他们在不受干涉的情况下开展班级活动。其他团队成员也应该主动提出建议并承担责任。例如，班级职责可以由团队中的所有成员轮流承担。助理、实习生和志愿者以及班主任可以轮流承担表12-4中列出的大部分班级职责。

表12-4　班级职责

- 参与教室的日常布置和清洁卫生工作
- 管理一个小组的幼儿
- 与个别幼儿一起活动
- 为个别幼儿或一个小组的幼儿读书
- 观察并记录幼儿的行为
- 参加每周的班级计划会议
- 出席班级家长会

每个人都可以对个别幼儿进行观察并记录相关信息。每个人都可以一对一地为幼儿阅读图书和参加会议。每个人都应该有机会管理一个小组的幼儿，并与幼儿一对一地进行活动。教师需要与其他团队成员一起布置和打扫教室。教师不能只顾进行"重要"的活动，而把这种任务推给助教来做。对于每个参与者来说，所有的班级活动都是重要的。

团队合作意味着教学团队中的每个人都分担班级中的所有责任。当团队合作有效开展时，外来的参观人员将难以分辨出谁是教师、谁是助教。

良好的人际沟通使团队合作成为可能。团队认识到，领导者负有全面的责任，但愿意与成员朝着共同的目标一起努力。团队成员彼此信任、相互尊重，所以出现问题时，团队成员能够沟通问题，并在友好的团队会议氛围中共同解决问题。

克服团队问题

问题会时不时地出现。当两个人或更多人在同一个班级、与同一批幼儿和同事长期密切共事时，难免会发生冲突。团队有责任花时间解决这些问题。当出现问题时，团队需要从幼儿园里推举出班级之外的某个人，让他主持一次非正式对话。这个人可以是园长、教育协调员、家庭工作者或者团队认可的其他任何人。表12-5列出了举行这种会议的指导原则。

表12-5　团队问题解决会议的指导原则

1. 从幼儿园里推举出班级之外的某个人，担任团队负责人。
2. 让每个团队成员写一份简短的记录，包括以下内容：
   - 在过去一个月内团队中的一次积极行动或成就；
   - 一个自己担忧的需要讨论或采取行动的领域；
   - 值得整个团队来解决的任何问题。
3. 让负责人收集并阅读这些内容，运用良好的倾听和沟通技巧，主持一次开放式讨论。
4. 负责人总结：
   - 讨论了什么内容；
   - 达成了什么共识；
   - 要做什么，由谁来做。

为了奠定基调，负责人在会议开场时以书面形式分享取得的积极成果。参与者可以随时补充想到的其他积极成果。然后，负责人选择一个焦点问题，并进行公开讨论。无论最终达成什么样的决议，都可以记录在大白纸或黑板上。

团队发现，每个人将写有"担忧的领域"的纸条交给负责人，这种做法有助于化解不良情绪，并让他们客观地陈述自己的情况。每月都举行这样的会议，而不仅仅是在出现问题时才亡羊补牢。这种例会也有助于防止人际问题恶化，发展成为重大的沟通障碍。一旦解决了这些问题，就该着手进行课程的实际规划了。

采用生成性课程

什么是"生成性课程"？它与通常为幼儿园计划的传统课程有何不同？生成性课程产生于教师与幼儿的想法、活动和兴趣，而不是像传统意义上那样由教师独自提前制订计划。教育计划及其实施方式在学前教育项目中常被称为"课程"。

基于生成性课程的学前教育项目通常是以一般或特定的主题为出发点，教师和幼儿一起头脑风暴产生的，然后从那里展开，随着时间的推移而不断发展并根据幼儿的兴趣和想法进行调整。这类课程主题是宽泛的话题，为课程提供了一个全面学习的焦点。它们关注的是幼儿及其世界，而不像社会研究和语言艺术这样的学术科目。为了支持每个主题，教室的活动区为幼儿个体和小组提供了特定的学习活动，从而为该项目提供了一种整合的方法。

课程主题可以从许多方面产生：教师或幼儿表达的兴趣、科学项目、喜欢的图书、新闻、假期、家庭关心的问题或与幼儿发展相关的话题。目前许多幼儿园使用的一个热门主题是环境以及我们如何利用环境。转换成幼儿的用语，其中一个主题是"地球养育了我们，我们必须爱护地球"。你和你的团队如何将其转化为适合幼儿的持续活动呢？

◎ 在计划中使用课程网络图

目前许多幼儿园在探索广泛的课程理念，并将其转化到活动中，这一过程被称为"网络图"。团队成员（多数情况下是幼儿）在计划环节能够通过头脑风暴产生很多想法。团队负责人在大张纸或黑板上写下表达这些想法的单词，将每个单词用线与从中衍生出的词汇连接起来，最终形成一幅看起来像蜘蛛网的主题网络图。

通过网络图帮助规划课程有什么好处呢？这个过程可以而且应该邀请幼儿甚至是家长通过头脑风暴产生新想法。这个结果被称为"生成性课程"，它是从成人与幼儿构成的班级共同体的需要和兴趣中产生的。

例如，为了制作一幅关于"我们必须爱护地球"的主题网络图，负责人在一张大白纸的中间写下"爱护地球"，并要求小组就这个主题进行头脑风暴。当负责人提及这个话题时，他从最初的主题词画线连接到由此产生的次主题。第一个非正式的主题网络图可能就如图12-1"课程网络图——爱护地球"所示。

接下来，团队考虑产生的所有想法，以决定从哪里开始设计实际的班级活动。这些主题或次主题是否引起了设计者的共鸣？幼儿呢？有哪些幼儿对这里面的哪些话题表现出强烈的兴趣？你自身可能对某个特定的话题不太了解，但如果对幼儿来说很重要，你可以和他们一起学习相关内容。听听他们在计划环节要说什么，一定要把他们的想法记录在这幅网络图中。

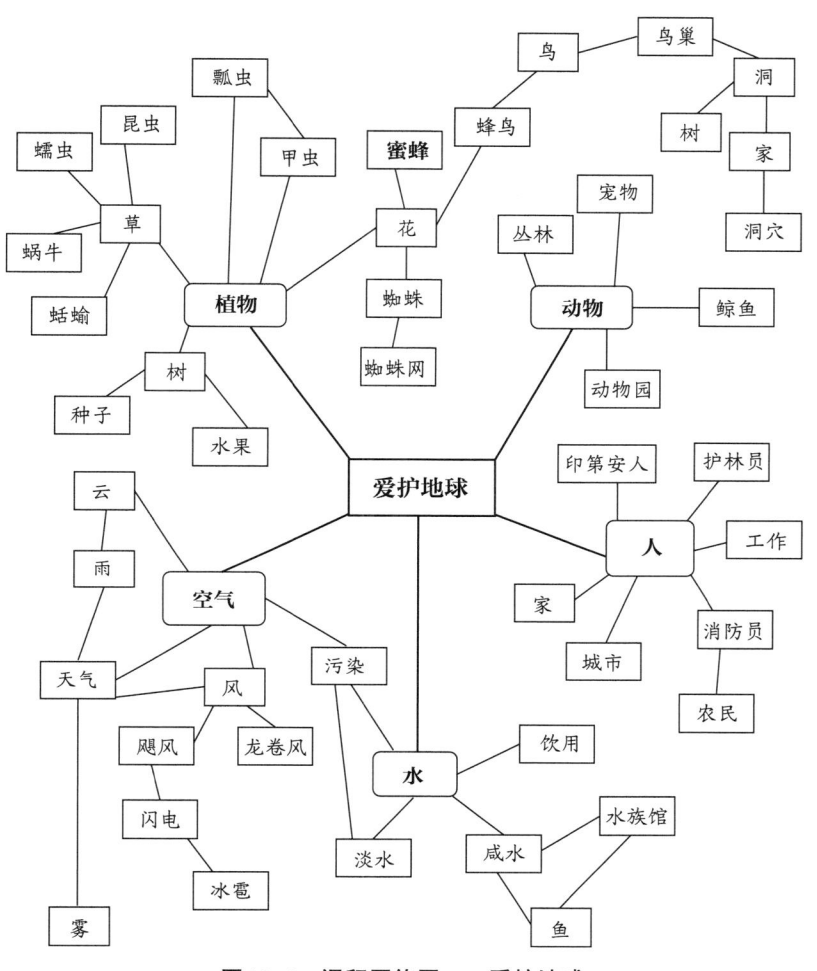

图 12-1 课程网络图——爱护地球

幼儿对课程网络图的反应

幼儿对网络图的兴奋反应常常让教师感到惊喜。当幼儿发现自己有发言权的时候，他们会想到各种各样不寻常的事情。其他明白这是怎么回事的幼儿，很快就会让大家都明白这是怎么一回事。"你必须说一些和其他单词有关联的词。你不能说火山，因为没有词能跟它关联在一起。"

然后马塞拉开口说："我家里有一本书，里面有一张真正的网。它讲的是关于一只蜘蛛在织网。我明天就会把它带来。"她带来了卡尔（Carle，1984）的经典绘本《忙碌的蜘蛛》(The Very Busy Spider)，这成了探索蜘蛛的绝佳契机，在接下来的几个星期里可以探索昆虫、蝴蝶，最后还可以探索蠕虫、蜗牛和鼻涕虫。这个话题不是教师在预设课程时所考虑的主题。但是当他们注意到幼儿对收集院子里的蜘蛛、昆虫和蝴蝶的想法有极大的兴趣时，他们也加入了这个话题。

◎ 将幼儿的兴趣融入主题课程

现在该怎么做？既然你已经深入挖掘了一个幼儿非常感兴趣的话题（蜘蛛），那么你该如何将它融入主题活动中呢？这位教师想带幼儿进行一次实地考察，让幼儿参与到这一新的话题中。教师认为，观察和触摸真实的事物是使幼儿对一个主题产生浓厚兴趣的方式。书中的虫子看起来很吸引人，但它们在现实生活中是什么样的呢？

◎ 实地考察

马塞拉所在的班级进行了几次实地考察，以体验富有生命力的地球。每次五六个幼儿一起外出，到院子里寻找蜘蛛和昆虫，而其他幼儿则在教室里看书或听故事，直到轮到他们出去寻找昆虫。一名教师提前检查了院子，以确保周围没有碎玻璃和其他危险的动物。然后，教师为每个幼儿准备一个塑料瓶和一个网子，用来搜集昆虫。他们会远离黄蜂和蜜蜂。一旦他们这组幼儿结束了，下一组幼儿就可以出去了。

◎ 观察并记录幼儿的发现

最后，幼儿发现了许多蚂蚁、两只蜘蛛、一只蟋蟀和一只瓢虫。在幼儿把昆虫放进他们准备好的玻璃瓶之前，他们试着观察收集瓶中的昆虫，了解每一种昆虫的情况。一名教师帮助他们为每个瓶子贴上所装昆虫名字的标签，然后收集者在标签上添上自己的名字。每个幼儿都有一个笔记本用来记录昆虫的样子，以及他观察到的其他事情。教师把这个过程称为"做记录"（documenting）。画出一只昆虫很简单：画1个圆或者椭圆，加上伸出来的6条腿（蜘蛛是8条腿），然后在一端画上眼睛或触角。要写有关昆虫的内容比较难。有些幼儿能拼单词，但大多数幼儿需要教师帮忙，教师可以帮忙把他们说的一两句话记录在他们的笔记本上。

幼儿怎样才能发现更多关于昆虫的秘密呢？教师告诉他们：观察每只昆虫的时间越长，发现的秘密就越多；观察得越仔细，能发现的东西就越多。教师拿出几个放大镜供幼儿使用。刚开始，大家都不知道要观察什么。很快，达蒙发现他的瓢虫会飞。它的背壳（翅鞘）分成两半，然后翅膀就出来了。每个幼儿都想观察一下。这使所有的幼儿都更仔细地观察他们的昆虫和蜘蛛。

关于整合课程的引导性图书

再制作另外一幅课程网络图，让每个人都有机会进行头脑风暴，激发出好的想法作为课程的基础。因为这位教师喜欢用图画书导入课程活动，所以她决定让同事们和幼儿进行头脑风暴，用一本有关蜘蛛的图书作为网络图的中心。然后，把他们从这本书中获得的想法落实到教室里的各个活动区中。

像这个班级所做的那样，用一本图书来贯穿整个课程，而不仅仅是为了导入一项活动。你需要选择一本你觉得能吸引幼儿注意力的书，书中含有以原汁原味的方式呈现的适宜内容，并能让幼儿百听不厌。有一套自然史图书就是以这种方式向幼儿讲述蜘蛛、昆虫和其他爬行动物的内容——艾伦和亨弗里斯（Allen and Humphries，2000）的"后院系列丛书"。

每一本书都呈现一个简单的故事，故事以第一人称的语气讲述了你（昆虫）是如何出生的，会长成什么样子、吃什么、做什么或寻找什么。事实上，幼儿可以在他们的戏剧表演游戏中假扮那只动物。对幼儿来说，这是一种个性化体验，也使学习变得更为真实。当你设计生成性课程时，一定要：

1. 针对参与的幼儿进行个性化设计。
2. 把活动区创设成幼儿可以自己探索发现的区域。
3. 倾听幼儿对他们正在做的事情的想法，这样你就会知道接下来会发生什么。

在这位教师深入开展活动之前，他们收集了几本其他的图书，计划用在蜘蛛和昆虫这个话题中。

《你是瓢虫吗？》（*Are You a Ladybug?*，Allen & Humphries，2000）；
《你是蜘蛛吗？》（*Are You a Spider?*，Allen & Humphries，2000）；
《忙碌的蜘蛛》（*The Very Busy Spider*，Carle，1984）；
《甲虫字母书》（*The Beetle Alphabet Book*，Pallotta，2004）；
《蜘蛛日记》（*Diary of a Spider*，Cronin，2005）；
《我爱小虫子！》（*I Love Bugs!*，Dodd，2010）；
《蚯蚓日记》（*Diary of a Worm*，Cronin，2003）；
《在一块石头底下》（*Under One Rock*，Fredericks，2001）；
《啊！蜘蛛！》（*Aaaarrgghh! Spider!*，Monks，2004）；
《与瓢虫面对面》（*Face-to-Face with the Ladybug*，Tracqui，2002）；
《小小的蜘蛛》（*Itsy Bitsy Spider*，Toms，2009）；
《大甲虫》（*Beetle Bop*，Fleming，2007）；
《超级瓢虫大营救！》（*Super Ladybug to the Rescue!*，Van Genechten，2013）。

在上述图书中，幼儿最喜欢的是《我爱小虫子！》。幼儿就喜欢吓唬自己！

《我爱小虫子！》（*I Love Bugs!*，Dodd，2010）是一本押韵的、节奏感十足、可以大声读出单词的图书，全班幼儿几乎都会牢牢记住，又大又滑稽的图片上写着"flouncy, frilly, flutter bugs, and silly clitter-clutter bugs"。但他们迫不及待地要看最后一张黑色页面——天花板上挂着一只毛茸茸、八只脚的虫子！然后他们就会像书里的男孩一样，起身、尖叫着到处跑。

在听完教师讲的《你是蜘蛛吗？》这本书后，幼儿准备再来一次头脑风暴，探讨如何将这本书导入活动区的活动中以及可以开展哪些活动。图12-2展示了头脑风暴的结果。

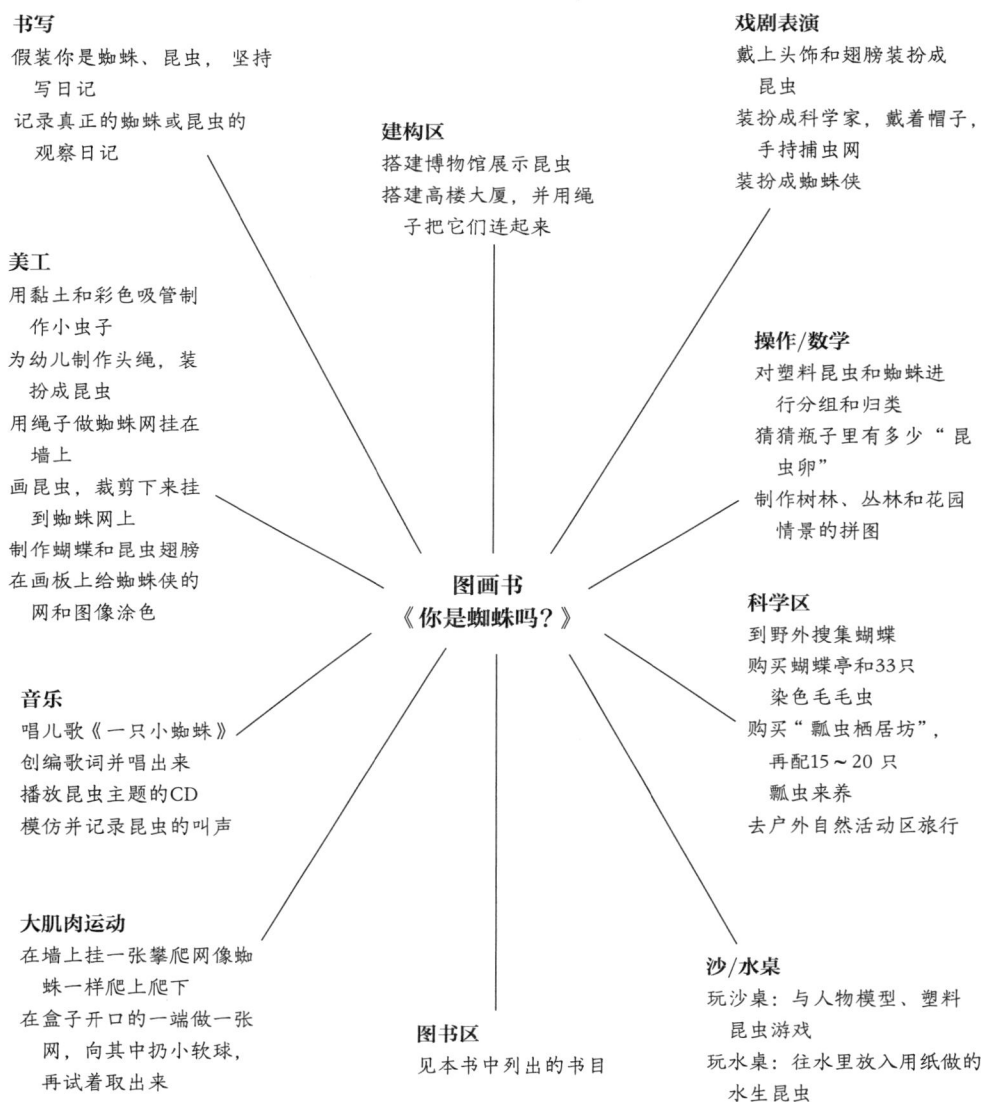

图12-2 《你是蜘蛛吗?》活动区课程网络图

当其他同事和幼儿进行头脑风暴时,教师把他们谈论的内容写在黑板上,而没有归到主题之下。之后,教师将内容进行整理,并列在了图12-2所示的各个活动区下面。从这些想法开始进行活动,然后,随着幼儿学到的有关蜘蛛和昆虫的内容越来越多,他们将会创设出新的活动。当幼儿更加深入地参与主题学习时,教师也会认真地把幼儿提出的问题记录下来。例如,在听了《你是瓢虫吗？》这本书之后，幼儿想知道为什么瓢虫的颜色这么鲜艳，而蚜虫却并非如此。这个问题引发了一系列新的活动。这一次，教师写了一个更为正式的单元教案，探讨的是"为什么瓢虫的颜色这么鲜艳，而蚜虫却并非如此？"（见表12-6）。

表12-6 "为什么瓢虫的颜色这么鲜艳，而蚜虫却并非如此？"的教案

话题	昆虫的颜色有什么作用——信号或伪装
主题	为什么瓢虫的颜色这么鲜艳，而蚜虫却并非如此？
目标	让幼儿了解为什么瓢虫是红色的，而蚜虫却是绿色或无色的。
材料	红色手工纸、黑色签字笔、透明塑料片、剪刀
课程	每次为一组幼儿阅读《你是瓢虫吗？》这个故事，让幼儿仔细观察图片。瓢虫的幼虫长什么样子？它为什么长有红黑斑点的壳？蚜虫长什么样子？它们会变色吗？现在让幼儿玩瓢虫—蚜虫游戏"我能找到你"。一组小朋友扮演瓢虫，另一组小朋友扮演蚜虫。瓢虫需要在红色的纸上画小圆圈，剪出来，然后在上面涂点。蚜虫需要在透明塑料纸上画小圆圈，剪出来。数一数，确保每样数量相同。现在每个小组需要在教室里走动，在不让其他人看到的情况下，把纸质昆虫藏在视线可及的地方，不要把它们放在任何东西下面，而是把它们放在无遮挡的地方。现在给每个小组一个篮子，让幼儿在教室里尽可能多地收集另一组的昆虫。他们是找到了更多瓢虫还是蚜虫？有找到更多瓢虫的理由吗？理由是什么？是的，瓢虫因为颜色鲜艳而更容易被发现。蚜虫很难找到，因为它们没什么颜色，或者像它们所吸附的植物一样是绿色的。我们说它们是"伪装的"，或者用它们的颜色来隐藏。但是瓢虫可以通过嗅觉或视觉找到它们。瓢虫不需要伪装。它们鲜艳的色彩还传递着另一层信息：红色对其他想吃它们的昆虫或鸟来说意味着"停下，别过来！"，因为它们的味道很糟糕。其他颜色有什么含义呢？比如，绿色有什么含义呢？
活动延伸	改天阅读《与瓢虫面对面》这本书。幼儿学到了关于瓢虫的哪些新内容？他们想要像这本书里所描述的那样养一些瓢虫，然后把它们送给有花园或菜园的人，用来消灭园子里的蚜虫吗？蚜虫特别喜欢玫瑰。他们是否愿意制作一对像第一本书中所展示的瓢虫翅膀，然后玩"瓢虫，瓢虫，飞回家"的游戏？

第十二章 进行课程管理

阅读完《你是瓢虫吗？》这本书后，教师采访了这个女孩。

在日程安排中管理时间

教师经常想知道一项活动应该持续开展多长时间，或者在一个特定的主题上他们应该花多少时间。在制订班级计划以应对一日活动时，请特别注意一天中最长和最重要的活动时段——自由选择时间。幼儿大部分时间在这个环节度过，在活动区中工作、游戏、听别人阅读图书，并在活动桌上参与美术、手工艺、科学、烹饪和操作活动。这些活动应该持续多长时间？每天的时间长度应该一样吗？还是需要根据具体情况来改变？

你需要关注幼儿的反应。只要幼儿表现出兴趣和热情，就让活动继续进行。当幼儿的兴趣减退时，就需要在不同活动区加以调整，使用从头脑风暴中获得的其他想法，尤其是采用幼儿自己的建议。在生成性课程中，事情之间是关联的，正如你的计划中所做的那样。

如果你在活动区投放了主题需要的材料并设置了相关的活动，那么活动区本身就是综合课程的框架。没有必要马上调整整个班级活动区，而是随着兴趣和需要的出现，尝试为各个活动区增加新的昆虫活动。通过脑研究发现的幼儿学习，对欧洲幼儿园的研究以及我们自己对班级中幼儿行为的观察，可以得出如下结论

- 真正的学习需要花费时间（比我们意识到的更长）。
- 真正的学习需要连续性和重复性（比我们意识到的更多）。
- 幼儿通过有趣的自我探索来实现最佳学习。
- 当幼儿迫于压力而加快行动时，会出现学习问题。
- 如果我们提高自己的期望，给幼儿时间、自由和机会，让他们自己选择和从事活动，幼儿就能比我们意识到的要做得更多。

管理时间块

许多幼儿园常常采用"时间块"的形式来安排活动流程，这是一种简单而有效的方法。"时间块"是指没有特定的时长的一段时间，每天发生的顺序大致相同，但在这段时间内能够灵活地允许很多事情发生。许多幼儿园常用的时间块包括以下这些。

1. 入园
2. 活动起始圈
3. 自由选择时间（上午）
4. 加餐时间（上午）
5. 户外活动
6. 故事时间
7. 午餐时间
8. 午睡时间
9. 加餐时间（下午）
10. 自由选择时间（下午）
11. 活动结束圈
12. 离园

如果你所在的幼儿园是半日制幼儿园，那么幼儿在午餐之后离园。如果半日安排中不包含午餐环节，你可以增加一个结束圈，之后幼儿就可以离园了。在你的日程安排中，每个时间块的长度和次序取决于你们的目标、幼儿的需要及日常情况。

第十二章　进行课程管理

◎ 时间块的好处

使用时间块的一个好处是灵活。尽管时间块的顺序保持不变，但其长度可以根据实际情况进行改变。例如，入园通常需要花费每天早上 15 分钟的时间。但偶尔校车会晚点，所以入园时间可能延长到 30 分钟或更长时间。你可能会决定在那天早上取消自由选择环节，直接进行户外活动，因为幼儿已经被困在校车上太久了，他们需要到户外释放他们被压抑的精力。改天，你可能会发现幼儿太活跃了而无法开展圆圈活动。这时他们真正需要的是到操场上跑几圈。

换句话说，时间块并不会把你束缚在特定的时间里。相反，它注重的是活动本身及其顺序。它的灵活性使你和你的同事可以在某个时间段内计划各种活动。它不会把你固定在规定的日程安排中，例如，要求加餐时间必须在上午 10 点进行。你所知道的加餐时间是在户外活动之前，如果你决定在天气炎热时为户外的幼儿提供果汁作为加餐，那么加餐和户外活动就可以同时进行。

采用时间块的另一个好处是其内在的平衡。按照安排特定时间块的顺序，你可以很轻松地交替进行不同类型的活动。同样重要的是，通过使用时间块，项目保持了稳定性。同样的时间段在每天大致以相同的次序发生，这有助于增强幼儿的安全感。为了享受各种各样的活动，幼儿需要这种他们能理解的、感到舒服的结构。一旦你确定了一般时间段的顺序，就制作一个简单图表来呈现每个时间块，这样幼儿、志愿者和参观者就可以一目了然地知道发生了什么事情及何时发生。

最后，时间块为班级工作人员提供了一个简单的课程管理系统。如果实习生、养祖父母和其他志愿者也能有准备地理解和适应每天的日程安排，他们就会感到更加自在。

◎ 瑞吉欧·艾米利亚幼儿园的时间管理

美国教育工作者访问了世界各地的幼儿园，以获取关于幼儿教育最有效的新理念，并将我们国家的幼儿园与其他国家的幼儿园进行比较。访问意大利瑞吉欧·艾米利亚幼儿园的美国参观者，一开始会被低龄幼儿的高艺术水平和书写水平震惊。随后，他们发现这里的幼儿可以自己选择活动内容，而且只要幼儿愿意或需要就可以一直进行，有时持续几天，甚至数周（Gandini，2002）。

这是否意味着美国的幼儿园应该完全放弃时间块的概念，每天开放较长的工作或游戏时间，让幼儿在这段时间对某项活动一探究竟呢？不一定。观察者开始意识到，重要的不是幼儿的作品，而是幼儿创作艺术或书写活动的过程。因为瑞吉欧幼儿园十分重视这一过程并给予了幼儿充足的时间进行这个过程，以至于幼儿取得的成果非常出色。观察者还发现，许多欧洲人比美国人在时间方面更宽松。

也许，不是要延长或取消时间块，美国的幼儿园教师应该考虑让同样的活动在时间块内持续一两天以上，因为他们意识到，幼儿的经历需要多次反复，这样他们才能从这个过程中学有所获。

不管你最终决定如何安排班级日程，都请你仔细观察幼儿如何利用时间。当幼儿园强制幼儿停止他们正在做的事情而转向其他事情时，可能就阻碍了幼儿的学习过程。当幼儿表现出很不情愿停止或改变他们正在做的事情时，你就会知道这种情况正在发生。你所在的幼儿园发生过这种情况吗？相反，有些时间段可能需要缩短，因为幼儿已经完成了他们的活动，看起来漫无目的地在寻找新的事情来做。

你应该根据幼儿的兴趣和需要，而不是基于教师的方便，来安排幼儿园里的时间。仔细地观察幼儿的行为，能帮助你决定时间块所需时间的长短。

评 估 结 果

◎ 幼儿观察

如何判断你的计划是否成功呢？评估计划结果要求你收集关于幼儿及其行为的信息，就像你进行需求评估所做的一样。他们参与了哪些活动区？他们不喜欢哪些活动区？他们对进行的活动有什么看法？他们能够轻松地完成这些活动吗？

这些活动是否能长期维持他们的兴趣？他们热衷于做什么？他们从这些活动中学到了什么？这些问题与你在初始评估时提出的问题相同。

有关活动是否成功的信息可在每周的团体会议期间收集。团队成员可以报告他们所负责的活动情况、工作方式，以及幼儿达到了什么水平。在每天的结束圈（closing circle）活动时，每个幼儿诉说他们当天所做的和所喜欢的事情，班主任会把这些信息记录下来。在为下周做计划时，班主任可以与团队分享这些信息。如果个别幼儿出现了问题，团队成员可以计划在几天内为这名幼儿进行短时间的观察和记录。

工作人员在观察幼儿时需要避免太引人注目，同时对幼儿的特定需求予以特别的关注。对幼儿与材料和其他幼儿互动的观察可以记录下来，作为幼儿行为、语言的持续性记录，或者用于检核表上行为的核对检查。就像初始评估时那样，你需要收集观察数据，这不仅可以帮助幼儿，也可以帮助同事评估生成性课程。一定要花足够的时间多观察几次。全美幼教协会（NAEYC）确定的关于儿童发展评估的标准如下。

全美幼教协会（NAEYC）课程标准：儿童发展评估

描述一下你所在的幼儿园将如何达到以下标准。

◆ 教学团队每周至少开一次会，解释和使用评估结果，使课程和教学实践符合儿童的兴趣和需要。

资料来源：NAEYC. (2008) *NAEYC Early Childhood Program Standards and Accreditation Criteria: The Mark of Quality in Early Childhood Education.* Washington, DC: National Association for the Education of Young Children (NAEYC). Copyright © 2008®. Reprinted with permission.

◎ 观察马塞拉

一名工作人员观察了马塞拉，以了解她是否在引入蜘蛛和昆虫的主题之前到她曾避开的活动区进行活动。观察结果是肯定的。她是大多数区域活动中的领导角色。"马塞拉的活动区参与检核表"（见表12-7）的结果被用来计划马塞拉和其他幼儿的后续活动。

表12-7 马塞拉的活动区参与检核表

幼儿姓名　马塞拉　　　　　　　日　期　5月14日、15日
观 察 者　塞尔玛　　　　　　　时　间　9:00—12:00

1. 幼儿在积木建构区
____ 搬运积木，装、卸，但不动手搭建
√　 在地板上把积木平铺成排，或垂直堆叠
____ 把两堆平行的积木连接起来搭建积木桥
√　 给搭建的房子命名，并用它们来玩游戏

2. 幼儿在图书区
√　 谈论图画书中的图片
√　 假装阅读
√　 能复述故事
√　 认识一些单词

3. 幼儿在表演区
√　 扮演一个角色（假扮成某人）
√　 假想有某个东西
√　 假想某个虚构的情景
√　 在游戏中用语言交流

4. 幼儿在大型运动区
____ 在一块木板上保持平衡
√　 轻松地攀爬
√　 双脚并拢跳过障碍物
√　 用沙包或球击中目标

5. 幼儿在操作/数学区
√　 按颜色对物品进行分类、匹配
√　 按形状、大小对物品进行分类、匹配
√　 数出一组物品的数量
√　 轻松地完成拼图

6. 幼儿在美工区
√　 用画笔画画
√　 会使用剪刀
√　 恰当地使用糨糊或胶水
√　 画出人或物的形象

7. 幼儿在音乐区
√　 唱歌或自编歌曲
√　 和别人一起唱歌
____ 做出创造性动作
√　 演奏节奏乐器或玩具乐器

8. 幼儿在科学区
√　 运用感官观察新事物
√　 使用科学工具（磁铁、放大镜等）
√　 问有关材料的问题
√　 照顾动植物

9. 幼儿在沙/水区
____ 正确地使用工具、玩具
____ 遵守规则和界限
____ 分享或轮流使用材料
____ 创造性地使用材料玩假装游戏

10. 幼儿在木工区
____ 自信地操作工具
____ 钉钉子
____ 用木头制作东西
____ 遵守规则和界限

11. 幼儿在书写区
____ 涂鸦
√　 临摹字母
____ 颠倒地写名字、个别字母
√　 正确地写名字、一些单词

从表12-7可以看出，马塞拉确实参与了大多数活动区的活动。只有那些没有投放新材料和新设备的活动区没有吸引到马塞拉。但仍有一项重要的课程结果有待评估：她和其他幼儿学到了什么？课程的主题之一是"地球养育了我们，

我们必须爱护地球"。当幼儿学习了昆虫的知识后，他们明白了该如何关爱地球吗？或者，连昆虫也是关爱地球的吗？教师怎么才能知道呢？

评估访谈

园长建议教师可以直接访谈幼儿。她说，当幼儿操作材料时，教师可以单独访谈一个或一对幼儿，这样往往会引出通过其他手段无法获得的重要信息。

教师决定给个人或小组阅读一本图画书，然后询问幼儿关于这本书的想法，这可能是一种方式。图画书可以用来导入许多活动，幼儿对图画书的理解情况将有助于回答关于"幼儿是否真正懂得爱护地球"的问题。他们特别想采访马塞拉，但不知道她是否能大胆回答他们的问题。她和工作人员在一起时不像和其他幼儿在一起时那样敞开心扉。他们能不能给一组幼儿（包括马塞拉在内）读一本图画书，然后向所有的幼儿提问呢？

教师决定重读一本书，对马塞拉和另一名幼儿进行采访。她知道，即使在非正式访谈中也要遵守一定的规程（见表12-8）。教师选择了阅读《你是瓢虫吗？》这本书，这是马塞拉最喜欢的书，但另外一个幼儿没有读过这本书。

表 12-8　图书评估访谈的规程

1. 选择一本带有幼儿感兴趣的人物角色的图画书
2. 提前阅读这本书，并准备几个关键问题
3. 与幼儿建立友好关系
4. 以令人兴奋和愉快的方式阅读这个故事
5. 通过自然交谈来引出对关键问题的回答
6. 以非威胁的方式进行探查
7. 追问意想不到的线索
8. 仔细倾听
9. 随后记录结果

以下是教师在阅读后提出的问题以及幼儿的一些回答：

● 如果你变成故事中的一只瓢虫，你喜欢做什么？

我想变成红色带黑点的样子。

飞。

避开鸟。

住在花上。

我不喜欢它。

● 你不喜欢做什么？

让我的皮肤裂开。

尝到恶心的东西。

吃蚜虫。

我绝不会变成一只虫子。

● 你为什么要吃蚜虫？

我不知道。

因为你依靠它们生存。

仅此而已。

蚜虫对瓢虫来说很美味。

太恶心了！

● 蚜虫是什么？

我不知道。

它们看起来很恐怖。

玫瑰花上到处都是蚜虫。

它们吃植物。

● 像你这样的瓢虫是怎么帮助地球的？

我不知道。

它们消灭了蚜虫。

它们让植物生长。

人们喜欢它。

教师对幼儿的回答感到非常满意。她认为幼儿认真地听了这个故事并理解了故事的内容。就连那个回答"我不知道"的幼儿，在马塞拉回答后也点了点头，还想再听一遍这个故事。这些表明，后续阅读对幼儿的理解不仅是必要的，也是有帮助的。当幼儿看到回答过教师问题的页面时，就会让教师停下来。她发现有些幼儿会混淆瓢虫幼虫和蚜虫，但他们最终还是能够分清。现在他们都想成为瓢虫！

根据评估安排后续活动

在与工作人员结束会议后，根据对幼儿的评估和所要开展的新课程主题，教师在各个活动区新增了内容。以下是活动区的清单、新增加的内容以及马塞拉在这些活动区的参与情况。

◎ 活动区新增内容

积木建构区

（该区新增内容：小塑料昆虫、车辆、人物模型；娃娃家家具；花园、农场和丛林的海报。）马塞拉每天早上都急急忙忙地来到这个活动区，还经常从家里带来小容器。她正在为受伤的昆虫搭建医院，里面还有房间和病床。她用这些小车作为救护车，来运送装在瓶子里的塑料昆虫。几个女孩和男孩也加入了这场精心制作的扮演游戏中。

图书区

（该区新增内容：后墙上的蜘蛛网；贴在蜘蛛网上的昆虫主题的书名；陈列的昆虫图书；大树形象的木偶，瓢虫、蜘蛛、蜜蜂和蝴蝶手偶。）与以往相比，更多的幼儿在这个活动区看书、玩木偶。教师也花更多的时间在这里为幼儿读书。马塞拉最喜欢的书是《你是瓢虫吗？》。

表演区

（该区新增内容：科学家的服装道具；放有显微镜、科学工具的桌子；幼儿尺寸的瓢虫、帝王蝴蝶和蜜蜂的翅膀。）马塞拉把这个区当作昆虫收集的"探险基地"，其他幼儿闹哄哄地跑来跑去扮演昆虫的角色。

大肌肉运动区

（该区新增内容：游戏隧道；彩色跳袋。）使用这个区的男孩仍然比女孩多，但是每个人都对马塞拉的新剧目感兴趣,即孵化出蛹(跳袋),或者爬出游戏隧道。

操作/数学区

(该区新增内容:八块昆虫拼图;昆虫七巧板;关于数数的图书《行进中的虫子》和175个虫子计数物。)马塞拉没有数数,但她喜欢拼昆虫七巧板带来的挑战。

美工区

(该区新增内容:昆虫和花朵的海报;大昆虫印章;大的拼贴集。)每个幼儿都喜欢昆虫印章,拿着它们到处给各种东西(他们的书写纸、日记和信封;图书除外!)盖章。马塞拉想到了用闪光、亮片、迷你绒球、触须和晃动的眼睛来装饰她印出来的虫子。最后,教师把印章收起来,鼓励幼儿绘画、装饰自己的昆虫。

音乐区

[该区新增内容:《虫子:读一读唱一唱大书》(*Bugs: Read It! Sing It! Big Book*)及其磁带;《虫子、虫子、虫子》(*Bugs, Bugs, Bugs*)的伴奏光盘;一张附有40首歌曲和歌曲名称图片的班级歌库CD。]马塞拉最喜欢《讨厌的苍蝇,别烦我》(*Shoo Fly, Don't Bother Me*)这首歌。她还演唱并录制了自己的虫子歌曲。

科学区

(该区新增内容:有20只活瓢虫的"瓢虫岛";放大镜和指示图;湖岸教具公司出品的"虫虫探索中心"。)马塞拉仍然喂豚鼠,但她最感兴趣的是瓢虫。她还缠着教师带她到院子里去收集更多的虫子(他们确实这么做了)。

沙/水区

(该区新增内容:无。)马塞拉仍然没有在这个活动区游戏。教师意识到,幼儿园需要添加一些与昆虫有关的材料来吸引她和其他幼儿。

木工区

(该区新增内容:无。)马塞拉仍然没有在这个活动区游戏,虽然她和老师们说过要建一个蝴蝶栖息地,但还得再等等。

书写区

（该区新增内容：新的书写桌，带有储存东西的柜子和可折叠的桌面；小昆虫印章；空白的书写和绘画日记本；可写可擦的白板和蜡笔；磁性字母和板子。）每个幼儿都蜂拥到这个区，报名使用这两把桌椅。马塞拉拿着她的白板去了另一张桌子，在白板上画满了虫子并附上了名字。

◎ 为后续活动做团队计划

对马塞拉的观察结果显示，她的发展水平领先于其他幼儿。对每个幼儿都应该用同样的方式进行观察和记录。然后，你需要和班级的团队成员一起总结和解释这些发现。记住，你正在观察一个幼儿的发展水平：他是如何使用你创设的活动区的？这个幼儿的优点是什么？简要记下几点。他的哪些领域需要加强？也把它们记下来。有什么方法可以帮助这个幼儿在检核表上留有空白的这些活动区获得提高？还有其他适合这个幼儿的活动吗？当你计划未来几周的活动时，团队成员可以给出他们的意见——不是单独挑出这个幼儿，而是把他的特殊需求整合到全班的计划中。当你评估每个幼儿的结果时，后续活动可以成为团队计划的一部分。

如果这个过程复杂而又费时，那么你要记住，每次只负责一个幼儿。你需要收集这些信息，以便在幼儿的发展和教职工的未来规划中提供帮助。首先，观察那些在班级活动区遇到问题的幼儿。当你让他们参与到提高他们技能的活动中时，你可以开始观察其他幼儿，同样是每次负责一个幼儿。让多名团队成员使用相同的观察表来观察并记录他们对幼儿的看法。然后他们可以在每周的会议上向团队的其他成员介绍他们的发现。在每个项目结束时，还有一个步骤。

◎ 存档

如果幼儿园以"生成性课程"为基础，并在主题设计中采纳了幼儿的建议，那么就需要记录计划的持续成果和最终结果。当所有的活动区都可以为其整体设计做出贡献时（就像它们对项目主题所做的那样），这样的文档保存并非难事。

教师、工作人员和幼儿需要记录每一步发生的经过，并记录方案生成时的内容。幼儿会在他们的日志或"瓢虫日记"中记录自己的经历。当活动完成后，活动的总体记录可以保存并显示在文档展板上。重要的是要使用幼儿自己的文字、照片、图片，以及他们制作的艺术作品、阅读过的图书书名以及其他任何适宜的信息。

其中一个班级使用"《你是蜘蛛吗？》活动区课程网络图"（见图12-2）作为每周一本新书的文本展板。他们用彩色纸装饰公告栏，并在展板中心贴了图书的护封。然后，用一张黑色的网（绳子）从中间连接到展板周围标出的各个活动区，在每个活动区的名称下，幼儿贴上了自己与之相关的作品。例如，对于图书《啊！蜘蛛！》（*Aaaarrgghh! Spider!*，Monks，2004），幼儿帮助制作或拍摄了以下活动区的示例：

书写区
挂在蜘蛛网上的标语：
"我想做你的宠物"
"请让我做你的宠物！"
"我是一只优秀的家庭宠物！"

音乐区
幼儿戴着蜘蛛手偶跳舞的照片

沙水区
塑料蜘蛛漂浮在海绵上的照片

表演区
塑料蜘蛛准备扑上去吃盘子里的塑料苍蝇的照片

积木建构区
塑料蜘蛛骑车去搭积木的照片

大肌肉运动区
上面坐着塑料蜘蛛的三维小秋千

美工区
黑色背景纸上有银色的蜘蛛网；这些网是由涂有银色闪光粉的胶棒绘制的

完整的文档展板上写着标题"一只蜘蛛能当宠物吗？"，在这个标题下有一个副标题"让这只蜘蛛成为宠物的理由"。其中，还列出了幼儿的讨论，包括：

人们为什么害怕蜘蛛，蜘蛛如何帮助人类，你为什么不应该害怕蜘蛛。教师拍摄了每个板块的照片，作为蜘蛛／昆虫主题活动的成果记录。

该班的教师知道评估在课程管理中的重要作用。首先，只有采用像表12-2"活动区参与检核表"这样的需求评估工具，观察和记录幼儿的需求和兴趣，教师才能开展这样的生成性课程；其次，在团队的帮助下计划和实施每一个主题活动；最后，用同样的检核表做最后的评估。

本章小结

观察、记录和解读幼儿的需要和兴趣

课程计划始于对幼儿的需求评估，为此，教职工和家庭成员需要观察、记录和解释幼儿的需求。观察和记录的一种简单方法是，在学年初和学年末先后使用像"活动区参与检核表"（表12-2）这样的检核表。然后，在团队计划会议上，教职工解释结果并做出进一步的计划。

计划并实施生成性课程

从幼儿和教师的兴趣、需求、科学方案、受欢迎的幼儿图书，或与幼儿发展相关的话题中可以发掘生成性主题。教师可以通过生成性主题来计划生成性课程。然后，在活动区投放材料来支持课程主题并整合到预设的活动中。

在日程安排中管理时间

管理时间和如何合理运用时间是计划的另一个重要方面。使用时间块展示各个活动的顺序比起为活动设置特定时间的日程表更为有用。幼儿不应该被强迫匆忙地完成活动。相反，教师可以根据具体情况，延长或缩短时间块的时间长度。

评估结果

评估课程活动的结果需要教师收集有关幼儿的信息，正如他们通过观察和记录对幼儿进行初始需求评估一样，但也需要进行评估访谈和文档保存。

根据评估安排后续活动

采用表12-2"活动区参与检核表"对幼儿的活动进行后续评估，还有助于教职工了解，到目前为止幼儿已经达到的水平和需要做的事情。随着幼儿对后续

活动的参与，新的课程主题也会随之产生。在团队会议上分享这些信息，能够帮助团队为幼儿个体和整个班级进一步计划后续活动。

> **道德困境**
>
> 一位家长对班上正在研究蜘蛛感到愤怒，因为她的孩子特别怕蜘蛛。这位家长在一次家长会上大吵大闹，并威胁说如果教师不终止这项活动，就要让她的孩子退园。作为教师，这时你该怎么做？

你可知道

1. 幼儿如何参与班级管理？
2. 为什么要用彩色纸为幼儿做记录？
3. 在课程计划中为什么要使用表12-2"活动区参与检核表"？
4. 在课程计划中"幼儿的兴趣和需要"为什么很重要？
5. 如何解决团队问题？
6. 什么是"生成性课程"，它与传统课程有何不同？
7. 在计划中如何使用课程网络图？
8. 早上的自由选择时间应该持续多长时间？为什么？
9. 评估课程计划结果的最佳方式是什么？为什么？
10. 你如何知道自己需要在活动区新增哪些内容？
11. 你如何制作展示幼儿成果的文档展板？

学习活动

1. 至少阅读一本推荐读物。在你的文件夹中添加10张卡片，在卡片上写出你对于每日、每周、每月或每年计划的具体想法，并标注参考文献来源。
2. 参与团队计划会议。针对讨论及解决的话题做笔记。
3. 写出与两位团队成员会面并帮助他们解决人际关系问题的建议。

4. 和他人针对特定的话题进行头脑风暴，并制作一幅该话题的课程网络图。从网络图中选择一个次主题，制订一份计划，让每个活动区的活动都能够支持这个次主题。

5. 通过使用表12-2"活动区参与检核表"对某个幼儿进行观察和记录。解释结果并决定如何帮助该幼儿参与到特定活动区的活动中。

6. 以一本儿童图书为聚焦点，为各个活动区设计一幅课程网络图，并在此基础上开展活动。

7. 使用表12-2"活动区参与检核表"进行观察，并运用收集到的信息对当前课程进行评估。如何调整课程以回应存在的一些问题？

推荐读物

Andrews, N. (2015). Building curriculum during block play. *Dimensions of early childhood*, *43*(1), 11–15.

Guss, S.S., Horm, D.M., Lang, E., Krehbiel, S.M., Petty, J.A., Austin, K., Bergen, C., Brown, A., & Holloway, S. (2013). Using classroom quality assessment to inform teacher decisions. *YC-Young Children*, *68*(3), 16–20.

Hauggen, J. (2014). How to hold a creative staff meeting. *Exchange*, *36*(2), 80–82.

Schweinhart, L. & Dodge, D.T. (2015). Universal early childhood curriculum principles. *Exchange*, *37*(3), 78–82.

Seitz, H. (2008). The power of documentation in the early childhood classroom. *Young Children*, *63*(2), 88–93.

Vicars, D. (2014). Goals: Be smart: Good management begins with good people. *Exchange*, *36*(2), 42–43.

Whaley, C. (2007). Emergent, integrated curriculum: meeting standards in meaningful ways. *Dimensions of Early Childhood*, *35*(2), 3–10.

Wien, C.A. (2014). The power of emergent curriculum: Stories from early childhood settings. Washington, DC: NAEYC.

儿童图书

Allen, J. & Humphries, T. (2000). *Are you a butterfly?* Boston: Kingfisher.

Allen, J. & Humphries, T. (2000). *Are you a ladybug?* Boston: Kingfisher.

Allen, J. & Humphries, T. (2000). *Are you a snail?* Boston: Kingfisher.

Allen, J. & Humphries, T. (2000). *Are you a spider?* Boston: Kingfisher.

Carle, E. (1984). *The very busy spider.* New York: Philomel Books.

Cronin, D. (2003). *Diary of a worm.* New York: Joanna Cotler Books.

Cronin, D. (2005). *Diary of a spider.* New York: Joanna Cotler Books.

Dodd, E. (2010). *I love bugs!* New York: Holiday House.

Fleming, D. (2007). *Beetle bop.* Orlando, FL: Harcourt.

Fredericks, A.D. (2001). *Under one rock: Bugs, slugs, and other ughs.* Nevada City, CA: Dawn Publications.

Monks, L. (2004). *Aaaarrgghh! Spider!* Boston: Houghton Mifflin.

Pallotta, J. (2004). *The beetle alphabet book.* Watertown, MA: Charlesbridge.

Toms, K. (2009). *Itsy bitsy spider.* Berkhamsted, Hertforshire, England: Make Believe Ideas.

Tracqui, V. (2002). *Face-to-face with the ladybug.* Watertown, MA: Charlesbridge.

Van Genechten, G. (2013). *Super ladybug to the rescue.* New York: Clovis Publishing.

第十三章

促进教师专业化

学习目标

在本章你将学会：
- 促进幼儿园教师的专业成长。
- 履行早期教育专业职责。
- 对待幼儿、家庭和同事的行为符合道德准则。
- 利用每个机会促进教师专业发展。

第十三章 促进教师专业化

促进幼儿园教师的专业成长

什么是早期教育领域的专业人员？哪些行为会使一个人成为专业人员？无论你是一名大学生、助教、家长志愿者、儿童发展导师（CDA）的申请者，还是一名教师，这都是你需要认真考虑的一个重要问题。在这个特殊领域，专业人员需要具备哪些品质？期望你做的事情与你正在做的事情有何不同？

我们的专业组织——全美幼教协会（NAEYC），制定了早期教育专业准备的认证标准。这些标准可以总结为以下几点。

- 促进儿童的发展和学习。
- 建立家庭和社区之间的联系。
- 通过观察、记录和评估来支持儿童及其家庭。
- 利用有效的发展方法与儿童和家庭建立联系。
- 运用学科知识构建有意义的课程。
- 成为一名专业人员。

全美幼教协会（NAEYC）的网站将这些标准描述为，"向幼教从业人员提供了一个将新知识应用于关键问题的框架"。它们支持0—8岁儿童重要的早期学习目标，也支持关键的早期教育政策，包括专业资格审查、专业准备项目的认证、教师教育项目的国家审批以及国家专业发展体系。全纳教育和多样化教育的准备也要求符合这些标准。

◎ 成为一名专业人员

布雷德坎普（Bredekamp, 2013）认为，专业（profession）是一种需要专门训练或广泛教育才能从事的职业，通常需要拥有学位或资格证，或两者兼具。入职门槛是需要成为满足条件的专业人员。例如，大多数小学教师必须有学士学位和进入其领域的资格证，才会被认为是专业人员。

菲尼（Feeney, 2012）认为，专业人员具有专门的知识体系、进行长期训练、需要参与培训、具有实践标准、致力于服务社会的价值，被认为是社会上唯一能够履行职责、自治和道德准则的群体。

尽管大多数早期教育教师必须符合公立学校的标准，但学前教育（0—5岁）领域至今没有统一的教育要求。许多其他的幼儿教育机构要求他们的教师至少拥有副学士学位，助教至少要有儿童发展导师资格证书或同等学力证书。但事情在不断演变和变化。

早期教育领域本身已成为非正式认可的专业领域，且具有以下专业特点。

- 特定的知识领域。
- 专业协会。
- 道德准则。
- 专业标准守则。
- 培训、认证或学位要求。

本章讨论了专业发展的三个重要方面，这是许多早期教育专业人员达成的共识。要想成为早期教育的专业人员，必须做到以下几个方面。

专业发展的分类

1. 履行专业职责。

（1）获得该领域的基础知识。

（2）完成某种类型的培训。

（3）完成某种类型的服务。

2. 对待幼儿、家庭和同事的行为符合道德准则。

（1）对所有人表现出尊重。

（2）对所有幼儿表现出关心。

（3）尊重隐私。

3. 持续促进专业发展。

（1）参与继续教育。

（2）加入专业组织，阅读其出版物，并与同事建立联系。

（3）为该领域贡献一些价值。

第十三章　促进教师专业化

◎ 早期教育项目

早期教育领域涵盖面十分广泛，其主要包括婴儿保育、儿童保育、儿童教学、教师培训、卫生保健、特殊儿童保教、家庭参与和课程管理。这里的儿童包括婴儿和学步儿（0—3岁）、学龄前儿童（3—5岁）、入园前的儿童（4岁）、幼儿园儿童（5—6岁），有时还包括刚入小学的儿童（最多7岁或8岁）。

为这些儿童设计的项目包括在家庭、早期教育中心、商业和工业场所、教堂、医院、老年人中心、大学和军事基地等地方的儿童保育。它们也包括"开端计划"幼儿园、托儿所和学前计划、幼儿园和学前班项目，以及上学前和放学后的项目。这些项目由各种各样的机构管理，包括个人和公司、家长团体、社区团体、服务组织、工商界、公立和私立学校、宗教组织、军队、高等院校、医疗机构以及地方、州和联邦政府机构。

越来越多的人意识到，早期教育不仅惠及所有幼儿，也是他们顺利升学的必要条件。因此，早期教育领域正在不断扩大，以满足数量日益增长的在职父母、双语学习者、处于危险中的儿童和有特殊需要儿童的需要。随着对早期教育服务需求的增加，人们越来越关心提供给儿童的保教质量，以及所涉及的照料者和教师的资格。

◎ 关注点

家长们关注的是，全日制早期教育机构的缺乏、早期教育人员的专业素养和受教育程度、教育项目提供的活动以及他们自身的经济能力。教师和保育员关注的是收入太低，如何在专业领域提升自己，以及如何满足新的工作资质或许可的要求。

政府监管机构关注的是，如何确保所有早期教育项目都符合最低标准。专业团体关注的是，在各州对早期教育设施及其教职工的认证条例各不相同的情况下，如何确保高质量的课程。高等院校关注的是如何改变课程设置和学位要求，以满足新的州级规章和国家标准。这是快速发展的早期教育领域努力成为公众认可的专业所需要面临的一些问题。

◎ 助人为乐的职业

早期教育工作者对这一新兴职业所做的承诺非常重要。我们的专业是一个助人为乐的职业，这意味着我们必须把客户——我们服务的儿童和家庭——放在我们职业生涯的第一位。从实际意义上来讲，我们的承诺意味着可能需要早出晚归，以确保服务好班级和儿童；意味着如果校车抛锚或家长没来，我们必须把幼儿送回家；意味着如果班级有紧急情况需要处理，我们可能会错过喝咖啡休息的时间甚至是午餐时间；意味着我们可能需要在家花费时间来准备第二天的活动。

在我们的职业中，需要把我们的顾客——孩子，放在第一位。

换句话说，在我们的职业生活中，我们自己的需求是次要的。在任何一种助人职业中，专业承诺要求我们不计回报地自我付出。这意味着投入时间和精力。我们可能不得不加班，甚至在身体感到不适时也要工作，因为特定的情况需要我们继续工作。这种行为往往与半专业或非专业人员的行为截然不同。

通常，兼职人员或小时工会根据自己投入的时间来衡量他们的工作。他们可能不愿意应对那些在正常工作时间之外对他们提出的工作要求。相比之下，专业人员必须以更宽容的视角看待他们的工作要求，并愿意在需要的时候牺牲自己的时间和精力。在早期教育等领域，无私奉献而不求回报标志着你是这一领域真正的专业人员。

履行早期教育专业职责

早期教育领域的基础知识

各领域的专业人员必须熟悉和了解该领域的专业基础知识。在早期教育领域，专业基础知识包含了解早期教育的起源及其主要贡献者，如18—19世纪的卢梭（Rousseau）、裴斯泰洛齐（Pestalozzi）和福禄贝尔（Froebel）；20世纪初的蒙台梭利（Montessori）、普拉特（Pratt）和米切尔（Mitchell）；以及在心理学领域做出贡献的弗洛伊德（Freud）、格塞尔（Gesell）、埃里克森（Erikson）、皮亚杰（Piaget）、维果茨基（Vygotsky）和加德纳（Gardner）；美国21世纪之交的幼儿园和保育学校运动；第二次世界大战期间的日托运动；20世纪60—70年代反贫困战争中产生的"开端计划"和"补偿教育运动"；当前的普及早期教育运动；当今流行的特定课程模式，如班克街（Bank Street）课程、高瞻（Highscope）课程、蒙台梭利课程或瑞吉欧·艾米利亚（Reggio Emilia）开发的课程模式；以及当前对幼儿发展有影响的研究，如脑研究、发展适宜性实践、双语学习以及早期读写能力等。

此外，该领域的专业人员还必须具备儿童发展、健康、心理学、社会学、教育学、文学、儿童文学、美术、音乐、舞蹈、体育、特殊教育、多元文化教育以及英语学习等方面的知识，因为这些领域会影响幼儿及其家庭。全美幼教协会（NAEYC）列出了教师的标准。

> **全美幼教协会（NAEYC）课程标准：教师的教学准备、教学知识及教学技能**
>
> 描述一下你所在的幼儿园将如何达到以下标准。
>
> - 作为早期教育专业的成员，所有教师都了解并运用道德准则规范自己的行为。
> - 所有教师都至少拥有相关专业的学士学位或同等学力。至少有75%的教师在早期教育、儿童发展、初等教育或儿童早期特殊教育等方面取得学士学位或同等学位。
> - 助教具有高中文凭或高中同等文凭。50%的助教至少拥有早期教育资格证书或同等学力。所有的助教都至少有一个早期教育资格证，或者报考了获取早期教育资格或同等学力的资格考试。
> - 所有教师都有大学水平的受教育程度和（或）接受过专业发展培训，为他们与不同种族、文化和语言的儿童和家庭一起工作做好了准备。
>
> 资料来源：NAEYC. (2008) *NAEYC Early Childhood Program Standards and Accreditation Criteria: The Mark of Quality in Early Childhood Education.* Washington, DC: National Association for the Education of Young Children (NAEYC). Copyright © 2008®. Reprinted with permission.

专业人员还需要理解不同的儿童发展理论，如成熟理论、认知发展理论、行为主义理论、社会学习理论和建构主义观点。他们也应该了解布伦芬布伦纳（Bronfenbrenner）的生态学理论、加德纳的多元智力理论以及瑞吉欧·艾米利亚的"儿童的一百种语言"。他们还应该熟悉一些学习实践，如：发现式学习或探索式学习、项目式教学、生成性读写能力、生成性课程，使用适当的新技术，成为一名有志向的教师，并为幼儿提供所谓的"发展适宜性实践"。

发展适宜性实践

特别重要的是，该领域的专业人员应了解"发展适宜性实践"的指导方针。这是专业组织——全美幼教协会（NAEYC）提出的。"发展适宜性实践"要求教师了解幼儿及其生活的地方。教师的教学内容和教学方法必须与幼儿的年龄、个别差异相适应，同时还要与社会、文化、语言相适应。

跟随该领域的发展步伐

追随早期教育这一动态领域的发展是每位专业人员永恒的任务。真正的专业人员会努力通过各种方式了解该领域的知识，例如参加大学课程和工作坊，参加在职培训，阅读图书和期刊文章，邀请知识渊博的专家学者举办讲座，参加地方、州和国家会议，并参观其他具有特色课程理念的早期教育机构。

从业者需要不断地从专业期刊、政策文件或相关网站中阅读专业文献。以下是一些最权威的专业期刊。

《儿童教育》（*Childhood Education*，Association for Childhood Education International）；

《早期教育之维》（*Dimensions of Early Childhood*，Southern Early Childhood Association）；

《交流》（*Exchange*，Child Care Exchange）；

《幼儿》（*YC-Young Children*，National Association for the Education of Young Children）。

新知识

除了普遍认可的儿童学习与发展的知识外，专业人员必须始终对新知识保持开放的心态，这些知识可能是研究和技术的发现，可能是由世界各地的专业人员发现的，甚至是通过我们的观察由幼儿自己揭示出来的。令人惊讶的是，20世纪70年代，阿根廷的读写专家发现，幼儿可以在没有接受正式教育的情况下开始阅读和书写（Ferreiro & Teberosky，1982）。

实际上，幼儿是在告诉专业人员，在他们懂得如何阅读的情况下，进入幼儿园能够做些什么。然后由读写专家来了解这种情况是如何发生的，以及他们可以做些什么来支持幼儿"前阅读能力"的发展。例如，学习书写主要是幼儿的发现行为，还是需要教给他们呢？通常，专业人员要花很长时间才能将这种理论应用于实践。

我们必须时刻警惕可能出现的新观点和新方法。了解儿童发展的大门尚未关闭。我们对幼儿的了解也许只是冰山一角。很多年前，我们还认为婴儿和幼儿都是一块白板，等待着我们用知识来填补。现在我们意识到，幼儿与生俱来具有自己创造知识的能力。

现在我们讨论儿童发展需要考虑的六个领域：身体、认知、语言、社会性、情感和创造性。只有这些领域吗？还是在人类发展中存在我们尚未意识到的未发现的方面？你，作为这一领域的一名准教师，可能就是发现幼儿发展中一个完全被忽视的方面的人。

你可能是发现幼儿发展中被忽视方面的人。

我们需要更多地了解，幼儿最初如何运用大脑的右半球控制视知觉、感官刺激、情绪、整体思维、想象力、幽默、美术、音乐和创造力等方面；以及如何帮助他们过渡到成人思维模式，使用大脑的左半球控制分析、逻辑、顺序和抽象思维、阅读、书写和数学等方面。或者，我们一开始就应该反过来思考：成年人如何才能在自己的生活中重新获得大脑右半球的功能？也许幼儿可以教我们。

我们需要从积极的角度来审视当前儿童多动症现象的增加。该如何帮助他们呢？也许是我们与世界不同步，而不是儿童过于活跃。我们如何改变对待患有注意力缺陷/多动障碍（Attention Deficit/Hyperactivity Disorder，ADHD）的儿童的行为方式，从而对他们的生活产生积极影响？

新科技

新科技呢？它如何应用于早期教育？应该运用到早期教育中吗？"屏幕时间"多长会对儿童的健康和发展有害？儿童使用科技产品的优点是什么？其中一些设备包括智能手机、触屏平板电脑、交互式电子白板、多点触控桌、电子书阅读器、数码相机、手机摄像机、数码录音机和数字音乐播放器。如果儿童能自己学会使用这些新的设备，应该让他们在学习时使用吗？作为教师，我们该从哪里入手呢？

大脑研究是怎样的呢？神经科学家关于大脑发育、大脑中的化学物质、智力和语言起源的研究发现，需要转化并应用到我们应该如何教育儿童以及他们应该如何学习这两个方面。我们需要考虑每个领域中关于人类发展的大量新知识，以决定如何以及是否可以将这些知识应用于儿童的发展、教学和学习。

互教互学

如何将这些新知识应用到早期教育的课程中？早期教育领域的专业人员将是现在和未来应用这些知识的人。专业人员应该对这些新概念或新方式保持开放的态度。他们明白教与学是相互促进的：教师教儿童，但同时也向儿童学习。儿童向教师学习，同时他们也教给教师关于儿童的知识。所有专业人员可以通过保持对新思想的警觉，并与该领域的其他人分享灵感、期望和经验，来帮助拓展早期教育领域的知识库。

早期教育领域的培训机会

每个领域的专业人员必须要接受某种形式的正式培训。早期教育领域根据职位和各州的要求，需要进行不同类型和不同程度的培训或教育。保育工作者通常需要进行 12~18 学时的早期教育课程。教师通常需要获得 2 年或 4 年制的大学学位。

然而，许多儿童保育人员已经作为自己家庭的婴儿照看者，非正式地开启了早期教育职业生涯。然后，当她们自己的孩子进入儿童保育中心时，其中那些表现出对早期教育感兴趣或负责任的人可能会被要求到班级中做志愿者。如果这个早期教育机构有在职培训，她们就可以通过"开端计划"、当地社会服务部门或军事家庭儿童保育项目来接受培训，并最终拿到资格证书。

基于科技的网络学习

随着当前全国各地的学校、学院或大学对高科技教学的高度关注，自然而然也需要为准备走上早期教育教学岗位的学生提供网络学习。本书作者曾参加过一个为期 3 年的、非常成功的儿童发展导师远程教育培训项目，该项目来自南卡罗来纳州哥伦比亚市，名为早期教育专业人员发展网络（Early Childhood Professional Development Network，ECPDN）。每周电视卫星广播节目都会涉及《儿童发展导师与儿童一起工作的基本要点》（*Essentials for Child Development Associates Working with Young Children*，Washington，2013）一书中的主题，节目是现场直播，同时"开端计划"的观众和早期教育专家还可以进行现场互动。每周的跟进会议上，为参与者提供机会探讨观看节目后的想法。参加者必须完成书面作业，并在他们的课堂上应用所学的知识。美国西部的印第安人居留地和密克罗尼西亚的太平洋群岛的"开端计划"项目从这种培训中获益，而一些偏远地方则无法获得这种机会和资源。

线上院校培训

在过去的几年里，早期教育线上培训大规模扩展。全国各地的高等院校都在提供在线课程，以获得副学士学位和学士学位以及早期教育证书。这类证书可以用于助教等入门职位，但它们的分量低于幼儿园教师资格证，后者要求学生参与幼儿园实习，并完成课程作业。

许多远程学习项目依赖有线或卫星电视广播、计算机网络学习和在线培训

（流媒体、留言板、交互、动画和数据库）。虚拟现实仿真课程也很流行。"儿童保育研究所"就是一个远程教学机构，它提供100多门英语和西班牙语在线课程，包括儿童发展导师（CDA）课程。其他著名的在线课程有：阿什福德大学（Ashford University）、卡普兰大学（Kaplan University）、大峡谷大学（Grand Canyon University）和瓦尔登大学（Walden University）等推出的课程。由于许多学院和大学的课程多年来变化频繁，因此有必要通过网络直接与他们联系，以便了解更多的信息。对参与者来说，重要的是要了解：

- 这个项目是由美国教育部批准的吗？
- 它是由全美幼教协会（NAEYC）认证的吗？
- 它专注于一种还是几种教育哲学？
- 入学需要哪些课程或考试？
- 需要实习多长时间？

儿童发展导师

除了传统的早期教育培训模式外，还有一个越来越受欢迎的早期教育国家培训项目：儿童发展导师的培训、评估和资格认证。该项目旨在培养全国各地的早期教育参训者必备的早期教育教学技能。儿童发展导师培训主要基于能力和实际表现两方面，这意味着一部分培训是在幼儿园班级中进行，学员必须在真实的教学环境中表现出与幼儿相处的能力。

由于许多儿童发展导师的申请者在培训中会阅读本书，因此本书包含了一个单独的部分，即附录A"成为一名儿童发展导师"。申请者将会获得关于早期教育中心、家庭儿童保育、家庭指导三种不同证书的准备方法。此外，本书还提供了更多专业发展资源包的更深入的信息。

为什么要成为一名儿童发展导师？

你为什么要成为一名儿童发展导师？首先，它能够为你作为教师或助教的工作提供帮助。它将帮助你提高你与幼儿及其家人合作的技能；帮助你创设适宜的物质环境；帮助你保证幼儿的安全和健康；帮助你为幼儿提供机会来促进他们的身体、认知、语言和创造力的发展；它还会帮助你计划活动和管理每个幼儿与班集体。

它还能够帮助你评估自己的优势和需要加强的领域，以便你能够做出必要的改进。你不仅可以通过自我评价和准备来做到这一点，还可以通过一位早期教育专业人员——你的指导教师的视角来评价你的能力，你将和他成为朋友（见表13-1）。

表13-1　成为一名儿童发展导师的好处

- 提高你与幼儿及其家人合作的技能
- 帮助你创设适宜的物质环境
- 帮助你保证幼儿的安全和健康
- 帮助你促进幼儿的身体、认知、语言和创造力的发展
- 帮助你评价自己的优势和需要加强的领域
- 提升你在早期教育机构中的地位
- 相当于修得大学学分
- 可以在全国范围内使用
- 让你进入一个新的职业

获得儿童发展导师的证书将提升你在早期教育机构中的地位，并提高该机构在社区中的地位。有时，你可能还会获得升职和加薪的机会。在很多机构，拥有这个证书相当于修得了大学学分。因为儿童发展导师证书属于国家证书，因此，万一你要去其他州，你的能力也会被认可。

最后，儿童发展导师证书会让你成为早期教育领域的专业人员。许多职位要求学士学位才能进入。但是，在早期教育领域，儿童发展导师证书越来越被认为是迈入早期教育专业的第一个门槛。

◎ CDA.2

2013年，专业认证委员会在保留了资源包、家长参与和考试等要素的基础上，通过更新儿童发展导师知识库改变了儿童发展导师认证流程。在申请者认证访问期间，申请者的教学反思和专业发展专家（Professional Development Specialist，PD专家）等新增添的要素将成为评估过程的一部分。

如今，申请者可以在线申请并操控其认证过程。他们可以从在线目录中选择一名专业发展专家，并在方便的时间和地点安排一次儿童发展导师上机考试。然后，考试成绩将以电子方式发送给委员会，从而加快认证考核的速度（Washington，2013）。

为了鼓励学生和保育工作者参与这个培训并获得证书，许多州提供了财政援助。教学奖学金（T.E.A.C.H. Scholarship）和儿童保教发展补助金（Child Care and Development Block Grant，CCDBG），可为CDA评估费和其他获取或更新证书的费用提供资金支持。若要了解你所在的州是否提供这种帮助，请联系州儿童保育许可机构或者当地的资源和转介机构，以获取免费或低成本的CDA培训。

许可和认证

在任何领域，成为专业人员的另一个重要标志就是获得资格证书。专业人员需要获得学位证、许可证或资格证来证明他们在这个领域是合格的。根据已完成的课程或项目、参加的讲习班、已完成的培训、通过的考试或已有经验的种类和数量，可以向合格的个人颁发各种资格证书。认证机构可以是学院和大学、州教育部门、地方项目机构、州或国家机构。证书类型从大学学位到研讨会结业证书不等。

早期教育领域的服务要求

所有专业都要求其成员完成一定量的服务才能获得认可。参加大学课程学习或获得大学学位，并不意味着你在早期教育领域就是一个完全合格的专业人员。幼儿园实习或课堂经验是获得所有证书或学位的必要一环。虽然水平反映的只是一个概念框架而不是标准要求，但许多证书、学位或职位确实需要这样的服务。例如，为了参与儿童发展导师培训，申请者必须具有在儿童保育环境中进行480小时以上的直接教学的工作经验。

大多数早期教育机构会为学生或社区志愿者提供机会担任助教，让他们获得早期教育的工作经验，这是他们步入早期教育职业生涯的第一步。学院和大学要求早期教育专业的学生在保育学校、托儿所、幼儿园或儿童保育机构，以实习生的身份进行几周的教学实践。

学龄前儿童的父母常常在其孩子所在的幼儿园里担任志愿者，通过接受培训或工作安排以获得成为早期教育工作人员必要的工作经验。许多现场举办的研讨会或培训会，让参与者获得与儿童互动的亲身体验。当地的儿童保育机构会告知你特定培训的工作机会，并且可以时常让你获得参加社区培训的机会。

对待幼儿、家庭和同事的行为要符合道德准则

◎ 尊重所有人

早期教育专业化的第三个重要方面是教师的道德行为，包括保管好儿童及其家庭的信息。除了把儿童和家庭放在第一位之外，专业人员也要一直以积极的态度对待他们。无论家庭背景如何，无论家庭所面临的问题多么严重，无论幼儿和家庭过去的行为如何，真正的专业人员都会客观地看待现有的情况，以积极的方式对待幼儿和家庭。

那些虐待幼儿的父母与积极对待幼儿的父母一样需要你的帮助，甚至更需要你的帮助。低收入家庭应该享有与富裕家庭同等的待遇。那些来自与教师不同的种族、民族或宗教背景家庭的幼儿，应与其他幼儿一样受到尊重。换句话说，儿童就是儿童，早期教育领域中真正的专业人员应该接受、尊重和爱护儿童及其家庭。

◎ 向所有幼儿表达关爱

对幼儿的道德行为包括以积极的情感方式对待他们。表13-2列出了每个早期教育专业人员应该展现的积极品质。最初的儿童发展导师项目同样包含了这些个人能力，将其作为早期教育工作人员需要发展的能力的一部分。

表13-2 早期教育专业人员的个人能力

- 对儿童的情感和思维品质敏感
- 准备好倾听儿童，理解他们的感受
- 采用非言语形式的交流，并调整成人语言模式以最大限度地与儿童交流
- 在不牺牲儿童的自主性和童真的情况下，维护班级秩序
- 接受儿童的个性，积极利用儿童群体中的个体差异
- 采用不受威胁的方式对儿童施以控制
- 给予儿童情感上的回应，为儿童的成功而高兴，在儿童陷入困境时给予支持
- 给班级带来幽默和想象力
- 致力于最大限度地发挥儿童和家庭的力量和潜力

你的工作是每天向班级里的幼儿表达你对他们的关心。如微笑、大笑、与他们交谈、与他们开玩笑、把手搭在他们的肩膀上、拥抱他们、坐在他们旁边，或把他们抱到你的大腿上，这些非言语暗示可以让幼儿知道你关心他们。你必须向所有幼儿表现出这种感情，而不是针对一两名特殊幼儿。只选择最喜欢的一个幼儿，把注意力都放在他身上，这种做法是不道德的。因为幼儿爱发牢骚或有攻击性行为，或者穿着邋遢而拒绝关心他，也是不道德的。道德行为要求你对班上的每个幼儿都表现出积极的态度。

◎ 尊重幼儿、家庭和同事的隐私

作为一名幼儿园教师，你很可能是一个很受欢迎的人。毫无疑问，你对幼儿及其家庭的每个方面都感兴趣。你的职位会让你了解他们的各种信息。好的事情和坏的事情你都会知道，例如：健康问题、家庭问题、晋升、解雇、婴儿出生、新的丈夫或妻子，以及流言蜚语等。

作为一名早期教育专业人员，你有道德责任对所有的这些信息保密。如果你听到其他工作人员在闲聊这些信息，不要加入，但要尽可能巧妙地提醒他们，这类信息需要保密。如果有家长向你说其他家长或幼儿的闲话，你应该以适当的方式让他们知道这些信息不应该被分享。

提醒其他工作人员某些信息需要保密。

这种类型的道德行为也适用于幼儿。例如，当幼儿在场时，不要与其父母谈论幼儿。这些对话应该是保密的，其内容可能会损害幼儿的自我概念发展。当幼儿站在一旁，父母开始与你谈论他们的孩子时，你可以告诉父母你想换个时间再谈，或者在你们谈论的时候让幼儿到另一间教室里玩。当父母了解到，你是如此专业地对待他们和其他人的信息时，也肯定会尊重你和你所在的幼儿园。

全美幼教协会（NAEYC）的道德行为准则

全美幼教协会的"道德行为准则"为早期教育中的行为责任提供了指南，并为解决幼儿保育和教育中遇到的主要道德困境提供了一个共同基准。该道德行为准则主要关注的是，早期教育机构中教师与0—8岁儿童及其家庭的日常行为。表13-3列出了这一道德行为准则所基于的核心价值观。

表 13-3　核心价值观

- 以欣赏的态度将童年视为人类生命周期中一个独特而有价值的阶段
- 把我们的工作建立在儿童如何发展和学习的基础上
- 欣赏并支持儿童与家庭之间的联系
- 认识到在家庭、文化、社区和社会的背景下，对儿童的理解和支持最为充分
- 尊重每个人的尊严、价值和独特性
- 尊重儿童、家庭和同事的多样性
- 认识到在基于信任和尊重的关系中，儿童和成人能够充分发挥他们的潜力

所有的职业都有道德标准。在诸如早期教育这样的新兴职业中，重要的是，从业者必须具有这样一个规定道德行为和确定行为的准则。完整的《道德行为准则和承诺声明》(*Code of Ethical Conduct and Statement of Commitment*) 可以从全美幼教协会（NAEYC）的网站获得。如果幼儿园教师在职前培训和在职培训中明确地了解这些内容，那么他们就可以更轻松地在班级日常生活中应用这些道德行为准则。

对于许多早期教育从业者来说，这可能是他们第一次与正式的道德行为准则打交道。你和同事应该从头到尾仔细阅读这些道德行为准则并熟悉它们。你可能会惊讶地发现，这些道德行为准则并没有确切地告诉你如何处理每种情况。事实上，这些道德准则是可以适用于不同情况的一般性原则。该准则的理念是帮助专业人员从宏观上判断道德行为和不道德行为。

如果你仔细思考每一条准则，你会发现个人道德和职业道德是有区别的。例如，当与一群来自不同背景的人打交道时，你需要的不仅仅是简单的"对与错"的知识（个人道德）。对个人有意义的道德准则可能不符合公认的专业道德标准。作为一名早期教育专业人员，你必须按照专业的道德标准行事。

关于道德行为的培训

通过培训，你可能会惊讶地发现并非所有的难题都是关于道德的。例如，决定是否对所涉及儿童的冲突进行处理，或者是否遵循教师原来的处理方式，并不是一个道德困境，而是反映了教育实践、优先次序、便利性或个人偏好等问题。许多道德困境没有明确的直截了当的解决方案，只能在两个相对不良的道德

选择之间做出选择。换句话说，没有唯一正确的道德答案。然而，全美幼教协会（NAEYC）的道德行为准则是一个有意义的起点。表13-4是关于该守则对儿童和家庭道德责任的简要概述。

表13-4　对儿童和家庭的道德责任*

对儿童的道德责任

P.1.1　最重要的是，我们不应伤害儿童。我们不应该有伤害儿童情感和身体、不尊重儿童、有辱儿童人格、让儿童有危险、剥削儿童或恐吓儿童的行为。在所有道德行为准则中，这一原则是首要的。

P.1.2　在社会环境中，我们应该以积极的态度照顾和教育儿童。同时，这些环境还能够刺激儿童的认知，并支持每个儿童的文化、语言、种族和家庭结构。

P.1.3　我们不应该歧视儿童。即不应该因为儿童的性别、种族、国家、宗教信仰、身体状况、残疾，或者家庭的婚姻状况/家庭结构、性取向、宗教信仰或其他因素，而拒绝给予儿童福利，给予特殊优待，或把儿童排除在活动之外。

P.1.4　我们应酌情让所有有相关知识的人（包括家庭和工作人员）参与有关儿童的决定，并确保敏感信息的保密性。

对家庭的道德责任

P.2.1　除非法庭命令或其他法律限制，否则我们不应该拒绝家庭成员进入其子女的班级或幼儿园。

P.2.2　我们应该向家长介绍幼儿园的教育理念、教育政策、课程、评价制度和师资，并向他们解释我们为什么这样教学——这应该与我们对儿童的道德责任相一致。

P.2.3　我们应该在合适的时候告知家长，让他们参与政策决策。

P.2.4　我们应该让家长参与影响其子女的重大决策。

*以上内容为简略概述。

资料来源：*NAEYC Early Childhood Program Standards and Accreditation Criteria*, (2012), Washington, DC: Author.

使用这些原则能够帮助你解决每章结尾部分的"道德困境"。这些是真正的道德困境吗？或者，它们是否可以基于个人价值观和个人道德而不是专业道德？道德困境涉及在价值观和责任之间的选择。表13-4中哪些原则可以适用于本书中的"道德困境"呢？

你可能想要讨论发生在教师、同事、幼儿及其家庭、赞助机构、学校，甚至是社区中真实的道德问题。对这些问题保持警觉，并在下一次的教职工会议上进行讨论。它们真的涉及道德困境吗？如何解决这些问题？全美幼教协会

（NAEYC）的道德行为准则以何种方式帮助你做出决定？将来你会怎样处理这些问题？你能预见将来还会发生哪些相似的道德问题？你会怎么处理这些问题？

有一套专业的道德行为准则可以帮助每个人客观地看待可能出现的敏感情况。不了解早期教育领域的人应该感到放心，因为我们的专业已经制定了一套明确的准则，来指导负责任的行为。作为一名新的早期教育专业人员，你会感到更加自信，因为你的决定与该领域其他专业人员的决定是一致的。

利用每个机会促进教师专业发展

◎ 持续性培训

随着你以更加专业的眼光来审视早期教育，早期教育培训将成为你生活中不可或缺的一部分。像"开端计划"一样，很多幼教机构在它们的安排表中也有在职培训。开始时是所有教师和助教都参加的职前研讨会，之后继续开展现场的或区域的研讨会。这些研讨会包含了丰富多样的内容，如课程、营养、身体健康、心理健康、职业发展和家长参与等。

持续性培训使参与人员时刻注意早期教育领域的最新发展，如最新的大脑研究及其对儿童发展的影响。当专家就课程中重要的主题开展研讨会时，参与人员的教学技能也会得到提高。参与人员还可以互相交流有效和无效的教学方法。

◎ 加入专业组织，阅读其出版物，并与这一领域的同行进行网络交流

与早期教育有关的专业组织每年都在增加，其中一些组织会在会议中提供培训或研讨。对教师来说，其中一些重要的早期教育专业组织包括：

国际儿童教育协会（Association for Childhood Education International，ACEI）；

儿童保育交流所（Child Care Exchange）；

全美幼教协会（NAEYC）；

全国家庭儿童保育协会（National Association for Family Child Care）；

全国黑人儿童发展研究所（National Black Child Development Institute）；

拉美裔全国协会（National Council of La Raza）；

全美开端计划协会（National Head Start Association）；

南方幼儿协会（Southern Early Childhood Association，SECA）。

这些国家组织还设有州办事处和地方分会，它们会定期召开会议。所有幼儿园教师都应该加入其中一个组织，阅读其出版物并参加会议。参加当地会议对于教师与附近其他教师的会面与交流来说很重要。参加州和全国会议可以拓展教师的视野，提供有关他们感兴趣的主题的最新信息，并帮助他们认识这一领域的权威人物。

每个专业领域都通过这样的组织、出版物和会议来联系其成员。幼儿园教师需要成为这种专业组织的成员，从而成为业内公认的早期教育成员。获得儿童发展导师证书的人需要参加这种专业组织才能更新他们的证书。对其他人来说，通过参与这种专业组织来了解早期教育的最新问题、发展趋势和观点，也十分必要。

◇ 专业出版物

《交流》（Exchange）；

《儿童和家庭杂志》（Children and Families Magazine）；

《儿童教育》（Childhood Education）；

《早期教育之维》（Dimensions of Early Childhood）；

《"开端计划"信息和出版中心》（Head Start Information & Publication Center）；

《人的教育》（Men Teach）；

《国家双语教育新闻协会》（National Association for Bilingual Education News）；

《幼儿》（YC-Young Children）；

《特殊幼儿》（Young Exceptional Children）。

就业机会

早期教育领域的工作机会正在逐步增多，如果你有兴趣寻找一份早期教育的工作，可以查看相关的职位。这些职位包括：教师、助教、教育协调员、家庭指导员、社会工作者、卫生保健专家、儿童保育工作者、家长协调员、双语教育工作者、志愿者和操场助理。想招聘此类工作人员的早期教育机构包括以下这些：

- 上学前—放学后保育所
- 合作性幼儿园
- 社区服务中心
- 开端计划中心
- 医院儿童保育中心
- 工业赞助的儿童保育中心
- 婴儿和学步儿中心
- 商场保育中心
- 军队儿童保育中心
- 社区幼儿园
- 私立幼儿园
- 公立学校学前班
- 住院治疗儿童保育中心
- 大学附属幼儿园

马查多和雷诺兹（Machado & Reynolds，2006）出版了一本寻找早期教育工作机会的综合指南，其中还包括光盘《教育中的就业机会：如何确保你职业的安全》(*Employment Opportunities in Education: How to Secure Your Career*)。本书所依据的"教师技能检核表"已经由佛罗里达州波尔克社区学院转变为"婴幼儿教师技能检核表"（见附录B），该检核表会为那些有兴趣从事婴儿和学步儿相关工作的人提供帮助。

专业档案

重要的是，你要有一个文档能够说明你的教育理念、专业发展以及教学经验，以便与他人分享或参加工作面试。这些文档的集合通常称为专业档案，它以一种清晰而又便于理解的方式阐述了你作为早期教育专业人员所取得的成就。儿童发展导师培训要求他们的申请者创建一个这样的专业档案（见附录A）。

虽然大家对专业档案没有特别喜爱的形式，但许多早期教育专业人员会用带有透明塑料套的三孔活页夹，这样便于插放材料。专业档案的内容可以分为不同的部分：第一部分包括目录、简历、有关教育理念的阐述以及参考资料；第二部分包括专业会员资格、荣誉证书、成绩单、完成的课程和培训；最后一部分是带有教案的班级教学经历、日程表、教室设计平面图、家庭交流、观察检核表以及幼儿工作的作品。还可以用一些照片和示例信件来阐释这一部分。专业档案不是剪贴簿或相册，而是你作为专业人员在这一特殊又重要的领域中专业技能的清晰简洁的展示。

许多专业人员使用三孔活页夹装订他们的专业档案。

个人贡献

在成为早期教育专业人员的过程中，你已经投身于为儿童及其家庭、同事和幼儿园服务的教育事业。此外，你还要与社区甚至其他地方的人分享你的知识和技能。作为早期教育领域的专业人员，你应该对这些机会表示欢迎。对合格早期教育人员的需求日益增长，这对我们所有人都提出了特殊要求。为幼儿传递优质早期教育机构的信息、帮助该领域的专业辅助人员获得证书、帮助启动新项目，这些都是我们可以做出贡献的方式。关于具体的观点，可以参照表13-5中列出的贡献。

表 13-5　早期教育专业人员的个人贡献

- 为社区儿童保育委员会提供服务
- 成为另一位儿童发展导师申请者的顾问
- 在一个社区团体中介绍你的早期教育机构
- 用幻灯片或 PPT 向家长展示他们的孩子如何通过探索游戏进行学习
- 与另一个班级的儿童分享知识和技能（演奏乐器、制作美工作品、讲故事）
- 在州或全国会议上，与团队成员一起提交儿童保育主题的报告
- 向社区图书管理员提供关于可购买的好图画书的建议
- 在儿童保育资源中心做志愿者
- 以应邀发言人的身份在大学课堂上发表演讲
- 写信给早期教育教材的作者，告诉他们你与儿童尝试过的成功想法

这份清单可以让你尽可能地与他人分享你的早期教育技能和知识。近来，早期教育的话题对社会上的每个人，特别是对有孩子的家庭来说非常重要。怎样才能让那些在家庭不和谐、街头暴力和环境破坏背景下的幼儿健康快乐地成长呢？

"简单的礼物"对于每天与你互动的人——幼儿——来说，和你在早期教育领域做出的贡献一样重要。表 13-6 中列出了一些"简单的礼物"，这样做会让你成为一个专业人员。

表 13-6　简单的礼物

- 分享你自己（每天都把自己交给幼儿）
- 分享你的兴趣（带来你的特殊才能、爱好或兴趣）
- 帮助幼儿通过摄影师的视角看待生活（如果你是摄影师）
- 帮助幼儿和其他人进行电脑绘图（如果你知道怎么做）
- 每天为几名幼儿阅读一本图画书
- 带来个人收藏的娃娃、茶壶、发夹、磁铁、勺子和明信片
- 与幼儿一起缝制东西，帮助他们自己动手创造一些东西
- 与其他人一起探索科学和自然（分享一只宠物，做实验，到户外散步，制造再生纸）
- 烘焙；写一份食谱，与幼儿一起烘焙一些熟悉的东西

早期教育专业人员能够带着对幼儿未来的积极展望引领他们前进的道路。幼儿充沛的活力、旺盛的精力和创造力，以及他们探索世界的动力，这些都是你非

常熟悉的话题。你可以与其他人分享这一切。当你与他人分享你获得的关于儿童及其家庭的新知识和技能时，你就能为未来的儿童世界做出贡献。对于一些新的早期教育专业人员来说，你的贡献已不再是一种选择，而是一种必然。儿童、家庭、社区，我们所有人都需要你。

新的早期教育专业人员，我们需要你！

本章小结

促进幼儿园教师的专业成长

首先要了解对早期教育专业人员的要求是什么。本节列出并讨论了全美幼教协会认证合格早期教育专业人员的标准。此外，本节还列出了早期教育专业的一般职业特点，并对其专业发展的三个重要方面进行了阐述。

履行早期教育专业职责

要成为一名早期教育专业人员，你必须首先在你的职业生涯中把儿童及其家庭放在第一位，从而承担起这一领域的责任。你还需要通过研讨会、课程、大学项目或儿童发展导师培训来获得早期教育领域的基础知识。你的培训应最终让你获得某一种类的证书、许可证或学位。此外，一名早期教育专业人员还要求作为志愿者、助教、教师或保育员完成一定期限的服务，引导幼儿进行发展适宜性实践活动。

对待幼儿、家庭和同事的行为要符合道德准则

早期教育专业人员也需要对幼儿、家庭、同事的信息保密。当有家长或同事闲聊儿童的信息时，一名专业人员不应该参与其中，而应该帮助其他人理解为什么这一行为是不可接受的。其他对儿童的道德行为还包括：对他们的感受保持敏感，调整你的说话方式让他们能够理解，从情感上给予积极的回应，把幽默和想象带入班级。

利用每个机会促进教师专业发展

你需要抓住每一个机会来获得早期教育领域的知识和技能。这些方式包括：参与专业组织，如全美幼教协会（NAEYC），并阅读其出版的期刊《幼儿》；参与当地的、州的和国家的会议。许多早期教育工作者发现与其他专业人员建立联系也会有特别的帮助。你需要为这个领域持续地做出自己的贡献，做贡献的方式包括：向家长团体、大学班级或早期教育会议做报告；帮助同事成为一名儿童发展导师；告诉图书管理员订阅儿童图画书的信息；与幼儿分享一个你的技能。

你可知道

1. 什么是发展适宜性实践？它是如何应用于幼儿的？
2. 你知道在儿童发展方面还有哪些内容尚未认识到吗？你考虑过吗？
3. "互教互学"是什么意思？你赞同吗？
4. 你对"线上院校培训"了解多少？你觉得怎么样？
5. 获得儿童发展导师证书最重要的好处是什么？为什么？
6. 新的儿童发展导师认证流程与旧的流程相比如何？
7. 为什么挑出特殊的幼儿是不道德的行为？

8. 个人道德与职业道德有什么区别？

9. 为什么专业档案很重要？

10. 你能为早期教育领域做出哪些个人贡献？

学习活动

1. 阅读一本推荐读物，并制作10张文件卡片说明你对专业发展的具体想法。

2. 使用本书"导言"中讨论的"教师技能检核表"进行自我评估。与你的培训者或大学教师讨论自我评价的结果，一起为你制订一个培训计划。

3. 从所有章节的末尾部分选出3个道德困境，并在每个道德困境下写出表13-4中哪些"对儿童的道德责任"可以适用于这个困境。

4. 列出在你的社区（或国家）中与儿童及其家庭有关的组织或机构。参与其中的一个会议并写一个总结。

5. 发邮件给早期教育专业认证理事会，了解获得儿童发展导师证书的相关信息。弄清楚提供儿童发展导师培训的场所。

6. 加入一个早期教育专业组织，获得一本像《幼儿》这样的早期教育专业期刊，并从期刊的文章中找出有趣的观点，写一个总结。

7. 具体写出阅读本书及参加早期教育培训项目是如何把你变成一名幼儿园教师或准幼儿园教师的。

8. 按照本章所述的方法制作一个专业档案。

推荐读物

Armstrong, L.J., Kinney, K.C., & Clayton, L.H. (2009). Getting started: Leadership opportunities for beginning early childhood teachers. *Dimensions of Early Childhood, 37*(3), 11–17.

Barbour, N. & Lash, M. (2009). *The professional development of teachers of young children*. In S. Feeney, A. Galper, & C. Seefeldt (Eds.), *Continuing issues in early childhood education* (3rd ed.). Upper Saddle River, NJ: Merrill.

Castle, K. (2009). What do early childhood professionals do? *Dimensions of Early Childhood*, *37*(3), 4–10.

Copple, C. & Bredekamp, S. (Eds.). (2009). *Developmentally appropriate practice in early childhood programs*, 3e. Washington, DC: National Association for the Education of Young Children.

Feeney, S. (2010). Ethics today in early care and education: Review, reflection, and the future. *YC-Young Children*, *65*(2), 72–77.

Goffin, Stacie, G. (2015). Professionalizing Early Childhood Education as a Field of Practice. St. Paul, MN: Redleaf Press and Washngton, DC: National Association for the Education of Young Children.

Jones, M. & Shelton, M. (2006). Developing your portfolio: Enhancing your learning and showing your stuff. New York: Routledge.

Neugebauer, R. (2014). Who are our early childhood educators? An *Exchange* trend report. *Exchange*, *36*(2), 15–18.

O'Brien, L.M. (2015). Mind the gaps: Professionalism for inclusion in North American early care and education. *Childhood Education*, *91*(2), 101–110.

Pierce, D. (2014). *The CDA prep guide: The complete review manual*, 3e. St. Paul, MN: Redleaf.

Priest, C. (2010). The benefits of developing a professional portfolio. *YC-Young Children*, *65* (1), 92–96.

Voss-Rodriquez, J. (2014). Evaluating degree programs. *Exchange*, *36*(2), 29–32.

Washington, V. (2013). CDA.2 Supporting people and advancing our field. *YC-Young Children*, *68*(4), 68–70.

Washington, V. (2015). Degree programs: Progress and pitfalls for ECE. *Exchange*, *37*(1), 8–12.

附录 A
成为一名儿童发展导师

对早期教育而言,除了传统的培训模式之外,另一个日益受到欢迎的培养教学能力的方法是儿童发展导师(Child Development Associate,以下简称CDA)培训、评估和认证。CDA培训基于学员的能力和表现,这意味着一部分培训必须在幼儿园的教室里进行,而且学员必须在这种环境下展现出与儿童相处的能力。

CDA项目产生于20世纪70年代,它是早期教育专业人员与联邦政府共同努力的结果,开创了一个新的早期教育专业人员类别——儿童发展导师。从一开始,这个项目就分为两个独立的部分:由当地高等院校或早期教育机构进行的培训;由国家办事处(CDA国家认证机构)开展的认证工作。如今,该项目已将培训和认证这两部分整合到了由专业认可委员会(Council for Professional Recognition)提供的"CDA专业准备项目"(CDA Professional Preparation Program)之下。如果申请者的工作要求他们在任何情况下都能使用除英语之外的第二种语言,那么他们可以选择双语认证。

获得CDA证书

学生应按照《儿童发展导师国家认证项目和CDA能力标准》(*The Child Development Associate National Credentialing Program and CDA Competency Standards*, Preschool Edition, 2013, Washington, DC: Council for Professional Recognition)这本手册中阐述的步骤获得CDA证书。以下是这些步骤的总结。

申请 CDA 认证之前

高中教育

你需要（三者有其一即可）：

1. 有效的高中文凭
2. 高中同等学力证书
3. 有在中等职业或技术学校学习的经历

专业教育

你需要：

1. 120 学时的专业的早期教育学习经历
2. 在 8 个 CDA 课程领域各学习 10 小时：
- 创设安全健康的学习环境
- 促进儿童身体和智力的发展
- 促进儿童社会性和情感的发展
- 与儿童的家庭建立融洽的关系
- 进行有效的课程管理
- 履行专业职责
- 观察并记录儿童的行为
- 遵循儿童发展和学习的原则

工作经验（申请前 3 年内）

你需要：

1. 480 小时的工作经验（专业的或志愿的）
2. 有与 3—5 岁的儿童在群体环境中相处的经验

家庭问卷（申请前 6 个月内）

邀请儿童中心的家庭填写一份问卷

专业档案（申请前 6 个月内）

1. 我的 CDA 专业档案（目录册）
2. 我的 CDA 教育总结（成绩单、证书）

3. 家庭问卷

4. 六项能力的反思性陈述

5. 教育理念的阐述

资料收集（包含在档案中）

1. 急救课程及心肺复苏课程的有效及现行证书

2. 一周日程安排的复印件

3. 每周教育计划的样本

4. 九次课程领域的学习经验

5. 10本适合儿童使用的图画书书目

6. 家庭资源指南：

- 当地家庭咨询机构
- 翻译服务
- 为残疾儿童服务的机构（2）
- 关于儿童发展和指导的网站（3+）
- 意外事件报告表及观察工具
- 儿童中心和家庭托儿所国家监管机构
- 早期教育协会（2—3）、资源和成员

反映能力的陈述（包含在档案中）

申请者为个人的六项能力各写一段500字的陈述，来反映自身的教学实践如何达到标准，或针对每一个功能领域写一段陈述。

1. 安全、健康的学习环境

2. 身体、智力、创造力和交流技能

3. 社会性和情感的发展与指导

4. 与家庭的关系

5. 有目的的计划与观察

6. 专业素养

教育理念的阐述（包括在档案中）

总结你对早期教育的专业信念和价值观（篇幅不要超过两页）

CDA认证申请流程

找一位早期教育专业发展专家：

1. 向专业发展专家（PD Specialist）请教
2. 向你所在社区的一位早期教育专业人员请教
3. 使用 Find-a-PD Specialist 在线工具
4. 给 CDA 委员会打电话

◇ 确保你的主管允许随访审查

在中心工作期间内：

1. 专业发展专家到教室里观察你与儿童一起工作的情况
2. 你和专业发展专家在中心安静的地方完成审查

◇ 完成 CDA 申请

你可以在网上申请

将申请费和你的申请资料一并提交

证明你的能力

◇ 随访审查

申请者需要携带以下材料：

1. 你的原始和完整的专业档案，档案中包含所需的所有材料
2. 能力标准手册

专业发展专家需要：

1. 审查你专业档案中的材料
2. 观察你与幼儿一起工作
3. 与你一起探讨你的优势领域及专业发展

CDA 考试

联系 Pearson VUE[1] 考试平台

- 直接查看网站或打电话预约考试
- 在认证期间，只能使用英语或西班牙语参加一次考试

获得CDA证书

累计得分

最终成绩包括随访审查的成绩和 CDA 考试成绩两部分。

如果你的累计得分符合认证要求，你就会获得儿童发展导师证书，证书将邮寄到你的住所地。

[Based on Council for Professional Recognition. (2013). *The Child Development Associate National Credentialing Program and CDA Competency*, Washington, DC: Author.]

本书在CDA培训中的应用

本书是为 CDA 培训项目编写的，既可以供选择在职培训的个人使用，也可以供那些倾向于授课或研讨会形式的高等院校或培训项目使用。任何一名 CDA

---

[1] VUE 的全称为 Virtual University Enterprise（虚拟大学企业），它是培生教育集团（Pearson Education）旗下从事电子化考试服务的机构。

学员或专业发展专家都可以使用"教师技能检核表"（见本书"导言"部分），进行初步评估。然后，据此制定一份培训方案，以便学员在培训过程中参考。本书的每一章分别呈现了十三个CDA功能领域之一，它们来自六项CDA能力标准。

当考生阅读这些章节并完成学习活动时，他们也能够为专业档案提供证据。他们也可以使用观察检核表、活动的文件卡片以及儿童图书清单。正如各章所建议的，幼儿使用活动区的照片可以附上描述和能力说明。考生在培训中还可以使用列出的推荐读物等其他资源材料。

◇ CDA 证书更新

CDA项目要求获得CDA证书的人收到证书3年后进行更新，此后每5年更新一次。如有需要，请在线访问CDA委员会或购买CDA更新包。

推 荐 读 物

Pierce, D. (2014). *The CDA prep guide; the complete review manual*, 3e. St. Paul, MN: Redleaf Press.

Washington, V. (2013). *Essentials for working with young children*. Washington, DC: Council for Professional Recognition.

附录 B
婴幼儿教师技能检核表

（来自佛罗里达州莱克兰波尔克社区学院全体教职工）

婴幼儿教师技能检核表

学　　生＿＿＿＿＿＿＿＿＿＿＿＿＿＿＿＿＿＿＿＿＿＿＿＿＿＿＿＿

观 察 者＿＿＿＿＿＿＿＿＿＿＿＿＿＿＿＿＿＿＿＿＿＿＿＿＿＿＿＿

项　　目＿＿＿＿＿＿＿＿＿＿＿＿＿＿＿＿＿＿＿＿＿＿＿＿＿＿＿＿

访问日期＿＿＿＿＿＿＿＿＿＿＿＿＿＿＿＿＿＿＿＿＿＿＿＿＿＿＿＿

职　　称＿＿＿＿＿＿＿＿＿＿＿＿＿＿＿＿＿＿＿＿＿＿＿＿＿＿＿＿

访问时间＿＿＿＿＿＿＿＿＿＿＿＿＿＿＿＿至＿＿＿＿＿＿＿＿＿＿＿

使 用 指 南

当你观察到学生/教师的表现符合清单中的项目时，在项目前的横线上打"√"，否则写"无"。请把没有机会观察到的项目留白。

领域 1　安全——创设一个安全的教室环境

能够创设和维持一个安全的教室环境，以减少和防止伤害。

　　＿＿＿＿＿提高每个活动区内玩具和材料的安全性。（固定好婴儿床，预防窒息危险）

　　＿＿＿＿＿计划并实施必要的应急预案。（使用轮式婴儿床进行疏散演习，更新家长的联系信息）

_____通过教师的行为营造一个安全的教室氛围。

领域2　健康——创设一个健康的教室环境

能够创设和维持一个健康的教室环境,改善儿童的健康和营养状况,使其不受疾病因素的影响。

_____鼓励儿童遵循常见的健康和营养做法。(饭前便后教师和儿童都要洗手,教师要提供适宜儿童年龄的各种食物)

_____识别可能生病的儿童的异常行为或症状,并为儿童提供帮助。

_____支持每个儿童的心理和情感健康。(舒适、平静、鼓励新的探索)

领域3　学习环境——创建一个学习环境

能够创设并安排一间早期教育教室,让儿童能够自主学习。

_____在适当的空间分隔和设置活动区。(有足够的空间用于儿童爬行、练习走路和探索各种玩具)

_____为儿童的自主游戏和学习提供适当的材料。(各种可供选择的玩具,鼓励儿童触碰、抓握、发声)

_____定期更换材料以满足儿童的发展需求。(可提供不同领域的充足刺激的玩具,户外经历)

领域4　身体——提高身体技能

通过明确儿童的需求并提供适当的材料和活动,促进儿童的身体发展。

_____评估儿童的大肌肉运动技能并提供适当的设备和活动。(鼓励翻滚、攀爬、拉,提供安全的地方来练习这些技能)

_____评估儿童的小肌肉运动技能并提供适当的材料和活动。(各种摇铃、踢的玩具、推拉的玩具等)

_____给儿童提供参与创造性运动的机会。(握住、摇摆、跳舞)

领域 5　认知——提高认知技能

通过让儿童参与探索世界来促进他们的认知发展。

_____帮助儿童通过感官探索来培养他们对世界的好奇心。(感官图书、移动的玩具、播放音乐、与他们交谈、唱歌、触摸)

_____帮助儿童通过分类、比较和计数生活中的物体来发展他们对世界的基本概念。(探索房间,观察/讨论颜色、形状,向他们描述物品)

_____帮助儿童通过亲身体验将基本概念应用到自然世界中。(探索教师的脸,在其他婴儿旁边玩耍)

领域 6　交流——提高交流技能

通过听、说、读、写促进儿童的交流技能。

_____与个别儿童交谈,鼓励他们听与说。(在日常照料期间,对他们的咿咿呀呀声做出回应)

_____使用图书和故事来激发儿童听、说和进行前阅读。(鼓励他们拿着书去探索,带表情地进行阅读)

_____提供支持儿童进行前书写的材料和活动。(将纸张撕碎,用两根手指捡起,抓握)

领域 7　创造性——提高创造性技能

通过游戏的表达和活动的自由来促进儿童的创造性。

_____给儿童时间、机会和自由去做假装和幻想的角色扮演游戏。(给他们在地板上玩耍的时间,趴着游戏的时间,自由活动的区域)

_____提供各种各样的美工材料和活动供儿童自主探索。(布丁画、碎纸等)

_____鼓励儿童创造和享受音乐。

领域 8 自我——建立积极的自我概念

通过你对待儿童的行为和态度帮助他们提升自我概念。

_____ 接纳自我和每个儿童都是有价值的,并使用非语言暗示让儿童知道自己被老师接纳。

_____ 接受和尊重儿童的多样性,并帮助儿童互相接纳。(一致并及时地满足他们的需求)

_____ 帮助每个儿童在班级中体验成功。(鼓励探索,让他们观察自己和他人面孔的照片)

领域 9 社会性——提高社会性技能

帮助儿童发展与他人和谐互动的社会性技能。

_____ 帮助儿童通过分享和轮流来学习如何进行合作性的工作和游戏。(教师始终是儿童的社会伙伴,充满热情、富有爱心、值得依赖)

_____ 帮助儿童学习在不打扰他人的情况下参与正在进行的游戏。

_____ 帮助儿童学会交朋友。

领域 10 教师指导——提供教师指导

通过积极引导,促进儿童自我控制能力的发展。

_____ 使用积极的预防措施来避免幼儿在课堂上的不当行为。(及时回应儿童的需求,足够开放的地面空间)

_____ 采用积极的干预措施来帮助儿童控制不当行为。(将儿童引导到刺激他们的另一个玩具或者另一个区域)

_____ 使用积极的强化技术来帮助儿童学习得当行为。(表扬他们的努力,轻轻地、温柔地抚摩他们)

领域 11 家庭参与——促进家庭参与

鼓励家庭参与活动区的活动,促进儿童的积极发展。

_____让家长参与儿童的活动。

_____识别并支持结构不同的家庭。

_____通过班级家长会来建立教师和家长的关系。

领域 12　课程管理——进行课程管理

基于儿童的兴趣和需求，制定有效的早期教育方案。

_____使用团队的方法规划一项灵活的课程。

_____计划并实施一项生成性课程，以确保课程的质量。

_____通过儿童观察和团队会议评估课程成果。

领域 13　教师专业化——促进教师专业化

_____致力于早期教育专业化发展。

_____对儿童及其家人做出的行为符合道德规范。

_____抓住一切机会提高专业化发展水平。

总结笔记（观察、评论、问题、后续计划）

_____
_____
_____
_____
_____

观察人员姓名_____观察日期_____

观察地点_____儿童年龄_____观察次数_____

参 考 文 献

Achilles, E. (1999). Creating music environments in early childhood programs. *Young Children*, *54*(1), 21–26.

Althouse, R., Johnson, M. H., & Mitchell, S. T. (2003). *The colors of learning: Integrating the visual arts into the early childhood curriculum*. New York: Teachers College Press.

American Academy of Pediatrics and American Public Health Association. (2012). *Caring for our children, national health and safety performance standards: Guidelines for out-of-home child care programs*. Elk Grove Village, IL: American Academy of Pediatrics.

American Cancer Society. (2000). *Kids' first cookbook*. Atlanta, GA: Health Contents Products Publishing Group.

Anderson, G. T., & Robinson, C. C. (2006). Rethinking the dynamics of young children's social play. *Dimensions of Early Childhood*, *34*(1), 11–16.

Aronson, S. S. (Ed.). (2012). *Healthy young children: A manual of programs*. Washington, DC: National Association for the Education of Young Children (NAEYC).

Azria-Evans, M. (2004). Self-esteem and young children: Guiding principles. *Dimensions of Early Childhood*, *32*(1), 21–26.

Beaty, J. J. (1997). *Building bridges with multicultural picture books*. Columbus, OH: Merrill.

Beaty, J. J. (2006). *50 early childhood guidance strategies*. Upper Saddle River, NJ: Merrill/Prentice Hall.

Beaty, J. J. (2014). *Observing development of the young child* (8th ed.). Columbus, OH: Pearson.

Beaty, J. J., & Pratt, L. (2015). *Early literacy in preschool and kindergarten: A multicultural perspective* (4th ed.). Boston, MA: Allyn & Bacon.

Bellows, L., & Anderson, J. (2006). The food friends: Encouraging preschoolers to try new foods. *Young Children*, *61*(3), 37–39.

Bergen, S., & Robertson, R. (2013). *Healthy children, healthy lives: The wellness guide for early childhood programs*. St. Paul, MN: Redleaf Press.

Birckmayer, J., Cohen, J., Jensen, I. D., & Variano, D. A. (2005). Supporting grandparents who raise grandchildren. *Young Children*, *60*(3), 100–104.

Block, M. N. (2014). Meeting families where they live. *Young Children, 69*(1), 92–93.

Bodrova, E., & Leong, D. J. (2007). *Tools of the mind: The Vygotskian approach to early childhood education* (2nd ed.). Upper Saddle River, NJ: Merrill/Prentice Hall.

Brazelton, R. B., & Sparrow, J. D. (2001). *Touchpoints three to six: Your child's emotional and behavioral development*. Cambridge, MA: Perseus Publishing.

Bredekamp, S. (2013). *Effective practices in early childhood education: Building a foundation*. Columbus, OH: Pearson.

Bullard, J. (2010). *Creating environments for learning*. Upper Saddle River, NJ: Merrill/Pearson.

Burman, L. (2009). *Are you listening? Fostering conversations that help young children learn*, St. Paul, MN: Redleaf Press.

Burt, T., Geinaw, A., & Lesser, L. K. (2010). Do no harm: Creating welcoming and inclusive environments for lesbian, gay, bisexual, and transgender families in early childhood settings. *Young Children, 65*(1), 97–102.

Byrnes, A., & Wasik, B. A. (2009). Picture this: Using photography as a learning tool in early childhood classrooms. *Childhood Education, 85*(4), 243–248.

Clements, R. L., & Schneider, S. L. (2006). *Movement-based learning for children: Academic concepts and physical activity for ages three through eight*. Reston, VA: National Association for Sport and Physical Education.

Copple, C., & Bredekamp, S. (Eds.). (2009). *Developmentally appropriate practice in early childhood programs* (3rd ed.). Washington, DC: National Association for the Education of Young Children.

Council for Professional Recognition, (2013). *CDA Preschool edition*. Washington, DC: Author.

Davies, M. A. (2000). Learning . . . the beat goes on. *Childhood Education, 76*(3), 148–153.

Dow, C. B. (2010). Young children and movement: The power of creative dance. *Young Children, 65*(2), 30–35.

Edwards, L.C. (2006). *The creative arts: A process approach for teachers and children*. Upper Saddle River, NJ: Merrill/Prentice Hall.

Epstein, A. S. (2009). *You, me, us: Social-emotional learning in preschool*. Ypsilanti, MI: High Scope Press.

Espinosa, L.M. (2010). *Getting it right for young children with diverse backgrounds: Applying research to improve practice*. Upper Saddle River, NJ: Pearson.

Feeney, S. (2012). *Professionalism in early childhood education: Doing our best for young children*. Boston, MA: Pearson.

Feeney, S., & Moravcik, E. (2005). Children's literature: A window to understanding self and others. *Young Children*, *60*(5), 20–28.

Ferreiro, E., & Teberosky, A. (1982). *Literacy before schooling*. Exeter, NH: Heinemann.

Flynn, L. L., & Kieff, J. (2002). Including everyone in outdoor play. *Young Children*, *57*(3), 20–26.

Frost, J. L., Wortham, S. C., & Reifel, S. (2012). *Play and child development, 4e*. Upper Saddle River, NJ: Pearson.

Gadzikowski, A. (2013). Preschool and kindergarten classroom strategies for the young scientist, In A. Shillady (Ed.), *Spotlight on young children: Exploring science*. Washington, DC: NAEYC, 81–83.

Gandini, L. (2002). The story and foundations of the Reggio Emilia approach. In R. Fu, A. J. Stremmel, & L. T. Hill (Eds.), *Teaching and learning: Collaborative exploration of the Reggio Emilia approach*. Upper Saddle River, NJ: Merrill/Prentice Hall, 13–21.

Gartrell, D. (2011). Children who have serious conflicts: Reactive aggression. *Young Children*, *66*(2), 58–60.

Gartrell, D. (2007). *A guidance approach for the encouraging classroom*. Clifton Park, NY: Thomson/Delmar/Cengage.

Gennarelli, C. (2004). Communicating with families: Children lead the way. *Young Children*, *59*(1), 98–99.

Gonzales-Mena, J. (2009). Family-centered early care and education. In S. Feeney, A. Galper, & C. Seefeldt (Eds.), *Continuing issues in early childhood education* (3rd ed.). Upper Saddle River, NJ: Merrill, 369–373.

Hamlin, M., & Wisneski, D. B. (2012). Supporting scientific thinking and inquiry of toddlers and preschoolers through play. *Young Children*, *67*(3), 82–88.

Hirsh-Pasek, K., & Golinkoff, R. M. (2003). *Einstein never used flash cards: How our children really learn—and why they need to play more and memorize less*. New York: Rodale.

Huffman, J. M., & Fortenberry, C. (2011). Helping preschoolers prepare for writing: Developing fine motor skills. *Young Children*, *66*(5), 100–103.

Isenberg, J. P., & Jalongo, M. R. (2010). *Creative thinking and arts-based learning; preschool through fourth grade*. Upper Saddle River, NJ: Merrill.

Kalmar, K. (2008). Let's give children something to talk about! Oral language and preschool literacy. *Young Children*, *63*(1), 88–92.

Kim, B. S. (2012). Shades of pink: Preschoolers make meaning in a Reggio-inspired classroom. *Young Children*, *67*(2), 44–50.

King, M., & Gartrell, D. (2003) Building an encouraging classroom with boys in mind. *Young*

Children, 58(4), 33–37.

Kostelnik, M. J., Rupiper, M., Soderman, A. K., & Whiren, A. P. (2014). *Developmentally appropriate curriculum in action*. Boston, MA: Pearson.

Kostelnik, M. J., Soderman, A. K., Whiren, A. P., Rupiper, M., & Gregory, K. M. (2015). *Guiding children's social development & learning: Theory and skills*. Stamford, CT: Cengage Learning.

Leong, D. J., & Bodrova, E. (2012). Assessing and scaffolding make-believe play. *Young Children*, 67(1), 28–34.

Lim, J., Wood, B. L., & Cheah, P. (2009). Understanding children with asthma. *Childhood Education*, 85(5), 307–312.

Linder, S. M. (2012). Interactive whiteboards in early childhood mathematics. *Young Children*, 67(3), 26–35.

Machado, J. M., & Reynolds, R. E. (2006). *Employment opportunities in education: How to secure your career*. Clifton Park, NY: Thomson/Delmar Learning.

Magruder, E. S., Hayslip, W. W., Espinosa, L. M., & Matera, C. (2013). Many languages, one teacher: Supporting language and literacy development for preschool dual language learners. *Young Children*, 68(1), 8–15.

Marigliano, M. L., & Russo, M. J. (2011). Moving bodies, building minds: Foster preschoolers critical thinking and problem solving through movement. *Young Children*, 66(5), 44–49.

Marotz, L. R. (2015). *Health, safety, and nutrition for the young child*. Stamford, CT: Cengage.

Marshall, H. H. (2009). The development of the self-concept. In E. L. Essa & M. M. Burnham (Eds.), *Informing our practice: Useful research on young children's development*. Washington, DC: NAEYC, 105–111.

Matthews, K. (2012). Singing ourselves: How to offer music to children. *Exchange*, 34(1), 52–54.

McDevitt, T. M., & Ormrod, J. E. (2007). *Child development: Educating and working with children and adolescents* (3rd ed.). Upper Saddle River, NJ: Merrill/Prentice Hall.

Monsalvatge, L., Long, K., & DiBello, L. (2013). Turning our world of learning inside out! *Dimensions of Early Childhood*, 41(3), 23–30.

Morrow, L. M. (2009). *Literacy development in the early years: Helping children read and write*. Boston, MA: Allyn & Bacon.

National Association for the Education of Young Children. (2012). *NAEYC early childhood program standards and accreditation criteria*. Washington, DC: Author.

National Association for the Education of Young Children and Fred Rogers Center for Early

Learning and Children's Media. (2012). *Technology and interactive media as tools in early childhood programs serving children from birth through age 8.* www.naeyc.org.

National Health and Safety Performance Standards. (2011). Washington, DC: Author.

Orlowski, M. A., & Hart, A. (2010). Go! Including movement during routines and transitions. *Young Children*, *65*(5), 88–93.

Palmer, H. (2001). The music, movement, and learning connection. *Young Children*, *56*(5), 13–17.

Parten, M. B. (1932). Social participation among preschool children. *Journal of Abnormal and Social Psychology*, *27*, 243–369.

Pica, R. (2008). *Physical education for young children: Movement ABCs for the little ones.* Champaign, IL: Human Kinetics.

Puerling, B. (2012). *Teaching in the digital age: Smart tools for age 3 to grade 3.* St. Paul, MN: Redleaf Press.

Ramming, P., Kyger, C. S., & Thompson, S. D. (2006). A new bit on toddler biting: The influence of food, oral motor development, and sensory activities. *Young Children*, *6*(12), 17–23.

Reifel, S., & Sutterby, J. A. (2009). Play theory and practice in contemporary classrooms. In S. Feeney, A. Galper, & C. Seefeldt (Eds.), *Continuing issues in early childhood education.* Upper Saddle River, NJ: Merrill, 238–257.

Reimers, C., & Brunger, B. A. (2006). *ADHD and the young child* (p. 7). Plantation, FL: Specialty Press.

Robertson, C. (2003). *Safety, nutrition, and health in early education.* Clifton Park, NY: Delmar/Thomson/Cengage.

Roffman, L. O., & Wanerman, T. (2011). *Including one including all.* St. Paul, MN: Redleaf Press.

Roskos, K. A., Tabors, P. O., & Lenhart, L. A. (2009). *Oral language and early literacy in preschool: Talking, reading, and writing.* Newark, DE: International Reading Association.

Rushton, S. P., & Rushton, J. (2011). Linking brain principles to high-quality early childhood education. *Exchange*, *33*(6), 8–11.

Schickedanz, J. A., & Casbergue, R. M. (2009). *Writing in preschool: Learning to orchestrate meaning and marks.* Newark, DE: International Reading Association.

Simon, F., & Nemeth, K. (2012). *Digital decisions.* Lewisville, NC: Gryphon House.

Shore, R., & Strasser, J. (2006). Music for their minds. *Young Children*, *61*(2), 62–67.

Snyder, S. (1997). Developing musical intelligence: Why and how. *Early Childhood Education*

Journal, 24(3), 165–171.

Sorte, J., Daeschel, I., & Amador, C. (2014). *Nutrition, health, and safety for young children.* Boston, MA: Pearson.

Sprenger, M. (2008). *The developing brain: Birth to eight.* Thousand Oaks, CA: Corwin Press.

Sundem, G., Krieger, J., & Pikiewicz, K. (2008). *10 languages you'll need most in the classroom: A guide to communicating with English language learners and their families.* Thousand Oaks, CA: Corwin Press.

Taylor, B. J. (2002). *Early childhood program management.* Upper Saddle River, NJ: Merrill/Prentice Hall

Tunks, K. W. (2013). Happy birthday unit blocks! *Young Children, 68*(5), 82–87.

Vygotsky, L. S. (1981). The genesis of higher mental functions. In J. V. Wertsch (Ed.), *The concept of activity in the Soviet psychology.* Armonk, NY: Sharpe, 144–188.

Wadsworth, B. J. (1989). *Piaget's theory of cognitive and affective development.* New York: Longman.

Washington, V. (2013). *Essentials for working with young children.* Washington, DC: Council for Professional Development.

Wellhousen, K., & Crowther, I. (2004). *Creating effective learning environments.* Clifton Falls, NY: Thomson/Delmar/Cengage.

Willis, C. (2009). Young children with autism spectrum disorder: Strategies that work. *Young Children, 64*(1), 81–89.

Willis, C., & Schiller, P. (2011). Preschoolers' social skills steer life success. *Young Children, 66*(1), 42–49.

Winter, S.W. (2009). Childhood obesity in the testing era. *Childhood Education,* 85(5), 283–287.

Wortham, S. C. (2012). *Early childhood curriculum: Developmental bases for learning and teaching.* Columbus, OH: Pearson

Wright, K., Stegelin, D. A., & Hartle, L. (2007). *Building family, school, and community partnerships* (3rd ed.). Upper Saddle River, NJ: Merrill/Prentice Hall.